U0094390

中国传统文化与风俗丛书

风水景观

——风水林的文化解读(第2版)

关传友 著

东南大学出版社
SOUTHEAST UNIVERSITY PRESS

·南京·

内容提要

  风水林是风水意识的产物,是古代中国人基于培护风水的目的而进行栽种或自然保护的片林,是风水景观的主要构成。本书是作者通过实地考察全国各地著名风水地的风水林景观,从文化学、文化史学、哲学、民俗学、地理学、生态学、林学的角度,全面系统地解读风水林产生、起源、价值、类型和文化意蕴的著作,填补了风水理论研究的空白。

  本书图文并茂,融学术性、知识性、通俗性和趣味性于一体,对历史、地理、林学、生态、园林、环境、艺术、美学、文化、民俗等研究,均有重要的参考价值,是适合于社会大众的学术读物。

图书在版编目(CIP)数据

风水景观:风水林的文化解读/关传友著. — 2 版.
— 南京 : 东南大学出版社,2022.12
  (中国传统文化与风俗丛书)
  ISBN 978 - 7 - 5766 - 0505 - 1

  Ⅰ.①风⋯ Ⅱ.①关⋯ Ⅲ.①风水-基本知识-中国
Ⅳ.①B992.4

  中国版本图书馆 CIP 数据核字(2022)第 250401 号

责任编辑:陈　跃 封面设计:顾晓阳 责任印制:周荣虎

风水景观:风水林的文化解读(第 2 版)

Fengshui Jingguan:Fengshuilin De Wenhua Jiedu(Di-er Ban)

著　　者	关传友	
出版发行	东南大学出版社	
社　　址	南京市四牌楼 2 号 邮编:210096 电话:025 - 83793330	
网　　址	http://www.seupress.com	
电子邮件	press@seupress.com	
经　　销	全国各地新华书店	
印　　刷	南京玉河印刷厂	
开　　本	700mm×1000mm 1/16	
印　　张	22.75	
字　　数	501 千字	
版　　次	2022 年 12 月第 2 版	
印　　次	2022 年 12 月第 1 次印刷	
书　　号	ISBN 978 - 7 - 5766 - 0505 - 1	
定　　价	116.00 元	

(本社图书若有印装质量问题,请直接与营销部联系。电话:025 - 83791830)

序

　　风水是中国土生土长的一种传统文化现象,历代的皇帝、达官贵人,以至平民百姓,无不深受其影响而极力推崇并追求之。皇帝推崇风水是希望以此保持其江山永固,官人推崇风水是希望官运亨通,商人推崇风水则是希望经商能大发巨财,平民百姓推崇风水更是寄望子孙兴旺发达并光耀门第。风水成为一种固有的观念传承并影响中华文化达两千多年。但在20世纪初,由于西学的传入和兴盛,风水受到了有识之士的批判,被看成是封建迷信的产物,为学者所不齿。所以《辞海》就定义其为迷信。

　　风水作为一种文化现象的社会存在,有其合理的一面。实际上风水是农业社会的产物,它是中国人创造的有关人与自然环境和人文环境和谐关系的一种理论,是一门受传统天地观、时空观支配的关于住居(阳宅)和葬地(阴宅)环境选择的学问。它是中国人趋吉避凶、避祸纳福的一种价值取向,更是一种人类古老活动的经验在中华民族心灵深处的积淀,亦是人们适应生存环境的一种集体或个体的文化反应模式。所以,20世纪80年代中后期,许多学者开始从民俗学、地理学、文化学、环境学、建筑学、规划学、科学史等不同领域探索、研究风水，发掘出风水理论中许多科学的闪光点，这对现代社会的发展和文化建设无疑有着借鉴作用。我的文友关传友先生的《风水景观——风水林的文化解读》就是从生态环境景观的角度研究风水理论的著作，系统地解读了风水景观——风水林的文化内涵。

我从事农业考古学研究，对于风水理论研究是个外行，但对风水却很关注。风水起源于我国北方的黄土高原，发端于先秦，产生于秦汉，形成于魏晋，完善于隋唐，定型于两宋，风靡于明清，遍及华夏，波及海外。在长期发展过程中，形成两个影响较大的派别，即形势派和理气派，前称江西派，后称福建派。正好这两地都与我有缘——我出生、读书于福建，现工作生活于江西。形势派注重在空间形象上达到天地人合一，注重形峦。其主要操作方法是"相土尝水法"和"山环水抱法"。遵循"负阴抱阳""山环水抱必有气"等操作规律，重视利用龙、砂、穴、水、向地理五诀为建房、葬地选址的依据，主张建房、葬地要背山、向阳、近水、案山。此派风水简单易学、容易掌握，流传地区很广，影响也最大，历史上许多著名的风水大师出自江西。理气派强调在时间序列上达到天地人合一，多关注阴阳五行、干支生肖、四时五方、三元运气等。其主要操作方法是"九宫八卦法"和"三元运气法"，运用时空合一的风水罗盘为建房和葬地的选址、定位确定方法和顺序，主张"人因宅而立，宅因人而存，人宅相扶，感通天地"。但福建派由于其理论复杂，过于神秘，故仅流传于沿海的福建、广东、台湾及香港等地。几十年来我游览观光过全国许多著名的风水宝地，如北京明十三陵、河北清东陵和清西陵、沈阳清北陵、南京钟山明孝陵等皇家陵寝，道教、佛教名山青城山、龙虎山、武当山、齐云山、罗浮山、崂山、茅山、五台山、峨眉山、普陀山、九华山、鼎湖山、庐山、衡山、天目山等，还有历代先贤的纪念墓地黄帝陵、炎帝陵、太昊陵、大禹陵及孔林、孟林、关林等，深深为这些美妙的风水景观所震撼。这些都是古代人风水实践的杰作，体现了天人合一、天地人"三才"的宇宙观、生命观的哲学思想。20 世纪 90 年代以来,风水业已成为一种商业行为。一些人为获取高额的经济利益而加以不负责任的肆意宣扬,有些研究著作里乱找因果关系,使风水越说越玄,其学术性、科学性也可想而知。这是应该引起我们重视和批判的。

风水林是古代中国人基于培护风水的目的而进行栽种或自然保护的一片森林,规模不等,有几亩、几十亩、上百亩,乃至上千亩及万亩。它是风水意识的产物,其作用主要是荫护地脉,弥补风水景观的某些不足。按照现代生态学理论的解释,风水林就是古代人们为追求理想的生存环境而营造及保护的一种特殊森林景观,目的是发挥森林的生态防护效应。风水林主要有村落风水林、墓地风水林和寺庙风水林三种类型。最值得我称道的风水林是我们江西婺源晓起村的村落风水林。婺源县原属徽州府的六县之一。晓起村位于婺源县的西北,古朴典雅的明清民居,曲折宁静的街巷,青石铺就的驿道,遮天蔽地的古树,野碧风清的自然环境,体现着浓厚的徽文化风采。村边水口是两条溪流的交汇处,十数棵百年古樟树形成水口林;粉墙黛瓦的古民居掩映在遮天蔽日的古风水林下,漫步于风水林中,真有"人在画中游"的感觉,风水林给古村增添了神韵。晓起村的历代村民,都有爱护风水林木的习俗,尊崇"树养人丁水养财"的风水古训,不管何人砍伐了风水林木,都要执行杀猪赔罪的乡规民约(通常称"杀猪封山"),故而形成和保存了该村的村落风水林景观,这即使在婺源也不多见。此外,江西赣南客家人的村落风水林也具有特色。所以说古代中国人培护风水林的行为,在一定程度上体现了古代中国人的生态哲学思想,反映了倡导植树造林的绿化思想和禁止伐木毁林的护林思想,现今存留的许多风水林则是古代社会留存下来的一种重要文化遗产和文化景观。营造和保护风水林,在日益重视生态环境的今天,仍具有现实意义。

本书作者研究风水林多年,先后实地考察了全国各地著名风水地的风水林景观,曾有许多有关风水林研究的论文面世,受到国内学术界和风水界人士的关注和好评。近几年来,作者从文化学、文化史学、哲学、民俗学、地理学、生态学、林学的角度,写成了《风水景观——风水林的文化解读》一书,无疑有利于扩大风水的交流范围,使关心风水之人能获得正确的风水林知识,这对今天人们营造环境风景林、改善生态环境无疑具有指导意义。

本书是第一本全面系统地解读风水林产生、起源、价值、类型和文化意蕴的著作,填补了风水理论研究的空白。全书主要分为九章,后有结束语。第一章绪论部分首先对风水、风水林进行了科学的定义,简述了风水林的类型及研究意义。第二章概述了中国风水理论的发展历程,对许多抽象、神秘、说不清的主要风水名词术语给予了科学的阐释。第三章论述了风水林的产生和价值,认为风水林具有生态、保护、景观、经济等自然价值和审美、文化、文物、旅游等社会人文价值。第四章探讨了中国人在培育保护风水林的历史实践中所展示的风水绿化思想、风水生态伦理思想。第五章选择常见的构成风水林景观的 40 余种具吉祥、辟邪作用的树种,揭橥了其蕴含的文化意蕴。第六、第七、第八章分别考述了村落、墓地、寺院等地风水林的起源、形成原因以及历代培育保护的实践,列举了各地现存的主要风水林景观。第九章选择简介了各地流传的有关风水林的传说故事,以此展示风水林的文化风采。结束语部分对现代风水林的培育和保育实践提出了指导意见。本书的另一特色是文图并茂,书中配有许多形象生动的插图,非常有助于读者的深入理解。但本书也有某些不足之处,如对城市风水林论述不够,实际上我国古代城市的选址营建是很讲究风水的,十分重视营造风水林护卫城市风水,如北京天坛的古柏林。这些有待作者今后再修订补充。

本书作者出身于农村的风水家庭,自小就深受风水的熏陶,中学毕业后考入林业院校林学专业读书,曾在基层从事林业技术推广工作,后来进入高校工作,但一直对林业史感兴趣,业余坚持从事林业史研究。自 20 世纪 80 年代后期开始,就在我主编的《农业考古》学刊上发表有关林业史研究的文章(他本人说《农业考古》是其学术的引路人)。20多年笔耕不辍,先后在《农业考古》上发表论文近20篇,还在其他学术刊物上发表了数十篇学术论文,内容涉及林业技术史、树木史、竹史、茶史、生态环境史等;于10年前出版了约40万字的学术专著《中华竹文化》,受到学术界的好评,曾获得省级政府优秀成果著作奖。如今作者已由青年步入中年,正是出成果的时候,本书无疑是其又一力作。本书作者在《农业考古》上发表论文,我成为第一个读者,当时我就领略到其学术视野开阔、研究思路敏捷、文笔流畅、论而有据。如今我又再次作为第一个读者,领略了该书的风采:其内容丰富,洋洋洒洒,约50万言,文字简练优美,用典得当,融学术性、知识性、通俗性和趣味性于一体,值得一读。

关传友先生是我结交多年的文友,请我为序,十分高兴,我对作者孜孜不倦的治学精神很敬佩。我乐于为序,期待作者今后有更多的新作面世。

2012年春节期间
于江西南昌青山湖畔

(注:序者为国际著名农业考古学家、农史学家、茶文化学家、中国农业考古学创建和奠基者,曾任第八届、第九届全国政协委员,中国民主促进会中央委员,中国科技史学会副理事长,中国农业历史学会副会长,江西省社科院副院长,江西社科院首席研究员,《农业考古》学刊主编。2014年5月14日因病辞世)

目录

第一章

绪论

一　何谓风水

何谓风水？《辞海》对此的解释是："风水，也叫堪舆。旧中国的一种迷信。认为住宅基地或坟地周围的风向水流等形势能招致住者或葬者一家的祸福。也指相宅、相墓之法。"但将风水视为迷信已为现今学者所否定。实际上，风水是中国一种长期存在的传统文化现象，是一门独特的中国文化景观。风水就是有关人与自然环境、人文环境关系的一种学问，是人们长期实践经验的历史积淀。风水一词，最早见于晋郭璞所作的《葬经》，其云："气乘风则散，界水则止。古人聚之使不散，行之使有止，故谓之风水。风水之法，得水为上，藏风次之。"明乔项在《风水辩》中对"风水"进一步地说明："所谓风者，取其山势之藏纳，土色之坚厚，不冲冒四面之风与无所谓地风者也。所谓水者，取其地势之高燥，无使水近夫亲肤而已。若水势屈曲而环向之，又其第二义也。"就是说，在地形条件的作用下，气不散而聚，水不静而环，藏风聚气，就是最理想的地理环境。由此可见，风、水本是古代相地术的两大要素，其核心是人们对自然环境和人文环境进行选择和处理，强调人与自然环境及人文环境的和谐统一，其内容范围包含住宅、宫室、寺观、陵墓、村落、城市等诸方面。其中涉及坟墓则称为"阴宅"，涉及住宅则称为"阳宅"。风水就是中国人趋吉避凶、避祸纳福的一种价值取向，更是一种人类古老活动的经验在中华民族心灵深处的积淀，亦是人们适应生存环境的一种集体或个体的文化反应模式。

风水还有堪舆、地理、青乌、阴阳、青囊、形法、卜宅、相宅、图宅等名称。这里仅做如下简略介绍。

堪舆：风水术中最为常见的别名。"堪舆"最早见于汉代，西汉《淮南子·天文训》："堪舆徐行，雄以音知雌，故为奇辰。"东汉许慎注云："堪，天道也；舆，地道也。"联系上下文可知，堪舆乃为"天地之道"。汉代堪舆已经成为一种术数，《史记·日者列传》中言及西汉时的各种占筮家就有"堪舆家"一派，《后汉书·循吏列传·王景传》亦载王景精于堪舆、日相之术。《汉书》还把《堪舆金匮》一书归于"五行家"之列，《论衡·讥日篇》中有《堪舆历》之记载，这说明堪舆术主要是运用五行法则的数术，是一门涉及天地万物的学问。堪舆与风水产生直接联系，则源于三国魏人孟康，唐颜师古注《汉书·扬雄传》引孟康说："堪舆，神名，造《图宅书》者。"指"堪舆"是造《图宅书》之神名的说法，这成为后世风水术被称为堪舆术的根源。以后"堪舆"便逐渐成为风水术的代名词。

地理：风水的重要名称之一。"地理"在中国古籍中很早就已出现。《周易·系辞上》云："仰以观于天文，俯以察于地理。"唐孔颖达释云："天有悬象而成文章，故称文也；地有山川原隰，各有条理，故称理也。"《汉书·郊祀志》亦云："三光，天文也；三川，地理也。"《论衡·自纪篇》也称："天有日月星辰谓之文，地有山川陵谷谓之理。"由此可见，"地理"的原意是指山河大地及其形态的特征。地理后来也就进一步地成为关于山川等地形方面知识的专有名词。公元前3世纪，古希腊学者埃拉托色尼撰写了《地理学概论》一书，这是西方最早使用"地理"作为书名的著作。地理与风水术相关，则出自晋葛洪《抱朴子·内篇·极言》，其曰："昔黄帝……相地理，则书青乌之说。"风水师选择阳、阴宅的最佳风水环境，离不开对山形水势进行实地观测和研究，故将寻龙、察砂、观水、点穴、立向这五个基本风水方技称为"地理五诀"。所以民间常称以风水为职业的术士为地理先生，有许多风水著作都被冠以"地理"之名，如《地理正宗》《地理原真》《地理天机会元》《地理人子须知》《地理辨正》《地理大成》《地理五诀》等书。

阴阳：风水也被称为阴阳。阴阳最早出现于我国第一部诗歌总集《诗经》，其《公刘》篇中就有"既景乃冈，相其阴阳，观其流泉"诗句。《逸周书·大聚解》云："别其阴阳之利，相土地之宜，水土之便。"这说明在我国古代早期的环境选择已具有了"相其阴阳"和"别其阴阳之利"的阴阳哲学思想。《庄子·天下》："《易》以道阴阳。"可见《周易》是讲阴阳思想的。汉代以后风水理论将其归入理论体系，使其充满了哲学思辨的成分，后世风水家言必称阴阳。《旧唐书·吕才传》："太宗以阴阳书近代以来渐致讹伪，……遂命才与学者十余人共加刊正。"元程棨《三柳轩杂识》："阴阳家为磁石引针定南北，每有子午丙壬之理。"显见，风水书被称为阴阳书，风水师则被称为阴阳家。

青乌：青乌也是风水的常见名称之一。其名则源自东汉应劭《风俗通义》，其称汉代"有青乌子善数术"。晋葛洪《抱朴子》则有"相地理，则书青乌之说"之载。所以后世称相地之术为青乌术。

形法：形法也是风水的别称，源于《汉书·艺文志》，其云："形法者，大举九州之势，以立城郭室舍形，人及六畜骨法之度数器物之形容，以求其声气贵贱吉凶。"清姚明辉释云："大举九州之势，以立城郭室舍形，即相地、相宅形。"所以后世人常以"形法"别称风水术，风水家则自称"形家"。

青囊：风水别称之一，其典出《晋书·郭璞传》，称郭璞从河东郭公习卜筮之法，河东郭公以《青囊中书》授之，使其成为历史上著名的风水宗师。《九天玄女青囊海角经》序云："青囊内传，海角秘文，……始青之下，囊括万象。"对"青囊"作出了哲理释义。"始青之下"意为万物之本始，推衍其理而至"囊括万象"，通致无方。后世常将风水术称为青囊。晚唐风水大师杨筠松撰有《青囊奥语》。

卜宅：卜宅意为择地而居。汉刘熙《释名》云："宅，择也，择吉处而营之。"与此相关的衍义，还有卜邻、卜居、卜筑、卜宇、卜室、卜地等。早在殷商时期的甲骨文中就有卜宅的记载，是说商人通过卜筮而抉择迁都和作邑。《尚书·召诰》则载召公卜宅以定洛邑之事。所以后世风水术多以此为别名。

相宅：源于《尚书·召诰》，其称周成王欲建都于洛阳，"使召公先相宅"。《周礼·夏官司马》载夏官司马的职责之一就是"以土地相宅"。《礼记·王制》则更为具体地阐述了相宅的本义，其云："凡居民，量地以制邑，度地以居民，地邑民居，必参相得也。"可见相宅乃是察勘规度宅地之意。故后世看风水活动就称名为相宅，或称相地。

图宅：汉代就有图宅之说。东汉王充《论衡·诘术篇》中有"图宅术"之说，三国孟康所谓堪舆之神造《图宅书》之说，这说明图宅术是汉代堪舆家所宗之术。晋代以后，图宅一语遂流传为看风水、相宅相墓的别称之一。《晋书·韩友传》载韩友"善占卜，能图宅、相冢"。

二 何谓风水林

风水林就是古代人们深受风水思想的支配，认为对平安、长寿、多子、人丁兴旺、升官发财具有吉凶影响的人工培植或天然生长并受到严密保护的林木。风水林是这种林木所构成的成片状分布的森林，一般为1亩至数十亩或成百上千亩不等。风水树主要分布在村落、庭院、寺庙、道观、公廨、祠堂、墓地等场所，多为几株至数十株，其作用是弥补风水的不足。风水树、风水林都是风水意识的产物。古代中国人对风水树、风水林的培护在一定程度上反映了其绿化思想和生态伦理思想。

三　风水林的类型

风水林（树）主要有村落居宅风水林、坟园墓地风水林、寺庙宫观风水林、来龙风水林等基本类型。

1. 村落居宅风水林

所谓村落居宅风水林就是在村落居宅周围人工栽培或天然生长并受到保护的风水林木。如福建闽西南客家人的山村后面，几乎都有一片古老的树木，少则几亩，多则几十、几百亩。这些树木都是上辈人传下来的，树龄已有百年以上，经历数代人至今仍郁郁葱葱、茁壮成长。村落的主人称之为"风水林"。安徽祁门县祁红乡松潭村有一片有着 300 多年历史、面积达 140 余亩的风水林，宛如一道绿色屏障，庇护着全村的世世代代。又如福建南靖和溪乐土村黄氏家族在建村当时，将村周 2000 多亩山林划定为风水林，现在黄氏祠堂后还有 300 多亩保存完好的风水林，是罕见的原始森林景观，被列为国家自然保护区。

村落居宅风水林主要有四类：

一是水口林，主要种植在村落的水口处，具有护托村落生气的风水意义。水口是村落的总出入口，也是一村一族居民盛衰荣辱的象征。水口常常是三向环山、一向出口。只有在水口处种植大片村落水口风水林，才能保护一村生民之命脉，抵挡煞气（东北风和北风）的侵入。所以水口林又有"抵煞林"之称。村口（即水口）往往建有亭、楼、桥、坊、寺、庙、塔、书院等建筑，与水口林共同构成水口园林景观。

二是龙座林，主要是指种植在坐落于山脚、山腰的村落后山的风水林。

三是垫脚林，主要是种植在村落前面河边、湖畔的风水林。

四是宅基林，主要是古代人们在宅基周围和庭院里种植的风水林木，作用是护卫居宅和庭院环境。

2. 坟园墓地风水林

所谓坟园墓地风水林就是古代坟园墓地包括皇家陵地周围人工栽培或天然生长并受到保护的林木。江西婺源的古杉木群是南宋理学家朱熹于淳熙年间在文公山祖墓所植的风水林，现有 16 株，是国内较为罕见的古杉树群。山东曲阜"孔林"是孔子及其家族的墓地，相传孔子死后，他的弟子各持家乡异种树木来植，2400 多年延续下来，如今方圆近 200 万平方米，古木参天，有古树 10 万多株。陕西黄陵县黄帝陵墓有古柏林近 89 公顷、古柏树 8 万余株，这是中国最大的古柏树林，其中千年以上的古柏约 3 万株。北京昌平区的明十三陵、河北易县的清西陵、遵化的清东陵的大面积松柏林，都是坟园墓地风水林。

3. 寺庙宫观风水林

所谓寺庙宫观风水林，就是由古代僧侣道士在寺庙宫观周围人工栽培或天然生长并受到保护的林木。安徽九华山和齐云山、四川青城山和峨眉山、浙江普陀山和天目山、河南嵩山少林寺、陕西华山、山西五台山、广东鼎湖山、江西龙虎山、湖北武当山等地的寺庙观院，都有大片的风水林木分布。

4. 来龙风水林

所谓来龙风水林，就是在来龙山上所培育保护的风水林木。来龙林有一村、一城、一县及一国的来龙林，事关一村、一城、一县及一国的运气之兴衰。如东北大兴安岭及长白山为清朝的来龙山。鄂豫皖三省交界的大别山则是明朝祖陵的来龙山，明朝时期的大别山所生林木就是来龙林，禁止砍伐。古徽州婺源县（今属江西省）的大鄣山被视为一县之来龙山，其上山林就是该县的来龙林。祁门县城东阊江之畔的祁山是该县的来龙山。黟县宏村雷岗山就是该村汪氏宗族的来龙山，山上所培护的林木就是来龙林。

四 研究风水林的意义

开展风水林（树）的研究给现代人在环境科学、生态科学、林业科学等方面以有益的深刻启迪。风水林的最大成功和最深的教益是使人重视生态环境的保护，使生态环境达到平衡、达到天人和谐。风水林（树）是风水理论中科学成分的发明与成功实践，是古代先民对环境科学、生态科学和林业科学的重要贡献，为人类社会提供了一种极具地方特色的环境保护模式和生态平衡的样板。现今残存的风水林木一般都有千百年的生存历史和得天独厚的生态环境，是一种较为稳定的森林生态系统，形成了较为壮观的古树群落景观。它能反映其所经历悠久岁月的自然条件和社会环境的历史变迁，是研究探索一定区域内的森林资源的历史变迁和森林植物区系的发生、发展以及植物起源、演化和分布的重要实物，也是考察古代气候、地质、水文、地理以及人类社会活动的重要旁证和依据。所以研究探讨风水林，对丰富和发展环境科学、生态科学、林业科学和园林科学，造福于现代人类社会，无疑是非常有益的重要的科研课题；同时对于制定一定地区的林业、园林区划和规划，发展园林绿化和林业生产，也具有特殊的科学研究价值和借鉴作用。

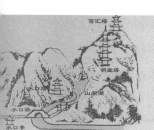

第二章

风水的概说

本章对风水的发展历程及一些常见名词作一简要概述，以使读者对风水知识有一基本的了解。

一　风水的发展历程

风水作为一种有关人类对自然环境和人文环境进行选择及处理的学问，历经了发源、产生、发展、鼎盛、衰落等过程。

1. 先秦时期：风水思想的发源

早在原始氏族社会时期，居住环境就已成为当时人们最为关注的事情之一。《易经·系辞》中说："上古穴居而野处，后世圣人易之以宫室。"《墨子·辞过》则说："古之民未知为宫室时，就陵阜而居，穴而处。"汉陆贾《新语》中也提及："天下人民野居穴处，未有室屋，则与禽兽同域。于是，黄帝乃伐木构材，筑作宫室，上栋下宇，以避风雨。"上引说明，原始人类在有宫室之前过着穴居的生活时，已经考虑到居住环境中地形的作用。考古发掘资料也证实了原始人类穴居生活的事实：巫山人（早期直立人，距今约 200 万年）、繁昌人（早期直立人，距今约 200 万年）、元谋人（早期直立人，距今约 170 万年）、蓝田人（早期直立人，距今 115 万—70 万年）、北京人（早期直立人，距今 70 万—20 万年）、和县人（直立人进步型，距今约 20 万年）、马坝人（早期智人，距今约 10 万年）、柳江人（中期智人，距今约 7 万年）、山顶洞人（晚期智人，距今约 3 万年）等，均是居住在山洞里。20 世纪 30 年代，北京周口店龙骨山北京猿人的遗址的顶部发现了距今约 3 万年的"山顶洞人"聚居地，山洞分为洞口、上室、下室和下窨四个部分：上室是山顶洞人居住的地方，相当于"阳宅"；下室是埋葬死人的地方，相当于"阴宅"；下窨则是储物之地，相当于"仓廪"。这说明当时已有聚落的产生，并显现出当时人已具有环境选择的倾向。

新石器时代的仰韶文化和龙山文化时期的聚落选址都十分注重对环境的选择。一般都选择于河流两岸的阶梯状台地上，或者在两条河流交汇之处比较高亢平坦的地方，这些地方都具地势高、背风向阳、面水之特点，其目的是方便生产、生活。西安附近的沣河中游约 20 公里的河岸，就有聚落遗址 13 处。河南淇水沿岸某一段范围内的 15 个现代村落中，就发现有 11 处新石器时期的村落遗址。甘肃渭河沿岸 70 公里的范围内，发现有 69 处聚落遗址。这些都有力地说明了新石器时代的人们对居住地周围环境质量已经有了相当高的认识和判断水平。

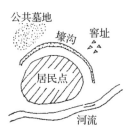
西安半坡村落环境示意图

西安仰韶文化的半坡遗址中出现了明确的功能分区，包括居住区、制陶窑场和公共墓地等部分。据《西安半坡》一书介绍，该遗址位于浐河东岸台地上，总面积约 5 万平方米。临河高地是居住区，已经发现有密集排列的住房四五十座，布局颇有条理。居住中心有一座规模相当大的近方形房屋，被称为"大房子"，是氏族社会的公共活动（包括氏族会议、节日庆典、宗教活动等）场所。居住区周围有一条深、宽各五六米的壕沟，估计是用于防卫。居住区内和沟外分布着窖穴，是氏族的公共仓库。居住区沟外的北边是公共墓地，东边是窑场。半坡村这种居民区和墓葬区的有意识分离，已经显现出后世阳宅、阴宅之端倪；其遗址的分布与周围地形、水系的关系，已经符合后世风水选址的原则。

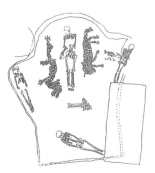
河南濮阳西水坡遗址
45 号墓龙虎图

1987 年河南濮阳西水坡发现的距今约 6000 年的仰韶文化遗址 45 号墓葬中，出土有一幅图案清晰的用蚌壳精心摆塑的龙、虎图形，分别位居葬者的两侧。龙、虎是上古时代传说中的东、西方之神，《礼记·曲礼上》称："行，前朱鸟而后玄武，左青龙而右白虎。……左右有局，各司其局。"青龙、白虎、朱雀、玄武，正是后世风水理论中最为推崇的四个方位神名称。以此可证实在 6000 年前的仰韶文化时期，就已经存在风水观念的萌芽。

殷周时期环境选择的理论和技术有了进一步的发展，当时盛行通过卜筮活动来决定人们的行止。如殷墟出土的甲骨文中就有大量的关于建房、建城邑的"卜宅"内容，如作邑、作案、作宗庙、作宫室等；还出现了许多有关房屋建筑的文字，如"宅""宫""高""京""宗""室""家"等。《尚书·商书·盘庚》还记载了商代第 20 位君王盘庚通过卜筮迁都之事。李镜池先生在《周易探源》总结当时的卜筮格式是"卜日—卜—贞人—贞事—兆—在某月—卜地—中左右之屯聚也"。《诗经·大雅》则记述了先周人通过卜筮来选择和确定适宜的居住生活环境。《诗经·大雅·公刘》则记载了公刘自邰（今陕西武功县境内）迁都于豳（今陕西彬州市、旬邑一带），如何观察、如何经营、如何定居的故事，是后世风水师们推崇备至的相宅文献。其云：

> "笃公刘，于胥斯原，既庶既繁；既顺乃宣，而无永叹。陟则在巘，复降在原。……"

> "笃公刘，逝彼百泉，瞻彼溥原；乃陟南冈，乃觐于京。……"

> "笃公刘，既溥既长，既景乃冈，相其阴阳，观其流泉。…… 度其夕阳，豳居允荒。"

从上述的描述中看出，为人笃厚、德高望重的周氏族首领公刘不辞辛劳，长途跋涉，为氏族寻找一个很好的居住地，时而"陟冈"，时而"降原"，时而"逝泉"，时而"觐京"，"相其阴阳，观其流泉"，最后选定于岐山之下的豳。从其记述可看出商代后期先周人选择居住环境的过程为："胥"（即审视、相看意）、"陟"（即登临、跋涉意）、"觐"（即全面巡视、对比观察意）、"度"（即实地勘测、衡量意），这与后世风水师们相地的"觅龙""察砂""观水""点穴"过程，颇有相通之处。

《诗经·大雅·绵》则记述了周朝文王祖父古公亶父因昆夷（即猃狁）的侵略，自豳迁都于岐（今陕西岐山县），如何选址、如何卜筮、如何营建的故事。诗曰："古公亶父，来朝走马，率西水浒，至于岐下。爰及姜女，聿来胥宇。"通过审视、相看环境之后，便"周原膴膴，堇荼如饴。爰始爰谋，爰契我龟。曰止曰时，筑室于兹"。由于所卜卦象示吉，所以安心定居，从事各种营建活动，"乃慰乃止，乃左乃右；乃疆乃理，乃宣乃

周公营洛示意图

亩。…… 乃召司空，乃召司徒，俾立室家。…… 作庙翼翼。…… 乃立皋门，……乃立冢土，……"。周氏族自此建功立业，灭亡了商朝，开创了800年基业的周王朝。

《尚书·周书》对周初建东都洛邑之事有记载。《尚书·周书·召诰》记载太保召公奭勘察选址云："惟太保先周公相宅。越若来三月，惟丙午朏。越三日戊

周初选址规划成周洛邑图

申，太保朝至于洛，卜宅。厥既得卜，则经营。越三日庚戌，太保乃以庶殷攻位于洛汭。越五日甲寅，位成。"《尚书·周书·洛诰》则对周公卜占东都洛邑之事也有载述，其曰："予惟乙卯，朝至于洛师。我卜河朔黎水，我乃卜涧水东、瀍水西，惟洛食。我又卜瀍水东，亦惟洛食。"这里则是采用占卜的方式来确定。以上说明当时人们相地的技术已具有较高的水平。

周代人们除了注重对具体生活环境的选择与评价外，还十分重视对大环境的勘察与描述。被视为我国第一部地理学著作的《尚书·禹贡》，以自然形成的山川、河流、海岸为参照，把当时的中国划分为九大自然区，即"九州"，为后世的"大风水"说提供了理论依据。《山海经》则详细介绍了山川、河流、海洋、道里、隰原等地理形势，对风水理论的产生和发展有着重要的影响。《管子·地员篇》中论述了地势、地形、土壤、水文，深受"五行"学说的影响，并配以"五土配五音"，后发展为风水的"五音五行"观念。

春秋战国时期出现的《周礼》等先秦文献对地理形势与人文关系也有详述。《周礼·地官司徒·大司徒》则提出了与风水密切相关的"土宜之法"相宅说："以土宜之法，辨十有二土之名物，以相民宅，而知其利害，以阜人民，以蕃鸟兽，以毓草木，以任土事。"

上述所引古代先人在长期的生产和生活实践中选择和评价生活环境的种种行为举止，为后世风水理论及风水术的形成奠定了理论和实践的基础，成为风水思想产生的发源及先声。

2. 秦汉时期：风水理论的雏形

秦汉时期是风水理论的雏形时期，大规模的宫室营建为风水术的盛行创造了物质前提，阴阳五行学说和易学理论为风水提供了理论基础。

一是出现了与风水有关的理论雏形。西汉司马迁《史记·高祖本纪》记载了秦始皇统一天下后，见东南方向有"天子气"，于是决定东巡以镇压之。他封泰山，临东海，刻碣石，都有镇压所谓"天子气"的用意。《晋书·元帝纪》称，秦始皇时有望气者说五百年之后，金陵有"王者气"。于是，秦始皇东巡以镇压之，改金陵为秣陵，在山北开凿深沟，切断地气，以绝王气。清屈大均《广东新语》还记载广州城背山面海，地势开阳，为风云所摩荡，有雄霸之气。城北马鞍岗，秦时常有紫云黄气之异，占者以为天子气。始皇遣人衣绣衣，凿破是岗。故粤谣云："一片紫云南海起，秦皇频凿马鞍山。"这是说秦始皇因担心岭南的吉气为人所乘，故遣使凿破山岗以绝天子气。这种通过改变地理形势来改变其风水的做法，当是风水术中修禳之术的前身，这说明秦代已有"王气"风水观念的出现。《史记·蒙恬列传》则记载秦始皇派蒙恬督修长城、开驰道，秦始皇死后，秦二世、李斯、赵高三人密谋矫诏逼杀蒙恬，蒙恬死时说："恬罪固当死矣。起临洮属之辽东，城堑万余里，此其中不能无绝地脉哉？此乃恬之罪也！"以此说明秦代就已有风水地脉的出现。

秦汉之际，阴宅风水的理论也出现雏形。《史记·淮阴侯列传》载淮阴侯韩信年轻时，母亲死，因家穷，无力葬母，就择高敞地葬母，"其旁可置万家"。后来他功成名就，封为楚王。可见当时已经产生了阴宅风水理论中的"葬先荫后"思想。《管氏地理指蒙》卷四载秦末有李仲翔祖葬城纪，他三次梦见有人告诉他，葬地的山形如川字，法当战死。仲翔不信，汉初果然战死于狄道。这说明秦汉时期已经有讲究葬地的吉凶观念。

二是阴阳八卦、五行学说的盛行。阴阳学说是一种二元分析模型，是古代中国人的一种宇宙观和方法论，用以认识和阐释自然现象。它把任何事物分别归类于阴或阳中的某一方面。《周易》全书就是以阴（－－）、阳（－）两种符号构成的，《周易·系辞上》有"一阴一阳之谓道"之载，以此解释自然界和人类社会的各种现象。《老子》云："万物负阴而抱阳，冲气以为和。"战国时期出现了以邹衍为代表的"阴阳家"学派。到秦汉时期，阴阳学说基本成为解释世间万物的普遍原理。《淮南子·天文训》言："天地之袭精者为阴阳，阴阳之专精者为四时，四时之散精者为万物。积阳之热气久者生火，火气之精者为日。积阴之寒气久者为水，水气之精者为月。"可见阴阳成为一切现象产生的根源。所以阴阳学说成为风水理论的基础，对风水理论的生成起到了方法论的作用。后世风水家们多通过阴阳学说来解释风水地的好坏吉凶，所以风水师也被称为阴阳家。

八卦是由阴阳派生而来的，又称"经卦"，是以阴（－－）、阳（－）两种符号为本，各取三爻排列组合成一卦，共生成八种基本图形，分别为乾、坤、震、巽、坎、离、艮、兑。关于其起源，《周易·系辞下》说："古者包牺氏之王天下也，仰则观象于天，俯则察法于地，观鸟兽之文与地之宜，近取诸身，远取诸物，于是始作八卦，以通神明之德，以类万物之情。"这说明是圣人伏羲氏（包牺氏）通过"仰观""俯察""近取""远取"的方法和途径创造了八卦。人们用自然界中八种常见的自然事象作为八卦的物象，分别为天、地、雷、风、水、火、山、泽的象征。周代人们用八卦表示方位，《周易·说卦》说："万物出乎震，震，东方也；齐乎巽，巽，东南也。齐也者，言万物之洁齐也。离也者，明也；万物皆相见，南方之卦也。圣人南面而听天下，响明而治，盖取诸此也。坤也者，地也，万物皆致养焉，故曰致役乎坤。兑，正秋也，万物之所说也，故曰说言乎兑。战乎乾，乾，西北之卦也，言阴阳相薄也。坎者，水也，正北方之卦也，劳卦也，万物之所归也，故曰劳乎坎。艮，东北之卦也，万物之所成终而所成始也，故曰成言乎艮。"依此方位可布列出八卦方位图，相传是周文王因禁在羑里而作，故称文王八卦方位图，也称后天八卦图。相对而说，伏羲氏所作的八卦图则为先天八卦图。八卦理论对风水理论产生了很重要的影响，成为风水理论的哲学基础。古代风水理论多以八卦表示方位，但常用后天八卦。理气派风水理论中的相宅定向的"九星飞宫法"、择时的"紫云飞白传"及罗经的时空标刻主要取法于后天八卦来推导。

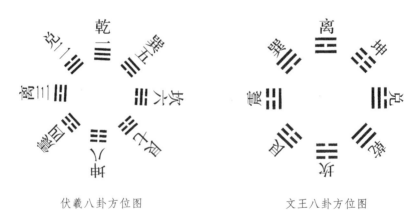

伏羲八卦方位图　　　　　　　　　　文王八卦方位图

五行学说则是一种五元分析的模型，认为事物都是由"金""木""水""火""土"五个类别的物质所构成，自然界中各种事物和现象的发展变化，都是这五种类别的物质不断运动和相互作用的结果。最早提出五行观念的是《尚书·洪范》，其称："五行：一曰水，二曰火，三曰木，四曰金，五曰土。水曰润下，火曰炎上，木曰曲直，金曰从革，土爱稼穑。润下作咸，炎上作苦，曲直作酸，从革作辛，稼穑作甘。"这是用五种不同的物质来概括世间万物的本源。《白虎通义·五行》也说："五行者，何谓也？谓金木水火土也。言行者，欲言为天行气之义也。"这就是说五行在天的支配下，金、木、水、火、土等五气的运行。

五行学说主要以五行相生相克来说明事物间的相互联系。"相生"是指五行之间相互滋生、互相促进、互相助长的关系；"相克"则是五行之间互相克制、互相制约、互相克服的关系。

五行相生的规律是：木生火，火生土，土生金，金生水，水生木。实际生活中，木材可以燃烧生火，故有"木生火"；火烧过后的物体能变成灰土，故有"火生土"；土中的矿物可提炼出金属铜锡等，故有"土生金"；金属在高温下可熔化为液体，蒸汽在金属上还能冷凝成水，故有"金生水"；一切树木的生长离不开水分，故有"水生木"。

五行相生相克图（图中外部圆圈表示相生，内部五角形表示相克）

五行相克的规律是：木克土，土克水，水克火，火克金，金克木。树木可破土，吸收土中的养分消耗地力，根系可固土，故有"木克土"；土能筑堤拦水，还能涵水，故有"土克水"；水能灭火，故有"水克火"；火能使金属熔化，故有"火克金"；金属制作的刀具能砍伐树木，故有"金克木"。

五行学说以整体思辨及"取类比象"的方法，将自然界中的各种事物和现象，按照事物的不同性质、作用与形态，分别归属于五行之中。

事物的五行属性

五行	五方	五季	五色	五音	五气	五味	五体	五星	五化	五时	五宫
木	东	春	青	角	风	酸	星	岁星	生	平旦	青龙
火	南	夏	赤	徵	暑	苦	日	荧惑	长	日中	朱雀
土	中	长夏	黄	宫	湿	甘	地	镇星	化	日西	黄龙
金	西	秋	白	商	燥	辛	辰	太白	收	日入	白虎
水	北	冬	黑	羽	寒	咸	月	辰星	藏	夜半	玄武

上述五行学说这种相生相克的关系成为后世风水理论中判定风水地吉凶的最基本准则之一。如风水典籍《堪舆易知》中说："凡一术数之成立，必有所谓本源者。本源者何？即五行等是也。"故风水中常用"地理五行""山家五行"称之。

三是汉代风水术开始盛行和早期风水著作的出现。汉代是一个充斥禁忌的时代，有时日、方位、太岁、东西益宅、刑徒上坟等各种禁忌，墓上装饰有避邪用的百八、石兽、镇墓文。湖北省江陵凤凰山西汉墓出土的镇墓文有"江陵丞敢告地下丞""死人归阴，生人归阳"之语。汉代神学思潮使得建筑中各种禁忌与迷信越发盛行，如"起宅盖房必择日""太岁头上不能动土"等已成为阳宅建筑中应遵循的重要规则。《史记·日者列传》记载汉代已有堪舆家占卜建筑的吉凶。《后汉书》还记载了许多东汉时期施行风水术的事例。如皇太子惊病不安，是其居所新修，犯土禁；袁安父没，母使安访求葬地，道逢三书生为袁安占葬地，当"世为上公"，后故累世隆盛。东汉王充《论衡·四讳篇》亦记当时俗有四讳："一曰讳西益宅。西益宅谓之不祥，不祥必有死亡。相惧以此，故世莫敢西益。"以上所述可以肯定风水术在汉代已经很盛行了。

由于风水术的盛行，早期风水理论著作得以产生。汉班固《汉书·艺文志》里就收录了两种有关风水的著作，一是十四卷的《堪舆金匮》，被列为五行类；另一种是二十卷的《宫宅地形》，被列为形法类。可惜的是这两种书均已失传，无法窥识其庐山真面目。日本学者泷川资言《史记考证》认为，此两部书是"说风水方位之书"。目前的研究认为汉代流行的六壬占术（卜算吉日、方位等）可能是《堪舆金匮》的内容之一。甘肃武威磨嘴子汉代墓地出土的六壬式盘，由上、下两盘构成，上盘代表

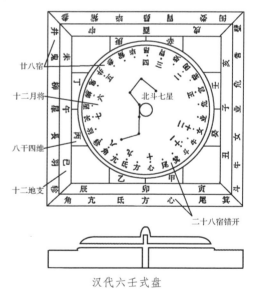

汉代六壬式盘

天，下盘代表地，天盘圆，地盘方，象征天圆地方。天盘正中是北斗七星，外圈是二十八星宿名，内圈是一至十二月的月将。地盘内层是八干四维，第二层是十二支，第三层（即最外层）是与天盘错开的二十八星宿名。《淮南子·天文训》中则记载了北斗七星及十二月神将的情况："北斗之神有雌雄，十一月始建于子，

月从一辰，雄左行，雌右行，五月合午谋刑，十一月合子谋德。太阴所居，辰为厌日，厌日不可以举百事，堪舆徐行，雄以音知雌，故为奇辰。"这里提及的"北斗之神"、各月"堪舆"等情况，无疑与汉代六壬盘内容相一致。

汉代另一部归于形法类的风水之书《宫宅地形》，是对先秦至汉代人们考察山川、选择聚落、兴建都邑等经验的理论总结。所谓"形法"，《汉书·艺文志》曰："形法者，大举九州之势以立城郭室舍形，人及六畜骨法之度数、器物之形容以求其声气贵贱吉凶。……然形与气相首位，亦有有其形而无其气，有其气而无其形，此精微之独异也。"由此看来，形法的原理也不外乎阴阳五行学说。这说明汉代的"相学"已包括相地、相人、相物、相畜等内容，已颇具规模。班固还特别提及相九州之势以立城郭、宫室、屋舍，这表明当时修建城郭、都邑及屋舍，已经充分考虑其周围地理形势和自然环境。毫无疑问，《宫宅地形》就是这种"相地"经验的总结。

3. 魏晋六朝时期：风水理论体系的确立

魏晋六朝时期是风水理论体系的确立时期，其重要特点如下：

一是帝王和王公大臣对风水的推崇。晋明帝司马绍、宋明帝刘彧、齐高帝萧道成、梁武帝萧衍等帝王都很迷信风水。三国时蜀相诸葛亮曾为自己选定墓地于汉中定军山，陈寿《三国志·蜀志·诸葛亮传》载诸葛亮遗命葬军山。其墓地选址完全符合后世风水理论的选址原则，故后有人假托其名撰写《至宝录》风水书。宋明帝刘彧听说萧道成的祖墓有五色云气，就暗中派人在坟四角钉上铁钉，可萧道成最后还是当了皇帝。梁武帝萧衍闻听社会上曾流传"鸟山出天子"的民谣，唯恐江山不保，就派人四出，凡是有用鸟命名的山峦，都要凿断地脉，破坏风水，使得江左称名为鸟山的，均无完好，仅有今浙江长兴的雉山漏网。后来陈武帝陈霸先称帝，其祖坟正埋在漏网的雉山上，竟应验了民谣的说法。在这时期内，就发生了风水史上著名的"折臂三公"故事。西晋时有一著名大臣羊祜位至三公，据说有一风水术士无意中看到了羊祜家的祖坟，说："这家人会出真龙天子。"羊祜听到后，害怕招来杀身之祸，就连夜挖断了墓穴的地势，破坏了祖茔的风水。后来那位风水术士又经过此地，说："这家的坟地虽被挖断了地脉，但还能出折臂三公。"羊祜后来果然发达，一次因骑马摔断了胳膊，最后官至三公之位，应验了"折臂三公"之说。这些都是后世的风水家们为了渲染风水术的神秘性而杜撰附会的风水故事。如果果真如此灵验，就不会有后来改朝换代之事的发生了。这说明当时"葬先荫后"的风水之说已经深入人心，时人对风水的推崇可见一斑。

二是风水术士辈出。这时期涌现出著名的风水宗师管辂、郭璞等，以及大批擅长风水术的隐逸之士。管辂为三国时魏国人，是当时闻名天下的相墓术士。《三国志·魏书·管辂传》载："辂年八九岁，便喜仰视星辰，得人辄问其名，夜不肯寐。……与邻儿共戏土壤中，辄画地作天文及日月星辰。每答言说事，语皆不常。……及成人，果明《周易》，仰观、风角、占相之道，无不精微。"这是说管辂精通卜筮和天文地理阴阳之术。管辂曾随军西行，过毋丘俭的祖坟，依树哀吟，其说："林木虽茂，无形可久；碑诔虽美，无后可守。玄武藏头，苍龙无足，白虎衔尸，朱雀悲哭，四危以备，法当灭族。不过二载，其应至矣。"后来果然应验，毋丘俭因于寿春（今安徽寿县）举兵反对司马师失败被杀且被灭族。现在流传的《管氏地理指蒙》就是托名于管辂而作。

郭璞被视为风水鼻祖，《晋书·郭璞传》载："璞字景纯，河东闻喜人。……好经术，博学有高才，而讷于言论，辞赋为中兴之冠。好古文奇字，妙于阴阳算历。有郭公者，客居河东，精于卜筮，璞从之受业。公以《青囊中书》九卷与之，由是遂洞五行、天文、卜筮之术，……虽京房、管辂不能过也。"这说明其博学高才，曾注《尔雅》《方言》《山海经》《三苍》《楚辞》《穆天子传》等书，故被后世称为文学家、神仙家、训诂学家。郭璞相地的事例很多，《晋书》曾载其为东晋元帝司马睿卜建邺地的经过，《搜神记》曾载其占筮之事，《南史·张裕传》记其为张裕的曾祖父张澄葬父、为母亲选墓地等。清乾隆《福州府志》卷四"城池"载郭璞还为晋安郡（今福州）守严高选定、规划郡城。

晋郭璞像

三是《葬经》的出现。《葬经》相传为郭璞所著，该书第一次提出了风水之说，其说："葬者，乘生气也。……气乘风则散，界水则止。古人聚之使不散，行之使有止，故谓之风水。风水之法，得水为上，藏风次之。"又称："浅深得乘，风水自成。夫阴阳之气，噫而为风，升而为云，降而为雨，行乎地中，而为生气。夫土者，气之体，有土斯有气。气者水之母，有气斯有水。"它认为风水就是气的运行和聚合，气遇风则散，遇水则止，聚之使不散，行之使有止。这是首次提出了风水理论的"生气说"和"藏风得水说"。郭璞《葬经》还提出了"地形藏气说""方位说""遗体受荫说"的风水理论。其云："气行乎地中，其行也，因地之势；其聚也，因势之止。丘垄之骨，冈阜之支，气之所随。"认为葬地周围的冈阜、丘垄之势是生气所凭依之所；"千尺为势，百尺为形，势来行止，是为全气"。所以葬地周围的形势是生气聚存的条件。这就是"地形藏气"之说。对于"方位说"，《葬经》言："夫葬，左为青龙，右为白虎，前为朱雀，后为玄武。玄武垂头，朱雀翔舞，青龙蜿蜒，白虎驯服。形势反此，法当破死。故虎蹲谓之衔尸，龙踞谓之嫉生，玄武不垂者拒尸，朱雀不舞者腾去。"以朱雀、玄武、青龙、白虎四灵代表四个方位，认为"玄武垂头，朱雀翔舞，青龙蜿蜒，白虎驯服"，是上佳的葬地，这成为阴、阳宅风水之中的一种固有模式。关于"遗体受荫说"，《葬经》则说："人受体于父母，本骸得气，遗体受荫。"认为死人和活人的"情气相感"，这成为历代人们追求理想风水环境的原动力。

4. 隋唐五代时期：风水理论的不断完善

隋唐五代时期是风水理论的不断完善时期，其重要标志是大量风水著作的面世。《隋书·经籍志》中载有 13 部相宅、相墓之书，计有 245 卷。主要有《地形志》《宅吉凶论》《相宅图》《五姓墓图》《冢书》《黄帝葬山图》《五音相墓书》《五音图墓书》《五姓图山龙》等。从其书名来看，这时的风水理论仍以五行生克理论为主，不太重视"生气"理论。但隋朝短命，风水理论真正得到完善发展是在唐代。《旧唐书·经籍志》和《新唐书·艺文志》中列出 15 部风水著作，如《阴阳书》《葬经》《葬书地脉经》《葬书五阴》《青乌子》《五姓宅经》《六甲冢名杂忌要诀》《玄女弹五音相冢经》《新撰阴阳书》等。此外，近代于敦煌莫高窟发现的写卷伯三八六五号《宅经》文献，所开列唐代流传于民间的阳宅书有 24 种。上述这些风水著作有力地促进、发展和丰富了风水理论，使得风水理论体系更为完善。

唐代最具代表性的风水理论著作则是《宅经》一书，清《四库全书·子部》"术数类"收录此书，是古代流传很广、版本众多的一部书。此书开篇首先阐述"宅法"的重要性和"宅有善恶"的道理，其云：

"夫宅者，乃是阴阳之枢纽，人伦之轨模。……其最要者，唯有宅法而真秘术。凡人所居，无不在宅，虽只大小不等，阴阳有殊，纵然客居一室之中，亦有善恶。大者大说，小者小论，犯者有灾，镇而祸止，犹药病之效也。故宅者人之本，人以宅为家。居若安，即家代昌吉；若不安，即门族衰微。坟墓川冈，并同兹说。上至军国，次及州郡县邑，下之村坊署栅，乃至山居，但人所处，皆其例焉。"

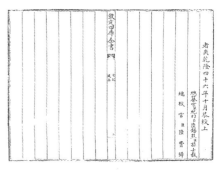

四库全书《宅经》

全书以阴阳为根本，提出"二十四路"（即"二十四山"）的宅法原理，认为宅有"五实""五虚"，"虚"使人贫耗，"实"令人富贵。"五虚"是：宅大人少、宅门大内小、墙院不完、井灶不处、宅地多屋少庭院广。"五实"是：宅小人多、宅大门小、墙院完全、宅小六畜多、宅水沟东南流。所以主张建宅要"计口营造"，规模适中，要"不衰莫移"，切莫轻易大兴土木、建造大宅。这些观点在现今仍具有现实意义。该书还提出了"以形势为身体，以泉水为血脉，以土地为皮肉，以草木为毛发，以舍屋为衣服，以门户为冠带，若得如斯，是事严雅，乃为上吉"的"大地有机说"，认为理想的居住环境就像人体一样，是各个身体器官正常运转、相互协调的有机体。这是风水思想中的重要闪光点。《宅经》被后世风水家视为理气派的代表作。

隋唐时期风水观念深入各阶层，上至王公贵族，下至普通百姓，都要"卜宅兆""卜葬地"，成为普遍的习俗。隋都城大兴城、唐都城长安城以及东都洛阳城的兴建，都是按照风水理论来设计规划的。隋朝内史令李德林和其子李百药精于卜葬之术，为使子孙后代富贵，李德林让儿子李百药在家乡饶阳城东选择葬地。选定后，李百药对父亲说：从卜兆来看，将来李家可出八公。那块地东边是村庄，西边是城郭，南面是道路，北面是河堤。李德林问村庄何名，李百药说是五公村，李德林听后，十分惋惜地说：就只剩下三公了，这都是命啊！于是遂把父母迁葬在那里。后来，李德林受封安平公，其子李百药、孙李安期皆袭其封号。到了其曾孙，因参加了徐敬业、骆宾王等讨伐武则天之事而被革除爵位。李氏一门仅出三公，正应验了李德林所说。唐英国公徐勣为自己选择风水宝地，曾向当时著名风水术师得到一卦，辞是"朱雀和鸣，子孙盛荣"。当时有位术数家张景藏听后，也卜了一卦，其辞是"朱雀悲哀，棺中见灰"，于是私下对人说：英国公所占，有些过分了。后来，徐勣之孙徐敬业起兵讨伐武则天，武则天大怒，命人挖开徐勣的墓穴，劈开棺材，焚烧其骨骸。后人认为这是张景藏所说"棺中见灰"的应验。五代时，后晋大臣王建立信奉风水，《旧五代史·王建立传》载，王建立临终，嘱咐儿子说："榆社之地，桑梓存焉，桑以养生，梓以送死。余生为寿百，刻铭石室，死当速葬，葬必从俭。违吾是言，非孝也。"究其原因，在于此地是风水佳地："榆林其冈重复，松桧蔼然，占者云：'后必出公侯'。故建立自为墓，恐子孙易之也。"近代于敦煌莫高窟发现的敦煌写卷《宅经》，可说明唐代风水观念已经遍及边境之地。

隋唐时期是风水家辈出的时代，当时许多文人都精通风水之术。唐代司天监里的官员都懂得风水术。隋萧吉是继郭璞之后的一位葬术名家，《隋书·萧吉传》称他博学多通，尤精阴阳算术，以阴阳术数知名。葬术仅是其擅长的术数之一，萧吉曾受隋文帝命给皇后择吉地，至一处"卜年三千，卜世二百"，奏报说："至尊本命辛酉，今岁斗魁及天罡临卯酉，谨按《阴阳书》不得临葬。"辛酉与卯酉相克，不能参加丧葬活动。但隋文帝不听，他就预测到隋朝运数不长。这说明萧吉择葬讲究择日。《隋书·萧吉传》记其著有《葬经》六卷。

隋代庾季才是当时另一位风水名家，《隋书·艺术传》载庾季才，字叔奕，新野（今河南新野）人。自幼聪明过人，八岁诵《尚书》，十二岁通《周易》，如占玄象，居丧以孝。开皇元年（581）授通直散骑常侍。隋高祖杨坚准备迁都，夜与高颎、苏威商量此事。第二天，季才向皇帝奏报说："臣仰观玄象，俯察图记，龟兆允袭，必有迁都。……且汉营此城，经今将八百岁，水皆咸卤，不甚宜人，愿陛下协天人之心，为迁徙之计。"隋高祖杨坚感到很愕然，对高颎等说：是何神也？于是发诏书施行迁都。其作有《地形志》风水著作。

隋代舒绰也是一位著名风水家，清代《浙江通志》载其为隋东阳（今浙江金华）人，稽古博文，尤善相冢。隋吏部侍郎杨恭仁准备迁葬祖坟，请了当时海内有名的相地家卜地，这些人各有一套，杨恭仁不知哪个正确。他密派人回家乡取葬地四角样土各一斗，并在历书上写着葬地方位、形势，密封起来，将样土示众。几位相地家都没说准，仅有舒绰所说与历书不差，他还说："此土五尺外有五谷，得其即是福地，世为公侯。"杨恭仁请舒绰到其地察看，挖地七尺，果然发现一穴，贮粟七八斗。这里原是粟田，蚁啄而成穴，故土里含米。于是舒绰得到了杨恭仁的重赏，被当时人称为神人，他还撰有《相地要录》等风水书。

唐代风水名家众多，出现了袁天罡、李淳风、吕才、杨筠松、丘延翰、曾文遄等一大批名师，其中以杨筠松最负盛名，产生的影响最大，对风水理论体系的完善作出了重要贡献。

关于杨筠松的生平事迹，据风水著作《地理正宗》记载，杨筠松，名益，字叔茂，窦州（今广东信宜）人，寓居江西，自号"救贫先生"。明天启《赣州府志》卷九"方伎"也载："杨筠松，窦州人，唐僖宗朝国师，官至紫光禄大夫，掌灵台地理。黄巢破京城，乃断发入昆仑山步龙。一过虔州，以地理术授曾文遄、刘江东诸徒。世称救贫先人是也。卒于虔，葬于都药口。"这说明杨筠松乃是唐末因躲避战乱自长安而迁居江西赣州的，其风水之术在江西一带代有传承，江西民间有关其看风水的传说故事可谓是车载斗量，他也被后人称为江西派始祖。清《四库全书·子部》之"术数类"收录题名唐杨筠松所撰的风水著作有《撼龙经》一卷、《疑龙经》一卷、《葬法倒杖》一卷、《青囊奥语》一卷、《天玉经内传》三卷、《天玉经外编》一卷。四库馆臣纪昀等在《四库全书提要》中点评说："《撼龙经》专言山垄落脉、形势，分贪狼、巨门、禄存、文曲、廉贞、武曲、破军、左辅、右弼九星，各为之说。《疑龙经》上篇言干中寻枝，以关局水口为主；中篇论寻龙到头，看面背朝迎之法；下篇论结穴形势，附以疑龙十问，以阐明其义。《葬法》则专论点穴，有倚盖撞沾诸说，倒杖分十二条，即上说而引申之附二十四砂。"可见杨的风水思想以强调山龙络脉形势为特色，在中国风水理论流派中自成体系，奠定了形势派风水的理论基础，为后世发展出一整套系统的选择住宅外界自然环境的"地理五诀"风水法术，即所谓寻龙认脉、察砂、观水、点穴、立向。曾文遄是杨筠松的入室弟子，江西雩都（今于都）人，对天文、秘纬之书，靡所不究，而尤精于地理，著有《阴阳问答》《寻龙记》等风水著作。

唐杨筠松像

杨筠松《疑龙经》（四库全书本）

唐代由于儒道释三家实现了融合，还涌现出了一些著名的僧人风水家，如浮屠泓、一行等，都是享誉后世的风水大师。浮屠泓，史称泓师，祖籍黄州（今湖北黄冈），善阴阳算术，是郭璞风水理论的传人。他为人相宅，注重地理形势和藏风聚气，认为有龙起伏的形势是吉地，这都符合郭璞风水的要领。据北宋李昉等人的《太平广记》记载，武则天当政时，泓师曾帮着张说（燕公）在京城长安东南购置一宅，并告诫说：“此宅西北地最是王地，慎

唐代高僧一行

勿于此取土。”一个月后，泓师又对燕公说，此宅气忽然索漠，有人在西北角取土。燕公与泓师一起去查看，果然有三处取土坑，皆深丈余。泓师大惊曰：“祸事！令公富贵止一身而已，二十年后，诸君皆不得天年。”燕公惊问：“可否填之？”答曰：“客土无气，与地脉不相连。今纵填之，如人有痔疮，纵有他肉补之，终是无益。”安史之乱时，燕公之子张均、张垍皆被安禄山委任大官，叛乱平定后，张均被诛，张垍被流放，竟如其言。这种“客土无气说”，受到后世风水家们的重视。僧一行，唐代著名高僧，俗名张遂，河北巨鹿人，是我国历史上著名的天文学家，唐代著名历法《大衍历》就是其创造的。他还精通

六壬和风水之术，提出的"山河两戒（界）说"，对后世风水理论"界水理论"的形成产生了重要影响。

唐代风水理论还流播到日本和朝鲜等国家，对这些国家的都城选址及营建、建房、造园及死人埋葬等都产生了重要的影响。如日本平安朝时代的《作庭记》一书，是记载平安时代寝殿、庭园建造形式与技术的书，书中有大量风水内容。

5. 两宋时期：风水理论体系的定型

自先秦至宋代，历经两千多年的不断发展，风水理论体系得到了完全定型。《宋史·艺文志》就列出51种相地书名称，特别是宋室南迁后，南方地区的灵山秀水为风水提供了良好的舞台，程朱理学兴起后所强调的"格物致知"、阴阳太极八卦理论，以及出于礼制需要而倡导的葬说，对两宋时期风水的盛行和其理论体系的定型，都起到了推波助澜的作用和影响。两宋时期产生的"形势派"和"理气派"两大风水流派就是其重要标志。

"形势派"也称"峦头派""形法派"，其理论侧重于观测山川地势，以寻找龙、穴、砂、水、向为主要目标。清赵翼《陔余丛考》卷三十四"葬术"云："一曰江西之法，肇于赣州杨筠松、曾文遄、赖大有、谢子逸辈，其为说主于形势，原其所起，即其所止，以定向位，专指龙、穴、砂、水之相配。"可见该派视杨筠松为创始人，主要代表人物还有曾文遄、赖大有、谢子逸等。因他们祖籍江西，或长期流寓江西，其风水理论主要流行于江西，故称为"江西派"。清大型类书《古今图书集成·堪舆典》引《地理正宗》一书，对此派风水谱系有详细记载，有著名风水师50多位。宋代以后，形势派占尽风光，出现了"大江南北，无不遵之"的局面。黄妙应是宋代形势派著名风水师，当时人有"黄仙师"之称，著有《博山篇》，分为概论、相地、龙、穴、砂、水、阳宅、平地等，主要论述形势之说，故被后世视为形势派的代表作。

"理气派"也称"理法派""方位派""屋宅派"，本于八卦五行之学，取阴阳八卦以定生克之理，其说重卦例推算而轻地形观测。清赵翼《陔余丛考》卷三十四"葬术"中这样评价道："一曰屋宅之法，始于闽中，至宋王伋乃大行，其为说生于星卦，阳山阳向，阴山阴向，纯取五星八卦，以定生克之理。"明确点出了"理气派"强调五行（在天为五星、在地为五行）八卦、方位理气的特点。理气派风水源起于秦汉间，《易经》卦象及汉代流行的六壬法式奠定其基本的理论基础，至王伋、赖文俊等人始集其大成。宋以后随着罗盘的广泛应用，方位理气之法颇为兴盛，尤以福建地区流行最广，故又称为"福建派"。王伋，字肇卿，北宋时期人。明《处州府志》载王伋祖籍中原，因祖父王讷论历法有差，被贬居江西赣州。王伋本人因科举失意，遂弃家浪迹江湖，迁居瓯江龙泉。据说他凭借其精湛的风水术使其迁居地出了何太宰诸人，因此声名大振，人称"地仙"。王伋死后，弟子叶叔亮传其所著《心经》《问答语录》，时人范纯仁为之作跋，云："先生通经博物，无愧古人。异乎太史公所谓阴阳之家者矣。"该派还有南宋著名风水师赖文俊，《四库全书提要》载："文俊，字太素，处州人，尝官于建阳，好相地之术，弃职浪游，自号布衣子，故世称赖布衣。所著有《绍兴大地八钤》及《三十六钤》，但未见其书，分龙、穴、砂、水四篇各为之歌，龙以二十四山分阴阳以震、庚、亥为三吉，巽、辛、艮、丙、兑、丁为六秀，而著其变换，受穴吉凶之应。穴仍以龙为主，而受气有挨左挨右之异，砂水二篇，以方位为断。"可见赖文俊的风水理论是以方位八卦和阴阳气说为原理，他也成为继王伋之后的福建派代表人物。宋代以后，"理气派"以福建为中心逐渐向浙江、广东、安徽等地传播，许多地方民居的八卦门、"巽门"等，都是受该派"方位理气"风水理论影响的结果。

赖文俊像

两宋时期风水术盛行朝野，上至帝王，下至平民百姓，皆酷信风水。北宋徽宗在汴京所建的艮岳皇家园林便是接受风水术士的建议而建的。南宋张淏《艮岳记》云："徽宗登极之初，皇嗣未广，有方士言：'京城东北隅，地协堪舆，但形势稍下，倘少增高之，则皇嗣繁衍矣。'上遂命工培其冈阜，使稍加于旧，已而果有多男之应。"艮岳之名也取其在京城艮位（先天八卦之西北）方向而名。河南巩县（今巩义市）北宋帝王陵墓全部按"五音姓利"风水说而建，还采用当时中原地区盛行的贯鱼葬昭穆葬制，至今这些宋陵仍呈现出北高南低的独特形态。宋魏泰《东轩笔录》记载有朝廷大官丁晋公因擅自移动宋真宗陵墓位置而吃官司丢官之事。足见宋代帝王对风水的重视程度。

两宋时达官贵人更是崇信风水，争相风水宝地，以此获取富贵荣华。南宋陆游《老学庵笔记》卷十记载蔡京之父的墓地，地平山似骆驼形，风水先生谓骆驼

蔡元定像

要背负东西方能行走，为此在山之驼峰上建塔，于是蔡京父之墓便以钱塘江为水，秦望山为案，可谓最佳之地。《齐东野语》还载南宋偏安杭州时的将领杨和王所建私宅宫殿宏丽恢广，但一相宅术士却说其形似黾（龟），要有水才吉，否则凶，于是杨和王便私自"募民夫夜以继昼"，引湖水入其私邸，耗资巨大。南宋大儒朱熹父子也崇信风水，其父朱松为官福建时酷信地理，尝招山人择地，问富贵何如。朱熹亲为其母选择葬地，并请风水大师蔡元定为自己选定一处"龙归后塘""凤飘罗带"的风水宝地，作为其夫妻百年合葬之所，该墓至今犹存。当时权贵信奉风水之风可见一斑。

普通平民崇信风水之事更是不胜枚举。当时无论建村盖屋、选择坟地，还是修建庙宇，都要请风水术师察看"来龙去脉"，测定方位。南宋罗大经《鹤林玉露》中称："余行天下，凡通都会府，山水固皆翕聚。至于百家之邑、十室之市，亦必倚山带溪，气象回合。"南宋方勺《泊宅编》卷下记载："钱遹，婺州浦江农家子，少力学，举省殿榜皆占上等，虽历华要不妨治生。浦江宅在深村，众山环绕一水萦带，阴阳家云：法当富贵。而得后又侈大其宅，买田至数万亩。"徽州歙县呈坎村是宋初罗天真、罗天秩堂兄弟从豫章来此地定居，按照风水阴阳、八卦理论建的村。浙江永嘉县楠溪江中游的苍坡村就是该村第九世祖李嵩在南宋孝宗淳熙五年（1178）返乡探亲时，请风水大师李时日按阴阳、五行之说规划，依形依时而建的。

两宋时期人们很注重住宅的环境选择，所谓宅，择也；择吉处而营之。宋高似孙《纬略·宅经》云："凡宅东下西高，富贵雄豪；前高后下，绝无门户；后高前下，多足牛马。凡地欲坦平，名曰梁土；后高前下，名曰晋土，居之并吉。西高东下，名曰鲁土，居之富贵，当出贤人；前高后下，名曰楚土，居之凶；四面高，中央下，名曰卫土，居之先富后贫。"宋袁采在《袁氏世范·治家》也云："屋之周围，须令有路，可以往来""居宅不可无邻家，虑有火烛，无人救应；宅之四周，如无溪流，当为池井，虑有火烛，无水救应"。这些说法强调住宅的外部环境，完全符合居住者的心理、生活需要。《吴兴志·谈志》记载宋吴兴郡治的房屋布局是"大厅居中，谯门翼其前，卞苍拥其后，清风、会景、销暑蜿蜒于左，有青龙象。明月一楼独峙西南隅，为虎踞之形，合阴阳家说"。这是强调住宅的内部环境，实际上北宋时匠作监李诫《营造法式》多处提到建筑的风水要求。所以住宅必须有良好的内外环境，这样才能有利于人的颐养及治学。《归潜志》卷十四载金代刘祁自述其园居云：

> "所居盖其故宅之址，四面皆见山。若南山西岩，吾祖旧游。东为柏山，代北名刹。西则玉泉、龙山，山西胜处。故朝岚夕霭，千态万状。其云烟吞吐，变化窗户间。门外流水数支，每静夜微风，有声琅琅，使人神清不寐。刘子每居室中，焚香一炷，置笔砚褚墨几上，书数卷，幅息啸歌。起望山光，寻味道腴，为终日乐，虽弊衣恶食不知也。"

可见居住地良好的环境佳景，能使居者心情愉悦、神清气爽。

两宋时期深信"葬先荫后"之说，极为注重对葬地的选择。宋李畋《该闻集》载宋仁宗时翰林学士李谐曾论当时人的风水观念云："大凡置器用之物，犹择其地，况于亲乎？卜之者，虑坎穴之下有涌泉、伏石之类耳，非绕侥幸求福也。据阴阳家流，以地平坦为上，其次东南倾，西北高。倾则水顺流而不拥，高则冈绕抱而不缺。斯大概也，顺之则吉，逆之则凶。"认为好的风水地能给后代带来吉祥富贵。南宋洪迈《夷坚支志·庚卷》第三记载北宋时，有位傅姓秀才父丧后，请江山县（今浙江江山）风水先生祝评事卜葬，祝告之附近有一山，"房宿直穴，昴宿守水，上合天星，真佳城也"，于是傅秀才便买下此地葬父，祝同往指墓说："壬午年当生贵子，位至侍从，后代子孙冠冕不绝。"至壬午年，傅秀才果生子，取名傅楫。到宋徽宗时傅楫果官至中书舍人、龙图阁侍制。宋何薳《春渚纪闻》卷第二"张鬼灵相墓术"说，宋徽宗时精通相墓术的张鬼灵为蔡宏、蔡靖兄弟相先人墓的吉凶，张鬼灵来到墓下端详道："此墓当出贵人，然必待君家麦瓮中飞出鹌鹑，为可贺也。"蔡宏回说："前日某家卧房米瓮中忽有此异，方有野鸟入室之忧。"张鬼灵应曰："此为克应也，君家兄弟有被魁荐者，即是贵人也。"这年秋天，蔡靖"果为国学魁选"。施耐庵《水浒传》所描写的宋朝四大造反人物之一的王庆，便是风水荫庇说的产物。由此可知当时社会对相墓术注重之程度，以致发生抢葬坟地之事。宋方勺《泊宅编》卷上说："吴伯举舍人知苏州日，谒告归龙泉，迁葬母夫人。已营坟矣，及启堂，见白气氤氲。紫藤绕棺，急复掩之。术人视处，知自是吉地，因即以为坟。然颇悔之，舍人竟卒于姑苏。"因被人抢葬风水吉地，竟至悒郁而死，可见风水宝地在当时人的心目中占有多么重要的位置。《朱子家礼》说平民百姓之家人死后，三月而葬，先把地形选择好，再择日开茔。

两宋时期兴起的程朱理学对风水理论体系的定型产生了重要影响。明代《儒门崇理折衷堪舆完孝录》卷八载录北宋理学家程颐说：

> "卜其宅兆，卜其地之美恶也，非阴阳家所谓祸福也。地之美者，则其神灵安，其子孙盛。若培壅其根而枝叶茂，理固然矣。地之恶者则反是。然则曷谓何为地之美者？土色之光润，草木之茂盛，乃其验也。父祖子孙同气，彼安则此安，彼危则此危，亦其理也。而拘忌者，或以择地之方位，决日之吉凶，不亦泥乎甚者？不以奉先为计，而专以利后为虑，尤非孝子安厝之用心也！惟五患者，不得不谨，须使他日不为道路，不为城郭，不为沟池，不为贵势所夺，不为耕黎所及也，一本云：所谓五患者，沟渠、道路、避村落远、井、窑。"

程子所提出的"葬法五患"说被后世的风水家们推崇备至，以此派生出"葬法几患"之说。

南宋理学家朱熹对风水也有精到的论述，《朱子全书·山陵议状》云：

> "若以术言，则必择地者，必先论其主势之强弱，风气之聚散，水土之深浅，穴疼道之偏正，力量之全否，然后可以较其地之美恶。政使实有国音之说，亦必先此五者以得形胜之地，然后其术可得，而推今乃全。"

程颐像

可见其对风水葬地的重视。虽然他也反对"五音姓利"之说，却不反对择葬，并谈到江西、福建盛行风水："臣窃见近年地理之学出于江西、福建尤盛。"朱子也深信"葬先荫后论"，其文也说：

> "葬之为言藏也，所以藏其祖考之遗体也。以子孙而藏其祖考之遗体，则必致其谨重诚敬之心，以为安固久远之计，使其形体全而神灵得安，则其子孙盛而祭祀不绝，此自然之理也。……或择之不精、地之不吉，则必有水泉、蝼蚁、地风之属，以贼其内，使其形神不安，而子孙亦有死亡绝灭之忧，甚可畏也。"

《朱子语类辑略》卷一对冀都形胜也有精彩之论：

> "冀都正是天地中间好个风水，山脉从云中发来，云中止。高脊处，自

脊以西之水，则西流入于龙门、西河。自脊以东之水，则东流入于海。前面一条黄河环绕，右畔是华山，耸立为虎。自华来至中为嵩山，是为前案。遂过去为泰山，耸于左是为龙。淮南诸山是第二重案，江南诸山及五岭，又为第三、四重案。"

朱熹的此番论述被后来的风水术士们奉为至理名言。南宋闽中理学家蔡发、蔡元定父子精通风水之学，是当时著名的风水名家，蔡元定还为朱熹夫妇选定葬地和卜穴。蔡发著有《地理发微论》、蔡元定著有《玉髓发挥》，纵论理气派风水之说，深得后世风水家推崇。

朱熹像

宋代风水术还传播到少数民族地区，如北方的金人、契丹人、西夏人和南方的壮人、畲人、苗人、羌人、藏人、白人等都存在风水观念，选择居宅、葬地时，请风水术士察看吉凶。清孙承泽《日下旧闻考》卷一三二引《金虏图经》称："金之先世卜葬于护国林之南。迨亮徙燕，始置陵寝。令司天台于良乡县西五十余里大红山西大洪谷，曰龙衔寺，峰峦秀拔，林木森密。亮寻毁其寺，遂迁祖父改葬于寺基之上。又将正殿元位佛像凿空，以奉安太祖、太宗、德宗，其余各随昭穆序焉。"可见大金国主完颜亮看出该地是"秀拔深厚，云雨之所出，万民之所瞻"的风水宝地，仗势欺僧，迁葬祖宗于此。这说明金人受风水影响之深。

6. 明清时期：风水术的泛滥和风水理论的再完善

（1）风水术的泛滥

元代风水被朝廷视为异端邪说，被下令禁止。《元史·礼志》载泰定二年（1325），山东道廉访使许师敬"请颁族葬制，禁用阴阳相地邪说，时同知密州事杨仲益撰用周制国民族葬昭穆图，师敬韪其言，奏请颁行天下焉"。元代是中国风水史上低潮期，但元代著名政治家和城市规划家刘秉忠精通风水堪舆说，以风水规划、布局和建设元大都，并著有《玉尺经》一书，论述营建修造风水及一些禁

刘秉忠像

忌、解除等。此外还有朱震亨的《风水问答》、王履道《阴阳备用三元节要》、佚名的《新刊阴阳宝鉴克择通书》、民间匠师所著的《鲁班营造正式》等。

颐和园（《寻根》2005年第1期）

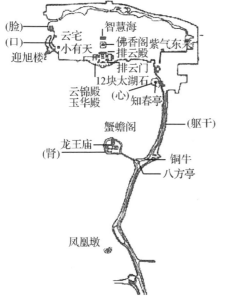

颐和园局部图（《建筑风水美学》）

到了明清时期风水术泛滥于华夏大地，风水活动遍及皇家和民间社会各阶层，达到极度风靡的程度。

先看皇家是如何重视风水的。明开国皇帝朱元璋采信国师刘基的建议建都金陵（今南京），按照风水的要求规划经营金陵城。明代著名文人杨荣《皇都大一统赋》称赞金陵城风水：

"既渡江左，乃都金陵。金陵之都，王气所钟。石城虎踞之险，钟山龙蟠之雄。伟长江之天堑，势百折而东流。炯后湖之环绕，湛宝镜之涵空。状江南之佳丽，汇万国之朝宗。此其大略也。"

南京城的正阳门、玄武门等营建就是风水思想的体现。明成祖迁都北京，始终按照风水观念营建北京城，皇城、宫城（紫禁城）、天坛、地坛、日坛、月坛、社稷坛的布局，都是按照风水理论之九宫八卦的内容而设的。特别是紫禁城（明清皇宫）可以说是风水建筑的典范。清朝廷对阳宅建筑极为讲究，聘请风水世家样式雷规划营造。清代著名的皇家园林"三山五园"（即圆明园、畅春园、万寿山清漪园、香山静宜园、玉泉山静明园）等，都是样式雷家族按照风水理论经营的。如颐和园（万寿山清漪园）布局遵照风水理论"相山如相人"学说，以"人体内景园"为本：智慧海喻人脑，排云殿喻喉部，云锦殿、玉华殿喻两耳，宿云檐喻面部，知春亭喻心脏，龙王庙喻肾脏。排云殿则是风水佳穴之处。排云殿处于佛香阁至"云辉玉宇"牌楼中轴线的正中间，有神物保佑，稳居其中，取太平吉祥之意。殿中大厦上写着

"蕃厘经纬""永固鸿基"，殿名出自风水术祖师郭璞的"神仙排云出，但见金银台"诗句中的"排云"二字。排云殿傍山依水，背靠苍翠的万寿山，面朝碧绿的昆明湖。

明清皇家更为重视陵墓风水，这关系到其江山的长久稳定。明成祖朱棣请当时著名风水师廖均卿、游朝宗等在昌平县（今北京市昌平区）相得黄土山吉地，明成祖亲自视察，改山名为天寿山，将其作为明朝的皇陵地。清代皇陵地的选定主要由司天监负责，据《九朝东华录》记载，康熙四年（1665），司天监汤若望等人选择荣亲王葬期，"不用正五行，反用

明十三陵定陵鸟瞰图（《法天象地》）

《洪范》五行，山向、年月俱犯忌杀"等，受到朝廷严厉处罚，汤若望因年老免死，杜如预、杨宏量则因选定勘测清东陵之孝陵和清祖三陵（永陵、福陵、昭陵）的风水，而得以免死。明清两朝还颁布法令，禁止在皇陵周围从事樵采、放牧、采矿取土等一切有碍风水的活动。明孝陵、明十三陵、清东陵、清西陵、清北陵及北京故宫、沈阳故宫等，为研究明清时期的风水活动提供了很好的实物例证。

明清时期民间普遍讲究风水，风水逐步衍化为大众化的文化习惯及民俗信仰，渗入基层社会生活的众多领域，并迅速扩展到周边地区。经过民间化及仪式化的洗礼，逐步积淀为区域社会文化体系的重要组成部分，一定程度上规范着基层民众的价值取向和行为选择模式。人们对造坟、起屋的基址很重视，认为坟地、房基选择得好坏是子孙后代能否兴旺、科举仕宦、财运亨通的根本所在。因此，把祖先遗骸葬在龙脉真穴的"风水宝地"就被民众视为"千秋之计"，卜宅兆"按厝之以妥先灵"，进而得到祖先在天之灵的保佑。无论士绅还是普通百姓都重视选择、营造和保护坟墓的风水。明代以火焙鸭蛋起家的广东南海石头霍氏，看中了南海西樵山的风水，就在山上营造了霍氏祖先的墓地。自从嘉靖年间霍韬成为朝廷重臣，霍氏家族对风水更加笃信不疑，并利用霍氏的声望着意维护西樵山的风水。清康熙间纂修的《于氏宗谱》记载山西永宁人、康熙朝总督于成龙（谥清端）的坟山在州治北面，名曰"横泉龙"的风水

宝地"明堂宽容，奥止万马，前列大帐，秀峰高耸。天马、金马双贵，文星等山朝拱。出帐入帐，川水曲流，内帐角有阴砂，长抱外有罗星秀丽，重重关锁，不见水出，真科甲绵远，极贵极富大地"。清《海阳纪略》卷上"义塚记"称当时徽州是"衣冠一席之宴，谈风水者过半"。清徽州人方士庹《新安竹枝词》有"鹿卧牛眠世所稀，命名象物太恢奇；眼前郭璞纷无数，不问何人总地师"之句，则是对徽州人迷信风水之形象的描述。清安徽全椒人吴敬梓《儒林外史》记载举人范进的母亲死后，范进请阴阳（即风水）先生写"七单"。"七单"是记载死者入殓时辰、触犯禁例和七七日期的单子。为"谢风水"，范进还花了不少银子。阴阳先生说当年山向不利，只好把棺材搁在家里不葬，并终日打听风水宝地，以图得到吉祥的后果。其所记正是对江淮地区时人风水观念的反映。闽西客家俗语云："山中少堆土，枉劳一世苦；罗盘差一线，富贵不相见。"这正是明清时期福建民间深信风水的描述。

清代北方人建造的四合院，大门都开在院子正面的前左角，称为青龙门。今北京胡同里尚可以看到这样的四合院。风水先生称这样的结构为坎宅巽门，最吉利，住在这种院子里的人在心理上很满足，认为有无形的东西在保佑他们。

由于过分"迷信"风水，便产生了改风水、迁风水等迟葬、迁葬的社会陋习。此风气在南方地区尤甚。清王之正《嘉应州志》载广东嘉应州各县惑于风水之说，有数十年不葬者。葬数年必启视，贮以瓦罐。甚且听信堪舆，营谋吉穴。清同治《雩都县志》卷五"民俗"称雩都县停柩不葬有至数年、十数年，甚而数十年者。民国《中国民事习惯大全》第六编《杂录》载赣南人最爱信风水，谓"祖宗坟墓，经年累月，地气已过，不成吉壤。此种观念，印入脑中，牢不可破。遂主张迁地为良，将祖宗坟墓，迁葬两三次，或四五次，所在多有耳"。这种情形在徽州、闽浙等地也有存在。

明清时期常因选择坟地争风水引发诉讼、殴斗事件等社会问题。清康熙时贾雒英编《新会县志》卷六"风俗"记载，自明代后期以来当地数十年多"诬命争山之讼"甚至合族而斗，"新会接壤高、肇，风遂浸淫，虽隔层峦，据为固有，后葬者难于得地，多方巧图。于是弱者反被侵占，强者径行逼压。山势既有高下偏正不齐，界至又无巨墙绳墨之分，别东西南北，随其形影射，互相执争。故新会独有'十命五诬，十山九讼'之谣，贫家多谓构讼停柩不葬，常至暴骨"。

清同治《重纂福建通志》卷五十五引清钱琦《风水示禁》中列举福建民间因

迷信风水而造成的种种弊端：

> "闽省逼近江西，妄听堪舆之说，相习成风，情伪百出。有觊觎他人吉壤、倚仗势利用强侵占者，有无力制人、私将祖骸盗葬他人界内者，有己地希图凑锦成局、硬将邻界赖为己业者，有冒认别家旧坟为祖先、无耻占葬者，有预先偷埋碑记、设立假坟、以图争占者，有以废契旧谱为据、影射蒙混者，有以坟外官山霸为己产、不许他人葬埋者，有邻地筑坟恐碍己地风水、硬相阻挠者，有不许他人在界外筑寨开沟、阻止械斗者，有见他人坟树茂盛、强占强争者。至于阳宅，则顾惜自己风水，不容邻家兴土木之工；或指祠庙为一方保障，禁止附近居民兴工修造；种种狡黠强梁，不堪枚举。迨人不能甘，则各逞刀笔，互相告讦，希图抵制。或理不能胜，则聚众行强，毁人成工，挖人棺椁，甚至纠约械斗，酿成人命。"

这些弊端严重地破坏了地方社会的秩序，引发各类冲突。清纪晓岚《阅微草堂笔记》卷十七记载甘肃安定有两户人家，为争坟山打了四五十年官司。坟山有两个坟墓，两家都说是自己祖先的坟墓，每年拜祭时，双方必定发生殴斗。此事一直闹到甘肃总督蔡西斋那里都无法解决。清咸同年间岭南地区土客之争异常残酷激烈的原因之一就是争坟地。清郑梦玉《同治南海县志》卷十五记载雷州府"有附城陈、李二巨族因建神祠，狃于阴阳拘忌之说，缘争执而构讼，缘构讼而械斗，至互相截杀，虽翁婿不相容，守令员弁弹压不能止"。雷州知府派任教谕的南海人戴挺生找两族的士绅讲和，"挺生乃择诸生之明理者分日召至，详为劝谕，且力破风水之说"。陈、李二姓因争风水而酿成械斗，正如戴挺生所言："尔等争风水，欲求福也。今福未来，祸先至矣。"最后化解了两姓的纷争。江西省《兴国县志》（1988年版）记载清光绪三十一年（1905）兴国县的三僚村"曾姓与廖姓因争坟山聚众械斗，互毙31人，两姓首犯4人被斩首示众"。曾氏宗族族长曾傅波带领曾氏族人为保护风水而冲锋在前，就是械斗的首犯之一。这种情况在安徽、福建、浙江及两湖地区也相当普遍。上述都是明清时期风水泛滥的极致化表现。

明清时期风水术的泛滥还表现在地方官府对风水的崇信和倡导，其主要表现在保护龙脉、修筑城池、改建学府、兴造风水塔等方面所体现出来的对风水灵验的默认和肯定。明清赣州府地方官员都非常重视对郡城"凤凰""嘶马""金鱼"三池的疏通。明天启《赣州府志》的作者谢诏说："夫三池之开，系俗人文之盛

衰。即形家言未必——皆中，顾相其阴阳，观其流泉，自昔考卜者，不废也。石
谶相传已久，岂尽悠谬不足信耶。"作者毫不掩饰对风水术宁可信其有、不可信
其无的心态。清同治《赣州府志》卷三"城池"中作者在谢氏言论之后所加按语
申明其志："旧传三池之通塞，系人文之盛衰。第代远年湮，无从稽考。同治九
年，巡道文翼、知府魏瀛、知县黄德溥，督郡人追寻故址兴工疏沦，池水清澄如
故。将来文运日开，端赖于斯也夫。"在他们看来，三池的疏通与否直接关系到
赣州府的人文兴衰。又按云："郡城东门外对岸，有童山一带，色赤如火。据形家
言，城内时遭回禄，职是故也。同治九年，巡道文翼、知府黄德溥，购小松千万
株，命附山居民种植殆遍。十年复筹款于城内设局，精制器械，妥议章程，以防
不虞。局名保安，盖寓阖城永保平安之意云。"由此可见，风水不仅关乎人文兴
衰，而且关乎地方灾祥，故不可等闲视之。类似上述风水观念影响地方官府行为
的记载，充斥于明清时期编纂的各地方志。清康熙福建《漳浦县志》卷七"奠龙
脉碑记"称明代该县士绅为振兴科举，力倡修建连接文庙泮池的傅公河，亦积极
修补县邑的龙脉"过峡"崩损之处。当时漳浦士绅起而响应，各尽其力。民国福
建《建阳县志》卷三"杂录"记载清建阳县（今建阳市）士绅为了该县学宫地
脉，使得文运兴盛，借助官府权力，或掌控山林，禁止乡民砍伐；或与民争讼，
堵塞樵采小径。清嘉庆年间，财大气粗的徽州商人在安徽六安州城内儒林岗旁建
造徽州会馆，城内士绅认为会馆影响了儒林岗文庙的风水而反对建造，引发了长
达两年的诉讼，经直隶州、按察使、巡抚直至两江总督四级衙门才审理终结，六
安直隶州知州因此案而丢官。

　　明清时期修建文峰塔的风气很盛，上至府县，下至乡里，都积极参与，大力
倡导。建文峰塔之目的则在于弥补一郡一邑一乡之地势低洼、景物空缺，于是建
塔以象征当地能多出科举人才。江西瑞金县（今瑞金市）在明末就兴建了两座文
峰塔，动员了全县许多绅士耆老。清乾隆十八年（1753）《瑞金县志》卷三"建
设·台塔"记其事曰：

　　　　"龙珠塔，县西南五里。本县峰峦耸秀，江水环带，亦称佳丽。惟是西
　　南少秀拔峰。故议以西南赤硃岭为县水口，位属辛，宜建天乙贵人峰。以南
　　面方巾岭，位属巽，宜建云霄状元笔。……万历壬寅冬月，知县堵奎临酌
　　合邑议，申详道府。首先倡俸，更募邑人，会同邑绅……分理其事。……
　　扁曰：龙珠塔。庶几风气秀发，人文振起。"

可见兴建龙珠塔完全是风水上的理由，建塔过程中惊动了从知县到举人、监生、秀才、耆老等地方上的各色人等。随后，瑞金又兴建了"与龙珠寺塔相对"的"巽塔"，名为"文兴塔"。瑞邑人士对二塔寄予厚望："巽、辛二塔对峙，屹然凌霄，后日必有人文振起，秀甲寰区者矣。"

广州赤岗塔

明代珠江口风水塔的建造，就是士大夫积极倡导的结果。明末广东著名文人屈大均《广东新语》卷十九"坟语"载，"形家者"认为"中原气力至岭南而薄"，尤其是珠江口的水口"空虚"，必须建塔补之。赤岗塔、澄洲塔分别位于两个不同的风水位置上，"二塔在东，三浮石在西，西以锁西北二江之上流，东以锁西北二江之下流"，而在虎门出海口之内的浮莲塔的作用是"束海口"，它是江上的第三道塔。明清时期在出海口的石砺山上的采石活动，都因有损珠江口的风水而被制止。

明清时期随着汉人的迁徙流动和朝廷对边境地区的实际控制，风水术还向许多以农业为主的民族地区传播，如侗族、土家族、瑶族、回族、畲族、壮族、纳西族、白族、彝族、哈尼族、傣族、毛南族、苗族、佤族、仫佬族、水族、仡佬族、布依族及满族等少数民族人也都重视和信仰风水，不论是选建村寨盖屋，还是安葬死者，都要请风水先生察看风水好坏。福建泉州《陈埭丁氏回族宗谱》记载信仰伊斯兰教的泉州陈埭丁氏回族人信奉风水，坟地都要请风水先生勘察。贵州锦屏苗、侗族人接受风水观念大概是在清乾隆朝时期，张应强、王宗勋主编的《清水江文书（第一辑）》卷七收录了清乾隆三十五年（1770）加池寨的一份"课地"文书：

"立课佳城 登山详审德一新地，柳星二宿登脉，摇动老龙精气，辞楼下殿，转井鬼成胎，形家名曰：黄龙出洞形。龙如浪潜，沙入勒马屯军，宾主正东南之美，由此规之，富而且贵，非前人着眼之未攻，造化留心与福善。故祖积有心地，应有此地耳。立土圭，兼金盘针，丁未丁丑分金，立金局，借库消纳而去。龙穴沙水四端，不假尽列，略表于单，是为万古平安之佳城也。地名：坳岭山新地一穴，日后令尊百年之后进葬另立课单。末学堪舆凤

城唐天常、渠阳吴正荣 乾隆卅五年三月初三日申时进葬太婆姜氏永远发达
吉课、永远兴隆。"

这里的两位风水师都是外地人，凤城唐天常可能是现在湖南凤凰人，渠阳吴
正荣则是湖南怀化人。入关后的满族皇家、普通旗人都深信风水。《北京图书馆
藏中国历代石刻拓本汇编》第 77 册收录的满族旗人戴全德于乾隆五十六年
（1791）撰写的《北山墓地记》说，他家祖坟在顺义县（今北京市顺义区）彰禧
庄，是老圈地，自高祖以下已安葬五代，因无隙地，只好另择新茔。选择新茔的
标准有二：一是距祖坟不宜太远，恐离祖墓太远，子孙祭扫时"顾其近宗而遗其
远祖，失水源木本之义"；二是风水要好，必须是堪舆家认定的"吉地"。最后选
定的新茔地在昌平州东（今北京怀柔区城西东坟村），
距祖坟 35 里。

（2）风水理论的新发展

明清时期地学的发展对风水理论不断发展起到了
极为重要的促进作用。明地学家王圻、王思义《三才
图会》在宋儒的"三大干龙说"基础上，提出了详细
的"三大龙说"，使中国的山系学说达到了完整化和系
统化。明末地学家徐霞客一生好访名山大川，他北抵
晋冀，南尽粤桂，东至浙闽，西极黔滇。清潘耒序
《徐霞客游记》文时说：

明地理学家徐霞客

　　　"其行不从官道，但有名胜，辄迂回屈曲以寻
之；先审势山脉如何去来，水脉如何分合；既得大势，然后一丘一壑，支搜
节讨。登不必有径，荒榛密菁，无不穿也；涉不必有津，冲湍恶泷，无不绝
也。峰极危者，必跃而踞其巅；洞极邃者，必猿挂蛇行，穷其旁出之窦。途
穷不忧，行误不悔。困则寝树石之间，饥则啖草木之实。不避风雨，不惮虎
狼，不计程期，不求伴侣，以性灵游，以躯命游。亘古以来，一人而已！"

潘高度评价了徐霞客的游历之旅，说明其是一位前无古人的地理学家，所著
的《徐霞客游记》对岩溶、流水、地貌等问题，都作出了科学的解释。该书还涉
及许多风水内容，据杨文衡《徐霞客的风水思想和活动》一文所作的考证，书中
经常出现的风水术语有龙、穴、砂、水、前案、后屏、水口、名堂、文笔峰、回
龙顾祖、龙脉、过脉、城、开洋、峰、外堂等 16 个。徐霞客考察山川地理的方

法与风水学说所提倡的"仙眼"和"小鬼腿"法几乎相同，即用眼睛和走路来说话。他在明代"三大龙说"基础上，进行了修正和补充，提出了自己的山脉分布系列的"三龙大势"，其目的就是说明他家乡和金陵龙脉的来龙去势。他说："是余邑不特为大江尽处，亦南龙尽处也。龙与江同发于昆仑，同尽于余邑，屹为江海锁钥，以奠金陵，拥护留都，千载不拔之基以此。"这些话完全就是风水理论的观点。徐霞客晚年还有给亲朋好友或寺庙看风水的活动。

明末清初的考据学家顾炎武在地学上也有贡献，他所著的《天下郡国利病书》中有《地脉》《形胜》《风土》等篇目，对舆地山川也作了有益的探讨。其引明《徐州志》论述徐州地形时说：

> "徐州境内之山，自西南来，连络东趋，以极于海。其河自西北至，萦洄南注，以达于淮；二洪龃龉，横绝乎前；四山连属，合围乎其外；襟带江淮，上游雄视；枕联河洛，万壑为宗；昔人所称东方一形胜焉，信不诬者矣。"

顾炎武虽不相信风水术，但他认定地形地势的论述确为风水师们所利用。

明末吴江人计成撰写的《园冶》一书也值得称道，此是有关造园学的专著，其中许多理论与风水理论有相通之处，他认为造园"必先相地立基，然后定其间进""卜筑贵从水面，立基先就源头，疏源之去由，察水之来历""相地合宜，构园得体"等，则与风水理论基本一致。《园冶·相地篇》在"相地"过程中把造园地分为山林地、城市地、村庄地、郊野地、傍宅地、江湖地六种类型，深受风水思想影响，体现出风水理论的环境景观要求。但

顾炎武像

《园冶》所主张因地制宜，任其自然，"园基不拘方向，地势自有高低"，"随圆就方"，"有高有凹，有曲有深，有峻而悬，有平而坦，自成天然之趣，不烦人事之工"等相地理论则与风水理论有明显不同。

明清时期风水理论不断得到新发展的标志之一是风水理论的"正规化"：朝廷组织编纂的大型丛书《永乐大典》《古今图书集成》《四库全书》等，都收录了许多著名风水理论著作，如郭璞《葬经》《黄帝宅经》、杨筠松的《撼龙经》和

《疑龙经》及《青囊奥语》、黄妙应《博山篇》等经典著作。当清代考据学兴起后，纪昀等在《四库全书总目提要》中对当时流行的代表性风水著作《葬经》《宅经》《天机素书》《地理玉函纂要》《天王经外传》《玉尺经》《九星穴法》《披肝露胆经》《地理大全》《地理总括》《山法全书》等，进行了考证和研究，对书的作者、年代提出了质疑，并对书的内容作了简明扼要的介绍。这时期考据类的风水著作多以"辟谬""校补""笺注""解惑"等名称出现，如明谢廷柱《堪舆管见》、明徐勃《堪舆辨惑》、清吴元音《葬经笺注》、清杨明勋《疑龙经校补》、清汪沆《青囊解惑》、清梅漪老人《阳宅辟谬》、清丁芮朴《风水祛惑》等，为后世研究历代风水理论提供了重要文献参考。这时期民间也有大量风水著作出笼，驳杂混乱，正如清乾隆时吴元音在《葬经笺注》凡例所说："地理之说以伪乱真，甚于他书十倍。盖自《青乌》《孤首》而后，代有传文，其见于《人天共宝》《仙婆集》《天机会元》《地理统宗》《地理大全》《山法全书》《人子需知》等集者，不下百十余种，而别刻单传，为各集之所未载，又不啻千百余家。"这是当时民间风水著作兴旺之况的写照。而且当时许多风水书籍都被冠以"大成""大全""全书"之类的名称，如明王君荣《阳宅十书》、明陈梦和《阳宅集成》、明无名氏《阳宅大全》、清叶九升《地理大成》、清叶泰《山法全书》和《平阳全书》、清魏青江《阳宅大成》、清李国木《地理大全》等，不一而足。

明清时期风水理论新发展的又一标志是风水分支理论的发达。明代理气派以缪希雍《葬经翼》为代表。缪希雍（1546—1627），字仲淳，号慕台，海虞（今江苏常熟）人，是我国明代后期著名的医家，也是明代著名的风水大家。因其精通医术，他把中医学上的"气""脉"等理论用之于风水，书中以望气、三宝经穴法、脉缓、脉急、脉硬、脉软、脉侧、脉中等概念为篇目。全书以"气"为论，如其说："夫山者，宣也，其气刚；川者，流也，其气柔。刚柔相荡，而地道立矣。"又称："势来形止，是谓全气。全气之地，法葬其止。""山止气聚，名之曰穴。"等等。他还把风水相地探穴过程视为医家看病诊断过程的望、闻、问、切，这对风水理论是一种创新。

明末蒋平阶也是理气派的代表人物，其初名雯阶，字驭闳，一字大鸿，别署杜陵生，松江（今上海松江区）人，为明代地学家。他是诸生出身，曾为明御史，明亡后，习无极子《玄空精要》、吴天柱《水龙法》、武夷道人《阳宅法》，游历十载，印证所学，终至茅塞顿开、堪舆大成，时人赞为一代"地仙"。晚年定居绍兴稽山耶溪，创蒋盘罗经。著有《地理辨正集注》《水龙经》《八极神枢注》等。他还精于文学，是"云间词派"后期重要人物，民国徐世昌《晚晴簃诗话》称："大鸿，堪舆大家，神解超迈，近百年来形象奉为圭臬。"《水龙经》专论风水中之"水"，全书以"水"为纲，以"气"为根本。其在论"气机妙运"时说："太始为一气，莫发于水。水中积浊，遂成山川。经云：气者，水之母；水者，气之子。气行则水随，而水止则气止，子母同情，水气相逐也。夫溢于地中之气，趋东趋西，即其水或去或来而知矣。行龙必水辅，气止必有水界。辅行龙者水，故察水之所来，而知龙气发源之始；止龙气者亦水，故察水之所交而知龙气融聚之处。"论述了"水"与"气"的表里关系，根据水流的走向就能够找到"生气"。《水龙经》堪为明清理气派的代表作之一。

明清时期属于理气派的著作还有明徐之镆的《罗经顶门针》、明王君荣的《阳宅十书》、清梅自实的《定穴要诀》、清高见南的《相宅经纂》等。

形势派理论在明清时期亦有较大发展，清乾隆年间赵玉材著《地理五诀》一书是该派风水理论的扛鼎之作。赵玉材，字九峰，直隶省磁州（今河北磁县）人。他针对当时社会上风水学"立法种种，各持一家，是分门愈多而道理愈晦，地理失传"的局面，为使"先贤诸书得分真赝"，于是，在乾隆乙巳年（1785）底，同徒弟一道"更相讨论研究，遍拣诸书"，"慨然有救正之心"，参阅了很多风水典籍，"尽所秘而笔之"，为"尽洗近今支支离离之说"，"故言期显易，一见能解"，"越七日而卷成"。做到了"持是法以相地，如规矩在乎物，无所遍其方圆"，"大小咸宜，而便于人者也"。《地理五诀》共八卷，卷一为五行基础和罗盘初步；卷二论龙脉生旺死绝形象；卷三论穴之阴阳富贵贫贱；卷四论砂形贵贱得位失位；卷五论水之吉凶进神退神；卷六论四局朝向龙水配合；卷七论二十四山向、十二种水口吉凶判断法；卷八论平洋地理风水要诀。《地理五诀》一书化繁为简，以山地风水为主，把阴宅地理风水归纳概括为五个主要的要素，即龙、穴、砂、水、向五个原则。在卷一中作者提出了一个著名的论断："地理之道与人同，人有三纲五常、四美十恶，地理亦然。"认为地理风水同人一样也有纲常伦理、美恶道德判断标准：气脉为富贵贫贱之纲，明堂为砂水美恶之纲，水口为生旺死绝之纲；龙真、穴的、砂秀、水抱、向吉为五常；罗城周密、左右环抱、官旺朝堂、气旺土肥为四美。认为地理风水也有十恶不赦之罪：龙犯劫煞返逆、龙犯剑脊直硬；穴犯凶砂恶水、穴犯风吹气散；砂犯探头槌胸、砂犯反背无情；水犯冲射反弓、水犯黄泉大煞；向犯冲生破旺、向犯闭煞退神等。这是地理风水的十恶不善，为大凶。所以地理风水家的职责就是要弃恶取善美。卷二至卷七就是围绕着龙、穴、砂、水、向五个要素展开论述，论述了五要素的各自形象、特点和彼此间的辩证关系。《地理五诀》提出的依水口而定火、水、金、木四局的"以水定局"观点，对后来地理风水师影响很大。虽龙、穴、砂、水在风水中很重要，但最终则由"向"来决定。"向"在地理五要素中起着提纲挈领的作用，"吉凶只在向中定""千里江山一向间""大地不能随处皆生，好向可以即地而立"等，所以作者把"寻龙点穴，以水为主，以向为尊"视为全书重中之重。

明清形势派风水深受儒家伦理观念的影响，注重风水中的"宗族"观念。《阴阳二宅全书》等著作强调首寻祖宗之山，再寻父母之山，然后找阴阳之穴。祖宗之山乃群山发脉处，父母之山乃山脉之入首处，风水力图通过山的"宗族"关系来表明山体气势的庞大。属于该派的著作还有清赵玉材的《阳宅三要》、清林枚的《阳宅会心集》、清叶九升的《地理大成·山法全书》等。

明清时期形势派与理气派实现合流，二者在风水实践中是相互关联的。清张心言《地理辨正疏》之"形理总论"说："不知峦头者，不可与言理气；不知理气者，不可与言峦头。精于峦头者，其尽头工夫理气自合；精于理气者，其尽头工夫峦头自见。盖峦头之外，无理气；理气之外，无峦头也。夫峦头非仅龙穴砂水，略知梗概而已，必察乎地势之高下，水源之聚散，砂法之向世，龙气之厚薄。"可见二者是一个整体，密不可分。明清之际在福建泉州、台湾地区颇有影响的形势派风水师淮右禅师就强调"形势为体，理气为用"，并以此为风水实践的指导。

明清时期理气派又产生了诸多流派，主要有以下几种：

八卦派：又称"六爻派"，即以六爻卦为基础，用三元九运当令之九星入中宫之法。阳宅以向上飞星为上卦，大门为下卦，将上下两卦合起来配成复卦，然后用八卦六亲太岁等，按方位判断吉凶。阴宅以水口的方位为下卦，上卦装法相同于阳宅。装好卦后安上六亲，再看六亲方位的峦头好坏，与七十二局生机点，合则吉，不合则凶，便可决定吉凶。

玄空派：相传是晋代郭璞所传，后经唐杨筠松、宋吴景鸾、明蒋平阶，直至清末沈竹礽。该派以后天八卦的易学理论为基础，采用挨星法（所谓"挨星法"就是以罗盘为工具，以挨排九星确定理气），以客观的气场分布和自然环境为依据。认为"阴气聚为鬼，阳气聚为神，阴阳和合为人"，人世间所有吉凶都是阴阳变化和五行生克所形成的"气"造成的。所以玄空派风水理论就是研究自然环境中的生克关系及其变化规律，达到趋吉避凶，实现在五行生克的自然环境中享受幸福安康。

八宅派：此派又称"大游年派"，其操作方法很简单，是以八卦坐山配"游年九星"（实则七星）论吉凶。所谓"游年九星"，是指生气（贪狼）、延年（武曲）、天医（巨门）、伏位（左辅）四吉星，绝命（破军）、五鬼（廉贞）、祸害（禄存）、六煞（文曲）四凶星，右弼不定星，属次吉星。应用时以八卦坐山作伏位（也有以门上起九星），配合游年九星，得出吉凶的结论。再将八卦坐山分别出东、西四宅，将八卦宅命（是以年干支为准，再根据命主出生年而得出宅主是什么命）与东、西四宅相配（一般是以东四宅配东四命，西四宅配西四命）以论吉凶。最后将游年九星配上七曜星，可得出宅主吉凶应期。此派风水在运用上比较方便，能很快得出较佳的效果。清赵玉材所创的阳宅三要派与此大体相似，所不同的是不重视年命，主要以房子的大门、主房、灶位三者之间的宫位生克论吉凶，而九星配置是由大门起伏位，大门不论开在什么方位，永远是伏位，其吉凶的产生，视伏位与主卧房和灶位的位置而定。

三合派：三合派又名"三合水法""六吉六凶水法"。所谓"三合"，即申、子、辰三合"水"局，寅、午、戌三合"火"局，巳、酉、丑三合"金"局，亥、卯、未三合"木"局。此派理论以二十四山向为基础，其原理是先定出墓宅的二十四山向，再将二十四山向配十二长生（所谓十二长生乃是命理学中的长生、沐浴、冠带、临官、帝旺、衰、病、死、墓、绝、胎、养）位来确定吉凶。先察看宅墓周围的水从何方来，向何方去，以水之去向定其吉凶。

三元派：三元派又称为"三元八卦水法""先后天水法""三元龙门八局"。该派原理是将时间（三元九运）和空间（峦头方位）加以协调运用，用六十四卦方位或二十四山方位分辨山水吉凶。其方法是以后天八卦的坐山方位为基准，找出其中的先天位、后天位、天劫位、地刑位、宾位、客位、辅卦位、库池位、水口、正曜、天曜和地曜。应用时先判断墓宅坐山所属的后天卦位及其对应的先天卦位，这个方位便是此墓宅的先天之位。先天八卦主人丁，后天八卦主妻财。但凡欲知人丁兴衰，就要用先天位来推测；要求妻财方面则须以后天之位来判断。

紫白飞星派：该派风水是按《洛书》之九宫顺序衍化而来的，以"坐山"为主，采用后天八卦方位来分布九星。以一卦管三山，将本坐之星安入中宫，用《洛书》九星飞布之法，以中宫之卦的五行为我，"八方"为星，再用"我"与

"八方"之后天八卦五行的生克关系来论断吉凶。所谓"紫白九星"是指一白在坎为"贪狼"，二黑在坤为"巨门"，三碧在震为"禄存"，四绿在巽为"文曲"，五黄在中央为"廉贞"，六白在乾为"武曲"，七赤在兑为"破军"，八白在艮为"左辅"，九紫在离为"右弼"。此派风水的用法主要就是注重元运的旺衰，以一至九数与八方的生克制化即可断出吉凶。

7. 近代以降：风水的衰落与兴起

19世纪70年代以后，由于洋务运动、西学传播，中国思想界开始了对风水的批判。西方传教士出于在中国传教的需要而批判风水，1875年，《万国公报》第333卷首先刊载了全祖望的《宅经葬经先后论》，编辑在文前的按语中指出："华人多惑于风水之说，吾西士当于新报中辩难之，然其实中国读书明理之士，则亦未尝为所蔽也。近见全谢山先生集中居有《宅经葬经先后论》一篇，援引典博，辨正详核，足以关堪舆家之口亦夺之气，爰亟录之以供众览。"随后，《万国公报》连篇累牍地刊登了一系列批判风水的文章。据郭双林《西潮激荡下的晚清地理学》一书统计，从1875年4月到1883年5月，仅《万国公报》刊登的专门批判风水的文章就达16篇之多。1880年上海圣教书会在该报上举办了以"风水无益论"为主题的有奖征文活动，先后收到文章21篇。洋务派人士和维新派人士则基于在中国筑路开矿的目的而批判风水，他们是为了富民强国。王之春撰《蠡测卮言》，反对"开矿有损地脉"之说。郭嵩焘《郭嵩焘诗文集·伦敦致李伯相》批"风水"云："论者徒谓洋人机器所至，有害地方风水，其说大谬。修造铁路、电报必于驿道，皆平地面为之，无所凿毁。至于机器开煤，吸水以求深也，煤质愈深愈佳。中国开煤务旁通，洋人开煤务深入。同一开采，浅深一也，有何妨碍？即以湖南地产言之，铁矿多在宝庆，煤矿多在衡州，而科名人物以此二郡为独盛。湘潭石潭产煤，世家巨族多出其地。湘乡产煤无处无之，功名爵禄尤称极盛。世人一哄之议论，无与发其蒙者，何不近据事实征之？"题目中的李伯相即为李鸿章。郑观应撰《堪舆吉凶论》，以"积德行善"之说反对风水之说；他在《盛世危言》中认为中国矿务不兴、利源未辟的重要原因之一就是"一由谬谈风水者妄言休咎，指为不便于民，以耸众听，于是因循推诿，动多掣肘，而有志于开矿者不禁废然返矣"。他还认为现在各省理财者明知中国煤、铁、五金诸矿至旺至美，而不能立即开掘者，皆为风水所致，其"谬悠之说信之甚坚，积习相沿牢不可破。以形家者言，遵守奉行同于圣贤经传，一孔之人凭其臆论，若以为吉凶之来其应如响"。他以西方地理学批驳风水，指出："至于西人所讲风水，则大异于是，西人所至通商开埠，但择四山环绕，风静水深，以备停泊，舟舰可冀安稳而无虞。其所居之屋宇，只求其高燥轩爽，敞朗通达，街衢洁净而已。若择葬地，止卜高原，远于民居，多植树木，以泄秽气，且多数十家同葬，俟葬满再择别处。从未闻开矿辟路而专讲风水，以至多所窒碍也。日本不讲风水，国祚永久，一姓相承至数千年。欧洲不讲风水，富强甲于五洲，其商民有坐拥多资富至二三百兆者。由是言之，风水安足凭哉！是宜有以革之。"郑观应已经开始从一种全新的角度来批判风水。1904 年《扬子江》杂志的编辑在刊登的《风水论》一文后所附的跋语中也说："今中国地利不兴，矿藏不启，每于开矿兴利之举，莫不惑于风水祸福，阻挠百般，坐待困穷。"刊登此文的目的，就是"醒迷信风水者"。但当时人们主要集中批判阴宅理论，而对阳宅理论则涉及较少。

郑观应像

《盛世危言》

　　民国初期作为五四新文化运动旗手的陈独秀，在晚清时已是批判风水的健将。他不但在其主编的《安徽俗话报》上刊登陈楒的《无鬼论》、咄咄的《论风水的迷信》，而且还亲自撰文批判风水邪说。五四新文化运动兴起后，他在《新青年》上又相继发表了一系列文章，抨击风水观念，如在《敬告青年》中写道："国人而欲脱蒙昧时代，羞为浅化之民也，则急起直追，当以科学与人权并重。士不知科学，故袭阴阳家符瑞五行之说，惑世诬民；地气风水之谈，乞灵枯骨，……凡此无常识之思维，无理由之信仰，欲根治之，厥维科学。"在《阴阳家》文中指出："古说最为害于中国者，非儒家乃阴阳家也（儒家公羊一派，亦阴阳家之假托也）；一变而为海上方士，再变而为东汉、北魏之道士，今之风水、算命、卜卦、画符……种种邪僻之事，横行国中，实学不兴，民智日塞，皆此一系学说之为害也。去邪说、正人心，必自此始。"自此以后，风水因不合乎西式科学（主要是西方地理学、地质学、天文学）而被否定，风水呈现出衰落的景象。但是风水作为一种文化现象依然有着广阔的存在空间，虽然受到官方的打压，在民间仍然流行。

自20世纪50年代至80年代中期，在中国大陆风水学说一直被视为封建迷信而受到批判，学界谈风水而色变，风水研究也为学界所不齿，风水理论研究受到沉重打击。但其在中国香港、台湾地区仍然盛行，从未有中断。20世纪80年代中期以后，随着国际上对风水的重视以及它的适用性，风水这门古老的学问又再次焕发新的活力，出现了明显的"回归效应"，国人开始理直气壮地研究风水，出现了一个风水研究的文化热。国内陆续出版了不少有着较高质量的研究著作，王其亨主编的《风水理论研究》、何晓昕的《风水探源》、高有谦的《中国风水》、詹石窗的《道教风水学》、程建军的《风水与建筑》、俞孔坚的《理想景观探源——风水的文化意义》、刘沛林的《风水——中国人的环境观》等，都是20世纪后期代表性的著作，分别从建筑学、哲学、美学、宗教学、民俗学、地理学、规划学、环境史学的角度对风水理论进行了较为深入的研究，产生了较大的影响，使风水理论的研究呈现出欣欣向荣的勃兴态势。21世纪的当代风水研究更应取其精华、剔除糟粕，实事求是地作出科学评价和阐释，从而更好地让其为人类造福。

纵观几千年的风水史，风水实际上就是古代人们探究天、地、人三者之间因果关系的方式和途径之一，是"地理环境决定论"在古代中国的表现。风水把地理环境看作决定人生命运的唯一因素，竭力寻找能够带来吉祥幸福、大富大贵以及子孙昌旺发达的所谓风水宝地。所以千百年来风水吸引了无数人的注意，其影响力和渗透力也越来越强大。许多人不是通过积极的主观努力去实现自己的人生理想和社会价值，而是把希望寄托在所谓能够改变人之命运的阴、阳宅上，以谋求富贵利达。但应该承认风水理论有其合理的内容。风水注重人与环境的有机联系及交互感应，因而注重人与环境种种关系的整体把握；通过对自然环境和人文环境的总体评价，达到天、地、人三者之间关系的和谐，选择适宜人类生存的理想环境。特别是风水中有关阳宅选建的理论，与中国古代的营造学、造园学互为表里、相辅为用，注重地形、地势、地貌，看重山水、土质、林木植被，追求建筑物与周围环境的和谐统一，从而形成了迥别于他国的独具中国特色的建筑文化。这是风水理论得以长期流传的重要外在原因。

风水理论在长期发展过程中，注重吸收中国传统地学、天文学和哲学知识，不断丰富和充实自身的理论，如传统地学中的四方、九州、高下以及许多地形、地貌知识，天文学中的天干地支、二十八宿、十二舍、七曜，哲学中的阴阳、五行、八卦等等，均为风水理论所吸收。因此可以说，这三大学问特别是地理学构成了风水的主要理论基础。中国古代历史上每一次科学的发展，如司南的发明、地磁偏角的发现，不仅未能使风水衰落，反而为其输入了新鲜血液。也正是由于有了科学、哲学作基础，风水也才有了其独特的环境、建筑美学价值，并深深地影响了传统建筑物形式和城邑村落的布局。这正是风水得以流传下来的重要内在原因。

二　风水的名词解释

本节主要对涉及风水的一些名词术语作一解释，以使读者对风水理论有所熟悉。

1. 生气

"气"是中国传统哲学的最重要范畴之一。"气"的原意乃是指流动而无定形的物质存在，殷商甲骨文"气"是一个象形字，上下两横像河岸，两横中间的一点则表示流水干涸之处。东汉许慎《说文解字》曰："气，云气也。"又说："云，山川气也。"东汉郑玄注《礼记·祭义》也说："气，谓嘘吸出入者也。"《大戴礼记·四代》则说："食为味，味为气。"这些都是论"气"的原意。《国语·周语》说："夫天地之气，不失其序。"这较早地将"气"引入了哲学层面。先秦《老子》云："万物负阴

《风雨占图说》之风雨形成图示

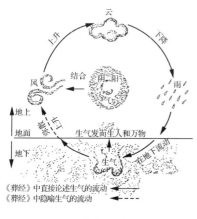

风水中生气循环图

而抱阳，冲气以为和。"以阴阳论"气"，表明"气"是万物之源，阴阳二气化合为万物。汉王充《论衡·自然》亦言："天地合气，万物自生。"

风水理论引入传统哲学中"气"的概念，将其作为其学说的理论依据。晋郭璞《葬经》最早提出风水中的"生气"说，云："葬者，乘生气也。夫阴阳之气，噫而为风，升而为云，降而为雨。行乎地中而为生气。生气行乎地中，发而生乎万物。……气乘风则散，界水则止。古人聚之使不散，行之使有止，故谓之风水。"认为阴阳之气就是生成万物的"生气"，阴阳二气交合的结果，呼出则变成风，上升则变成云，下降则变成雨，蕴藏于地下则为生气。故其成为风水生气论思想之源。所以由此出发，风水理论认为"生气"可以是真实的气流，也可为各种地形地势、生态小气候及景观，而后者则是"生气"的表现形式，可视为"生气"的聚结或运动。正如《葬经翼》所说："气者形之微，形者气之著；气隐而难知，形显而易见。"《青乌先生葬经》言："内气萌生，外气成形，内外相乘，风水自成。……内气萌生，言穴暖而生万物也；外气成形，言山川融结而成形象也。生气萌于内，形象成于外，实相乘也。"这说明形是气的外部表现，形、气是一个整体。所以古代风水师有"望气者"之称。风水理论和实践中均强调"生气"的作用，孜孜追求宅居环境处于"生气"聚结之地，以取得自然与人伦社会的和谐协调，实现参天地、赞化育，荫人养物。美国学者罗丝巴哈于 1987 年在其著作《风水——中国的方位艺术》中写道："气是风水中最重要的因素。"并且断言："认识气，便懂得风水的全部。"在中国古代风水理论中，不论是阳宅风水还是阴宅风水，都特别重视"气"，以"气"择宅，常把有无生气聚结作为判断风水地的好坏标准。《地理或问·叙》说："山必开阳而后有生气聚，水必弯曲而后生气留。山必有起伏、转折活动而后有生气，水必停蓄之处而后有生气。"认为山水交合才能使生气止息凝聚。有的风水著作还对于如何察生气提出了一些原则和方法，如《葬经翼·望气篇》："凡山紫气如盖，苍烟若浮，云蒸雾霭，四时弥留，皮无崩蚀，色泽油油，草木茂盛，流泉甘冽，土香而腻，石润而明，如是者气方钟也未休。"《儒门崇理折衷堪舆完孝录》："作福之地，其气特奇，停停然如宝盖，郁郁然似灵芝。望之则有影可见，即之则无形可拘，或红或黄，或紫或赤，或白而滋润，或黑而有光，或五色相间，或万象交腾，又或如空中之锦绣，或如五彩之文章，凡此皆造化吉气钟之于地，故精光特露有如是也。"所以风水活动中的寻龙、观砂、察水、点穴等行为，都围绕着寻找生气聚结之地。风水理论中理想的生气聚结环境是后有靠山，远有朝山，左右有砂山护卫，前面有水界气。

2. 龙脉

龙脉即山脉，也指水的流向，是风水理论中最为重要的概念。古代风水理论常借龙的名称来代表山川的走向、起伏、转折、变化。《管氏地理指蒙》说："指山为龙兮，象形势之腾伏"；"借龙之全体，以喻夫山之形真"。表示探究事物原委的成语"来龙去脉"，最早就是与风水有关。古代风水家讲究山川形势，把山称为"龙"，观察山脉的走向、起伏，寻找聚气之势；他们也喻河流为"龙"，追寻水的源头和流向：由此产生"来龙去脉"之说，成为风水理论中论说山川龙脉起止形势的专门术语。此外，风水理论中还用"寻龙捉脉""寻龙望势"比喻其相度地理形势。

龙脉的产生与我国古代早期地理学有关。我国早期地理学知识比较发达，约在战国时期就出现了区域性的地理著作《山海经》和《尚书·禹贡》。《山海经·五藏山经》把我国山地分为南、西、北、东、中五个走向系统，每个系统中有起首、结尾和伸展方向。《尚书·禹贡》则根据大禹导山、导水的路线，以山川为纲把中国划分为"九州"。《考工记》曾说："凡天下之地势，两山之间，必有川焉，大川之上，必有涂焉。"汉儒马融在《禹贡》基础上提出山脉分布的"三条"说，汉儒郑玄则将《禹贡》山脉划分为"四列"说。

三条为：

北条：岍—岐（陕境渭河北岸）—荆山（陕西）—壶口—雷道（陕晋间）—太岳—砥柱—析城—王屋（晋南）—太行—恒山—碣石（河北）入海；

中条：西倾—朱圉—鸟鼠——太华（陇陕）—熊耳—外方—桐柏—陪尾（鲁南）。分支：蟠冢（陕南）—荆山—内方—大别（鄂皖）；

南条：岷山—衡山—敷浅原（庐山）。

四列为：

第一列：由渭河北岸的岐山往东，至碣石入海（即相当于"北列"）；

第二条：由西倾山往东，经桐柏至鲁南陪尾（即相当于"中列"主干）；

第三条：由蟠冢山往东，至大别山（即相当于"中列"分支）；

第四条：由岷山经衡山，到敷浅原（即相当于"南条"）。

二说均为后世风水理论所吸收，作为龙脉分布的依据。唐僧一行提出"山河两戒"说："自三危积石，负终南地洛之阴，东及太华，逾于河；并雷首、砥柱、王屋、太行，北抵常山之右；乃东循塞垣，自岁貃、朝鲜，是为北戒，所以限戎翟也。自岷山蟠冢负终南地洛之阳，东及太华，连商山、熊耳、外方、桐柏；自上洛南逾江汉，携武当、荆山，至于衡阳；及东循岭徼，达东瓯闽中，是为南戒，所以限蛮夷也。"所以，风水家以黄河、长江为界，将中国的山系分为南、北、中三大干龙，北干系指黄河以北的广大区域诸山，山脉从西北高原展开，主脉山脊以西之水，流入龙门西河；山脊以东之水，流于幽冀，入于东海。山系一支脉为太行山，太行山绵延千里，其最长一分支为燕山山脉，东延尽于平滦。中干系指黄河与长江之间的地域山系，其山脉由蜀汉而来，一支至长安，而尽于关中；一支下函谷，以至嵩岳，支尽泰山。南干系指长江以南区域诸山系，其主脉祖于岷山，也有若干分支。风水家所划分的中国诸山山系大概，与实际山脉的分布与走向情况大略相同。

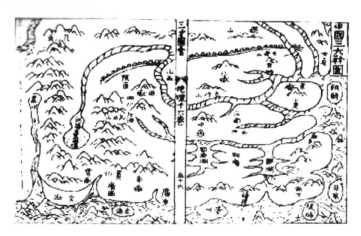

《三才图会》载风水三大干龙图

昆仑山在中国文化地理中占有很重要的地位，许多历史文献称昆仑山为"帝之下都""万神之所在""天之中柱"。因此，古代风水家也格外重视昆仑山，认为它是天下群山之祖，下生"三龙入中国"。所以古代风水家将其作为山脉祖宗支派的大纲，若要探寻龙脉之来源，必先洞悉以上诸山之支派，依次寻"龙"，按图索骥。所以风水理论在论龙脉之原时，则以"祖宗父母"称名。宋风水大师黄妙应《博山篇》论龙脉时，就是先论祖宗，后论父母，其云："寻龙法，寻祖宗，寻父母祖宗所居极高之方。"所以古代风水理论根据龙脉聚结之处与祖山的远近，依次分为太祖山、少祖山、父母山、主山等。《山法全书》对之有明确的定义："太祖者，最高之山，山一方为发脉之祖，群龙之所从者是也。大者为一郡之主，或数邑之祖，两旁必有大山夹之。""少祖者，自太祖分落之后再起太山，作此方诸干龙之太祖是也。"父母山乃是"祖宗父母者，自己一龙之山也"。主山则是龙脉的聚结之处，从干龙或支龙而来者，常称来龙，亦称镇山。

平地也有龙脉。其标志固然不如山地龙脉那么明显，但仍有迹可循。它的标志是微地形和水流。《地学简明》说："高一寸为山，低一寸为水。"张子微《玉髓真经》云："中原平地及湖乡，行龙入地至难详。寻得龙来无穴下，茫茫阔远何相当。此名天平只看水，水绕弯环是穴中。若还舍水去寻穴，望望皆平无定踪。龙著逢水穴方止，无水难断去不穷。"判断龙脉好坏的方法，是审定山脉的长远，辨别山脉的大小兴衰如何。《地理人子须知》认为审辨龙脉的方法是："以水源为定，故大干龙则以大江大河夹送，小干龙则以大溪大涧夹送，大支龙则以小溪小涧夹送，小支龙则惟田源沟洫夹送而已。观水源长短而支干大小见矣。"风水家认为，龙的贵贱基于龙祖山的远近，龙之有祖，犹水之有源、木之有根，源远则流长，根深则叶茂。山脉来得绵远者，发官亦绵远；山脉来得短促者，发福亦短促。

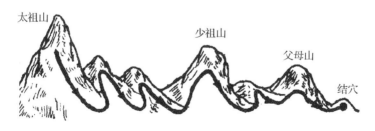

龙脉流向图

3. 形势

关于形势，现代人的一般解释是指国内外的时事发展趋势，也指事物的发展状况。实际上它是古代风水理论中的重要概念之一。早在先秦时期的文献中就有形势为题的论述，如《管子》中的《形势》《形势解》诸篇，《孙子》中的《形

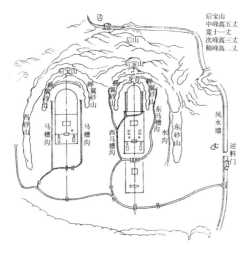

清东陵惠陵及妃园寝风水形势

篇》《势篇》等。其中，"形"有形式、形状、形象、表现等意义；"势"指姿态、态势、趋势、威力等意义。汉班固《汉书·艺文志》载当时有"形法家"，为汉代风水术的一大流派，其学正是"大举九州之势，以立城郭室舍形"。晋代风水宗师郭璞最早提出了风水理论的"形势说"，其《葬经》云："千尺为势，百尺为形，势来形止，是为全气。"注曰："千尺言其远，招一枝山之来势也。百尺言其近，指一穴地之成形。"可见，"形势"是指龙脉与结穴之处的势态与形状。选择穴之目的，就是葬时乘以生气，而生气无形，唯有考其形然后可得。《葬经》又说："夫气行地中，其行也，因地之势；其聚也，因势之止。善葬者原其起，乘其止。"因此，尽管气有升沉聚散，变化莫测，行于龙脉，亦行踪飘忽。委蛇东西，或为南北。促其始发之时，必有势可寻，得势则得其来去。又因山之形色，缘气而生，因而形即气的外在形态。缪希雍《难解二十四篇》云："气者，形之微；形者，气之著。气隐而难知，形显而易见。"因此，察势辨形是望气寻穴的关键。形与势有区别，"势"是指龙脉的格局趋势，即山川的整体外观；"形"是指结穴之山的形状，或指结穴之山。所以风水家认为山川发源后，必然形成"势"。五代曾文遄《寻龙记》说："大凡寻龙必看势。"《管氏地理指蒙》也说："来山为势，结穴为形。"缪希雍《葬经翼·察形篇》则云："势即来龙，形即穴星。"都是论说"形"与"势"的关系。

风水理论对判断"形"与"势"的好坏也有论述。缪希雍《葬经翼》称："势来形止，若马之驰，若水之波。形近而势远，形小而势大。审势之法，欲其来，不欲其去。欲其大，不欲其小。欲其强，不欲其弱。欲其异，不欲其常。欲其专，不欲其分。欲其逆，不欲其顺。"对势的要求是：势必欲行，行则远，远则腾。势不欲止，止则来无所从。势欲其来，势不畏露，势必欲圉，圉则顺。对形的要求是：形不欲露，露则气散于飘风。形必欲圉，圉则气聚而有融。形不欲行，行则或东或西。形必欲方，方则正。

风水形势说的理论对古代皇家的宫殿、陵寝，及城市、村镇聚落、坛庙、寺观和园林都产生了重要而积极的影响，在现代社会中仍具有现实意义。

4. 水口

水口是风水相地的重要内容。水口是指某个风水地中水流之去处，明缪希雍《葬经翼》说："水口乃地之门户。"又说："水口者，一方众水所总出处也。"中国人在"天地为庐"的思想支配下，将某些经过良好围合的露天空间与人工环境融为一体，水口被视为村落的门户与灵魂。水口一般处在两山夹峙狭窄处，随着山势的蜿蜒以及茂密树木和众多建筑的遮掩，形成一个狭小的入口，容一条小路及溪水弯曲而过。从水入至水出，水所流经的地区即是水口的范围。《入地眼图说》卷七"水口"云："自一里至六七十里或二三十余里，而山和水有情，朝拱在内，必结大地；若收十余里者，亦为大地；收五六里、七八里者，为中地；若收一二里地者，不过一山一水人财地耳。"这是说水口范围与富贵成正比例。水口包容的地面越大，所能承受的容积越大，造福的涵盖面越大。水口的大小是相对的，大水口内有小水口，许多小水口构成大水口。村有村水口，县有县水口，省有省水口。有水就有水口，有水口就圈定出一特定地围，依地围而讨论吉凶。我国地势西高东低，通常情况下，入水之口多在西北，出水之口在东南。风水术以西为尊，西来之水为吉，出水之口在东南亦为吉。风水罗盘上巽位表示东南，属吉方，我国许多古村落的出水之口多在东南，并且有特定的标志。一般都有桥梁、大树、祠庙立于水口，成为村落的标志，它关系到村落的兴衰和吉凶。地处万山间的古徽州地区，各个村落四面皆山，形成较封闭的完整空间，水口也就自然而然地成为村落的咽喉，被认为关系到村落人丁财富的兴衰与聚散。为了留住财气，除选择好的水口位置外，还必须建筑桥台楼塔等物，增加锁钥的气势，扼住关口。所以古代徽州人特别重视水口地带景观的建构，在村落的出入口即"水口"地带种植风水林，建造水口园林，以之作为村人聚玩憩闲之地。这种以风水林为主体营建的园林形式与通常园林所不同的主要是以变化丰富的水口地带的自然山水为基础，因地制宜，巧于因借，适当构景，形成了"绿树村边合，青山郭外斜"的特征，使山水、田野、村舍有机融于一体，"自成天然之趣，不烦人事之工"。徽州《仁里明经胡氏支谱》记考川仁里的水口园林是："水口两山对峙，涧水匝村境，……筑堤数十步，栽植卉木，屈曲束水如之字以去。堤起处出入孔道两旁为石板桥度人行，一亭居中翼然，……有阁高倍之，……榜其楣曰：文昌阁。"这表明仁里水口结构完全符合风水理论的"水口"结构，景观的布局则完全是园林式的。徽州休宁古林《黄氏重修族谱》记载地形说："东流出水口桥，建亭其上以扼要冲，而下注方塘以入大溪为村中一大水口，桥之东有长堤绵豆里许，上有古松树十株。"古徽州地区像这样的水口园林比比皆是，如歙县的檀干园，黟县的西递、宏村等就是集水口和村镇于一体的园林。可见，徽州水口园林正是中国传统园林中风景构筑与风水理论有机结合的最好体现。

歙县潜口水口园林水香园

徽州村落水口图（徽州《仁里明经胡氏支谱》）

5. 天门地户

天门地户是由水口派生出的风水名词。"天门"为村落河流入口处，"地户"是村落河流出口处。《周礼·大司徒疏》引《河图括地象》曰："天不足西北，地不足东南，西北为天门，东南为地户，天门无上，地户无下。"因中国地势，水多由西而东流，于是后世风水

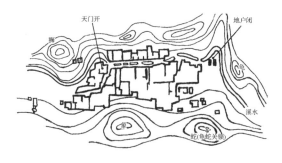

天门地户示意图

中，以河流流入村落的入口为"天门"，以河流流出村落的出口为地户。"天门"要求开敞，如果一眼望去看不尽来水的源头，就称为"天门开"，门开则财来；"地户"要求封闭，如果一眼望去看不见水流走的景象，就称为"地户闭"，户闭则财用不竭。为了封闭"地户"，徽州村落往往在下水口建筑桥、台、楼、塔等建筑，大量种植树木，增加锁钥气势，扼住关口，形成水口园林。如绩溪县冯村

在上水口架安仁桥，并在桥上方围墙设"天门"；在下水口筑理仁桥关锁水流，并建台榭于桥下方，象应"地户"；再衬以四周狮、象、龟、蛇几座山，天门开，地户闭。风水表达了吉凶观。水口往往有很多树木及文昌阁、魁星楼、庙宇等建筑。

6. 明堂

上古之时，明堂是天子理政、百官朝见的场所。风水中的"明堂"则是穴位前面那块平展的空地，即阳宅大门前面或阴宅前方的范围，这是地气聚合的处所。相地就是要选好明堂，然后点穴，达到趋吉避凶之目的。明堂分为小明堂、中明堂、大明堂，明堂之中最重要的是中明堂，中明堂属吉，如大、小明堂也美，则这个穴位更吉。穴位的成败，主要决定于中明堂。所谓"小明堂"是指凡有窝、钳、乳、突四种穴形时，在穴位四周略低的地段，下雨时有水从上至下向左右两间分流，交汇在穴位下部正中处，此处即是小明堂。所谓"中明堂"是指墓穴前

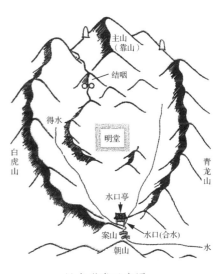

风水明堂示意图

面稍远处，有青龙、白虎山环抱，龙、虎山支流水聚汇所在。所谓"大明堂"是指案山内水流汇合之处。明堂的形状要讲究完整屈曲、回环、高低分明，四面平稳，中间低窝。平净而四周高，这是上吉明堂。明堂实际上就是人们的居住空间，大到都市，小到村落，其四周都有互相联系的自然环境。明堂必须是盆地，明堂内要有弯曲之水，水的出口为水口；明堂内还有田园、树木。中国古代从周文王、周武王开始，在关中盆地里发展，关中盆地相对而言是小明堂，关中盆地发展之后，就必然要控制大明堂，即进入华北大盆地，控制这个大明堂。明堂用在居宅也是如此，如北京四合院前面的一个院子，实际上就是一个明堂。所以说明堂从仰韶文化时期就已出现，它发源于关中盆地的岐山周原，进而发展成为中国完整的明堂体系，奠定了中国风水文化的基础。

7. 点穴

"穴"的本义是土室。《诗·大雅·绵》:"古公亶父,陶复陶穴,未有家室。"穴还有孔洞、巢穴、扩穴、针灸部位等义。风水理论把"穴"作为死者的葬地或生者的住所,也就是龙脉止聚、砂山缠护、川淑潆回、内敛向心之处。穴通常前亲后倚、左右相称,一般是同主山、明堂、案山、朝山在一条轴线上。京都以朝殿为正穴,州郡以公厅为正穴,宅舍以中堂为正穴,墓地以金井为正穴。穴由穴场和穴位构成,穴场是穴位的外围,是穴位的保护层。穴场的来龙要生动活泼,能够藏风聚气,前后有回应。顾名思义,穴位就是穴的位置,是"取得气出,受得气来"的地方。风水师常用人体穴位来譬喻风水穴位,认为"盖犹人身之穴,取义至精"。确定穴的位置就称为"点穴",其本质是寻找藏风聚气的最佳点,这个点具有完美的景观意象,使人能获得最丰富的心理感受。风水理论认为龙穴是天造地设,既有生存之龙,必有生成之穴。如何判断龙穴的好坏?首先是龙要真,看地重在择穴,择穴重在审龙,龙真必结穴。其次是看龙虎明堂、罗城水口,要威风排场。凡山水向是为真,山水背是为假;风藏水逆气聚是生,风飘水荡气散是死。龙逆水方成龙,穴得水在砂逆。风水师认为点穴是一件很难的事情,故有"三年寻龙,十年点穴"之说。所以点穴是风水术中最为关键的一环,宋黄妙应《博山篇》云:"穴有高的、低的、大的、小的、瘦的、肥的,制要得宜,高宜避风,低宜避水,大宜阔作,小宜窄作,瘦宜下沉,肥宜上浮。阴阳相度,妙在一心。"《青囊海角经》卷三"点穴"对此也云:"定穴之法如人之有窍,当细审阴阳,熟辨形势,若差毫厘,谬诸千里,非惟无福荫祐,抑且酿祸立至,可不慎欤!"点穴有何奥妙?《青囊海角经》又说:"点穴无他法,只是取得气出,收得气来,便是妙手。若悟得时,横裁直剪,直裁横剪。自是明眼。若仿效比拟,依样画葫芦,何时是了。"这就是说点穴要随机应变,不可生搬硬套、弄巧成拙,特别强调灵活性和悟性。古代风水师总结了许多点穴的方法,如太极定穴法、阴阳两仪定穴法、三势定穴法、加减定穴法、聚散定穴法、向背定穴法、耳角定穴法等。

8. 察砂

"砂"是穴场四周环抱的山体,同主山(来龙)为主从、君臣关系。《青囊海角经》说:"龙为君道,砂为臣道。君必位乎上,臣必伏乎下,垂头俯伏,行行无

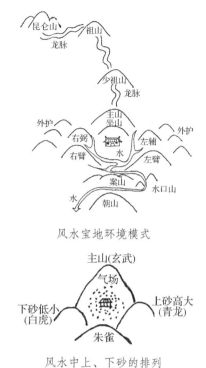

风水宝地环境模式

风水中上、下砂的排列

乖戾之心；布秀呈奇，列列有呈祥之象；远则为城为郭；近则为案为几；八风以之而卫，水口以之而关。"这是对龙脉与砂的关系及砂的环境景观意象的描述。风水格局中，较为重要的砂有"左辅""右弼""案山""朝山""护山""水口山"等。"左辅"为穴场左边之山，又称青龙砂、左肩、左臂，还称上砂。"右弼"则为穴场右边之山，又称白虎砂、右肩、右臂，也称下砂。"护山"则是青龙砂和白虎砂之外的山体。"案山"是位于穴场前面较近、体量相对较小的山。"朝山"是位于穴场前面较远、体量相对较大的山。案山、朝山又统称为朱雀。"水口山"是水流去处的两岸夹山，又称捍门。

风水理论中重视左右护砂的选择，要求上砂（青龙砂）比下砂（白虎砂）高大，俗语"不怕青龙高万丈，就怕白虎抬头望"就源于此。风水理论要求案山端正圆巧、秀媚光彩、回抱有情，是大吉；朝山要远，高大秀丽，呈"远峰列笋天涯青"之势。所以朝山、案山对穴场的作用，可使穴前收拾周密、名堂开阔，收到融聚生气之效。风水观念认为砂与水有关，砂水相连，砂关水，水关砂。水左来，砂右转；水右来，砂左转。所以风水中理想的风水环境是主山高耸，青龙蜿蜒、白虎驯服；朝案山前后有序，一律内倾，似有情之意；砂脚（水口砂）有潺潺流水，环绕缓流。

9. 立向

所谓"向"就是风水穴位的坐山朝向。朝向是古代人出于对居住的本能需求，在实践中获得的知识。人们为使住屋采光取暖，须使住屋面向阳而背阴。西安半坡遗址建筑物的门都面向南方。《诗经·大雅·公刘》中"既景乃冈，相其阴阳"诗句，是说公刘在一山冈上立物测影，以定方向。《周礼·地官·大司徒》中有大司徒用土圭"测土深，正日景（影）"之说。这说明朝向在古代社会的重要性，古代人对朝向的选择是可以通过生态学原理来诠释的。古代帝王的统治术被称为"南面之术"，《易经·说卦传》说："圣人南面而听天下，向明而治。"所以古代皇家宫殿、州府郡县官署衙门均取正南向。古代风水师看风水主要做两件事，一是"相土尝水"择地，二是"辨方正位"定向。《管氏地理指蒙》说："卜兆乘黄钟之始，营室正阴阳之方，于以分轻重之权。……生者南向，死者北首。"又说："卜兆营室二事，一论山，一论向，为堪舆家第一关键。"这些说法深受阴阳五行八卦思想的影响，风水理论将其相融入，认为阴、阳宅的朝向应和宇宙阴阳之气相协调及与宅主的命运相呼应，这导致了朝向的超功利性和神秘性。所以千里来龙，关键在一"向"字：得其向，则能得其生气；失其向，则纵有千里来龙，亦无所用。清《地理五诀》认为"寻龙点穴，以水为主，以向为尊"，"向"在地理五要素中起着提纲挈领的作用，"向者，龙、穴、砂、水之大都会也。……盖龙本一也，而向能使其生、旺、死、绝；穴本一也，而向能使其有气、无气；砂本一也，而向能使其得位、不得位；水本一也，而向能使其杀人、救贫"。提出"吉凶只在向中定""千里江山一向间""大地不能随处皆生，好向可以即地而立"等说法。

《书经图说》记上古羲叔夏至日用景表土圭测量日影，以辨方位、定时令

　　风水术中常以坐山的发脉处以及五行与方位的关系，分成金、木、水、火四种龙局；又根据阴阳变化再分为阴、阳二龙，从而出现了八种龙局；再按照二十四山向所排出八种龙格，均各有自己的吉凶方位。每种龙格排定十二个方位，对应名称是：一长生，二沐浴，三冠带，四临官，五帝旺，六衰，七病，八死，九墓，十绝，十一胎，十二养。唯有长生向为最吉，余皆不可作为朝向，所以立向的关键就是寻找"长生"的方向。风水师确定朝向一般是通过罗盘来实现的。阳宅一般以大门为朝向，风水师把罗盘放在大门处，校正好罗盘上的指南针，就获得了房屋朝向。阴宅的坐向比之阳宅更为严格，因为阴宅所能乘得的生气只分布在一条非常狭小的线脉之内，稍一偏移，就可能脱离脉气。所以古人说："分金差一线，富贵不相见。"定向的方法通常是在棺木头尾的中心点作一直线（或在金斗的向背中点作一直线），其背面为坐，向面为向。

10. 喝形

"喝形"为风水术语。所谓"喝形"就是凭直觉观测将山比作某种动物，如狮、象、龟、蛇、凤等，并将动物所隐喻的吉凶与人的吉凶衰旺相联系，借助动物建立人与自然之间的比拟关系，由此确认人在自然界的居住位置。《管氏地理指蒙》所列喝形就有仰掌、献掌、虎印、花之跌蒂、龙、蛇、龟、舞鹤翔鸾、狂虾巨蟹、卧牛、驯象、鱼、驼等各种形式。杨筠松《十二杖法》之"离杖"也用黄蛇吐气、美女铺毡、仙人弈棋、丹凤衔书、贵人用印、猿猴捕影、灵龟照子、将军打弹、狮子戏球等优美形象描述离杖之穴的地形特征。古徽州村落的选址，大多以喝形为依据。浙江永嘉县蓬溪村《蓬溪谢氏宗谱》记载谢灵运后人所居村落的喝形是：水口之山为石狮、象、龟、鱼，村落四围还有诸如观音坐莲、美女梳妆、鹰捕蛇、狮捉象、将军、仙人、牛鼻、虎头、燕巢、鸡冠等山之形胜，秀异可观。安徽绩溪县冯村设"天门""地户"，并衬以四周的龟、蛇、狮、象几座山，强烈地烘托出村落的安全感。

11. 引水补基

引水补基为风水术语，就是对不理想的地形采取一定的补救措施，使之符合风水理论的要求，而达到理想的风水环境模式。引水补基为第一要义，因为"水"通常被视为"财富"的象征。《水龙经》说："水积如山脉之住，…… 水环流则气脉凝聚。…… 后有河兜，荣华之宅；前逢池沼，富贵之家。左右环抱有情，堆金积玉。"所以许多缺水的村落都要引水入村。清福建《龙岩县志》对如何引水载曰："水之利大矣。…… 古之智者因自然之势而导之，潴而蓄之曰'塘'；壅而积之曰'陵'；防而障之曰'堤'、曰'坝'；引而通之曰'沟'、曰'圳'。"引水补基主要有引沟开圳、挖塘蓄水、开湖、筑堤坝等方法，其目的是"荫地脉，养真气"，或聚财、兴运。许多地方都有这样的实际事例。福建《莆田浮山东阳陈氏族谱》卷二记载东阳村引水补基说"自公卜居后，凡风水之不足者补之，树木之凋残者培之"，并在宗祠中心"开聚星池以蓄内地之水"。《翀麓齐氏族谱》载婺源翀麓齐氏族祖齐渊公精堪舆之学，在村头引沟开圳，遂使该村科举日盛，该圳至今尚存。明永乐时，黟县宏村汪氏族人听从休宁风水师何可达的指导，将村中一处泉扩挖成月塘，以储"内阳之水"而镇丙丁之火；至万历年间，又因来水躁急，而在村南开挖南湖，缓冲水势，储"中阳之水"以避邪；成为引水补基的典型。元明时期徽州棠樾鲍氏族人进行了两次大规模的水系改造：先在棠樾村西溪上截流筑成"大姆堨"，使溪水沿村庄南面由西向东环绕如带；又引横路塘水绕村东去聪步亭，慢流至七星墩义善亭水口。明初引水入村，棠樾前后街设有水圳，供村民取水和洗涤。

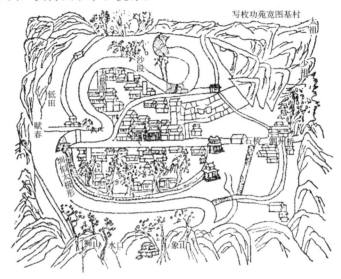

徽州《翀麓齐氏族谱》所记村落引水补基

12. 石敢当

石敢当是风水术中的镇符，为长方形石碑，或嵌入墙中或独立而置，上刻"石敢当"三字，有的刻成"泰山－石敢当"或"泰山石敢当"。相传黄帝时代，蚩尤残暴，头角坚实，无人能敌。一次登泰山，自称天下谁敢当，女娲遂投炼石制其墨，上镌"泰山石敢当"，蚩尤惧。从此"泰山石敢当"成为民间辟邪神石。又据《姓源珠玑》，石敢当为五代时的力士，生平逢凶化吉，能御侮防危。故后人凡桥路冲要处，必刻石书其姓名，以捍卫居民。风水师将其神秘化，作为消灾的镇符。《鲁班经》说："凡凿石敢当，须择冬至日后甲辰、丙辰、戊辰、庚辰、壬辰、甲寅、丙寅、戊

泰山石敢当

寅、庚寅、壬寅，此十日乃龙虎日，用之吉。至除夕用生肉三片祭之，新正寅时立于门首，莫与外人见。凡有巷道来冲者，用此石敢当。"所以一般人家不敢随便立此石。石敢当通常被置于村落入口处、河川池塘岸边、门前巷口、三岔路口直冲处等处。如歙县渔梁某宅因门正对紫阳山上一怪石，故将门偏斜朝向紫阳峰，同时在门前安"泰山石敢当"一尊。黟县城内很多民宅将门远离冲巷之处，而在冲巷的墙角处立"泰山石敢当"。

13. 罗经

罗经又称罗盘，是风水师用之看风水的工具，只是看形势而定吉凶。罗经源于汉代的六壬占盘，随风水理气派的兴起，罗盘由简单到复杂，各种术数派都将自己的理论列于罗盘上，用于风水实践活动。最初使用的罗盘上只有八卦和二十四山，杨筠松及其弟子创正针、中针和缝针三合式罗盘，叫做"三合盘"。后有人又将三合、三元两盘有机地结合起来，形成了综合罗盘。到明清时期，罗盘已经成为风水师的必备之物。风水师取罗盘之包罗万象、经纬天地之义，尊称罗盘为

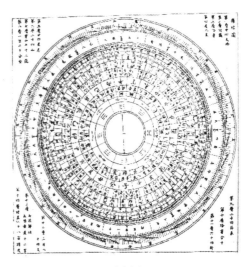

风水罗盘

"罗经"。清叶泰《罗经解》说罗盘具有"呼风唤雨"的神力：既能相天，"乘风、立向、消砂、纳水"；又能测地，"测山川生成之纯爻，以辨其地之贵贱大小"；还能推时，何时为吉，何时为凶。所以罗盘是"凡天星、卦象、五行、六甲也，所称渊微浩大之理，莫不毕具其中也"。

罗盘的种类很多，数不胜数，有两三圈的，也有多达四十几圈的。但罗盘基本结构还是三盘三针，即正针、缝针、中针。

正针：天池内浮针所指南北方位即磁极子午，风水师用此针"格定来龙"，起指南针作用，测定山的具体方位。这是每个罗盘必备的一层，也叫"地盘"。

缝针：二十四山方位向左错开半格，即指臬影子午。它的作用是用来纳水，即测定来去水的吉凶方位。此盘故称"山盘"，按正针二十四山盘顺旋半个卦山

即是。

中针：二十四山方位向右错开半格，指北极子午。其作用是消砂和拨砂，按正针二十四山盘逆旋半个卦山即是。此盘又称"人盘"，这是古代风水师从阴阳来分，认为山属阳、水属阴，所以就增设了中针二十四山。

14. 藏风

藏风为风水名词，是指穴场周围的护砂完整，拱护周密，不使外风荡刮穴场而使生气飘散。古代风水家认为，生气因水而聚、因风而散，故风水之法，得水固然重要，但若穴不避风，生气随之散逸，得犹如不得。郭璞《葬经》云："风水之法，得水为上，藏风次之。"又云："气乘风则散，界水则止。古人聚之使不散，行之使有止。"这是说风对"气"所产生的重要影响。

风水中藏风聚气的环境模式

我们知道生气论是风水思想的核心，只有"藏风"，才能达到"聚气"的目的。风水理论对"藏风"的环境要求是山岭宛转逶迤、迂回盘绕、层层拱卫，土层深厚，流水弯弯，草木茂盛。正如《葬经》所曰："宛委自复，回环重复。……欲进而却，欲止而深。来积止聚，冲阳和阴。土高水深，郁草林茂。"注曰："高垅之地，天阴自上而降，生气浮露，最怕风寒，易为荡散。如人深居密室，稍有罅隙通风，适当肩背便能成疾。故当求其城郭密固，使气之有聚也。是以堂穴之四维四正前后八方，须当求其完密而无空缺，使生气避风而凝聚，一有空缺，则风荡穴场，不惟无吉，反致灾殃。"这对如何实现"藏风"和"聚气"提出了对环境条件的要求。

15. 补风水

补风水是指古代风水师根据风水理论，对不太理想的地形地势施以人工的处理措施，使之成为理想的风水环境，又称为"障空补缺"。风水理论提倡补风水，有很多极为精彩的论述。风水典籍中明确提出"障空补缺"之说的是司马头陀《论葬》，其云："障空补阙只可施之砂水及水口，或加培补，或植林木。若夫龙穴则皆天然，一定不可移者。譬夫人焉，肥者不可使瘠，瘠者不可使肥，昂者不可使俯，跛者不可使伸，势使然也。世有形体亏欠，而贵为卿相者多矣，状貌姝好而不过常人者亦多矣。以此类推，当辨真伪，不当论完缺口，尘埃中识宰相是道也。"《地理大全》卷二十九"裁成之妙"也说："挖庞去滞，障水蔽风，截长补短，添砂续脉，此随时化裁，尽人合天之道也。善作者能尽其所当然，不害其所当然，斯为得之。"所以古

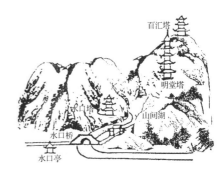

山水塔亭景观示意图（选自《法天象地》）

代风水实践中常通过引水聚财、植树补基、建塔"兴文运"及镇煞等措施来补风水，实现"障空补缺"的目的。如北京故宫的镇山——景山上所修建的五个亭子，既增补了景山的横向山势，又增强了故宫整体的气势，形成了京都的中轴轮廓线。中国南方地区村落所植的风水林，各地城镇所建的风水塔、文昌阁、魁星楼等，都属于补风水的措施。

16. 得水

所谓得水，就是风水地前面要有水流的存在。水在风水中占有很重要的地位，郭璞《葬经》中说"风水之法，得水为上"，就是强调水的重要性。先秦时期人们就把水视为大自然的组成部分，《管子·水地篇》说："水者，地之血气，如筋脉之通流者也。"风水理论也是如此，《宅经》称住宅所处的环境应是"以形势为身体，以泉水为血脉，以土地为

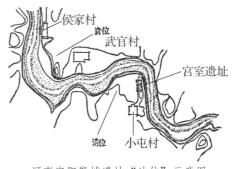

河南安阳殷墟遗址"汭位"示意图
（《中国建筑史》）

皮肉，以草木为毛发"。风水中的"水"是生气的体现，《管氏地理指蒙》说："水随山而行，山界水而止。……聚其气而施耳。水无山则气散而不附，山无水则气寒而不理。……山为实气，水为虚气。土逾高，其气逾厚。水逾深，其气逾大。"这说明水与气脉是密切相关的。故风水中相地先看水，宋黄妙应《博山篇》说："凡看山，到山场先问水。有大水龙来长水会江河，有小水龙来短水会溪涧。……水来处是发龙，水尽处龙亦尽。"这说明水和龙脉是相伴而行的。《博山篇》又说："水近穴，须梭织。到穴前，须环曲。既过穴，又梭织。若此水，水之吉。"

这强调水之情形必须弯曲环抱，最忌直去无收。实际上先秦时期的"汭位"建宅（"汭位"是指河流的凹岸，即内弯曲之处），说明先秦人注意对水流凹岸之处的选择。因为随着时光的流逝，河水冲击，可以在"汭位"（凹岸）获得更多的基地；反之则会受到河水冲击而崩塌，造成基地的丧失。所以《堪舆泄秘》所说"水抱边可寻地，水反边不可下"之道理就在于此。为了实现得水，风水实践中常采取引沟开圳、挖塘蓄水、开湖、筑堤坝等方法，聚结生气，获得良好的人居环境。

17. 负阴抱阳

负阴抱阳是风水理论中的基本观念，也是中国传统建筑选址和建筑格调的基本形式之一。《老子》最早提出"负阴抱阳"的理念，说"万物负阴而抱阳"，后被风水家借用而成为风水学说中风水地选址的基本原则。"负阴抱阳"包含有两层意思，一是背负高山，面对江河；二是坐北朝南，面向太阳。风水理论中，"向阳"是风水地成为"吉地""吉宅"的必要条件。风水学说把山视为阳，水视为阴；山南为阳，山北为阴；水北为阳，水南为阴。风水理论认为理想的风水地要达到坐北朝南、背山面水的条件，这完全符合现代生态学的原理：背山有利于抵挡冬季北来的寒风；面水有利于生产生活；朝南便于获得良好的日照，免于生病。所以历代风水师选址必"相其阴阳"，寻找"阴阳合和，风雨所会"的风水宝地。风水理论《阳宅十书》对阳宅选择说："凡宅左有流水，谓之青龙；右有长道，谓之白虎；前有污池，谓之朱雀；后有丘陵，谓之玄武。为最贵地。"所以理想的风水环境应是背负祖山，左有青龙、右有白虎二砂山相辅；前景开旷，有水流自山间流来，曲折环绕而去；前方案山、远方朝山相对；砂山之外还有护山相拥；这样就形成一个四周有山环抱、负阴抱阳、背山面水的良好地段。如徽州呈坎古村落整体形态是坐西朝东，完全体现了背山面水的"负阴抱阳"形式：村西紧靠葛山、鲤王山；村北有龙山、长春山；村南有龙盘山、下结山；村东紧靠自北向南的潨川河，河之东是数千亩的田园。呈坎村背山面水，山环水抱，地势平坦，但有一定的坡度。这种优美的自然环境、良好的局部小气候环境，正是通过"负阴抱阳"风水理念的实践所实现的。

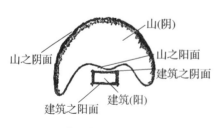

负阴抱阳的风水吉地

18．宅外形

宅外形是阳宅风水中常见术语，主要指住宅的外部环境。风水理论对阳宅的宅外形极为重视，《阳宅十书·论宅外形》云："人之居处，宜以大地山河为主，其来脉气势最大，关系人祸福最为切要。若大形不善，总内形得法，终不全吉。"这是说人之居处要与大地山河相协调，注重外部环境的选择。故此，书中要求说："阳宅来龙原无异，居处须用宽平势。名堂须当荣万马，……或从山居或平原，前后有水环抱贵，左右有路亦如然。……倘有卓笔及牙旗，耸在外阳方无忌。更须水口收拾紧，不宜太迫成小器。星辰近案名堂宽，案近名堂非窄势。此言住基大局面，别有奇特分等第。"可见其对宅外形的基本要求是居宅地势要宽敞平坦，周围有山水环抱，还有秀峰耸立、水口紧缩、案山横搁等。古代风水的阳宅理论对居宅的外部环境有明确的规定，《阳宅十书·论宅外形》称："凡宅左有流水，谓之青龙；右有长道，谓之白虎；前有污池，谓之朱雀；后有丘陵，谓之玄武。为最贵地。"这是一种所谓的"四神砂"结构，是符合"背山面水"的风水环境模式。古代风水典籍根据风水师的风水实践，列述了数十种阳宅外形的"吉凶"模式。

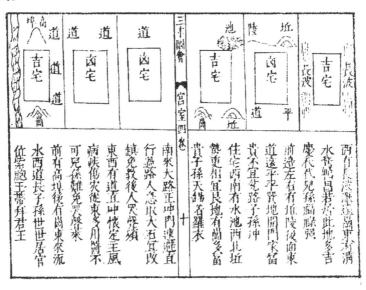

《阳宅外形吉凶图》（选自《三才图会》）

19. 宅内形

宅内形也是阳宅风水中常见的术语，主要指居宅内部环境空间的布局。理气派风水理论对居宅的内形最为注重。如《阳宅撮要》引《宅宗》说："阳宅亦要察坐势、朝案、向道，若专据九星，不察形势方位，虽吉无益也。"这是强调宅内环境的重要性。阳宅风水理论对做好宅内环境也有要求，如《阳宅撮要》卷一"形势"云："凡屋以天井为财禄，以面前屋为案山。天井阔狭得中，聚财。前屋不高不矮，宾主相称，获福。"这是从居宅整体环境布局来要求，后屋比前屋要高，从后往前逐渐降低，成主从之势。这主要是保证了房屋的采光，使后面房屋的视线不受阻碍，否则会产生压抑心理，出现"前屋太高者，主受欺"的情况。所以规模较大的民居，以前面的屋为"案山"，以左右两侧的厢房为护卫，中设天井为"明堂"，房屋排列从后往前次第降低，呈错落有序之势。《黄帝宅经》对宅内形提出"五虚""五实"之说。《阳宅十书》对宅内形则给出了非常直观的各种吉凶不同图式，并配以相应解说文字，以供选择应用。其中虽有神秘迷信的成分，但包含有讲究通风、排水、采光、清洁卫生、生活起居、交通等合理内容，以及满足生理与心理需求等方面的内容。

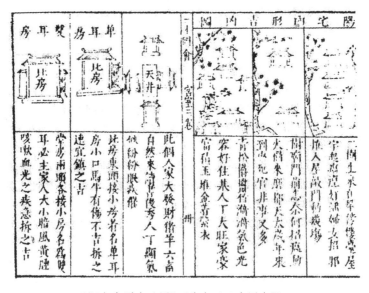

《阳宅内形吉凶图》（选自《三才图会》）

20. 解煞

"煞"是风水中常见的术语，就是自然界存在的使人产生恐惧心理的某种禁忌。人们为了消除带来这种恐惧心理的禁忌，常常借助于风水术的手段，谓之为"解煞"。一般认为有"煞"就说明居宅不吉，会给主人带来灾祸。如门对石壁、两门相对、门对烟囱、右屋高左屋低等，都是不吉利的。正如风水术中常说的"门对石煞，非关即押""白虎压青龙人亡财尽"。风水术中常采用特殊的数字、色彩、形体以及有力的符镇手段，包括石敢当、太极八卦图、镇山海、照妖镜、符镇图案与文字等，来抚平和消除人们的恐惧心理。风水术中常见的"煞"有缺角煞、污口煞、开口煞、门冲煞、天斩煞、破财煞、孤寡煞、桃花煞、穿堂煞、斜冲煞、直冲煞、割脚煞、窗外煞、廉贞煞、反光煞、天弓煞、火形煞、破军煞等种类，须用不同的手段予以解除。

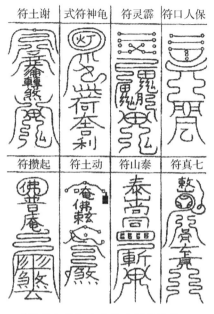

《阳宅十书》中的风水解煞镇符

第三章　风水林的产生与价值

一　风水林的产生

　　森林是先于人类而存在于地球的陆地生态系统的主体。人类发展的文明史证明，森林是人类进化和人类文明的摇篮。早期原始人类在繁衍生息的漫长历史时期中，仰赖森林的庇护，依靠森林树木提供生存与发展所必需的食物、居住及生产条件等，实现向文明社会的进化发展。美国著名人类学家摩尔根（Lewis Henry Morgan）在《古代社会》一书中说："我们一向认为我们的始祖诞生在热带阳光照射之下的果木林中，这是很有道理的。"恩格斯在《家庭私有制和国家的起源》中也指出："这是人类的童年，人还住在自己最初居住的地方，即住在热带的或亚热带的森林中。他们至少部分地住在树上，只有这样才可以说明，为什么他们在大猛兽中间还能生存。"由此可见，森林树木对人类的生存有一种特别的意义，形成了人类的生存意识里难以弃舍的情结，它凝聚了人类在进化过程中的生存意识里与森林树木之间最原始的依恋之情。中华民族因某种文化形态的存在似乎可被称为属"木"（森林）的民族。《易经》内容的核心"八卦"，就将属"木"（森林）的东方之卦赋予了中华民族。中华文化的传统价值观中，将"木"列为"五行"之一，认为"万物莫善于木"。中国古人极富想象力地创造了与"木"（森林）有关的语言符号的字体构成，我国最早的文字——甲骨卜辞中就有"树""榆""栎""柏""桑""竹""杜""栗""柳""杞"等文字，

1	2	3	4	5	6	7	8	9	10	11	12	13
執	竇	苗	毓	樸	桑	柏	栗	竹	筍	杜	柳	杞
14	15	16	17	18	19	20	21	22	23	24	25	26
狼	狐	狽	獸	豸	雉	虎	象	鹿	麋	兔	阱	莫
27	28	29	30	31	32	33	34	35	36	37	38	39
蕎	岺	楚	野	折	采	春	東	南	朝	休	封	邦
40	41	42	43	44	45	46	47		48			
樹	田	疇	圃	焚	舟	楛	晨		車			

附注:本表参考文献为，任中舒主编:《甲骨文字典》,成都，四川辞书出版社，1990年；高明涵:《古文字类编》,北京，中华书局，1980年。

甲骨文中有关林木文字对照表
（《中国古代林业史·先秦篇》）

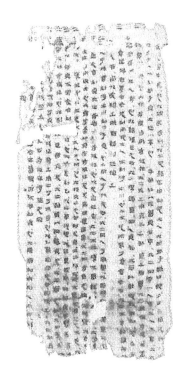

长沙马王堆出土的帛书《周易》

以及与"木"（森林）相关的"寮""莫""亳""采""休""焚""农""野""囿"等文字的出现，都有力地说明东方的中华民族对"木"（森林）依附的行为意识中永存的"木"（森林）情结。因此，古代人们的生存意识里存在"木"（森林）情结，在情感上就会产生与树木及树木生长环境进行交流对话的欲望，从而产生关于森林的吉凶观念和意识。

中国古代人很早就存在关于森林的吉凶观念和意识，《易经》对此就有载述。帛书《周易》"林"卦就记述了周人的这种观念："林卦：林。元，亨，利，贞。至于八月有凶。""初九：禁林。贞吉。""九二：禁林。吉，无不利。""六三：甘林。无攸林利；既忧之，无咎。""六四：至林。无咎。""六五：知林，大君之宜。吉。""尚六：敦林。吉，无咎。"这说明先民们早就认识到林木植被对防止水土流失、调节小气候的作用，把禁止砍伐森林看作是"吉"的表现，把肆意破坏森林看作是"凶"的行为，这也反映了周代人已认识到人与自然和谐的重要性。风水林的产生就是古代人们这种吉凶观念和意识的行为结果之一。

古代人们对于林木的这种吉凶观念，实际是先民们长期以来在生存环境选择中形成的。因为我国受季风气候影响明显，如何避开冬季寒冷干燥的偏北风和迎纳夏季暖湿的偏南风，对远古时期人们的生存极为重要。当时人选择的居住地环境为：北面有蜿蜒的群山峻岭，南有远近呼应的低山小丘，东西两侧有群山环抱；群山环绕之中的应是盆地或谷地，有源于群山之中的河溪流经盆地或谷地，河溪流出盆地或谷地之处应是两山夹峙。这样的地形环境，北有靠山可挡寒冷的东北风，朝南可获得较多阳光日照，背靠大山有茂密的森林植被，前方有河流流淌，有利于生活、生产活动的开展。但在没有靠山的平原地区，人们只有通过广植林木来阻挡寒冷干燥的偏北风。如旧石器时代的北京猿人居住的"龙骨洞"，是靠周围的山体来阻挡寒冷偏北风的。新石器时代的西安半坡遗址和商代的河南小屯的殷墟遗址，均在背靠大山、坐北朝南处的临河边阶地上。这反映了远古人们在利用地形、地貌、气候、植被和水文等自然生态条件来营造适合自身生存和生产环境的杰出智慧。为了使这种有利于人类自身生存的自然生态环境不被破坏，先民们就把这些山、林赋予了风水山、风水林的吉祥名称和令人敬畏的神秘意义。

风水林的产生还与我国古代的山林崇拜观念有关。我国先民早在先秦时期就存在对山林的崇拜意识，先秦文献《礼记·祭法》说："山林川谷丘陵能出云，为风雨，见怪物，皆曰神。"这说明上古先民视山林、川谷、丘陵为神，懂得名山大川能够兴云致雨，以利天下。《国语·鲁语上》云：

云南西双版纳傈尼人村落神林

"社稷山川之神，皆有功烈于民者也。"这就是说土地、五谷、山川等诸神皆为有利于民众的神。秦汉时，祭祀泰山有"配林之祭"，《续汉书·祭祀志上》记载："（建武三十年）三月，上幸鲁，过泰山，告太守以上过故，承诏祭山及梁父。时虎贲中郎将梁松等议：'《记》曰：齐将有事泰山，先有事配林。盖诸侯之礼也。河、岳视公侯，王者祭焉，宜无即事之渐，不祭配林。'"应劭《风俗通义·林》曰："林，树木之所聚生也。今配林在泰山西南五六里。予前临郡，因侍祀之行故往观之，树木盖不足言。"这里的"配林之祭"就是山林崇拜形成制度的事实。秦汉以后，随着风水理论的产生和发展，山林崇拜就衍化成对风水林的崇拜和禁忌。宋徽州《乡俗拾遗》记载："邑地土著乡民留俗，凡清明前几日，若风和日丽，男女老少皆寻青上山，手执青枝，或插于头上。男壮身穿蓑衣，头戴树帽，佯为'树人'，欢乐歌舞，曰'封山日'也。"这是当时徽州地方崇拜山林的祭祀惯例。很多风水林被视为神林、神山，如福建南靖县南镇岩兜村的风水林被视为"神山"，除去干枯的树枝可被捡作柴火外，村民不得砍伐任何树木。这种风水林融入了很深的宗族信仰之情，其意义大则代表一个村运气的兴衰，小则代表一个家庭的兴衰，所以风水林是宗族大力提倡种植和保护的山林。

风水林是风水意识的产物，它是受传统风水观支配的。前文已述，所谓风水观是中国人在长期适应自然生态环境过程中形成的一种思想意识，其目的是追求理想的生存环境。理想的生存环境必须"藏风""得水""乘生气"。中国古代人们对居宅、村寨、城镇、葬地的选择，都强调地形地貌对"藏风""得水"的功用，注重选择风、水结合和富有"生气"之地，特别重视对挡风聚气、藏水聚水的环境选择。风水理论认为好的风水地不仅形局佳、气场好，而且山清水秀、环境宜人。林木茂密就是好的风水环境的表现。因此，风水理论常把"土高水深，郁草林茂"（《葬书·内篇》）的生态环境看成是理想的风水环境，并且把"气好—林茂—大吉"相连于一起。所以古代人们一方面通过"好气场"的外部表现，即林木茂盛来寻找理想的生存环境；另一方面通过广植林木或保护林木来获得好风水。古代人在风水理论的实践中常常通过保护龙脉来维持风水，并把它转化为有目的地保护山、林的实际行动。所谓"龙脉"，前文已述，即依据山脉的走向延伸趋势而确定能给人们带来吉祥福祉的山脉和山岭，要求山势高大绵长，不能有断山、石山、过山，山上必须林草郁茂，能阻挡北来寒风、寒气。四周林木茂密，则村中不受凶风恶暴，否则就没有"生气""生机"，"气不和，山不植"。所以"龙脉"就是"藏风""得水""乘生气"的山脉和山岭。"龙脉"又被冠以风水山之名，山上的郁草茂林就是风水林。风水林则是保护龙脉的龙之毛发，也是村落藏风得水的关键。传统风水观中对"龙脉"的培护，实际上就是对风水山、风水林的培护，通过培护风水山上的林木，来防止山上的水土流失，保持风水山的稳固和优美的自然环境。风水著作《阳宅会心集》中说"村乡之有树木，犹如人之有衣服，稀薄则怯寒，过厚则苦热"，则明确说明了树木对人的重要性犹如衣服对人的重要性。有山有水而无林木，有如人之失却衣饰与毛发。山清水秀，人文才能康健发达。故此，风水林就是基于培护"龙脉"的目的而人工栽植或天然生长并受到保护的林木。

二　风水林的价值

风水林的价值是多方面的，主要有自然和社会人文价值。

（一）风水林的自然价值

1. 风水林的生态价值

森林作为地球上可再生自然资源及陆地生态系统的主体，在人类生存和发展的历史上起着不可替代的作用。森林是绿色植物的载体，也是人类最忠实的伙伴。据美国的研究，森林的直接经济效益仅为森林总效益的 1%；据日本的研究，森林的间接效益是直接效益的 20 倍：这些都说明了森林的生态价值绝对不能被忽视。作为森林成员之一的风水林其生态价值无疑也是很大的，对保护生态环境发挥了重要的作用。风水林的生态价值主要有以下方面：

其一，风水林具有吸碳放氧之功能。自然界中的一切动物都要靠氧气来维持生命，而森林是天然的制氧机，如果没有森林等绿色植物制造氧气，则生物生存将失去保障。据科学家研究，森林生态系统对二氧化碳和氧气在大气中的平衡起调节作用。1 公顷阔叶林在生长季节每天可吸收近 1 吨的二氧化碳，释放 750 千克的氧气，能够满足 973 人的需氧量。据估计，森林每年以光合作用的形式吸收 50 亿吨的二氧化碳，这与人类燃烧化石燃料产生的二氧化碳量基本相当。森林是使二氧化碳转化为生物能量的重要加工厂，因此森林有“地球之肺”之称。有了森林，自然界的空气就会纯净新鲜，人一走进森林中，就会立刻感觉到清新舒畅，能消除疲劳和富有生气。江苏南京紫金山是南京镇山，方圆 45 000 亩，其中森林面积达 35 000 亩，森林覆盖率达 77.8%，占南京市森林面积的 15.6%。据林业界人士测算，紫金山各类森林年吸收二氧化碳 480 万吨，释放氧气 380 万吨，按国际环境生态效益方法计算，年综合生态价值达 18 亿元，可供 1300 多万人呼吸所用，是南京城区市民氧气平衡的依托。其遏制城市“热岛”的效用十分明显。特别是与玄武湖相邻，充分发挥城市肺、肾的重要功能，是消纳城市二氧化碳及其他污染物、毒物的重要净化器。

其二，风水林具有蓄水保土的功用。风水林还可以涵养水源、保持水土。森林是陆地的海洋，是水的闸门，是一座巨大的蓄水库。每年一亩林地比一亩无林地至少能多蓄水 20 立方米。据科学测算，每亩森林每年要从土壤中吸收 15 万—25 万千克水。树木在土壤中根系达到 1 米深时，每公顷森林可贮水 500—2000 立方米，每平方公里森林每小时可吸纳雨水 20—40 吨，为无林地的 20 多倍。我国东北林区每公顷红松的枯枝落叶层能含蓄 11 500—28 775 千克水。每年森林的水源涵养量相当于现有水库总库容的 75%，5 万亩森林的水源涵养量相当于库容 100 万立方米的小型水库。这说明森林是绿色的水库。正如农民所说：“山上种了树，等于修水库；雨多它能蓄，雨少它能吐。”这正是对其形象化的概括。森林的树冠、枝干、地表的枯枝落叶等可减少雨水对土壤的直接冲刷，盘根错节的根也牢牢地把土壤“拴”在一起，能将雨水吸收保存，调节水量，保育土壤，防止

云南哈尼族村落、梯田、风水林景观
（中国农业文化遗产网）

洪水的暴发和河川的干涸。在林地上只要有 1 厘米厚的枯枝落叶层，就可以把地表径流减低到四分之一以下，就可以减少泥沙流失量的 94％。有林地每公顷泥沙流失量为 50 千克，无林地为 2.22 吨，相差达 43 倍，这说明森林减少地表径流的作用是很显著的。径流的减少减轻了对土壤的冲刷。据西双版纳的观测，在年降水量为 1459.4 毫米时，雨林地每平方米的土壤冲刷量仅 2.8 千克，而相同面积的刀耕火种地却高达 3647.5 千克，是前者的 1302.7 倍。日本林业厅对森林生态系统的环境效益定量计算结果表明，日本森林一年内的贮水量达 2300 亿吨，防止土沙流失量达 57 亿立方米。所以古代人们爱在城市或村落的来龙山和村落后山护种风水林，这对防止山上的水土流失，特别是防止山体滑坡和泥石流等重大灾害的发生，发挥了重要的作用。如浙江东阳市北江镇大园村前月牙形的池塘前有一垫脚林，每年雨季，从山坡上流下的雨水与泥流冲刷着村庄，多亏有垫脚林的保护，村落基址才未被雨水、泥流冲毁，全村百姓的生活得以幸福平安。现今，许多山区经常发生山体滑坡和泥石流灾害，这与肆意砍伐和破坏村落风水林有很大关系的。云南哀牢山区哈尼族人从实践中认识到有林才有水，其栖居地多选择居住在海拔 1000—2000 米的山腰上，山顶上有繁茂的森林，是哈尼族的风水林，寨子四周是青翠的竹林，依寨脚而下的是层层错落有致的梯田。寨子上方是保存完好的森林植被，可以防止水土流失、滑坡、泥石流等灾害的发生。寨中的生活用水依靠林中丰富的水资源。

其三，风水林具有防风御寒的作用。林木组成的防护林带可降低风速、减弱风力。据科学测定，如在 5 级风时，人造林带外的风速是每小时 9.5 米，而林内只有每小时 7.7 米，减弱近 20％。连片的森林则能使台风减弱 1—2 级，能减低风力灾害的等级。森林能降低年平均温度，缩小年温差和日温差，减缓温度变化的剧烈程度，在寒冷的冬天里保持林内稍高的温度。因为森林的呼吸蒸腾和蒸发水分消耗了大量热能，所以夏季森林在垂直和水平的一定范围内的气温较空旷地低，冬季又因林地内散热较空旷地少而又使气温略高于林外。所以森林能够起到调节气温的作用。古代人常常在有缺口的西方（特别是西北方）、北方（东北方）

和东方（特别是东南方）建造风水林。按风水术的说法是为了破解"煞气"对人和建筑物的入侵。其实质是为了阻滞季风的入侵。因我国有相当一部分区域地处东亚内陆地区，秋冬二季受西伯利亚的冷空气影响较大，多刮西北风。寒冷的西北风如果没有屏障就可直吹入居住地，易使居民受风寒，诱发哮喘等各种疾病。而在此缺口西北方（乾方）上建造风水林，就可有效地阻挡寒冷的西北风，调节气候，对居民健康大有裨益；同时又可减缓风速，对保护建筑物也有益处。在东南方（巽方）缺口上植树，也是如此。因我国夏季受太平洋暖风影响较大，多刮东南风，有时台风也会从东南方向袭来，常常造成房倒屋塌、人亡田毁的惨剧，这在客家土楼分布的东南沿海地区尤甚。所以，在东南方的缺口上建造风水林，就可以阻挡东南季节风的直接贯入，有效地减轻季节风、台风和暴风雨的侵害。在北方地区种植的风水林还能够防止风沙对人体和居住地的侵害。黄山市休宁县鹤城乡右龙村村西北有一片长 500 米、宽 220 多米的千年水口林，近百棵古树名木葱茏叠翠，蔚然壮观。每到夏天，古树林内空气新鲜、荫凉舒适，是全村人乘凉的好去处。

其四，风水林具有净化空气、改进空气质量的作用。森林净化空气除能吸收二氧化碳、释放氧气外，还有吸滞粉尘和杀灭病毒的作用。树木叶子表面由于具有许多绒毛或皱纹，或能够分泌黏液及油脂，因而对空气中的粉尘、飘尘有阻挡、过滤和吸附作用。据科学测定，森林具有庞大的吸附面，每公顷森林的叶面积总和为林地面积的 75 倍，每平方米叶面一昼夜可滞留粉尘 3—4 克，每公顷森林可滞留粉尘 32—68 吨。所以，林区空气的含尘量比无林区低得多，城市绿化区空气的含尘量比非绿化区低约 50%—60%。森林还能够吸收有毒气体，如一亩柳杉林每天吸收 4 千克二氧化硫。氟化氢对人的危害比二氧化硫大 20 倍，女贞、橘树、洋槐、泡桐等树种都能吸收它。树木对环境恶化如大气污染还有预报能力。有些森林树木还能够分泌出大量的芳香性等挥发物质，能够杀死病原菌及致病原生动物。据有关资料，1 公顷松树或桧柏林，一昼夜能分泌出 30—60 千克的植物杀菌素。这些杀菌素能均匀地扩散到树林周围 2 公里远的地方，可杀死随尘埃飘浮在空气中的白喉、伤寒、痢疾、肺结核等病菌和一些病毒，保护居民身体健康。可以说森林既是大自然净化空气的绿色工厂，是大自然杀菌抗病的"自然防疫员"，也是吸烟滞尘的"天然吸尘器"。可见，森林对改善空气的质量发挥了极为有效的作用。此外，具有芳香性的酯类、醇类、酮类和萜烯类物质，还能够刺激人们的呼吸中枢，从而使人保持较长时间的旺盛精力和身心健康，调节、愉悦、舒畅人的情绪，令人神清气爽。据说德国的铁血宰相俾斯麦常听从医生的建议，在公务繁重导致疲惫的时候，就会借拥抱一棵大树来恢复精神。风水林里的空气中含有非常丰富的负离子（它带有负电荷），它具有调节神经系统和促进血液循环的作用，可以改善心肌功能，增加心肌营养，促进人体的新陈代谢，提高人体的免疫能力，它是空气里的"维生素"、大气中的"长寿素"。据测定，在城市的室内，每立方厘米的空间只有 40—50 个负离子；郊外旷野里，每立方厘米有负离子 100—200 个；而在森林里，每立方厘米的负离子则多达 2 万个以上。生活在森林之中的人能够长寿，其道理就在于此。

云南大理苍山森林景观
（《新编大理风物志》）

其五，风水林还能够减弱噪声，改善小气候环境。森林高大浓密的树冠枝叶能起到"隔音板"和"消声器"的作用，能较为有效地降低噪声对人体的危害。如果人站在树林中间，就几乎听不到森林外公路上汽车的马达声。因此，森林是减弱噪声的"天然消声器"。森林蒸腾作用可促进水分小循环，改善小气候，增加降雨量。例如我国广东雷州，随着造林面积的扩大，年降雨量有所增加。据观测，20 世纪 50 年代平均降雨量为 1300.3 毫米，60 年代为 1425 毫米，70 年代达到 1708.8 毫米。此外，风水林亦具备防火效能。南方地区种植的常绿树种，如樟树、青冈树、楮树、竹类等，不易着火，能形成天然的防火墙；加上风水林内树木浓密，杂草难以生长，即使发生山火也无法蔓延。

由上可见，风水林具有较高的生态价值，林木的有无和多寡对人类生活和生产有着巨大的作用和影响。它不仅在生理、心理上影响人的健康，关系到人的寿命长短，而且能直接、间接地促进或阻碍生产的发展。风水林的生态价值，就是风水理论上所说的风水林木能产生"吉气""避寒""护生机""护荫地脉"等作用的源头。

2. 风水林的保护价值

风水林的保护价值主要包括风水林的保护生物多样性和珍稀物种的价值、防卫价值。

风水林具有特殊的防卫功用。我国西南及华
南地区历史上喜植箣竹于城镇及乡村聚落的周围
为风水林，以防止匪盗的侵害，保护城镇与村落
的安全。晋人戴凯之《竹谱》载："棘竹骈深，一
丛为林。根若推轮，节若束针，亦曰笆竹，城固
是任。"这说明了箣竹林在城镇安全保护方面具有
特殊的作用。《竹谱》并进一步论述道："棘竹，生
交州诸郡，丛生有数十茎。大者二尺围，肉至厚
实中，夷人破以为弓。枝节皆有刺，彼人种以为
城，卒不可攻。万震《南州异物志》所谓种为藩
落，阻过层墉者也。或卒崩根出，大如十石。物

具枝刺的箣竹

纵相横，承如縿车，一曰笆竹。"箣竹，又称棘竹、笻竹、刺勒竹，因其具有枝
刺，枝条横生密集如织一般，以及耐火烧、抗火能力强，丛生、萌发能力强的特
点，故种植之，可保护城镇与村落居宅的安全，防止外人的侵入。唐刘恂《岭表
录异》在"棘竹笋"条目曰："其竹枝长刺，南人呼为刺勒。自根横生枝条，展转
如织。虽野火焚烧，只燎细枝嫩条。其笋丛生，转复牢密。邕州旧以为城，蛮蜓
来侵，竟不能入。"邕州是今广西南宁市的古称。邕州人种此竹为城垣，有效地
防止了外来民族（部族或氏族）的侵犯。南宋时广东肇兴新州旧无城，绍兴二十
年（1150）郡守黄济募民种植笻竹为城，时称笻竹城，有效地防止了羔豚、匪盗
窜入城区惊扰市民。时人胡寅撰《新州竹城记》一文，较为详尽地载录了此事。
清王济《君子堂日询手镜》记载了广西人种竹护城、护宅的情况：笻竹，大如钓
丝，自根至梢皆密节，节有刺，长寸许。山野间每数十家成一村，共植此竹，环
之以为屏，可为备御。今郁林州种此城外，呼为护城。清郁永河《采硫日记》卷
上所录两首台湾"竹枝词"，可以佐见清代台湾地区的府县城墙和村舍都种上了
箣竹来防护。其一曰："编竹为垣取次增，衙斋清暇冷如冰。风声憾醒三更梦，帐
底斜穿远浦灯。"注曰："官署皆无垣城，惟插竹为篱，比岁增易。无墙垣以为蔽，
远浦灯光直入寝室。"其二曰："恶竹参差透碧霄，丛生如棘任风摇。哪堪节节都
生枝，把臂林间血已漂。"注云："竹根迄笋以至于叶，节节皆生倒刺，往往刺发
毁肌，察之皆根之萌也。故此竹植地即生。"20 世纪 90 年代，笔者在四川盆地
则见到农家种植慈竹、绵竹于村落居宅的四周，当是其遗留。可惜现今已经很少
有人采取这种既经济又生态环保的办法了。

风水林能够保护生物多样性及珍稀物种。风水林是经数百年培护而留存至今的，大多数是原生或次生的自然森林植被，对保护生物的多样性及珍稀物种发挥了很大作用。据廖宇红等课题组于 2002—2006 年对地处南亚热带珠三角地区的深圳、广州、佛山、东莞、中山、珠海等地 30 个典型风水林植物群落进行的调查，大多数风水林保存完好、林相整齐、层次清晰，植物生长茂盛，古木参天，各调查点乔木层郁闭度大多在 0.7—0.9 之间。风水林的树种组成丰富，共有维管束植物 698 种，隶属于 124 科 399 属。其中有蕨类植物 9 科 18 种，是草本层中常见的种类；种子植物有 115 科，其中裸子植物 8 科 20 种，被子植物 107 科 660 种，占珠三角风水林植物种类的 94.56%，是珠三角风水林树种组成的重点。木本植物居多，有 487 种，以双子叶植物占绝对优势；其次是草本植物，共 166 种，含双子叶植物 65 种、单子叶植物 83 种。藤本植物较丰富，共发现 45 种，以单子叶植物占绝对优势。其中有濒危的国家二级重点保护植物土沉香、闽楠和格木，稀有种吊皮锥，国家二级重点保护植物金毛狗，国家二级保护树种花楸木，中国特有的稀有单种、国家三级保护植物半枫荷。王婷婷对福建德化县域内多处保存完好的风水林进行调查分析。风水林是当地重要的乡土树种资源库，德化县风水林群落中共有植物 92 科 171 属 298 种，其中蕨类植物 16 科 19 属 20 种、裸子植物 6 科 9 属 9 种、被子植物 70 科 143 属 269 种，且群落内存在不少珍稀名贵树种，如长苞铁杉、红豆树、南方红豆杉等。香港渔农自然护理署在 2002 年调查发现全港共有风水林 116 个，保留着逾 600 种植物，占全港植物种类总数 2300 的四分之一多，堪称"活植物标本室"。

福建建瓯万木林自然保护区就是该地杨氏宗族的风水林，在历经 600 多年后演变形成的次生森林植被。万木林森林树种十分丰富，素有"森林博物馆"之称。据不完全统计，森林树种达 75 科、207 属、429 种，占福建全省树种的三分之一以上。其中列入《国家重点保护植物名录》的国家重点保护珍贵树种 12 种，有观光木、乐东拟单性木兰、沉水樟、天竺桂、闽楠、红豆树等。

福建南靖和溪镇乐土村的六斗山亚热带雨林自然保护区也是当地黄氏宗族的村落风水林形成的，明洪武二年（1369），黄氏肇基始祖黄英迁居六斗坪，在六斗山卧牛睡姿地形始建居宅和宗祠，黄氏族人遵祖训，严禁砍伐村落中的大片风水林，经历代人保护，形成了面积仅有 300 多亩的天然南亚热带雨林——1980 年被国家批准为福建省保护面积最小的国家级自然保护区。据林业部门调查，保护区内有 1100 余种植物，其中珍稀植物 10 多种、藤本植物 184 种，有巴乾天、七叶一枝花、灵芝、竹荪等名贵药材 300 多种，网纹革、观音坐莲、建兰和红叶藤本植物——密花豆藤等使雨林倍放光彩。保护区内种数较多的茜草科、樟科、大戟科和紫金牛科均为热带性科。这里是一个天然的物种基因库和珍稀濒危动植物的避难所，有国家一级保护植物刺杪椤、二级保护植物观光木、三级保护植物闽楠，还有云豹、苏门羚等 14 种珍稀兽类，以及 94 种常见昆虫。林内植被完整，雨林群落结构较为复杂，有板状根、大型木质藤本、滴水叶尖、绞杀植物、老茎生花、附生植物等湿热性雨林景观。

浙江天目山自然保护区是历代寺僧保护下的天然森林，有种子植物 1718 种、蕨类植物 151 种、苔藓类植物 291 种；野生动物资源也很丰富，有兽类 70 多种、鸟类 150 种、昆虫近 2000 种，被列为国家重点保护野生动物的有云豹、黑麂、穿山甲、白颈长尾雉、红隼等。还保存有以"天目"命名的动植物 85 种。其中天目铁木全球仅天目山遗存 5 株，被称为"地球独生子"。天目山自然保护区内国家珍稀濒危植物有 35 种，保存有"五代同堂"的野生银杏古树，而且还有属于天然野生状的银杏林。此外还有香果树、领春木、连香树、银鹊树等珍稀物种。

古徽州的婺源县（今属江西）以村落风水林为基础建立了许多自然保护小区，小区内物种丰富，野生动植物种类繁多。据该县有关部门调查，有木本植物800 余种，模式标本采自婺源的就有 8 种，国家一、二级重点保护野生植物有 12 种，省级保护野生植物 33 种。有鸟类 248 种，属国家一、二级重点保护野生动物的有 52 种。每年在婺源境内越冬的鸳鸯数量达 3000 只以上，这里是亚洲越冬鸳鸯最多的地方。

2000 年 5 月，在风水林内重新发现了已绝迹近一个世纪的珍稀濒危鸟种黄喉噪鹛。2007 年湖北省古树名木普查技术小组到黄梅县下新镇钱林村风水林实地考察，发现了世界濒危植物"黄梅秤锤树"有上百株，能开花结果的有 10 多株。湘南永州市江华瑶族自治县城区边上的一个叫莲花地的小村落风水林里，生长着有植物中大熊猫之称的古红花檵木，都长成了七八米高的大树，200 多株檵木姿态各异，风情万种，每株树都是一处独立的风景，又相互依连，联成一把天然的绿色大伞；伞骨则是一株四人都合抱不过来的千年古樟，郁郁苍苍，撑起一片荫凉。广东深圳仙湖植物园和中科院华南植物研究所的植物专家对深圳境内的风水林调查发现杪椤、苏铁蕨、土沉香、野茶树、珊瑚菜等 15 种珍稀植物隶属于 12 科 13 属，其中 5 种为中国特有种，大多是古老的具有热带属性的植物。深圳龙岗区坝光村盐灶古村落后大约 7.5 亩的风水山上，百年以上的银叶树就有 27 株，有些树龄更高达 500 年以上，板状根高达 2 米，这在全国都属罕见。广东省鹤山市雅瑶镇昆东村后小岗上有一片格木风水林，相传是该村华侨从南洋带回种子人工栽种的。格木是一种亚热带珍贵树种。风水林中的大树已有 180 年以上的树龄，胸径已达 80—90 厘米。

从以上例子，可以看出风水林对保护生物多样性和珍稀物种发挥了重要作用，这是古代人智慧的杰出贡献。

3. 风水林的景观价值

风水林是一类特殊的森林，不同地区的风水林能真实地反映乡土自然植被的景观特色，代表所在地区的森林植被特征。台湾岛南部、海南岛和云南西双版纳地区分布的风水林则反映了热带雨林的森林群落特征，林中植物种类繁多，有很多小型植物附生在其他植物的枝、干上；有的通过绞杀其他植物而生存；林内木质藤本植物随处可见，有的粗达 20—30 厘米，长可达 300 米，沿着树干、枝丫，从一棵树爬到另外一棵树，从树下爬到树顶，又从树顶倒挂下来，交错缠绕，好像一道道稠密的网。附生植物如藻类、苔藓、地衣、蕨类以及兰科植物，附着在乔木、灌木或藤本植物的树干和枝丫上，就像给树披上一厚厚的绿衣，有的还开着各种艳丽的花朵，有的甚至附生在叶片上，形成"树上生树""叶上长草"的奇妙景观。有些种类的树干基部常会长出多姿多态的板状根，从树干的基部 2 至 3 米处伸出，呈放射状向下扩展。有些则生长着许多发达的气根，这些气根从树干上悬垂下来，扎进土中后，还继续增粗，形成了许许多多的"树干"，大有一木成林的气势，非常壮观。有些种类如波罗蜜、可可等，在老树树干或根颈处也能开花结果，形成热带雨林中特有的老茎生花现象。

海南东寨港红树林景观

红树林能固护海滩、防止侵蚀，是海南、广东沿海人的风水林。清朝道光二十五年（1845），琼岛地方政府在今演丰镇上山村立碑禁伐红树林。1980年广东省人民政府重新在琼山县（今海口市琼山区）东寨港海域设立红树林自然保护区。这里的红树林生长良好，涨潮时分，红树林的树干被潮水淹没，只露出翠绿的树冠随波荡漾，成为壮观的"海上森林"。红树林是热带海岸的重要标志之一，是鱼虾繁衍栖息的理想场所，具有重要经济价值和药用价值、观赏价值。东港寨红树种类主要有红海榄、木榄、尖瓣海莲、角果木、秋茄、白榄、海骨根、海漆、桐花树、老鼠勒、水柳、王蕊、海芒果等。东港寨红树林千姿百态，风光旖旎。从海岸上举目远望，只见广袤无垠的绿海中显露出一顶顶青翠的树冠。这些红树林长得枝繁叶茂，错落有致，色彩层次分明。涨潮时，一望无际的碧水上，露出一簇簇浓绿的叶丛，这是高干红树冠顶。阳光下，水下绿叶万丛，水上投影万堆，风来影曳，百态媚生。当潮水退下，一丛丛翠绿的红树林先高后矮地露出海面，越来越多，越来越密，一条蜿蜒曲折的绿色林带出现在港湾里，随着潮水下退，绿色林带不断扩大，最后港湾一片茫茫林海，望无边际，绿海蓝天。近观红树林，其弯曲的树干和交错的地面根，手挽手，肩并着肩，依依偎偎，有的似仙翁捋须，有的如笑脸弥勒，有的像孩童摔跤，有的若二郎劈山，有的如龙如蟒，有的似狮似猴，有的像鹤、鹰，千姿百态，离奇古怪。树顶上，点缀着一簇簇白、紫、蓝等色小花朵，在阳光映辉下格外绚丽多彩。若沿港汊迂回观赏，可以清楚地看见每棵树头的四周都长着数十条扭曲的气根，达一米方圆，交叉地插入淤泥之中，形似鸡笼，故当地人叫它"鸡笼罩"。红树的气根，其状令人惊叹！有的如龙头猴首，活灵活现；有的像神话中仙翁，老态龙钟：颇具诗情画意。

岭南古村落的风水林则真实地反映了南亚热带常绿阔叶林的森林群落特征，有直径达 40—50 厘米的粗壮木质藤本，有季雨林群落特有的附生、茎花和板根植物现象，有高大壮观的古树群落，还有多种国家珍稀保护植物以及各类果树、药用植物，丰富的植物资源形成了独具特色的岭南村落风水林景观。高大挺拔的古榕树则是该区域内村落风水林的标志。长江以南的湖南、江西、浙江、福建、贵州、四川南部等地的风水林反映了亚热带常绿阔叶林的森林群落特征。福建万木林景观最具代表性，远望森林外貌，四季雄浑常绿，苍郁秀翠。走进遮天蔽日的林中，人们仿佛进入一个充满神奇色彩的绿色宫殿，林内万木争荣，古木参天，巨藤缠绕，由乔木、灌木及层间藤本植物构成了多层次的群落垂直结构。林中地面上常铺满了地衣和苔藓，倒木腐株随处可见，呈现出一派芜杂幽深的原始森林景观。它们当中有闽楠、沉水樟、浙江桂、枫香 …… 几百年的参天古树蓬勃生长，生机盎然，以旺盛的生命活力填补它们的祖辈留下的生活空间。古樟树则是这一区域内村落风水林的标志。

华北地区森林景观

（《北京林业建设》）

淮河以南至长江以北地区的风水林则代表了北亚热带常绿和落叶阔叶林混交的森林群落特征。该区域是北亚热带向温带过渡地带，为南北植物多种区系互相渗透的交会地，优势树种以栓皮栎、麻栎、青檀、榉树、马尾松、毛竹、杉木为主。安徽金寨县南部山区的村落风水林一般是由栓皮栎、麻栎、枫香、榉树、青冈栎、茅栗、马尾松等树种组成的落叶与常绿混交林景观。古马尾松林则是该地域内风水林的标志。

华北地区的风水林则代表暖温带落叶阔叶林的森林群落特征，主要为辽东栎、油松、五角枫、麻栎、黄栌、侧柏等树种组成的落叶阔叶林景观。此区域内风水林的标志则是古侧柏树。

4. 风水林的经济价值

风水林具有经济价值，这是不争的事实。所以风水林也是历代偷盗者觊觎的对象。为了防止这种现象的发生，风水家们就赋予其神秘意义，炮制出砍伐风水林木会招致灾难的说法。与此同时，风水林的所有者则对其严加保护，给予盗伐者以严厉的处罚。但盗砍风水林木的现象依然不绝，有的还引起官司。风水理论在提倡植树的同时，倡导在村落宅基、墓地周围有目的地种植一些果木，来获得经济收益。《相宅经纂》云："东种桃柳、西种栀榆、南种梅枣、北种柰杏。""门庭前喜种双枣，四畔有竹木青翠则进财。"《周易阴阳宅·树木吉凶》对此言之甚详，云："东植桃杨，南植梅枣；西栽栀榆，北栽杏李，则大吉大利。"竹类也是风水理论倡导种植的经济树种之一，认为"内植竹荫，始可帖帖然居美"。因为竹类可每年进行择伐出售或自用。在四川、江淮、江南农村的村落村民喜植竹类，家家户户的住宅前后都有一片竹林。

明清时期通常有意识地种植具有经济价值的树木为风水林，以此作为经济收入的来源之一。明嘉靖三年（1524）的徽州休宁齐云山《紫霄崖兴建记》碑称，明齐云山道士汪养素于齐云山华林坞的骆驼峰种果树数千株。北京东城有一处地名叫亮果厂，《明宫史》卷二记载明朝时原名为晾（凉）果厂，是晾晒果子的地方，其果子就来自十三陵，主要有松花、黄连、核桃、榛、栗等，当时各陵都有晾果厂在京。这说明就是皇家也注重在陵寝周边地带种植一些能获取副产品的树木。连皇家都如此，那么普通百姓就不要说了。坟墓的林木并非单纯为纪念，其果实往往具有很高的经济价值。清人马骕在《绎史》中指出："陂沟、道路、蓁莨、丘坟，不可树谷者，树以材木。春发枯槁，夏发荥叶，秋发实蔬，冬发薪烝，以匡穷困。"明清时期江南人种植木本油料树种为风水林，来解决日常用的照明的燃料需要。明末徐光启便想利用墓地种植木本油料植物女贞，养殖白蜡虫，生产油蜡，供应照明，他在《农政全书》中说："省麻荄以充粮，省苴、莱之田以种谷。"清杨屾《豳风广义》更有"家宅坟园宜树桑说"，主张利用坟地种植桑树以养蚕。古代人种植果树为风水林极为常见。北方地区的村落里还可以发现许多银杏、枣树、柿树、板栗树、桑树等经济价值较高的古树。南方地区村落则以龙眼、荔枝、橄榄、枇杷、杨梅等果树为风水林。广东增城朱村自古被称为荔枝的世界，为增城荔枝品种最集中之地，也荟萃着众多的古树名木。朱村街的山角村樟油园社就有上百棵古荔，为山角村樟油园开居的吴姓先民首植于宋朝，最老的树龄达 600 年，树径围最大的达 6 米，年代久远却仍然苍劲傲然。村里的人把老荔枝树称为"宋荔"，又因爱护缅怀古荔为先祖首植，故把整座后龙山的荔枝林统称为"怀荔园"。上百棵古荔成林，相伴围绕在樟油园的后龙山，似一道天然的绿色屏障，守护滋养着这古老的村落。怀荔园被村民视为风水林。广西博白县的许多客家村落，几乎每户人家都有一片属于自家的竹林或果园式的风水林。

（二）风水林的社会人文价值

1. 风水林的审美价值

风水林具有较高的审美价值，主要表现在色彩美、形态美、音响美、味觉美、象征美等方面。

（1）风水林的色彩美

色彩可以引起丰富的联想。色彩美是风水林审美价值的主要构成。马克思说："色彩的感觉是一般美感中最大众化的形式。"风水林的色彩以绿色为基调，但树叶的颜色常因树种、季节不同而殊异，呈现出所谓"四时之景不同"。早春之际，天气和暖，树叶初萌，先后呈现出微绿、嫩绿、淡绿、鲜绿至深绿等色彩，但少数的也有红色、紫红色、红褐色等色彩浓艳者。春尽夏临，叶色葱绿而

北京西山风水林季相变化景观

苍翠；夏去秋来，叶色渐呈红黄之艳；秋末冬初之时则是红叶满林。古代人们种植风水林，常根据不同树种的叶色变化规律，而进行有意识的选择，使其呈现出既鲜明多样又巧妙的统一。深秋中的银杏林，在阳光的照耀下，每一片树叶都散射着金黄而耀眼的色彩；而撒落在地上的一片片黄叶，一如画家笔下浓墨重彩的图画，又如一块巨幅画毯，使人情不自禁地扑向她的怀抱。不时有微风吹过，漫天金黄的杏叶在空中飘飘洒洒，纷纷扬扬，犹如天女散花般满天飞舞，构成一个缥缈而浪漫的世界。古人对银杏树的叶色美十分赞赏，明王世懋《学圃杂疏·果疏》说银杏"树长大，秋冬叶纯黄，间枫林中，相错如绣"。清高士奇《北墅抱瓮录》也说银杏"霜后叶色变黄，映以丹枫，灿若披锦。秋林黯淡，得此改观"。这是古人利用银杏叶色美来改造美化环境的见解。清乾隆皇帝《绚秋林》诗咏北京西山二十八景之一"绚秋林"的寺庙风水林景观之美，其序曰："山中之树，嘉者有松、有桧、有柏、有槐、有榆，最大者有银杏、有枫，深秋霜老，丹黄朱翠，幻色炫彩，朝旭初射，夕阳反照，绮缬不足拟其丽，巧匠设色不能穷其功。"银杏树与不同叶色的各种树木和寺庙建筑相映成趣，构成一幅天然图画。枫香每年早春嫩叶绯红，以红叶报春；盛夏酷暑，枝叶浓郁，绿荫护夏；金秋时节，丹枫似火，又以红叶迎秋，故而又称为"红枫"。唐代诗人杜牧赠以"停车坐爱枫林晚，霜叶红于二月花"的名句。枫香树体高大雄伟，干形通直圆满，千枝竞秀，浓荫蔽日。碧绿光洁的叶子豪放飘逸，神韵清雅，且能散发出淡淡的幽香。黄栌秋天红叶似火，造成晚秋的浓烈气氛。金钱松一年四季各具风姿，每当春风拂煦大地之际，俏丽的枝条萌芽吐翠，袅袅婷婷，恰似一位富有青春活力的"小家碧玉"；而当秋风送爽之时，她又更换了外衣，翠绿转为金黄，巧扮成了富丽堂皇的"名门闺秀"。由于她树叶柔软，轮状簇生于短枝之上，秋后叶色金黄，很像一枚枚金色古钱，美妙无比，因而名为"金钱松"。丝棉木枝叶娟秀细致，姿态幽丽，秋季叶色变红，甚为美观。

花的色彩最为美丽，五彩缤纷的花朵缀满绿色林中，十分艳丽。早春开放的玉兰花色如玉，香如兰。那微微绽开的花瓣，犹如羊脂白玉雕刻而成，繁花缀在疏疏的枝头。春季开花的厚朴，花和叶同期开放，花单生枝顶，清香宜人。近看

似朵朵白莲，远观犹如群鹤起舞，妍
丽多姿。春末夏初是流苏树的花期，
聚伞状繁花顶生于枝端，白色朵朵小
花若覆霜盖雪，远观似缕缕白云，近
看如皑皑白雪，而且花形纤细，秀丽
可爱，气味芳香。五月初开放的紫薇
花，在七月火红的季节达到最旺，一
直到十月以后百花凋零之时，才慢慢
谢完。盛夏季节紫薇花繁葩密缀，堆

玉兰花盛开的景象

锦簇绣；近观繁絮纤秀，柔婉轻盈，微风过处，花枝颤动，如舞燕惊鸿，风致可
人。岭南地区的木棉花大而美，早春时节开放，远远望去，一树树鲜艳的花朵，
在金色的阳光下，宛似腾飞的火凤凰，十分壮观。有人有"东风乱剪猩红绒，半
天飞落人争接"诗句，描述其飞花下落之景。木棉花花开六瓣，有红黄两色。岭
南乡土树种洋紫荆，是香港特别行政区区花，从每年十月开至次年三月，花色紫
红，五枚一朵，宛如一团团婉丽旖旎的轻云缀满枝头，仿佛整树的蝴蝶款款飘
飞，微风拂过，落英缤纷。黄山栾树炎夏开花，由黄色小花组成的圆锥花序开放
时，满树金黄。巨紫荆早春发叶前，开出大量红色花朵满布枝头，十分美丽。此
外，紫玉兰、杏花、桃花、梅花、樱桃花、油桐花等，都以花色美丽著称。

　　果实的色彩也很丰富，果实成熟时
正当盛夏及凉秋时节，诚为自然界之异
彩。广东、福建和广西等地的荔枝，盛
夏时节红色果实缀满枝头，远望如同红
花开放。北宋诗人刘攽以"煌煌锦绣
林，亭亭翡翠屋"诗句赞颂。南方地区
风水林中的红楠，又名红润楠、小叶
楠，为常绿乔木，枝叶浓密，树姿优

枣树挂果图

美。每当盛夏少花季节，它那鲜红的果梗挂于绿叶之间，远远望去，绿中透红，
犹如鲜花盛开，艳丽可爱。宋代大诗人陆游写有"檐角楠阳转日，楼前荔子吹
花"诗句，以此来赞美其风姿。初盛夏时节是江南地区的枇杷树果成熟季节，色
泽金黄、形如圆球形的果实缀满枝头，北宋著名诗人宋祁《枇杷》中"树繁碧玉
叶，柯叠黄金丸"句称颂其叶碧果黄的色彩美观。徽州地区风水林中的黄山栾树

因其果实形似灯笼，故有"灯笼树"的雅称。深秋时节，囊状中空的蒴果形如灯笼，挂满枝头，红艳夺目，玲珑可爱；严冬，落叶的枝头依然悬挂着累累宿存的果实，别具雅趣。厚朴聚合果，圆柱状卵形，红紫色，种子赤如珊瑚，惹人喜爱。丝棉木的红色果实挂满枝梢，开裂后露出橘红色假种皮，夺目妖艳。柿树树形优美，叶大荫浓，秋叶一树丹红，深秋叶落，红橙色硕大的柿子悬挂于枝头，饶有风趣，极为美观。此外，果实呈红色的有杨梅、天竺桂、樱桃、冬青、黄连木、红豆杉、荚蒾等，果实呈黄色的有木瓜、银杏、柿子、无患子、枇杷、龙眼等，果实呈黑色的有樟树、女贞等，果实呈紫色的有李树、巨紫茎等。果实的色彩虽无花色之艳丽，但比花色更富立体感。

风水林内树干的质地和色彩也极为丰富，对视觉也产生很大影响。有的树木枝干色彩别具特色，因而具有很高的审美价值。例如白皮松树皮细腻，粉绿和灰褐色呈块状相间，状如虎皮，因而有虎皮松之称，加上树身高大壮观，有很高的观赏价值。梧桐树的树皮细嫩光滑，颜色青绿，故有青桐之称。此外，还有褐、灰、棕红、红褐、黄褐色等各种色彩。不同色彩和质地的树干构成的群体景象，造成不同的情感气氛，从而产生不同的情感联想和象征，引来不同的审美心理感受。除了林木本身的固有色彩，气象因子的参与使其色彩更加生动，如大雪中的青松和红梅，会造成情趣盎然的诗画意境，大大提高了美的效果。

（2）风水林的形态美

风水林一般都是百年以上的古树林，总体具有大树参天、苍翠浓郁、森森葱茂的外部形象，富于节奏的神韵之美。福建、广东等地客家聚居区的村落后面山上都生长着高大而茂密的风水树木，村落一般坐落在山脚的凹处，树林宛如张开巨大的绿色双臂，把村落拥入怀抱。这些风水林呈现亚热带常绿阔叶林特征，树种众多，具有不同的树形和色彩，就像由多幅图画组成的一幅长卷，气势磅礴，让人叹为观止。北京中山公园原是明清两代皇家的社稷坛，中山公园内古柏参天，气氛森严。尤其是公园后边的古柏林，隔着筒子河和紫禁城交相辉映，雄伟壮丽的紫禁城和巧夺天工的精美角楼倒映在水中，波光阙影，景色幽丽。北京天坛公园是明清皇家祭天场所，天坛内有古柏3600多棵，是北京地区面积最大的"古柏林海"。天坛内

北京天坛柏树风水林

的古柏大多种植于明代，距今已 500 多年。这在当时是附《周礼》中之"苍碧环天"的意境。天坛内郁郁葱葱的古柏群与天坛内的各组精美古建筑群相映相辉，浑然一体，瑰丽壮观。天坛古柏虽身经明清两代，但如今仍是生机盎然、苍翠青葱，给人以无限美感。

风水林除整体形态美外，单个树体也表现出不同的形体美。一走进风水林内，林中个体的各种形态之美就会涌入眼中。如樟树、银杏、槐树、枫香、松树等，树体高大挺拔，巍然屹立，枝繁叶茂，犹如巨伞，给人以崇高的美感。岭南的古榕树，更是形体奇特，气生根林立，形成独木成林的奇观。寺庙、墓地所植的古柏虽老态龙钟，树干扭曲，有的还有空洞、

青阳酉华董氏祠古青檀的树洞

（《安徽古树名木》）

腐朽等缺陷，但依然年年抽芽发青，甚至正常开花结果，表现出顽强的生命古老美感。许多寺庙、宗祠的参天古树，虬曲雄健的枝丫诉说着它曾经的沧桑，翠绿繁茂的树叶展示着它的勃勃生机。还有那苍苍翠竹，也是千姿百态，各具其美。横枝恬静闲适，斜枝潇洒豪放，曲枝柔和婉约，直枝庄重威严，垂枝轻柔飘逸。如杨柳的姿态最能体现其美感，不论是春夏秋冬，还是水边月下、风中雨中，它弯弯的干、袅袅的枝、细细的叶，虚虚实实地交织在一起，枝动影随，婀娜多姿，飘飘忽忽，缭缭绕绕，如云如烟，如梦如幻，足让人情思遐想。具体树种很多，不胜枚举。

（3）风水林的音响美

风水林的音响是森林自然因素和自然现象以及它们的相互作用发出的声音，是"天籁之音"。风水林内各种树木的枝叶之间，在风和雨的作用下，都能够生发出独具韵律的声响，产生"风来有清声，雨来有清音"的美感。

"宜于风者莫如松。"风水林的音响美莫过于松声。明初刘基《松风阁》中"松不能自为声，附于物而有声"述说了风对松声形成的作用。明人钱宰《陶氏听松轩记》称："风非松无以寓其声，松非风无以变其声。故风至自东，则松之声和以柔；风至自南，则松之声畅以达；风至自西，则松之声凄以厉；风至自北，则松之声猛以烈。至于八风齐动，乍大乍细，乍疾乍徐，盘旋太虚，其为声也，

或高或下，或清或浊，或疏或数，而成音焉。"这是赞松声的天籁之美。南朝道士陶弘景最爱听松声，隐居茅山，"特爱松风，庭院皆植松，每闻其响，欣然为乐"。扬州蜀冈是扬州镇山，歙县《汪氏谱乘·光禄寺少卿汪公事实》记载清乾隆初年徽州歙县盐商汪应庚在扬州"兴修平山堂蜀冈，栽松十余万株，今皆合抱"。该地因而号称"万松岭"，"谡谡因风，如听广陵涛响"。"松岭长风"现已成为扬州城蜀冈风景区的一处景点。

风吹杨柳也极具声响美。唐温庭筠《题柳》"杨柳千条拂面丝，绿烟金穗不胜吹"、宋陈与义《清明》"一帘晚日看收尽，杨柳微风百媚生"、宋僧志南《七绝》"沾衣欲湿杏花雨，吹面不寒杨柳风"等诗句，都是对风吹杨柳产生的动态美、音响美的描述。清代画家"扬州八怪"之一的金农最爱听竹声，他在《画竹题记》中说："秋声中惟竹声为妙。雨声苦，落叶声愁，松声寒，野鸟声喧，溪流之声泄。予今年客广陵，绕舍皆竹，萧萧骚骚，历历屑屑，非苦愁寒喧之声，而若空山绝粒，人幽吟不辍也。"作者所听的秋竹声是空山绝谷之人的"幽吟不辍"之声。

雨打森林更具声响，大雨小雨、细雨暴雨，都会给树林带来各具特色的音响效果。雨打翠竹则是"竹响共雨声相乱"的音响美。梧桐树叶较大，雨滴落在上面的声音清晰可闻，人因听觉而感到清越，情趣盎然。唐白居易《长恨歌》诗有"春风桃李花开日，秋雨梧桐叶落时"，刘媛《长门怨》诗有"雨滴梧桐秋夜长，愁心和雨到昭阳"，明高启《梧桐》诗有"影散秋云薄，声喧夜雨长"句，都是秋夜雨打桐叶音响美景象的写照。

风水林内栖息的各种动物，也产生音响之美。如鸟鸣、蛙鸣、虫鸣之声，在特定环境下，也会给人以音乐般的享受。

（4）风水林的气味美

风水林给人的嗅觉体验是芳香的美感。林内各种树木的花、果、叶、皮等，都会挥发出各种芳香物质，使林中弥漫香味，散发香气，令人陶醉。如松树、柏树等树木能够挥发出浓郁的松香气味，给人以清新振奋之感。桂花以其香味清雅绝尘、馥郁致远的特色，引发人们对桂花香的极致追求。明沈周《客座新闻》称："衡神祠其径绵亘四十余里。夹道皆合抱松桂相间，连云蔽日，人行空翠中，而秋来香闻十里。计其数，云一万七千株。真神幻佳境。"《七曲山记》亦载南部县七曲山文昌宫的桂花之景况："文昌殿后为桂花殿，丹粟秋飘，一邑尽染，弥月尽馥。"宋戴复古《折桂寺》："松摇夜半风声壮，桂染中秋月色香。"这些都是对

桂花香味美的赞誉。清李斗在《扬州画舫录》中
还记载了扬州金粟庵以培植桂花著称，因以桂花
为寺名。其曰："轩前有丛桂亭，后嵌黄石壁。右
有曲廊入方屋，额曰'金粟庵'。……是地桂花极
盛。花时园丁结花市，每夜地上落子盈尺，以彩
线穿成，谓之桂球。以子熬膏，味尖气恶，谓之
桂油。夏初取蜂蜜，不露风雨合煎十二时，火候
细熟，食之清馥甘美，谓之桂膏。贮酒瓶中，待
饭熟时稍蒸之，即神仙酒造法，谓之桂酒。夜深
人定，溪水初沉，子落如茵，浮于水面。以竹筒
吸取池底水，贮土缶中，谓之桂水。"金粟是桂花
的异称。寺僧不仅培植桂花，甚至还用桂花香味
制出许多饰品，如桂球和桂油、桂膏、桂酒等食
品。南方地区村落及庭院所植的含笑花以花香著

满树盛开的古山茶花

称。宋李纲《含笑花赋》说："南方花木之最美者，莫若含笑，绿叶素荣，有香郁
然。"因其香气如瓜、馥郁可人而受人称赞，宋许仲启《咏含笑花》有"一点瓜
香破醉眠，误他诗客枉流涎"之赞美。其他树木如樟树、玉兰、枫香等，也都挥
发出浓烈的芳香之味，令人心旌摇荡。

（5）风水林的象征美

风水林的象征意义很明确，来龙风水林是一国、一地及一族兴衰的象征，村
落风水林是一村兴衰的象征，墓地风水林是一族或一家兴衰的象征，寺院风水林
则是佛道修持境界的象征。风水树木各具象征意义，如松柏四季常青、经冬不凋
的特性象征着坚贞不屈的气节，竹类则是刚柔兼济、淡泊谦下的精神象征；槐树
则是古代职官、故国家园的象征，银杏则象征着道教的仙树、佛教的圣树，榕树
则是家族兴旺和佛教圣树的象征，桂花树则象征着科举及第和高洁品性，梅花则
象征着纯洁高尚、坚韧不屈的气节，玉兰则象征着吉祥美好，柳树则是离情别意
的象征，紫薇则是仕宦官职、吉祥好运的象征，梧桐树则是佛家圣树、美好吉祥
的象征，桑树和楸树则是故国家园的象征。后有专论。

2. 风水林的文化价值

风水林因与区域内的民俗风情、文化习惯息息相关，反映了人们的宗教信

仰，和所在地人们的价值观相符，而具有较高的文化价值。主要体现在以下方面。

（1）传说故事

一片风水林不仅是一处风景，其背后都有一个传神动人的美丽故事。历经百年以上的风水林，经历代的培护，自然产生了很多有关风水林的传说故事。如北京七王坟"慈禧光绪斗风水"的故事、福建建瓯万木林的故事、山东曲阜孔林"乌鸦不落至圣林"的传说、"朱熹与文公山"的传说、福建政和"鸡声林"的传说、徽州"杀人护林"的传说、四川峨眉山"古德林"和"布金林"的故事、"连理枝"的传说。众多的传说故事，既增加了当地文化的内容，又丰富了风水林的文化内涵，更使其增添了令人神往的神奇魅力。

（2）名人效应

许多风水林得以保存是因其与名人有关，如名人种植和保护、名人题名等，故而受到后人的敬仰并严加保护之。北京明十三陵、河北清东西陵、沈阳清北陵、山西桥山黄帝陵、南京钟山明孝陵等风水林则是帝王的陵墓。山东曲阜孔林和邹县孟林、陕西勉县的诸葛林、河南洛阳关林等风水林都是历代先贤的墓地，曲阜孔庙大成门内左侧有"先师手植桧"，北京孔庙大成殿"除奸柏"，因明代奸相严嵩代嘉靖皇帝祭孔，被柏枝掀掉了乌纱帽而得名。河南嵩山书院古柏是汉武帝所封的将军柏，北京潭柘寺古银杏是清乾隆皇帝所封的"帝王树"与"配王树"，这是因皇帝所封而传扬。安徽歙县漳潭村水口古樟与汉初宰相张良有关，江西婺源严田古樟树则与南宋高宗皇帝赵构避金兵有关。安徽宿州闵祠古柏是孔子七十二弟子之一的闵子骞手植，山东泰安岱庙汉柏院内古柏为汉武帝元封元年（前110）登封泰山时手植，苏州光福司徒庙里的清、奇、古、怪四棵古柏树是东汉大司徒邓禹晚年隐居光福时手植，四川青城山天师洞银杏阁的古银杏是张天师所植，浙江乐清"状元樟"是南宋高宗绍兴二十七年（1157）状元王十朋及第后于居宅（今乐清四都乡梅岙村）亲手栽植，庐山白鹿书院古桂花是南宋理学家朱熹所植，这些古树都因历代名人所植而留存至今。

（3）崇拜风俗

英国人类学家泰勒在《原始文化》一书中说："所谓文化或者文明，乃是包括知识、信仰、艺术、道德、法律、风俗以及包括作为社会成员的个人而获得的其他任何能力、习惯在内的一种综合体。"风水林因其特殊和神秘的意义，被古代人们执以宗教的虔诚而予以祭拜。明清南方许多地方均有视樟树为神的记载。明

《庐陵县志》载江西庐陵（今吉安）"古樟在长冈庙前，树大五十围，垂荫二十亩，垂枝接地，从枝末可履而上。上有连枝，下无恶草，往来于此休息，傍有庙神最灵，不可犯"。明《清江县志》载江西清江（今樟树）县"土产以樟为最，樟之最大者，居人或作神祠其下，以防剪伐。人家所植，多以树之荣茂为兴征"。江西婺源县晓起村古村落保存有 70 多株古樟树，村民视之为"樟树大神"而崇拜。村里的老人、孩子病了，其家人一般取一张长方形的小红纸，用毛笔蘸墨，在纸上写上生病的老人或孩子的名字、生辰八字、病因以及祈求"樟树大神"驱病魔、保平安的话语。来到老樟树下，将红纸贴在树干朝南的一面，把从家里带来的生猪肉、宰杀整净的生鸡、半生半熟的米饭、米粉馍和生豆腐等祭品，一一供奉于树前，再摆上注满酒的酒杯，点燃线香，跪地求拜。拜毕，将酒倾倒于地上，祭品则带回家中，烧熟后，全家人进食，以求庇佑。若老人或孩子的病好，还要再回拜。在下晓起村南塔岭的古樟林旁，建有一座小神龛，里面供奉着镂有"樟树大神之位"字样的青石牌位。青石供桌上还供有一些祭品，神龛后的老樟树上贴着不少书有村民虔诚许愿的红纸条。人们对樟树奉若神明，大人小孩都不敢随意损坏。广东农村的村民视村落的榕树为神明，称之为"榕树娘""榕树公"。人们常把小时体弱多病的孩子寄托给"榕树娘"养护，若来年孩子平平安安，则会买很多祭品来答谢它。每年的正月十五就是祭祀"榕树娘"的日子，每家每户都要把带籽的榕树枝插在自家的门槛上祈求家人平安。大青树（高榕）是云南西双版纳地区各族人

西双版纳打洛神树

共同崇拜的神树，人们将大青树栽植于村寨中或周围作为风水树，让其庇护村寨的安宁。人们栽种大青树还要举行一定的仪式，唱《栽树歌》："吉祥啊，圣洁的树，不栽在高山上，不栽在深箐，就栽在寨子边，就栽在水田边，就让它生长在路边，在这里扎根，在这里茂盛生长。"大青树受到各族人的保护，严禁砍伐。族人建竹楼需要砍伐大树，也要先祭树神，以蜡条两对、槟榔一串、酒一盅相祭，求得神树的见谅，使被砍大树不致作祟。西南地区彝族各支系均有自古传承的"密枝林"文化传统。每个村寨都在离村不远的地方封一片山坳中的树林为密枝林，林中选一棵较苍老的"龙树"为密枝林的神。密枝林神圣不可冒犯，不准

在林中伐木折枝，不准攀爬"龙树"，不准在林区放牧；林中的动物生灵不准捕猎。这里的一卓一木都富有威严的神力，若有冒犯，不仅会受到社会的谴责，还会受到"神力"的惩治。

（4）文学作品

风水林因其特殊的植被景观受到历代文人的推崇，成为他们寄情托意的对象，为此留下了许多脍炙人口的文学作品。唐代诗圣杜甫的"丞相堂前柏森森"诗句，是咏成都武侯祠的古柏景观。唐王勃《益州绵竹县武都山净惠寺碑》描写寺庙周围的风水林木景观是："苍松蓄吹，临绝径而疏寒；黛筱防烟，绕回缰而结荫。春岩橘柚，影入山堂；秋壑芙蓉，光浮水殿。亦有山童采葛，入丹窦而忘归；野老纤花，向清溪而不返。山神献果，送出庵园；天女持花，来游净国。实窈冥之秘诀，托幽深之逸境。"寺庙周围清幽的林木环境跃然纸上，优美的文字也给人以无穷美感。唐常建《题破山寺后禅院》云："清晨入古寺，初日照高林；曲径通幽处，禅房花木深。山光悦鸟性，潭影空人心；万籁此俱寂，但余钟磬音。"则是对苏州常熟兴福寺山林静景的描述，极富禅机妙理。汉《古诗十九首》之"遥望郭北墓……松柏夹广路"诗句，是对汉代墓地所植松柏风水林的述说，唐白居易《柏床》诗有"陵上有老柏，柯叶寒苍苍。朝为风烟树，暮为宴寝床。以其多奇文，宜升君子堂"诗句，则描写了唐乾陵陵园柏树风水林的奇状和珍贵。明末清初方文"瞻彼钟山阿，佳哉郁葱气，其上为孝陵，其下孝陵卫，松柏千万株，尽作虬龙势"诗句，是对南京钟山孝陵墓地风水林的真实写照。清康熙时徽州人方西畴《新安竹枝词》有"故家乔木识梗楠，水口浓郁写蔚蓝，更着红亭供眺听，行人错认百花潭"，就是对徽州水口林景观的生动描述。古徽州婺源"虹关古樟"，屹立在虹关水口龙门湖畔，树之高大、树龄之长、树形之美，为全国罕见，素有"江南第一樟"之称，因而吸引不少文人骚客为其题诗吟赋。民国二十二年（1933）村中文人詹佩弦收集吟诵此树诗词、文章50余篇，编印成《古樟吟集》。一书专赞一树，十分少见。《古樟吟集》有诗赞曰："树荫虹关数百年，休黟祁歙盛名传。几多词客增诗意，仰视云霞俯听泉。"《古樟吟集》还有"下根磅礴达九渊，

虹关古樟

上枝摇荡凌云烟"之诗句称道古樟雄姿。

浙江奉化雪窦寺是弥勒佛的道场，山门前水口处高瑛桥（现称龙珠桥）畔，原有棵参天古松，大二十围，高达百余尺，无疑是该寺的风水树。明隆庆五年（1571），县官欲将其砍伐，时任翰林院翰林的奉化籍人士戴洵闻讯十分痛心，便向知县"诗谏"："八景销沉绝旧踪，百年只得一株松。也知不是无情物，翠色而今作意浓。"县令见诗后猛醒，打消了砍伐古松的想法，故后人称之"翰林松"。得知古松受到保护的消息后，戴洵又无限欣慰地赋诗："翦伐先曾乞县公，至今人号翰林松。野猿知道非封爵，犹抱寒条候晚钟。"后到雪窦山游览的文人骚客闻听戴洵与"翰林松"的轶事，多写诗赞咏，仅以《翰林松》为题的诗作就有 10余首。明万历年间进士、邑人邬鸣雷游览雪窦山，在这棵古松前想起了前辈戴洵之硕德，欣然作诗："百尺虬鳞若个栽，昔年几被斧斤灾。非缘高士烦呵护，樗栎公然傲不才。"清初，雪窦寺和尚山夫行正也以《翰林松》为题，赋诗云："树以文名显，山灵倍爱才。亭亭百尺顶，擎取阵云来。"翰林戴洵保护古松的举动，成了当地传颂不已的佳话。

3. 风水林的文物价值

风水林因其存留的千百年历史而具有文物价值。但从严格意义上说，仍有生命活力的风水林木是不能被界定为文物的。把风水林木界定为文物主要具有以下原因。

一是风水林木一般有数百年甚至数千年的历史，它是一地一村沧桑变化的见证。风水林木被作为一种历史变迁的见证物。

二是风水古林木不是孤立的存在，它总是同某种文物建筑形成有机联系的整体，无法分割。例如明清皇帝陵园的风水林与皇帝陵寝建筑构成一体，北京天坛明代古柏林已同天坛融为一体，福建福州的裴仙宫古榕树已同文物构成整体，山东曲阜孔林的古风水林木已同孔墓连为一体。

三是在特定历史背景下栽植的风水古林木同历史事件和人物有关，如陕西黄陵轩辕庙内的古柏是传说中的中华民族始祖轩辕氏黄帝所植，婺源文公山古杉群是朱熹所植，山东泰安岱庙古柏院的古柏树是汉武帝所植，庐山黄龙山三宝树与东晋高僧慧远徒弟诜所植，福建建瓯万木林则与明初内阁首辅杨荣家族有关，北京潭柘寺古银杏"帝王树"是清乾隆皇帝所封。这些风水古林木因与历史名人关联，被赋予人文价值。山西洪洞县广济寺古槐树是明初华北地区的大移民历史事件的发生地,被视为寻根问祖之地。

四是风水林古木存在的唯一性。风水古林木是有生命的文物,风水古林木忠实地记载着自身所经历的斗转星移、自然变更、社会兴衰以及其他种种情况,不断地储存和提供人类所需要的物产和信息,记载着从其他文物无法获取的信息,如气象、土壤、生态、环境等历史演变数据,如果被毁掉了,就意味着失去了一本大自然留给人类的珍贵的历史典籍。

五是风水古林木还是研究一定区域的造林绿化史、护林史的实物资料,连同培植和保护风水林的碑刻文字、文书材料一起,成为研究的历史依据。

由上所见,风水古树木、古建筑和历史事件、人物共同形成一种新的、独特的文物和生态景观,一些风水林已经成为文物的一部分,被严加保护。

4. 风水林的旅游价值

风水林是风景资源的典型代表。现今留存的风水林木一般枝体苍劲、奇姿异态,与周围的建筑构成别具一格的园林风貌景观,集科学、历史、观赏、文化价值于一身,吸引了千千万万的人去游览,丰富了人们的生活情趣,今日已成为宝贵的旅游资源,具有旅游观光价值。许多保存完好的风水林景观现已被规划、建设批准为国家级、省级风景名胜区和森林公园,如陕西黄陵县黄帝陵风景名胜区、清东陵和清西陵、明十三陵等陵园风景名胜区,徽州地区的歙县唐模檀干园,黟县的宏村、西递村等古民居村落的风景名胜区,安徽九华山、齐云山,四川峨眉山、青城山,广东鼎湖山、罗浮山,江西三青山,湖北武当山,浙江天童山、普陀山,河南嵩山等以宗教寺院为主体的风景名胜区,都是国内重要的风景名胜区。

第四章

风水林的生态哲学思想

中国历代人培植和保护风水林的活动，在一定程度上体现了他们的生态哲学思想。主要表现在以下方面。

一　风水绿化思想

风水的绿化思想主要体现在注重林木景观的风水景观思想、倡导植树的风水绿化思想、禁止毁林的风水护林思想。

1. 注重林木景观的风水景观思想

风水理论主要是相宅术，追求理想的风水环境。宅有阴、阳之分，阳宅是指居宅、村落、城镇，阴宅则专指坟园冢地。中国人追求理想的生存环境，理想的生存环境在景观表现上被认为是"山川秀发""绿林阴翳"的山水胜地。宋代理学大师程颐说："何为地之美者？土色之光润，草木之茂盛，乃其验也。"可见古代人基本上把良好的绿化环境作为判断风水宝地的重要条件和前提之一。按照风水理论，理想的风水环境都是林木茂密、绿化甚佳之地。《青乌先生葬经》说："草木郁茂，吉气相随，……或本来空缺通风，今有草木郁茂，遮起不足，不觉空缺，故生气自然。草木充塞，又自人为。"《青囊海角经》认为："草木滋荣，四山盘绕，支陇四揖，即为贵地。"表明环境质量的好坏是风水理论中择地的标准。《宅谱尔言》也有阐述："惟其草茂木繁，则生气旺盛。护阴地脉，斯为富贵坦局。"可见林草是产生"吉气"和"生气"的源头，具良好林木景观绿化环境是形成"吉地""龙穴"的必要条件。不吉的凶地是不可居、葬之地。《葬书·内篇》中说："山之不可葬者五：气以生和而童山不可葬也；气因行来而断山不可葬也；气因土行而石山不可葬也；气以势止而过山不可葬也；气以龙会而独山不可葬也。"这是说无草木的童山不可以葬，同样断山、石山、过山、独山等也不可以葬，因为这些山没有"生气"、没有"生机"，气不和则山不植。而林木茂密的地方则是后代儿孙显贵的发祥之基，所以这是古代人在村宅和坟地选址时必须优先考虑的条件。

历代有关村落宅基风水地选址的记载很多。如徽州昌溪太湖《吴氏宗谱》载吴氏先人于祖先墓旁守墓，"居岁余，视其地平夷，草木丛茂，前拥太平峰峦，后列西山屏障，……遂构宅而居焉"。后逐渐发展为村落。徽州黟县《宏村汪氏宗谱》

徽州黟县西递村落
（徽州《明经壬派胡氏宗谱》）

记载黟县宏村汪氏始祖在南宋绍熙元年（1190）后"卜筑数椽"于"幽谷茂林，蹊径茅塞"的雷冈下，经数百年发展到明清时已是"烟火万家、栋宅鳞次，"成为古黟"森然一大都"。徽州裴氏宗族在村落选址时就注重林木的景观，《湾里裴氏宗谱·鹤山图记》云："鹤山之阳，黟北之胜地也，面亭子而朝印山，美景胜致，目不给赏，前有溪，清波环其室，后有树葱茏荫其居，悠然而虚，渊然而静，……惟裴氏相其宜，度其原，卜筑于是，以为发祥之基。"福建政和石门村的兴起也是得益于当地的一片茂密的森林，相传该村陈氏先祖千年前避乱时，见此茂林而定居于此。该村的陈氏族人称之为"鸡声林"，为闽北历史最悠久、规模最大、保存最好的风水林。湖南《衡阳何氏四修宗谱·异茂两房新建祠堂记》载衡阳何氏宗祠的选址亦注重环境的林木景观，云："……后山环之，重峦翠黛，松柏丛生……众美成具，蔚然巨观。"

古人认为坟地的好坏关系着子孙后代的兴旺发达，故选址注重对林木景观的追求。清光绪皇帝生父醇亲王奕谮，死后葬于北京西山妙高峰下的七王坟。奕谮《退潜别墅存稿》卷一记其坟地的环境林木景观是："层嶂巍峨，丛林秀美，遍山流水潺潺，其源澄澈如镜。"他还写有一首长诗，最后部分说："石凑玲珑骨，林开锦绣屏。细流分径曲，斜日印渊渟。鱼漾千头碧，龙蟠百尺松。奇缘钟造化，佳气郁峥嵘。"奕谮自注"鱼漾千头碧，龙蟠百尺松"句曰："老松高六丈许，银杏树一株，围三丈五尺，清阴盈亩，重实累累，皆数百年物也。水源出石罅，周砌以石，游鱼千余头，堪舆云是生气。"然正是这棵古老的银杏树在奕谮死后归葬数年，引发了慈禧太后与光绪皇帝斗风水的故事。

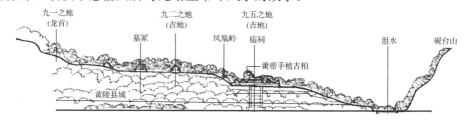

陕西黄帝陵墓风水选址图

寺庙宫观选址时林木景观的好坏也是考虑的重要条件之一。敦煌写卷《降魔变文一卷》中记载:"去城不近不远,显望当途,忽见一园,竹木非常葱翠,三春九夏,物色芳鲜;冬际秋初,残花翁郁。草青青而吐绿,花照灼而开红,……舍利佛收心入定,敛念须臾,观此园亭,尽无过患。……既见此事,踊悦身心,含笑舒颜,报言长者:此园非但今世,堪住我师,贤劫一千如来,皆向此中住止(址),吉祥最胜,更亦无过,修建伽蓝,唯须此地。"足见佛教徒对佛寺选址之重视程度。

陕西周至黑水谷隋唐仙游寺风水环境

道教徒出于修道成仙的目的而需要清静环境,因此十分重视对林木环境景观的追求。《搜神记》载道教徒的居住环境是:"明日邑人来相宅,方山在其东,佩山在其西。左环杏墩,右绕蛇城,南壮两潭,而前坐后大溪。北来紫纡,西下两峰特秀巉然。水口良然,佳处也。乃相与子来斩竹萝草作为华屋,立像肖貌,揭虔安灵。四远闻之,鳞集辐辏。"由此说明道教徒们所极力追求的生存环境正是风水理论中的理想环境。佛教圣地五台山原是道教徒修炼的居住之地。如《仙经》云:"五台山,名为紫府,常有紫气,仙人居之。"《大唐神州感通录》亦云:"代州东西,有五台山者,古称神仙之宅也。山方五百里,势极崇峻。上有五台,其顶不生草木。松柏茂林,森于谷底。其山极寒,南号清凉山,山下有清凉府。"江西武功山是佛道名山,明末安福举人吴云描绘武功山三天门道观美景时写道:"修篁敞空,人行竹荫中,绿满人衣,各仙观屋尖露于竹上,水声益壮。"名木古树掩映寺观,营造出一种幽深古穆、远离尘缘的环境,使香客肃然起敬。

所以,重视林木景观、讲究绿化环境是古代风水理论展示其风水绿化思想的一大内容,体现了林木景观与风水环境之间的关系,成为培植和保护风水林的理论基础。

2. 倡导植树的风水绿化思想

由于林木景观对形成所谓"吉地""龙穴"的风水环境具有十分重要的作用,风水理论极力倡导植树、种植风水林。如清乾隆《宅谱尔言·向阳宅树木》说:"乡居宅基以树木为毛衣,盖广陌局散,非林障不足以护生机,溪谷风重,非林障不足以御寒气。故乡野居址，树木兴则宅必旺，树木败则宅必消乏，大栾林大兴，小栾林小兴。苟不栽树木如人无衣，鸟无毛，裸身露体，其保温暖者安能在欤。"认为不植树如人无衣服、鸟无羽毛一样裸身露体，不能蔽体保温。所以古代人们十分注重植树，在村落、庭院、坟地、来龙山、寺院周围种植树木、培植风水林，以此弥补场地景观某些不足，来获得良好的风水环境。风水理论提倡植竹，明徽州歙县人方承训《复初集》卷二十八载其风水师叔父的"叔父状"称："余舍亲族诸门地独高，堪舆术谓必获环垣佐之，延袤拥庇，内植竹荫，始可帖帖然居美。"这就是风水术倡导植竹之例子。

在阳宅方面，最受到重视的是村落风水林的种植。如福建《莆田浮山东阳陈氏族谱》卷二记载莆田浮山东阳村的村落，"自公卜居后，凡风水之不足者补之，树林之凋残者培之"，最后变成了所谓的"真文明胜地"。张浩良《绿色史料札记》所录的四川通江县中林走马坪伏氏宗族所立保护古柏风水林禁碑载："溯其高祖培元始，居走马坪，相阴阳，观流泉，手植柏木，以补地形之不足。其树蔚然秀……维翠柏钟毓灵气，根深枝茂。"又录通江草池乡清同治四年（1865）碑文称："此地风木，我先人殷勤培植，始成茂郁，愿以望后世峥嵘，茂昌挺秀腾翠。"福建建瓯县（今建瓯市）的古村落则喜欢在水口处广植树木，形成大片水口林。村落风水林的种植可起到挡风聚气的功效，还能改善和维护小环境的生态，使村落小环境在形态上完整，在景观上显得丰富和有生机。浙江慈溪在河道里垒筑风水墩，在上面种植树木为风水林，起到听风、查看水流及"抵煞"的作用，能保障村落及居民的平安和子孙昌盛富贵。所以风水典籍《阳宅会心集·种树说》对风水林木的种植有如下的规定和要求："如四应山环局窄，阳气不舒，不可有树以助其阴，即或堂局宽平而局外有低山护卫者，亦不可种树；惟于背后左右之处有疏旷者则密植以障其空；若上手不是障空，不必种树以闭天门。"

来龙事关一村、一城、一县及一国的运气之兴衰，所以风水理论十分重视来龙风水林的营造。清乾隆《福宁府志·地理志》卷四"山川"载福建霞浦县城北部的龙首山，为一县主山（即来龙山），被视为当地的风水山。旧多赤土，不利居民。明正德初，知州刘象令民种松万株，以为民荫，名曰"松城"。山西《清嘉庆二十四年三月高平北凹村栽树碑记》就说："古人卜居，不离乎山水之间，而形势之胜，气脉之厚；固云天造地段，亦由人事栽培。"依山临水，本是山川形胜之地，如果用心加以栽培，则气脉更见深厚。在这种风水思想影响之下，人们群起响应，在其来龙之山——紫峰山，"即有乐施银钱者，有乐施地者，有乐

湖南韶山冲风水林

（百度图片——毛泽东同志故居）

施地内栽树者，或三株或五株，或十株，总令峰回翠绕，有绿树阴浓之胜，则气脉亦见深厚焉"。一些地方官员也借助培风水之名，倡导和带领百姓种植林木以护风水。清陕西靖边知县丁辅臣编《劝民种树俚语》歌，认为树木"能吸云雨，能补地缺，能培风水，能兴村落"，所以他号召老百姓"把庄前庄后、山涧沟坡，各栽些杨柳榆杏，各样树科"。

坟园陵地以风水为重，荫护以树木为诜。风水理论强调在坟园墓地周围种植风水林木护坟，保全生气。《水经注·赣水》称吴嘉禾中徐熙于徐孺子墓植松，三国时广州刺史陆胤撰《广州先贤传》记孝子顿琦于其母坟地植松柏成行，《晋书·山涛传》也载山涛于其母坟地亲植松柏，《南史·宗测传》说其负土植松柏于母坟地，《唐书·褚无量传》载褚无量于其母坟地植松柏。《唐书·列女传》载列女汴女李氏葬母，负土以完园茔，莳松数百，官府旌表之，"诏树阙门闾"。《宋史·易延庆传》载易延庆于其父墓侧手植松柏数百本。宋叶盛《水东日记》卷十五载南宋陆游在家训中说："古者植木塚上，以识其处耳。吾家自先太傅以上，塚上松木多不过数十。太尉初葬宝峰，比上世差为茂郁，然亦止数亩耳。左丞归葬之后，积以岁月，林樾寖盛，遂至连山弥谷。不幸孙曾遂有剪伐贸易之弊，坐视则不可，禁止则争讼纷然，为门户之辱，其害更甚于厚葬。吾死后墓木毋过数十，或可不陷后人于不孝之地，戒之戒之。"这是说陆游祖墓植松树风水林之况，并且陆游要求在其死后墓地风水林不要植松过度，以防止后代砍伐售卖，落得不孝之名。安徽岳西县余河乡老屋村祝氏墓地，环墓生长着 11 株高大挺拔的马尾松古树和 3 株大枫香树，松在外围，枫在内心，布局严谨，犹如八阵名图的独特古树群。11 株古松皆高 30 米，其中 10 株胸围均达 400 厘米，每株古松大枝长展，华盖高张，连荫遮地 2000 多平方米。据墓碑记述，此古树群栽植已 240 余年。

历代皇家陵寝所植风水林规模最大。唐代帝王陵地种植柏树，周围并筑围墙，称为柏城。唐白居易《长庆集》四"陵园妾诗"有"松门到晓月徘徊，柏城尽日风萧萧"诗句道及。北宋皇帝陵寝在今河南巩义，陵上所植柏树成林。宋赵彦卫《云麓漫钞》卷九载："永安诸陵，皆东南地穷，西北地垂；东南有山，西北无山，角音所利如此。七陵皆在嵩少之北、洛水之南，虽有冈阜不甚高，互为形势，自永安县（今巩义芝田镇）西坡上观（永）安、（永）昌、（永）熙三陵在平川，柏林如织，万安山来朝，遥揖嵩少，三陵柏林相接，地平如掌，计一百十三顷，方二十里云。"明十三陵、明孝陵、清北陵、清东陵、清西陵等皇家陵园风水林植松规模最大，达数十万株。其墓地所植松林虽经盗砍，但规模仍存。

历代寺僧道徒在庙寺宫观庵周围也都种植有大片风水林，清栗引之《玉泉山寺志》卷一载唐太宗贞观年间，僧人法瑱在当阳（今属湖北）玉泉寺"夹道植松"。《长安志》载唐代长安青龙寺植有柿树万株。唐诗人韩愈曾游青龙寺，写下了《游青龙寺呈崔大补阙》诗，有"友生招我佛寺行，正值万株红叶满"称颂其柿树秋叶景观。《辽文存》记载蓟州上方感化寺风水林植有甘栗万余株。《玉堂别集》记载京师报国寺"有松七八株，高不过丈许，其顶甚平，而枝干旁出至十余丈者，数百茎夭矫如游龙。寺僧恐其折，每一干以一木支之，加丹垩焉。好事者携酒上其顶，盘踞群坐焉"。清龚自珍《说京师翠微山》称北京西山翠微山龙泉寺有白皮松4株，皆高达百尺。

风水理论对风水林木的种植都有严格的规定，如种植的密度、高度、方位和树种的选择等。清人林枚《阳宅会心集·种树说》说："村乡之有树木，犹人之有衣服，稀薄则怯寒，过厚则苦热，此中道理，阴阳务要冲和。"强调风水林木种植要适度，不能过密或过稀。林枚对此还说："如四应山环局窄，阳气不舒，不可有树以助其阴。即或堂局宽平，而局外有低山护卫者，亦不可种树。"认为风水林种植要考虑空间的合理布局，空间舒阔者可多植树，空间狭窄者则不宜或少植树。风水理论对风水林种植的位置、方位也有明确的规定。林枚对此指出："惟于背后左右之处，有疏旷者则密植以障其

明十三陵长陵（《法天象地》）

空。若上手不是障空，不必种树以闭天门。"天门是指西北之乾位。《住宅居向吉凶论》认为："宅院中种植庭树太多，必是灾害之源。"《周易阴阳宅·树木吉凶》云："大树当门，六畜不存"；"大树压门，无女少男"；"大树枕旁，必多惊惶"；"独树当门，寡母孤孙"。《相宅经纂·天井》称："天井栽树木者，不吉。"反对在大门前、天井里种植大树。这主要是因大树隔挡阳光，使室内阴气不易驱除，进

出不方便，夏季还易招雷击，出现不测。在树种选择上，风水理论也极为讲究。《相宅经纂》云："东种桃柳、西种栀榆、南种梅枣、北种奈杏""中门有槐、富贵三世，宅有榆，百鬼不近""门庭前喜种双枣，四畔有竹木青翠则进财"。《周易阴阳宅·树木吉凶》对此言之甚详，云："东植桃杨，南植梅枣；西栽栀榆，北栽杏李，则大吉大利。若东杏西桃，北枣南李，栽植失宜，谓之邪淫。"这些植树的宜忌，今天看来似是无稽之谈的封建迷信，但实际上都有一定的科学道理，符合树种的生物学和生态学的特性，又满足了改善村落和居宅小气候以及观赏的要求，还给人以积极的吉祥寓意。

3. 禁止毁林的风水护林思想

风水理论认为"吉地"虽然"本自天成"，但仍然须辅以人力的保护，否则"龙穴河水一处受伤，则体破气散，焉能发福"或"生气行乎他方"。《宅谱指要》则说："每见有村落自来不发者，一旦人旺财兴，双榜联科，只因宅合元运。树长林茂，烟雾团结，岂非吉气钟于此地者乎？使木尽伐，屋稍解，风吹气散，又未有不败者。"所以风水理论十分重视对风水林木的保护，坚决反对伐树，即使需要伐树也只能渐渐除之。正如《阳宅会心集》所言："乡中有多年之乔木，与乡运有关，不可擅伐，……或有高密之树，当位之不吉而应伐者，……于随年岁宫交承之际，渐减去之，不可一旦伐清。盖树之位吉者，伐则除吉；位凶者，动亦招凶。"明徽州人程敏政为廓清祖墓场地，在《篁墩文集·伐木告文》中称："赐茔内外，林木过繁，或近兆域之旁，或根蟠来龙之上，或三遮两避无以自伸，或纵出横生不能成列。理当去其太甚，庶使疏密得宜，木性各随其生成，地力不忧于匮乏。墓场有廓清之美，圹周无侵犯之虞。"这说明其对风水地林木清理态度之慎重。受到风水理论的影响，古时人们不仅对村落居宅的风水林树严加保护，而且对来龙林、坟园陵地和寺院的风水林木也严加保护，禁止毁坏。

村落风水林是阻挡"煞气"的屏障，各地都制定有苛刻严厉的措施制止破坏风水林的行为。福建泉州市洛江区虹山乡虹山村有一片郁郁葱葱的古"风水林"，是该村先人于清道光甲辰年（1844）仲春之月所立禁碑而保护下来的，当时立碑为使"荫风水"的参天乔木不被偷砍，该村先人提出"公议出银栽培松柏杂木护卫风水""凡在界中所培材木照顾成林永庇千秋""姓无论同异，房无分强弱，不得私自砍伐至累风水""如有砍伐复蹈前非，立即率众共诛，决不宽从""盗砍松柏杂木及茅草者，罚戏一台，饼十斤""松柏杂木或被风雨损坏，公议出赚，不得私自抢夺盗砍"等六条措施予以保护。广西昭平县营背村村落风水林是黎氏家族的祖先"积年培养成林，原为风水计也。后人值赖安享，正宜协心维护。奈人心不一，欲为长远计，严设禁约，劝碑垂告，使各知所守，庶得以树木永固滋畅，而积私肥之徒无所逞矣"，合族于清乾隆二十一年（1756）制定了禁止砍伐的规约，并立禁碑示众。虽历经数百年沧桑，至今依然树木葱郁。海南海口市美兰区东寨港红树林自然保护区是全国面积最大的连片红树林，有 2000 多公顷，是上山村的村落风水林。该村先民在地方官府的支持下，于清道光二十五年（1845）竖立了禁砍红树林的"奉官立禁"碑，要求当时的百姓爱护树林，以"扶村长久"，并按村民的姓氏划定了保护范围，每一姓人家都要分片来看管一定范围内的红树林。还订立了许多罚责条款和规定，即使捡拾红树林内的枯枝，也须到每年的正月初十才可以进行。浙江楠溪江周边村落都有风水林，不许砍伐。村头村尾，古树浓荫蔽天。《棠川郑氏宗谱·新宫坳樟树记》载，新宫坳里有太阴宫，宫右侧有樟木一株，其"大可丈围，高难尺计。……葱茏在望，经雨露而弥妍；新秀可餐，阅风霜而不改。斯固刍荛之所栖息，抑亦竖牧之婆娑也。然蔽烈日，御罡风，位置得宜，其又有关于风水乎？"但有一些见利忘义之徒，企图砍伐这棵树。于是"村中知事者不敢袖手以旁观，斟酌再三，集款买归老宗祠之业，立有字据，永后并不许砍断"。这是对村落古树的保护。

水口是村落命脉的攸关之所在，水口林则是护卫村落安全的主要屏障，所以水口林受到严格保护。浙江开化县素有栽培、封养水口林、护村林的传统，历代官民立碑禁伐水口林。在县经济开发区的青联村口，有一清嘉庆二十三年（1818）所立的禁碑。该禁碑全文如下："立禁约三十都青山庄（即今青联村），

广西某村风水树及护树碑（《理想景观探源》）

缘本村南山聚簇杂木遮护水口，近年以来屡次偷砍。为此，会同众等商议，重申严禁。不许大小登山砍柴、割草挖根。自禁之后，丫枝毛草不许拔剃，永远保留。如有犯者，公议罚款一千文，存众公用，倘不遵罚，禀官究处，决不徇私。为此勒石示禁。"至今该村水口林仍存。这当是风水思想深刻影响的结果。

来龙林是一村、一城、一县及一国运气兴衰的标志。清谷应泰《明史纪事本末》中曾记载，因南京钟山孝陵来龙的关系，禁止砍伐宣歙等地的山林。这

徽州绩溪龙川水口风水林

是对一国来龙林的保护。浙江杭州飞来峰钟灵毓秀，峰峦叠嶂，被认为是"收聚黄山天目来龙之气，有关省城文脉之兴替"的一省之来龙山，南宋曾将其视作"国家禁地"，禁止樵采和葬坟。杭州市《灵隐新志》卷九载清代守杭官员在飞来峰勒石镌刻"天子万寿"四字，并通告："嗣后飞来峰上亟宜栽树修塔，培养名胜，永不许营葬坟墓"，"严禁采樵"，否则"一体依律治罪，决不姑贷"。这有效地保护了飞来峰文脉和自然景色，至今飞来峰仍然是森林荫翳、古木蔽天。福建松溪樟垅山位于闽浙两省结合部，是松溪县的来龙山，为保护来龙山风水林，河东乡大布村民陈承达等人于清乾隆三十四年（1769），上书知县丁杰给谕示禁并立"永禁革碑"（碑存该村溪边亭坊门）。碑文末段重申："查樟垅山历久留植树木，系遮荫水源，滋润田土，叠经前县示禁等，经本县示禁在案，……嗣后樟垅山一派，无论长尾樟料、松杉杂树，俱不许砍运，即浙地树木，亦不许于魏屯溪运放……"，"倘有不遵，准许据实指名控告"，对违令者"严拿重究，决不姑宽"。这有效地保护了该地方的水源。云南楚雄市紫溪山是楚雄的来龙山，清乾隆四十六年（1781）所立《鹿城西紫溪封山护持龙泉碑序》（碑是楚雄紫溪山寂光寺、紫云寺、紫溪庵、源绿楼、松霞林、大紫溪、九族河、日落村、千家箐等寺庵和上下各村僧俗民众同立，碑现存楚雄市前进乡紫金村公所）称："所谓紫溪山，乃楚郡之发脉，所以护持者，已（以）培风水尤为扼要；若山若水，系关国赋，如公山大龙箐水所从出，属在田亩，无不有资于灌溉。是所需者在水，而所以保水之兴旺而不竭者，则在林木之荫翳，树木之茂盛，然后龙脉旺相，泉水汪洋。"但"近因砍伐不时，挖掘罔恤，以至树木残伤，龙水细涸矣。俟后来合郡丛林、寺院，栋梁难已（以）采办；上下各村无数田亩救护"。最后僧众乡民公议，立石"共相扶持"，"凡龙箐公山，勿容妄为砍伐"，"自立石之后，如有违犯砍伐者，众处银五两，米壹石，罚入公，以栽培风水。合郡龙脉之山，永远为记"。这是寺僧和村民共同合力为保护来龙山风水林的结果。

二　风水的生态伦理思想

风水林培护所体现风水的生态伦理思想，主要有尊重生命的生命伦理思想、"天人合一"的生态和谐思想和"比德"的哲学思想。

1. 尊重生命的伦理思想

尊重生命是中国文化的传统思想，更是中国文化主流儒道释三家达成广泛共识的生态伦理思想。

中国儒家文化创始者——孔子提倡的"泛爱众而亲仁"主张，就包含着尊重生命的意蕴。《礼记·祭义》载曾子曰："树木以时伐焉，禽兽以时杀焉。"夫子曰："断一树，杀一兽不以其时，非孝也。"又《大戴礼记·卫将军文子》亦载孔子说："开蛰不杀当天道也，方长不折则恕也，恕当仁也。"将对待动植物的惜生和不随意杀生的行为，与儒家主要道德理念孝、恕、仁、天道紧密联系起来，说明惜生与爱人、悯人同为儒家思想的要义。孟子则提出以善为基础的"亲亲、仁民、爱物"的伦理观念，《孟子·尽心上》说："君子之于物也，爱之而弗仁；于民也，仁之而弗亲。亲亲而仁民，仁民而爱物。"朱熹在《四书集注·孟子集注》中对"爱物"解释为：对于禽兽草木，取之有时，用之有节。《荀子·王制》篇云："圣王之制也：草木荣华滋硕之时，则斧斤不入山林，不夭其生，不绝其长也；鼋鼍鱼鳖鳅鳝孕别之时，网罟毒药不入泽，不夭其生，不绝其长也。"认为不仅人的生命有价值、有意义，而且其他生命同样也有价值、有意义，主张要让各种生命自然成活和生长，即"无伤""不夭其生""不绝其长"。这无疑是对生命的尊重。西汉大儒董仲舒《春秋繁露·仁义法》中亦云："质于爱民，以下至于鸟兽昆虫莫不爱。不爱，奚足谓仁？"也是强调对生命尊重的伦理意识。北宋理学家程颢对爱惜自然界生命有深入的阐发，《宋元学案》载其说："天地之大德曰生。天地氤氲，万物化醇，生之谓性。万物之生意最可观，此元者善之长也，斯所谓仁也。人与天地一物也，而人特自小之，何哉？"又说："仁者以天地万物为一体，莫非己也。认得为己，何所不至。"宋理学家张九成《横浦文集·横浦日新》说程颢书房窗前有覆砌台阶，有人劝其除去，他说："不可，常欲见造物生意。"其在宫中听说皇帝漱水时避开蚂蚁，以免伤生，则予赞扬，并劝皇帝"推此心以及四海"。而当皇帝折断柳枝时，则予劝说："方春发生，不可无故摧折。"还曾折断粘飞鸟之竿。朱熹认为"仁是天地之生气"，"如四时之有春，彼其长于夏，逐于秋，成于冬，虽各具气候，然春生之气皆通贯于其中"。（《朱子语类》卷六）明心学家王阳明强调天地万物为一体，其《大学问》说："大人者，以天地万物为一体也。……是故见孺子之入井而必有怵惕恻隐之心焉，是其仁之与孺子而为一体也。孺子犹同类者也，见鸟兽之哀鸣，觳觫而必有不忍之心焉，是其仁之与鸟兽而为一体也。鸟兽犹有知觉者也，见草木之摧折而必有悯恤之心焉，是其仁之与草木而为一体也，草木犹有生意者也。见瓦石之毁坏而必有顾惜之心焉，是其仁之与瓦石而为一体也。"

由上引所见，中国儒家思想将要求人们尊重生命、信奉爱护万物的生命伦理观念贯穿于始终，并付诸道德的实践之中。

墓地风水林的培护最能体现儒家思想的这一理念。宋代理学大师程颐曾指出，人死后选择葬地，要使他日不为道路、城郭、沟池，不为贵势所夺，不为犁耕所及，认为这是葬地的五大祸患之所在。关于风水地之美恶，程颐说得好："卜其宅兆，卜其地之美恶也，非阴阳家所谓祸福也。地之美者，则其神灵安，其子孙盛。若培壅其根而枝叶茂，理固然矣。地之恶者则反是。然则曷谓何为地之美者？土色之光润，草木之茂盛，乃其验也。父祖子孙同气，彼安则此安，彼危则此危，亦其理也。"剥除风水的外衣，墓地风水林是关系到家族或宗族兴衰的标志，与儒家所提倡的报本追远伦理观有关系。保持墓地周围的环境，既是对已故先人的尽孝，也是为了荫及子孙。要求人们对坟墓上的植被做出精心的保护，不容有一草一木遭到破坏。甚至在穷得没有办法的情况下，也要求子孙"不斩丘木"，否则便是不孝。因为坟上的一草一木都被看成与自己的祖先联系在一起，肆意地偷盗和砍伐都会被视作对自己祖先的不敬，是不可饶恕的。所以这种对墓地风水林严加保护的行为，正是儒家思想中的尊重生命、爱护生命观念之体现。

道教也主张尊重爱惜生命。道教经典《度人经》说："仙道贵生，无量度人。"道教信仰神仙学说，向往长生不死、自由逍遥、最终使生命和精神与所崇仰的大道合一的神仙生活。因此在现实生活中道教徒十分尊重和珍视生命，以生命为最宝贵，追求长生久视。道教认为一切生物和人一样具有生命灵性，所以在道教戒律中对之加以保护，信奉"守仁不杀"的行为规范。道教最早的经典《太平经》专门对禁止烧山林作了理论阐述："天上急禁绝火烧山林丛木之乡，何也？愿闻之。然，山者，太阳也，土地之纲，是其君也。布根之类，木是其长也，亦是君也，是其阳也。火亦五行之君长也，亦是其阳也。三君三阳，相逢反相衰。是故天上令急禁绝烧山丛木，木不烧则阴中。阴者称母，故倚下也。"葛洪在《抱朴子·内篇·微旨》指出："山水草木，井灶湾池，犹皆有精气，人身体亦有魂魄，况天地万物之至大者，于理当有精神。"并指出：不要杀伤一切物命，不要烧野田山林，不要妄伐树木，不要妄摘草花，不要以毒药投渊池江海中，不要妄凿地毁山川，不要冬天发掘地中蛰藏虫物，不要妄上树探巢破卵，不要惊吓鸟畜，等等。《太极真人说二十四门戒经》中的"二十四门戒"第十八戒规定：人不能无故采摘花果，毁坏园林，否则就会下地狱，受吞铁丸之苦。《老君说一百八十戒》中的第十四条要求：不得烧野田草；第十八条要求：不得妄伐树木；第十九条要求：不得妄摘草花。《妙林经二十七戒》中也有"不得烧野山林"的规定。《中极洞真智慧观身大戒经》中第六十一条说：不得无故砍伐树木；第六十七条说：不得以火烧田野山林。在要求不毁坏树木花草的同时，道教还主张培植树木、植树造林、美化环境，所以道教的洞天福地均为葱葱郁郁的森林密被，大部分道教宫观留下了历代高道大德栽种的古树，古木参天，绿树成荫，花团锦簇。青城山天师洞内的张天师手植银杏、江西南昌西山万寿宫内的许真君手植古柏等，已经成为名迹胜物。对此道教戒律中有明文规定。《太上洞玄灵宝智慧罪根上品六戒经》中的第九戒即说：边道立井，植种国林；教化童蒙，与人为善。可见，道教徒在宫观种植和保护风水林就是其观念的体现。

佛教更是如此，尊重和爱惜生命是佛家的根本观念。佛家认为众生平等，大乘佛教将一切法都看做是佛性的显现，万法皆有佛性。佛经《大乘入楞伽经·断食肉品》中说："一切众生从无始来，在生死中轮回不息。靡不曾作父母、兄弟、男女眷属，乃至朋友亲爱侍使，易生而不受鸟兽等身。云何于中取之而食？大慧，菩萨摩诃萨，观诸众生同于己身，念肉皆从有命中来，云何而食？……在在生处，观诸众生皆是亲属，乃至慈念如一子想，是故不应食一切肉。"这段经文强调人类是众生中的一员，与其他所有生物都是绝对平等的。佛家为此提出了"不杀生"的戒律要求，约束僧众的行为。《大智度论》卷十三说：诸罪当中，杀罪最重；诸功德中，不杀第一。如果触犯杀戒，灭绝人畜的生命，不论亲自杀，还是让他人杀，都属于同罪，死后将堕入畜生、地狱、饿鬼等三恶道，即使生于人间，也要遭受多病、短命两大恶报。"不杀生"就是护生，《梵网经》卷下"第四不辄放火焚烧戒"，禁止"放大火烧山林旷野"，特别指出在四月至九月禁止烧山，因为这正是虫蛇鼠蚁等生灵繁殖的时期，若放火烧山，会杀死无数小生灵。该书卷下"不能救生戒第二十"载："若佛子，以慈悲故行放生业。一切男子是我父，一切女人是我母。我生生无不从之受生，故六道众生皆是我父母。而杀而食者，即杀我父母，亦杀我故身。一切地水是我先身。一切火风是我本体。故常行放生。生生受生常住之法。教人放生。若见世人杀畜生时。应方便救护解其苦难。常教化讲说菩萨戒救度众生。……"此禁杀的戒律，即是尊重有情生命的思想。在消极方面是不杀生，在积极方面则是放生，进而营救一切有情的生命。所以注重营造和保护佛寺风水林，正体现了佛教僧侣们对生命的尊重和爱惜。

2. "天人合一"的生态和谐思想

"天人合一"是中国哲学的基本观点，著名哲学家张岱年先生在《文化与哲学》一书说："中国哲学中天人合一观点有复杂的涵义，主要包括两层意义。第一层意义是，人是天地生成的，人的生活服从于自然界的普遍规律。第二层意义是，自然界的普遍规律和人类道德的最高原则是一而二、二而一的。""天人合一"思想的核心是"天人同构"，是关于"天道"与"人道"相统一的政治伦理学说。儒家的"天人合一"大体上讲的就是人与义理之天、道德之天的合一；道家的"天人合一"就是讲人与自然之天的合一。

"天人合一"作为一种思想观念在先秦时期就已经产生。西周时，天是有意志的人格神，是自然和社会的最高主宰，天人关系即神人关系。《尚书·洪范》中说："惟天阴骘下民。……天乃赐禹洪范九畴，彝伦攸叙。"这当是中国古代天人合一思想的萌芽。春秋时期的子产对"礼"的认识也反映出天人相通、天人遵循同一法则的思想："夫礼，天之经也，地之义也，民之行也。天地之经，而民实则之。"孔子明确主张敬天法天，"天何言哉？四时行焉，百物生焉，天何言哉？"他认为四时运行、万物生长是天之意志的体现，天是一切现象和自然变化的根源，要求人类社会以"天意"来建立尊卑秩序，协调天人关系。孟子提出"尽心、知性、知天"的主张，认为人的心性是沟通天人关系的桥梁，要求人以道德规范约束自己，扩充善端，来实现知天达命、天性与人性、天心与人心的统一。荀子则提出"明于天人之分"的唯物主义观点，认为自然规律不以人的意志为转移，也不会因为人的好恶而改变，"天行有常，不为尧存，不为桀亡"。人在自然界处于优先地位，可以驾驭自然。但他也没有否定人与自然的和谐共存关系，故而提出"制天命而用之"的思想，主张尊重自然，顺应自然规律，天、人各司其职。《周易·文言》从人格的最高理想和最终境界论述了人与天地的合一："夫大人者与天地合其德，与日月合其明，与四时合其序，与鬼神合其吉凶，先天而天弗违，后天而奉天时。"认为一方面要尊重客观规律，另一方面又要注意发挥人的主观能动性。《礼记·中庸》详尽地发挥了这一观点："惟天下至诚，为能尽其性。能尽其性，则能尽人之性；能尽人之性，则能尽物之性；能尽物之性，则可以赞天地之化育；可以赞天地之化育，则可以与天地参矣。"认为至诚之人不仅可以发挥自己的本性，而且可以充分发挥一切人的本性和万物的本性，从而帮助天地化育万物，与天地并列。西汉的大儒董仲舒上承先秦，下启魏晋，在《春秋繁露》中提出了著名的"天人之际，合而为一"（《深察名号》）、"以类合之，天人一也"（《阴阳义》）的观点。他认为天与人具有相同的结构，人是天的派生，人事与自然规律相似，故而天人可以相互感应。这是融自然规律、伦理原则和神秘权威于一体的理性与神秘主义之混合物。北宋理学家张载在《西铭》中写道："乾称父，坤称母，予兹藐焉，乃浑然中处。故天地之塞，吾其体；天地之帅，吾其性。民吾同胞，物吾与也。"（《正蒙·乾称》）这实际说的就是人与天地万物为一体。他在《正蒙·诚明》篇中明确提出了"天人合一"的命题："儒者则因明致诚，因诚致明，故天人合一。"由此出发，凡能体悟到人与人之间、人与物之间有息息相通、血肉相连的内在关系的人，便必然能达到"民吾同胞""物吾与也"的境界。他强调道德原则和自然规律是一致的，人和自然都遵循统一的规律，天人协调是最高理想。明代理学家王阳明提出"仁者与天地万物一体"的泛爱万物的思想，这既是人性的自然表露，也是人类最高的伦理情感，是人对天地万物的一种责任意识，达到了儒家天人观的最高成就。

道家对于"天人合一"也有明确的认识。老子所说的"道生一，一生二，二生三，三生万物。万物负阴而抱阳，冲气以为和"，主张"人法地，地法天，天法道，道法自然"，认为人生追求的目的不是认识、征服自然，而是泛爱万物。庄子则提出了"天地与我并生，而万物与我为一"的"万物齐一"论，认为人与自然在本质上是统一的。

由上所见，"天人合一"的思想是中国古代先辈对人与自然关系的基本认识，是中国传统价值观念的重要组成部分，是中华民族五千年来传统文化理念的优秀思想精髓。它强调了人与自然的辩证统一关系，指明了人与自然应是和谐共处的关系，人不能凌驾于自然之上。它是中华民族的世界观、价值观这种思维模式的创造性体现。人们在实践活动中应该充分尊重大自然万事万物的生存权利，实现人与自然的和谐一体。

风水林的培护是古代人顺应天道、选择和改造合适的生存和发展环境的行为实践结果，无不体现了中国传统文化的"天人合一"的生态和谐思想。无论是金碧辉煌的宗教建筑、高大气派的皇家陵寝、粉墙黛瓦和错落有致的村落民居，浓荫蔽日、古木森森的风水林，都能与之达到和谐有机的统一。最能体现"天人合一"生态和谐思想的风水林景观，则是徽州人的水口林和客家人的围龙风水林。客家人的围龙屋背靠大山树林，整个围龙屋都处在绿荫环抱之中，门前的池塘荡漾着碧波，鸟瞰围龙屋，池塘、禾坪和围龙屋恰好组成一个以南北子午线为中轴、左右对称的"太极圈"。围龙屋总是傍山而建，同时很讲究地势，在屋后的山坡营建风水林，进行所谓人为的"配风水"，林木只许栽培，不许砍伐，以藏风得水。因为客家人认为"林木兴则宅必发旺，林木败则宅必衰落"。另外，在围龙屋的前面都置有一半圆形的池塘，它不单是为日常生活提供方便，还含有完善基地阴阳、配偶、山影门庭的潜在意识，池塘埕坝上也植种风水林。可见客家围龙屋集中体现了风水林与建筑物体、天然地形的"天人合一"生态和谐思想。

徽州水口园林多建于水口，能剪裁真山真水，充分发挥新安山水的感染力，因地制宜，巧于因借，与山水、田野、村舍融成一体，自成天然之趣，不烦人事之工。徽州古村落周边和水口处经多年营植，大多是绿树成林、浓荫遮掩，形成一道天然屏障，按堪舆之说，乃瑞气不外溢，邪气难冲入。从生态环境的角度看，人工构筑与天然景观融为一体，村落四周与自然山水林木和谐相依，诚然是清新怡人、有利安康的人居环境。如黟县的南屏、西递、宏村，歙县的唐模、许村、棠樾、雄村，婺源的洪源、坑头、晓起，绩溪的涧洲、冯村、石家村，休宁的五城、富溪，祁门的六都、张村、松潭等。被列入世界文化遗产的徽州古村落

"天人合一"的理想居住环境

西递村，村后松树山、天马山林木繁密，前边溪、后边溪、金溪三条溪水穿村走户，"家家尽枕河"，船形村落有"东阜前蹲，罗峰遥拱，有天马涌泉之胜，犀牛望月之奇"，"产青石而如金，对霭峰之似笔，土地肥沃，泉水甘甜"。在西递村口"关风凝气聚财"的"水口"，则有文昌阁、魁星楼、水口亭、凝瑞堂、环

抱桥、悟赓桥、华佗庙等建筑，和参天古树、潺潺清溪共同组成了西递"保瑞辟邪"的"影壁"。另一处被列入世界文化遗产的徽州古村落宏村，更是践行"引水补基"、唯变所适风水理念的典例。宏村汪姓先祖"遍阅山川，详审脉络"，选取了这一处位于黟县北端，背靠雷冈山，怀抱新安江上游末支浥溪、羊栈河的风水宝地。在建村落时，引两溪之水以凿圳绕村屋九曲十湾，还在村中凿"月沼"蓄积"内阳水"，后来又在村南将数十亩良田辟为弓形池塘"南湖"，蓄积"中阳水"，长年兴养雷冈山风水林木植被。历经150年，精心建造了宏村古村落人工水系，使宏村内水圳穿街走巷，水流千家，村人"足不出户尝清泉"，不仅解决了古民居防火问题，而且方便了族众饮水、洗涤。水流全村农家院，养鱼养花，调节温、湿，美化了村落环境。村人在村南弓形湖入口处，还创造性地设置了过滤水栅，防止生活垃圾污染水质。宏村古村落科学人工水系的建造，对人与自然环境的和谐相融作了精彩的诠释。这一牛形古村被世人称为"中国画里的乡村"。

3. "以物比德"的生态美学思想

"以物比德"是中国古代人重要的美学思想和思维方式。春秋时孔子提出"知者乐水，仁者乐山"的山水观，将自然山水视为人的道德属性。但最早提出"以物比德"的是荀子，《荀子·法行篇》有"夫玉者，君子比德焉"之句。所谓"以物比德"就是把自然物作为人的道德属性的象征，即是人们在欣赏自然物体美时意会到人的某些品德美。"比德"说是儒家的自然生态审美观，它主张从伦理道德（善）的角度来体验自然美，大自然的山水花木、鸟兽鱼虫等之所以能引起欣赏者的美感，就在于它们的外在形态、生态上的科学生理性质以及神态上所表现出的内在意蕴都与人的本质、本质力量发生同构、对位与共振，也就是说有与人的本质、本质力量相似的形态、性质、精神的花木可以与审美主体的人（君子）比德，亦即从山水花木欣赏中可以体会到某种人格美。这种审美观和思维方式对后世影响很大，成为中国传统文化中思考与评判伦理人格不可或缺的思想方式。

中国古代人的思维方式是具象性的思维，抽象性思维长期不足。古代人思维通常采用"观物取象"的方法，即通过具体可感知的物象，将自己的体悟融会其中。《周易》中就提出了这种方法，《系辞》云："仰则观象于天，俯则观法于地，观鸟兽之文与地之宜，近取诸身，远取诸物。"《诗经》作者运用比兴手法"托物言志""借物抒情"，将自然树木花草的生态特性赋予人格意义，并成为文化领域中的优良传统。屈原《离骚》以香草比喻君子,作为人格高洁的象征,反映了当时人们的自然美意识。宋代由于理学的兴起,传统儒家的比兴讽劝、比德鉴义传统的审美理念得到了恢复。宋理学家胡次焱在《山园后赋》中认为:林木花卉"若但嗅蕊拈香,朝游暮戏,此禽鸟之所乐,蜂蝶之故志,人所以与天、地并立为三者,果如是已乎?""万汇葳蕤,一理攸寓。所贵善学,在触其类。故观松萝而知夫妇之道,观棣华而知兄弟之谊","观兰茝而知幽闲之雅韵,观松柏而知炎凉之一致"。还说:"举凡山园之内,一草一木、一花一卉,皆吾讲学之机括、进修之实地,显而日用常行之道,赜而尽性至命之事。"他认为自然审美应纳入即物究理、格物致知、修业辅德的实践中。宋曾协《直节堂记》还认为"凡人之寓兴,多得其近似之者,因是可以观其人",对待树木花草"不取其姿,而取其意,不取其意,而取其德"。清康熙皇帝爱新觉罗·玄烨则明确道出了树木花草的比德意义,其在《避暑山庄记》中说:"至于玩芝兰则爱德行,睹松竹则思贞操,临清流则贵廉洁,览蔓草则贱贪贿,此亦古人因物而兴,不可不知。"受此影响,在古代人的心目中,树木不仅是物色之观、遣兴之娱,且是风节之标、德业之象。因此,中国古代文人在欣赏树木花草的自然之美时,会产生无尽的联想,赋予其各种情感的符号意义,并视其为高洁品格的象征。

风水林的培护也在一定程度上体现了"以物比德"的生态美学思想。如种植松柏为风水林有着悠久的传统。松柏是古代的社树,"夏后氏以松,殷又以柏,周人以栗"为社树,被视为乡里故国的象征。更为重要的是古代人们将松柏视为君子之德的象征,赋予其君子高洁的品性。孔子曾在《论语·子罕》中说:"岁寒而后知松柏之后凋也。"荀子将其喻为君子:"岁不寒无以知松柏,事不难无以知君子无日不在是。"《礼记》则对松柏的人格品性作了更直接的概说:"其在人也,如竹箭之有筠,如松柏之有心,二者居天下之大端矣,故贯四时而不改柯易叶。"五代荆浩《笔法记》中有"松之生也,枉而不屈。…… 如君子之德风也"。北宋韩纯全《山水纯全集》中则对前人的说法进行了高度凝练:"且松者,公侯也,为众木之长","且柏者,若侯伯也"。认为松柏具有领袖群木的作用。人们对松柏这种独特的审美心理也深刻影响着人们对墓地林树种的审美追求:松柏不仅象征着长寿永恒,且与死者的道德情操联系于一体。《上党郡记》载:"令狐征君隐城东山中,令狐终,即云葬焉。诸生遵师法而陪葬者三百余家,松三千数,大界十数围,高四五十丈,今俗名其山为令狐墓。"令狐征君即令狐茂,为西汉武帝时名士,其学生以松树标榜其高洁品性。唐代帝王陵园周围筑墙,种植柏树,称为柏城。白居易《长庆集·陵园妾》诗有"松门到晓月徘徊，柏城尽日风萧瑟"句称述。墓地植松柏，在风水典籍中也有载记。敦煌写卷所收《宅经》云："前有流水者，（残）相望，宜作家（冢）墓，可种柏。人居之，富贵昌。"宋、明、清帝王的陵墓都植松柏。除了植松柏树为风水林外，古代人们还喜爱种植银杏、樟树、榆树、槐树、榕树、楷树、枫树、柳树、桂花树、桃树、梅树等树种为风水林，以此作为其理想人格之象征。

第五章

风水林构成树种的文化意蕴

风水林之所以受到历代人的高度重视，是因为历代人所选择风水树种具有丰厚的文化意蕴，它们被视为吉祥之物，或作为辟邪驱祟之物，故此深受历代人的推崇。

一　吉祥树种

中国人喜爱将一些树种视为美好、幸福与吉祥的象征，称之为吉祥树种。吉祥树种的形成既与人们的主观感觉有关，又有深厚的历史文化积淀。所以古代人常选择喜爱的吉祥树种种植风水林。

1. 松树

松树是松科（Pinaceae）松属（*Pinus linn*）植物的总称。我国有松属植物20多种，分布于全国各地。著名的种类有东北的红松、樟子松，华北的油松、赤松和白皮松，西北的华山松，华东的黄山松，南方的马尾松，云贵高原的云南松、思茅松等，其中被列入国家重点保护野生植物名录的有红松、大别山五针松、长白松等。是我国风水林的主要构成树种。

松树最早是作为社树和墓地树栽培的。《论语·八佾》载："哀公问社于宰我，宰我对曰：'夏后氏以松，殷人以柏，周人以栗。'"《淮南子·齐俗训》也有"夏后氏，其社用松"之载，说明夏王朝是植松为社树。古纬书《礼纬·稽命征》之"天子坟高三仞，树以松"记载，是说周天子植松作为坟地的墓树，以为标识。《荀子·强国》称秦赵之界有大片松柏林，"其在赵者剡然有苓，而据松柏之塞"。据专家解释，"松柏之塞"是植松柏与秦为界，这是赵国与秦国边界所植松柏边防林。秦汉时期松树还被植于道路，司马迁《史记·秦始皇本纪》载秦统一中国后，修建了以都城咸阳为中心到达全国各地的驰道，夹道"树以青松"。王符《潜夫论·浮侈篇》说："造起大冢，广种松柏。"则是说植松柏于坟地。东晋时钟山为京城（今南京）的镇山，《六朝事迹编类》卷二引《舆地志》记载钟山本少林木，刘宋时"使诸州刺史罢职还者，栽松三千株，下至郡守，各有差焉"。这是说东晋至刘宋时回京官员在钟山种植松树，到梁朝时期，钟山已是树木葱茏，佛寺如云。陈朝陈后主与大臣张讥游玩钟山，曾经以山上的松枝取代麈尾，故诗人梅挚有"千松鏖尾"之句。所植松林直至明初尚存，明初大儒宋濂《游钟山记》称："沿道多苍松，或如翠盖斜偃，或蟠身骄首如玉虬搏人，或捷如山猿伸臂，掬涧泉饮。相传其地少林木，晋宋诏刺史郡守罢官者栽之，遗种至今。"则是关于南京钟山大规模种植风水林的记载。隋唐以后，种植松树作为寺庙宫观、墓地、村落的风水林，极为普遍，史书载述不绝如缕。

安徽九华山凤凰松

中国古代人之所以喜植松树为风水林，究其原因是将松树的自然生态特性赋予人格意义，借以表达人的思想、品格和意志。松树因具苍劲挺拔、蟠虬古拙的形态，抗旱耐寒、常绿延年的生物特性，被人们作为保持本真、坚强不屈、永葆青春的意志和体魄的比况。《礼记·礼器》曰："其在人也 …… 如松柏之有心也 …… 故贯四时而不改柯易叶。"孔子有"岁寒，然后知松柏之后凋也"的著名格言。《庄子》谓"天寒既至，霜露既降，吾是以知松柏之茂"。西晋的左思以"郁郁涧底松"（《咏史》其二）自比寒族孤直之士的被压抑。东晋陶渊明"抚孤松而盘垣"（《归去来辞》），感到欣慰。六朝时经常用松的形象来品评人物，形容人的神姿，如《世说新语》中称嵇康身长七尺八寸，风姿特秀，或云"萧萧如松下风，高而徐引"，山公云："嵇叔夜之为人也，岩岩若孤松之独立，其醉也，傀俄若玉山之将崩！"李白欣赏嵇康孤松独立的风姿，他在《襄阳歌》中说："清风朗月不须一钱买，玉山自倒无人推。"史载秦始皇巡游泰山，风雨骤至，在大松下避雨，后来封此树为"五大夫"，后人称此树为"五大夫松"。《幼学故事琼林》云："竹称君子，松号大夫。"语亦由此来。

松树树干苍老盘曲，树龄长逾千年，木质不易遭虫害和腐烂，象征坚毅、高尚、长寿和不朽。《花镜》云："松为百木之长，…… 多节永年，皮粗如龙麟，叶细如马鬃，遇霜雪而不凋，历千年而不殒。"宋代王安石在《字说》中说："松为百木之长，犹公也。故字从公。"有人拆字"松"为十八公，元代冯子振写有《十八公赋》，明代洪璐著有《木公传》，所以松树为长生的象征。据传，晋荥阳郡南石室中，隐居着一对夫妇，室后有孤松千丈。这对夫妇年岁数百，死后化为双鹤，绕松而翔，故有"松鹤延年"之说。民俗祝寿词常有"福如东海长流水，寿比南山不老松"。书画中常以松、竹、梅为"岁寒三友"，以示吉祥。在书画、器具、装饰中常有"松柏同春"、"松菊延年"、"仙壶集庆"（松枝、水仙、梅花、灵芝等集束瓶中）。松树是广泛被视为吉祥的树种。

松柏枝繁叶茂，新枝茁壮，老枝不凋，新枝被称为"子孙枝"，苏轼有"庭松应长子孙枝"（《万松亭并叙》）的诗句，因此有子孙兴旺、绳其祖武的寓意。《诗经·小雅·斯干》篇作为新屋造好以后颂祷之歌，其中有"如竹苞矣，如松茂矣"之句。《诗经·小雅·天保》中有"如松柏之茂，无不尔或承"等句。

2. 银杏

银杏（*Ginkgo biloba*）是银杏科（Ginkgoaceae）银杏属植物，又名白果、公孙树、鸭掌树、佛指甲。我国古代多称其为"鸭脚子"。它是世界上现存种子植物中最古老的孑遗植物，所以有"活化石"之称。它是我国的特产树种，并为最珍贵的树种之一。

中国文献中最早记载银杏的是西汉时期司马相如的《上林赋》。《上林赋》在描述上林苑中的丰饶物产时曾有"沙棠栎槠，华枫枰栌"之句。枰即平仲，后世注家多以平仲为银杏。中国人工栽培银杏可能源于商周时期，以山东莒县浮来山定林寺的古银杏树最古老，树龄达 3000 余年，有"天下银杏第一树"之美誉。史载"（鲁）隐公八年（前 715）九月辛卯，公及莒人盟于浮来"（唐孔颖达《春秋左传正义》），传即盟于此树之下。20 世纪江苏徐州和山东临沂地区发现了许多有关银杏树的画像石刻，这些汉画像石刻中的银杏树大都刻画在院内亭旁，树体逼真生动，显得枝叶茂盛、生机勃勃。这些汉画像石刻是对当时现实的反映，说明当时人对之喜爱。东晋著名画家顾恺之根据汉末曹植名著《洛神赋》创作了同名巨幅绢本着色画卷《洛神赋图》，图中有大小银杏树 200 余株。用银杏树作为主要衬景，说明银杏树在江南城镇村落得到广泛栽培之。

隋唐以后，银杏树被道教、佛教视为"圣树""佛树""仙树"，得到僧侣道徒们的广为种植保护，其种子（白果）还被视为"圣果""佛果"而备受尊崇。现今留存的一些唐代古银杏树，大都分布于寺庙宫观。银杏树因其树势雄伟、干形高大、浓荫冠盖，叶形秀雅美丽，树龄长达数千年，以及盘曲如龙的虬枝，与僧侣道徒们修身养性、长生不死的信念不谋而合，具有"法轮常转"、不受凡尘干扰的宗教意境。金碧辉煌的寺院建筑配以参天的银杏巨树，堪与仙都佛国相比。北宋诗人梅尧臣《依韵和齐少卿龙兴寺鸭脚树》："百岁蟠根地，双阴净梵居；凌云枝已密，似蹼叶非疏。影落邻僧院，风摇上客裾。何当避烦暑，潇洒盖庭除。"这正是这种寺庙环境的写照。宋元明清时期银杏还作为果树而得到普遍种植，既为寺庙宫观、村落的风水林，又为获取种子（白果）经济收益之果树，受到历代人们的重视和崇奉。近代著名园艺学家曾勉之先生20世纪30年代在浙江诸暨农村考察银杏树的种植后，著《浙江诸暨之银杏》文说："此树对于人生，似由神秘思想而达于最有经济价值者。我国旧有之坟墓寺观，常所见及。盖以树达高龄，悠久不衰，姿态雄壮，庞然郁翳，最能表示其庄严气概。用人工造林今虽未闻，而庭院间已广行栽植，以供观赏，乃最有望"；"且与乌桕杂植，……时值秋令，乌桕叶变红，银杏叶变黄，两相辉映，由远

安徽寿县报恩寺古银杏

望之，不啻一绝妙之丹青"。这正是对银杏树这种风水林、果树林的价值之肯定。福建尤溪中仙龙门场村落百亩古银杏林原有近500棵，现存296棵，树龄达700多年，树干挺拔高耸，威武地守卫着村庄，为福建省连片古老银杏群体之最。

银杏树被历代国人喜爱，是在于其具有较高的审美价值和精神象征。银杏树以其叶形秀雅、花色青淡、金果累累之色彩美和树形雄伟、浓荫蔽天之姿态美来体现其自然美。它是中国人文色彩最浓厚的树种之一，近代文化伟人郭沫若先生1942年5月29日发表在《新华日报》的《银杏》文称其为"东方的圣者"，"中国人民有生命的纪念塔"，所以"我才特别的喜欢，是因为你美、你真、你善"，"是随中国文化以俱来的亘古的证人"。高大的银杏躯干、势若华盖巨伞的树冠，使人感到向上、有力度，成为一种个性品格而被尊崇，显得高洁；其枝虬曲柔软，柔中带刚，则体现了坚毅不催的品格；银杏萌芽力强，同株树上能几代同堂，而呈现出欣欣向荣、后继有人的生动景象；火烧不死、百劫不离，象征着银杏树热爱故土的品性。这些都是银杏美的内在表现，是与银杏树自然属性直接相关联而反映出来的审美特征。银杏树生命力最为强盛，历经千百年沧桑风雨，虽虬枝百结，但仍枝繁叶茂、郁郁葱葱，体现出对生命的自觉意识和自强不息精神；它有花不显，无桃李之芬芳，无百花之艳丽，安然自在，神定情闲，仍以虚静笃，立地擎天，表现出"淡泊"的精神境界。中国人常把银杏树的精神特征与民族性格、民族命运、民族历史联系于一体，将其视为古老的中华民族的象征，称之为中国的"国树"。

3. 樟树

樟树（*Cinnamomum camphora*）是樟科（Lauraceae）樟属的常绿阔叶大乔木，又名香樟（杭州）、乌樟（四川）、徭人柴（广西）、栲樟、山乌樟（台湾）、小叶樟（湖南）。它是分布于我国秦岭与淮河流域以南的优良乡土树种，集珍贵用材、特用经济和城市园林绿化功能于一体，也是南方地区风水林中最常见的树种。

樟树是一个古老的树种，早在下石炭纪和上石炭纪已有樟科植物的化石。樟树开发利用历史悠久，距今约 7000 年的浙江河姆渡遗址即发现有樟木的使用。先秦文献《尸子》有"土积则生梗豫樟"句；《淮南子》也有"梗楠豫樟之生也，七年而后知，故可以为棺舟"。西汉司马相如《上林赋》则有"豫章女贞，长千仞，大连抱，被山缘谷，循阪下隰，视之无端，究之无穷"的赋句。唐张守节《史记正义》称"章，今之樟木也"。《山海经》中多处提及樟树的分布。这些都是古代人对樟树的认识。相传樟树最早在虞舜时代就有栽植，清乾隆《南岳志·物产》载衡山舜洞下田陇有削壁，镌"舜樟"二大字，相传旧有大樟，为虞舜所植，今无存。清光绪《重修南岳志·物产》有"舜樟，引汉王逸《机赋》，所谓'南岳之洪樟'是也"的记载。汉代以后，樟树栽培极为广泛，文献记载和留存至今的古樟遍及长江以南各地。

樟树作为风水林种植最多的是江南地区的村落风水林，故有人称"有村就有樟，无樟不成村"。山区、平原的村落都种植了一定数量的樟树，樟树和村庄结缘相伴，共存共荣，红墙绿樟，交相辉映。长此以往，数代传承，樟树依然幸存，便成为古树，被人们视为村落的象征。一个村庄可能没有自然历史发展的记载，但古樟树可作为它的历史见证。江西安福县共有 2000 多个自然村，所到

歙县漳潭风水古樟（《安徽古树名木》）

之处，每个村庄都拥有数十株甚至上百株古樟风水林，简直就像一个个古樟博物馆。除了村前村后植樟外，有的地方还培育了樟洲、樟坪、樟山等大面积樟林。横龙镇江布村的樟洲，沿河植樟 1.5 公里，虽是祖先植于元朝，但至今仍保留古

樟300余株。进入樟林深处，树荫浓密，遮天蔽日，鸦鸣鹊噪，凉爽清心，就像进入了原始森林。还有烟阁樟坪，面积200余亩，虽然只栽培了100多年，400余株长势葱茂的樟树已如屏如障，颇有气势。江西泰和塘洲镇朱家村有500余株古樟风水林，每株树龄均在500年以上，古木参天，森森郁然。广东鹤山市共和镇东胜村东侧有一片樟树风水林，中间一棵特别古老粗壮，主干直径3米，六个成年人手拉手才可以环抱，树冠可荫蔽数亩，人称"千年古樟"。古樟树虽老，但依然枝繁叶茂，生机勃发。在它的周边50米半径范围内，同根旁生的子系樟树达7棵之多，形成"七星拱月"之势，一棵棵根深挺拔，巍然屹立。江西乐安牛田镇水南村落存有大片樟树风水林，沿乌江绵延10余里，与"千古第一村"流坑村相依相伴。该片樟树林主要为香樟，夹杂少许青枫，总计有1万多棵，树龄大多在200—800年之间，其中500年以上的有3000多棵，800年以上的有1400多棵。树龄最长的一棵围径6米多，树龄超过了1000年。水南洲樟树风水林也极著名，在200多亩的风水林里，遍布古樟树，抬头仰望，棵棵都有20多米高。

古代人崇尚樟树，视其为风水林木而广为栽种，这与樟树的文化内涵和外在风貌有关，其被人们视为吉祥树种。《礼纬·斗威仪》称："君政讼平，豫章常为生。"意为生长良好的大樟树是盛世太平的象征。因为人们相信樟树能够驱赶邪恶，帮助人们逢凶化吉。所以南方传统民居中，有"前樟后楝""前樟后朴"之说。即宅前要种樟树，宅后要种楝树或朴树。古代人深受"天人感应"思想的影响，樟树的荣枯被视为兴衰灾祥的祥瑞征兆。《晋书·五行志》载："永嘉六年七月，豫章郡有樟树久枯。是月忽更荣茂，与汉昌邑枯杜复生同占。是怀愍沦陷之徵，元帝中兴之应也。"载述东晋永嘉年间江西枯樟忽生荣茂，被当时人们视为"永嘉中兴"之兆。南方地区的农村村民生下孩子后，便要给孩子取一个含"樟"的名字。每年正月、七月、十月的初一与十五日，家里的大人都须带孩子去"樟树老爷"前供奉、叩拜。直到孩子健康长至10周岁时，家长再买上一大块红布，缠在"樟树老爷"的腰干上，并烧香拜谢其对孩子的多年关照领养，才能将孩子"平安赎回"。这种继樟的习俗，除了祈求樟树神的保护外，还寓有孩子像樟树那样长命百岁的吉祥意义。近代著名文学家鲁迅，幼时学名樟寿，字豫山（后改为豫才），就是取像樟长生寿久之意。

樟树木纹美观，故以文喻樟，雅韵悠远而明其理；以樟喻文，才高意深而耀其纹。明代医家李时珍《本草纲目》说："其木理多文章，故谓之樟。"因此，有樟必有才，樟树即是贤才之代称。《南史·王俭传》中即将樟树比作贤才："俭幼笃学，手不释卷，丹阳尹袁粲闻其名，及见之曰：宰相之门也，栝、柏、豫章，虽小已有栋梁气矣，终当任人家国事。"可见樟与栝（圆柏）、柏（侧柏）一样，都是理想贤才，故其被历代举子视为科第吉兆。江西分宜县钤山镇防里村的村前有一大片古樟树林，其中最高龄的已有 1050 多年历史，短的也有 100 多年历史。村里的习俗为每中一个进士或举人就在村口种一棵樟树。建村 1000 多年来，这个人才辈出的小山村就有了多达 100 多棵的古樟树林，现已成为防里村蔚为壮观的奇景。

4. 榕树

榕树是桑科（Moraceae）榕树属（Ficus）树种的总称，全世界已知有 800 多种，主要分布于热带地区，尤以热带雨林最为集中。我国有榕树种类约 100 种，主要分布在南方地区的福建、广东、广西、云南、海南、贵州、四川等省区，主要种类有大叶榕、小叶榕、垂叶榕、苹果榕、高榕、黄葛榕、突脉榕、聚果榕、厚皮榕等。

榕树之名出现于我国历史上最早的植物学专著晋嵇含《南方草木状》一书。书中称："榕树，南海、桂林多植之，叶如木麻，实如冬青，树干拳曲……其荫十亩，故人以为息焉。"从中可看出当时南方地区栽培很普遍。唐高宗时开漳圣王陈元光与祖母魏夫人、父亲陈政从中原率军入闽南，平定山越啸乱，又呕心沥血，建治漳州。陈氏引领当地百姓种植榕树，到晚唐时已达到鼎盛。清林枫《榕城景物考》卷上载在福州今安泰桥一带，"唐天复初，为罗城南关，人烟绣错，舟楫云排，两岸酒肆歌楼，箫管从柳阴榕叶中出"。晚唐福州已有"榕城"之名。北宋乐史《太平寰宇记》载称福州榕树其大十围，凌冬不凋，郡城中独盛，故号"榕城"。榕树因其树体高大，独木成林，多被作为风水树（林），象征家族、宗族兴旺发达。明清时期南方地区植榕护卫风水极为普遍，明王世懋《闽部疏·漳泉榕树》载：榕树"漳泉间更多而巨，扶疏旁出，根如流苏下垂著干，即抱负为一，轮囷连拳，好作怪状。其根盘地，崚嶒虬卧，恒亩许，多根，故易茂而难拔。不才，故寡伐而长寿，其自处暗与道合者，居民植之以当堪舆之屏蔽，行子赖之，以为憩息之嘉庇"。清初屈大均《广东新语·木语》称：榕易高大，广人多植作风水，墟落间榕树多者地必兴。贵州榕江县因榕树多而环三江得县名，榕江百年以上的古榕树就多达 1 000 多株，分布在县境内的村头寨尾、河畔溪边。

在县城古州，清乾隆年间种植的古榕就有 40 余株。与县城一江之隔的车江大坝竟有 190 余株，仅车寨至四寨之间就有 110 余株。古榕最密集的地段是章鲁村至英堂村约 1000 米的河岸，共有 54 株。古榕成群成阵，天造地设，组成了世界罕见的阵容庞大的古榕群。贵州兴义市巴结镇南龙古寨存有明清时期所植的古榕树 100 余株。广东潮汕先人所种的风水树大多是榕树，因榕树生命力极强，树龄可达几百年以至上千年，且根繁叶茂、浓荫似盖。榕树体现了潮汕人顽强的生命意识，也寄托着先祖对后代的希望，故现在潮汕的大小村庄，村前村后必有几丛甚至成片的古榕屹立于大地之上。看这棵树的年龄有多久，便可推算出这座村庄的创乡历史有多久。

榕树是佛教的圣树——菩提树，南方地区佛寺种植以榕树风水林最多，岭南最早种植菩提树是在梁武帝天监元年（502），由僧人智药三藏大师从西竺国（印度）带回菩提树，并亲手种植于广州王园寺（后改名为光孝寺）。清屈大均《广东新语·木语》也有记载。广州光孝寺原来所植菩提树已不存，现为清代补植。云南西双版纳、德宏地区信奉南传上座部佛教，最为重视种植佛教圣树，几乎所有的佛寺都有菩提。西双版纳地区的傣族人有"不要抛弃父母，不要砍伐菩提树"的谚语。每到佛节，善男信女就在大菩提树干上拴线，献贡品，顶礼膜拜。

亚洲"榕树王"（《新编德宏风物志》）

福州千年榕树王

榕树具有丰厚的文化内涵，被岭南人视为平安吉祥的象征。南唐陈致雍《海物异名记》云：榕树"材臃肿，不中绳墨，故谓之楠。或曰：其荫覆宽广，故谓之榕"。宋李纲《榕木赋有序》称："其材大而无用，然枝叶扶疏，庇荫数亩清阴，人实赖之。故不为斧斤之所剪伐，盖所谓无用之用也。"因处于"材与不材之间"，所以榕树能够平安长寿，得其终年。清赵学敏《本草纲目拾遗》也称榕树为"不死树"，谓其长寿。因此在人们的潜意识中，榕树象征着吉祥、平安。闽南、台湾民间视榕树为长寿、吉祥的象征，每逢盛大的节日，喜欢采撷榕枝扎彩楼烘托节日气氛。端午节这天，人们用榕枝蘸着雄黄酒喷洒庭院，以驱"五毒"。老人寿终，追悼会上习惯摆放榕树盆景，表示老人如老榕树一样活在人间。说来有趣，闽台民间还有个禁忌：烧火做饭不能烧榕枝、榕叶，俗信"烧榕万年穷"。台湾阿里山曹人和雅美人认为古榕如人，有着与人一样的灵魂和灵气，因此在村社入口处都要种植榕树，视榕树为庇荫村人的灵树。台湾南投县南投镇人认为榕树有男女之分，高大的叫"大树公"，稍矮的称"大树妈"。逢年过节，人们常带小孩到树下拜祀，然后取一片榕叶用红线贯起来，挂在小孩脖颈以求吉利。广东潮汕乡间民众逢年过节或偶遇灾难，都备好祭品到古榕树下跪拜供奉、祷树保佑。乡村男婚女嫁必在门环上悬挂两束榕、竹，象征偕老百年；乔迁新居应在门上插束榕竹，祈祝新居吉祥，出入平安；偶有老人寿终，必应奉敬榕树枝叶，出殡子孙亲属送行献榕以表圣洁；尤其每逢海内外乡贤衣锦回乡，乡民都喜欢用翠茂榕树枝叶和鲜花编搭彩门，荣耀业有所成，为家乡造福。

5. 榆树

榆树是榆科（Ulmaceae）榆属（*Ulmus*）植物的总称，我国有 25 种，约占全世界 40 种的五分之三强，主要种类有白榆、榔榆、大果榆、春榆、杭州榆等，是保持水土、防风固沙、园林绿化和材用的优良树种。在古代中国人长期利用栽培榆树的历史实践中，榆树被赋予了丰富的文化意蕴，是深受历代人喜爱的吉祥树种之一。

我国栽培榆树的历史悠久，殷商时期的甲骨卜辞中就有"榆"象形文字的发现，这说明当时人们已经对榆树有了广泛的重视。《管子》书中说"五沃之土，其榆条长"，认为五沃土壤适合栽植榆树。《诗经》中也有植榆的载述，《陈风·东门之枌》有"东门之枌"句，说明陈国都城东门植有榆树。《韩诗外传》载："楚庄王将伐晋，令曰：'敢谏者死'。孙叔敖曰：'臣园中有榆，榆上有蝉，蝉方奋翼悲鸣，饮清露。不知螳螂之在其后也。'"这是说其居宅的园中植有榆树。秦汉时期出现了我国历史上第一次大规模的植榆活动。《汉书·韩安国传》载："蒙恬为秦侵胡，辟数千里，以河为竟（境），累石为城，树榆为塞，匈奴不敢饮马于河。"这是说秦国大将蒙恬率军在北方抗御匈奴时，植榆树形成密林以为城塞，使得匈奴骑兵不能轻易南下袭扰，这也成为我国历史上最早的绿色长城。现代著名历史地理学家史念海先生在《黄土高原历史地理研究》中考证说："所谓榆树溪，乃是种植榆树，形同一道边塞"，"这是当时的长城附近复有一条绿色长城，而其纵横宽广却远远超过了长城之上"。这种防卫线，"乃是大规模栽种榆树而形成的"。在古代榆树因其树形高大修茂而被视为社树种植之。司马迁《史记·封禅书》载："高祖初起，祷丰枌榆社。"裴骃《集解》："张晏曰：'枌，白榆也。社在丰东北十五里。'"张晏还解释道，"枌榆"是"乡名"，所谓"枌榆社"，实即"高祖里社也"。以后社树演变为村落的风水树。北方平原地区的村落居宅前后历代都栽植榆树为风水林，以防止冬春季节的风沙侵害。

甘肃甘谷县刘家墩村古白榆
（《天水古树》）

长期以来，榆还被视为吉祥的文化象征。传说远古最早取火者燧人氏就以榆木取火，《纲鉴易知录》卷一载："燧者，燧取火之木，火之所生也。乃别五木（五木：春取榆柳之火，夏取枣杏之火，秋取柞栖之火，冬取檀槐之火）以改火，顺四时而遂天之意，由是火功用恰矣。"《周礼·夏官·司爟》载："司爟，掌行火之政令，四时变国火，以救时疾。"郑玄注引郑司农据邹衍之言："春取榆柳之火，夏取枣杏之火，秋取柞栖之火，冬取檀槐之火。"司爟四季变更取火的木材，榆木是其中常用者之一。我们知道，原始先民对火是非常崇拜的，在他们幼稚的意识里，火相当于生命和希望，是高于一切的神的力量的显现。而火之诞生的源头之一榆木，当然不是一般树木所能替代的，它必然享有与火同等甚至还要尊贵的地位。所以《梦书》称："榆火，君德至也。梦采榆叶，受恩赐也；梦居树，得贵官也；梦其叶滋茂，福禄存也。"可见榆树被古代人视为吉祥的象征。唐朝时制度，清明取榆、柳之火以赐近臣。榆者，余也；榆树果即称为榆钱，因其外形圆薄如铜钱，故而得名，同时它又是"余钱"的谐音，因而就有"吃了榆钱有余钱"的说法。古人还说，"树之能为荫者，非槐即榆"。中国人讲究的就是一世荫德。李时珍《本草纲目》说："榆荚飘零，故曰零榆。……榆未生叶时，枝条间先生榆荚，形状似钱而小，色白成串。"因此，人们将采来的榆荚制成榆钱糕食用。明刘侗、于奕正的《帝京景物略》记录了当时北京流行的榆钱糕："三月榆初钱，和糖蒸食之，曰：'榆钱糕。'"蒙古族人举行婚礼时，常用榆树挡住门不让新娘通过，其目的是利用榆树的避邪功能。东北、华北一些地区有"摸榆树"的习俗，以此祈求吉祥。据说年长者摸榆树，可增龄延寿；年轻人摸榆树，可体质强壮；夫妇摸榆树，可命不相克；做生意摸榆树，可树钱聚财；赶考的摸榆树，可生智中榜；生病的摸榆树，可早日康复；谋仕的摸榆树，可顺遂升官；求子的摸榆树，可香火接续；忧心的摸榆树，可豁达开朗。

6. 梧桐树

"栽下梧桐树，引来金凤凰"，是人们对梧桐树的赞称。梧桐（*Firmiana platanifolia*）属梧桐科（Sterculiaceae）梧桐属的落叶乔木。它具有树干通直、枝叶繁茂、浓荫覆地等特点，历史上被人们视为吉祥嘉木而珍爱之，并被广泛种植在城乡。

梧桐有青桐、碧梧、青玉、庭梧之名称。最早见于先秦文献《诗经》，《大雅·生民之什·卷阿》有"凤凰鸣矣，于彼高冈。梧桐生矣，于彼朝阳"之句，"卷阿"意为蜿蜒曲折的山冈，《卷阿》篇是西周成王游弋卷阿时，随臣对成王的颂美之词，有规劝成王求贤、用贤之意，也以凤凰栖梧桐喻贤人会集。这成为梧桐招引凤凰传说的最早来历。其后的《尚书》《庄子》《吕氏春秋》等先秦文献均提及梧桐树。传说夏代就有梧桐树的栽种，宋人虞汝明《古琴疏》载："帝相元年，条谷贡桐、芍药，帝命羿植桐于云和，命武罗柏植芍药于后苑。"春秋吴王夫差在王城苏州建梧桐园，并于园中植梧桐树。梁任昉《述异记》载："梧桐园在吴宫，本吴王夫差旧园也，一名琴川。"《晋书·苻坚载记》载："坚以凤凰非梧桐不栖，非竹实不食，乃植桐竹数十万株于阿房城以待之。"北魏杨衒之《洛阳伽蓝记》称洛阳修梵寺北永和里道路是"楸槐荫途，桐杨夹植"。这时期佛寺亦种植梧桐树，因梧桐树身高大，枝繁叶茂，被佛徒视为佛树。佛书《五灯会元》卷一载："世尊因黑氏梵志运神力，以左右手擎合欢、梧桐花两株来供养佛。"佛寺中多植梧桐树。唐诗人李峤《题僧房双桐》诗有"青桐双拂日，傍带凌霄花"之句，提及寺庙种植梧桐树。清光绪《桐乡县志·寺观》记载五代时，吾桐乡之凤鸣寺乃村落集市，居民不过数户，但梧桐树倒有千株之数，有溪流透迤其间。以后经历代战乱兵燹，寺毁树亡。明陈继儒《小窗幽记》对庭院中种植梧桐树有"凡静室，前栽碧梧，后栽翠竹。前檐放步，北用暗窗，春冬闭之，以避风雨，夏秋可以开通凉爽。然碧梧之趣：春冬落叶，以舒负暄融和之乐；夏秋交荫，以蔽炎烁蒸烈之威"之句。明文震亨在《长物志》中对梧桐树则提出："青桐有佳荫，株绿如翠玉，宜种广庭中"。明代所建的苏州著名私家园林拙政园有"梧竹

古人洗桐图

"幽居亭"景点，旁植梧桐、翠竹，如今梧桐已成古木。清李斗《扬州画舫录》记"临水红霞"景点有"桐轩在飞霞楼后，地多梧桐"之载。清《常熟县志》载该县有梧桐园，在县北陆庄，为明初"富室曹氏所辟，种梧桐数百本，客至则呼童洗之，故又名洗梧园"。

中国人自古就喜爱梧桐树，因其是异于群木的祥瑞之树。《太平御览》引《王逸子》说："扶桑、梧桐、松柏，皆受气淳矣，异于群类也。"《礼·斗威仪》曰："君乘木而王，其政平梧桐为常生。"《瑞应图》也说："王者任用贤良，则梧桐生于东厢"，相反"梧桐不生，则九州异主"。梧桐树因其具能招引凤凰的美好传说被中国历代人视为吉祥之物。北宋陈翥在其《桐谱·斜源第一》中写道："夫凤凰，仁瑞之禽也，不止强恶之木。梧桐柔软之木也，皮理细腻而脆，枝干扶疏而软，故凤凰非梧桐而不栖。"凤凰非梧桐不栖的说法，最早可以追溯到《诗·大雅》之"卷阿"篇，东汉郑玄笺曰："凤凰之性，非梧桐不栖。"姚际恒《诗经通论》中说："诗本意是高冈朝阳，梧桐生其上，而凤凰栖于梧桐之上鸣矣；今凤凰言高冈，梧桐言朝阳，互见也。"可知在西周之初就有梧桐树具有招引凤凰的神异功能的记载。战国时庄周《庄子·外篇·秋水》中有"夫鹓雏（凤凰类）发于南海，而飞于北海，非梧桐不止，非练实（竹食）不食，非醴泉不饮"，体现了鹓雏不与凡鸟共栖的高洁之志。晋郭璞《梧桐赞》云桐实嘉木，凤凰所栖。宋苏轼《卜算子·缺月挂疏桐》有"拣尽寒枝不肯栖"，宋陆游《寄邓志宏》也有"自惭不是梧桐树，安得朝阳鸣凤来"之诗句，赞美梧桐树这种吉祥寓意。

梧桐树被视为吉祥之物还与玉有关。司马迁《史记·晋世家》载："（周）成王与叔虞戏，削桐叶为圭以于叔虞，曰：'以此封若。'史佚因请择日立叔虞。成王曰：'吾与之戏耳。'史佚曰：'天子无戏言。'于是遂封叔虞于唐。""圭"是古代帝王在举行仪式时所用的作为瑞信之玉器，梧桐叶可剪"圭"，说明它是同玉一样的吉祥物。后世因以桐圭指帝王封拜。唐王勃《乾元殿颂序》云："桐圭作瑞，凤毛曜丹穴之英；茅壤分维，麟趾冠元丘之俊。"由上所见，古代人视梧桐树为吉祥嘉木而广为种植之。清苏州私园"残粒园"以植梧而名，园名就取自杜甫《秋兴八首》诗之"香稻啄余鹦鹉粒，碧梧栖老凤凰枝"句意。"桐"与"同"音谐，常被人们作为吉祥图案，如与喜鹊组合成"同喜"的吉祥图案，与梅花鹿、仙鹤组合成"六合同春"吉祥图案。

7. 槐树

槐树（*Sophora japonica*）又名国槐、中槐，是特产于中国的古老树种，属蝶形花科（Papilionaceae）槐树属的落叶乔木，是集用材、园林观赏于一体的经济树种。槐树具有枝干挺拔、树冠浓荫茂密的特点，深受古代人们的喜爱。东汉末著名文人王粲作《槐赋》称颂道："惟中堂之奇树，禀天然之淑姿。超畴亩而登殖，作阶庭之华晖。形袆袆以畅条，色采采而鲜明。丰茂叶之幽蔼，履中夏而敷荣。既立本于殿省，植根柢其弘深。鸟愿栖而投翼，人望庇而披襟。"全面高度地概括了槐树枝干伟岸挺拔、冠盖荫浓的特点。魏文帝曹丕赋槐树："有大邦之美树，惟令质之可嘉。托灵根于丰壤，被日月之光华。"因此槐树是中国历代人广为种植的树种之一，也是有着极为丰厚文化内涵的风水林组成树种。

槐树是西周时的社树之一。《太公金匮》载："武王问太公曰：'天下神来甚众，恐有试者，何以待之？'太公请树槐于王门内，有益者入，无益者拒之。"这说明槐树就是社神所凭依之"主"，植槐就是使社神有栖息之处。《周礼·秋官》载周朝宫廷外种有三棵槐树为社树。说明槐树开始是植于宫廷中，是宫廷之树。

西汉定都长安，长安城中植槐很普遍。《西京杂记》载汉武帝在其苑囿"上林苑"植槐640株、守宫槐10株。《三辅黄图》载长安九大市之一的"槐市"，植有槐树数百行。《晋书·苻坚载记》载自长安至于诸州，皆夹路树槐柳。北魏都城建于洛阳，城中多植槐。唐代长安城大道两侧尽植槐树，排列成行，人称槐衙。当时还出现了槐陌、槐街等名词。槐陌是指两旁植有槐树的街道；槐街是指天街，因其两旁所植槐树成行。元明清时期北京成为统治者的都地，城内广植槐树，以至于现今北京城的大街、胡同、小巷和四合院里，留存有许多古槐，如故宫武英殿断虹桥边有著名的"紫禁十八槐"。《旧都文物略》载："桥北地广数亩，有古槐十八，排列成荫，颇饱幽致。"这些古槐树都是北京城悠久历史的象征，成为北京灿烂文化的一部分。无怪乎北京人一说起北京的古都风貌，总是说"古槐、紫藤、四合院"。

我国古代人喜于宅院门前植槐，以此表现其门第的高贵。《地理心书》上说中门种槐、三世昌盛。槐树在古代则是三公宰辅之位的象征。《周礼·秋官》载

甘肃天水南郭寺古槐树（《天水古树》）

称："面三槐，三公位焉。"注云："槐之言怀也。怀来人于此，欲与之谋。"这是说周代宫廷外种有三棵槐树，三公朝天子时，面向三槐而立。后人因以三槐喻三公。三公是指太师、太傅、太保，是周代三种最高官职的合称。由此槐便与官职有了联系，自然成为官居高位、仕途通达、富贵荣华的指称。古代汉语中也形成了独具特色的槐官相连的名词。如槐鼎，比喻三公或三公之位，亦泛指执政大臣；槐位，指三公之位；槐卿，指三公九卿；槐兖，喻指三公；槐宸，指皇帝的宫殿；槐掖，指宫廷；槐望，指有声誉的公卿；槐绶，指三公的印绶；槐岳，喻指朝廷高官；槐蝉，指高官显贵。此外，槐府，是指三公的官署或宅第；槐第，是指三公的宅第。《宋史·王旦传》载王旦父亲王祐手植三槐于庭曰："吾之后世，必有为三公者。此其所以志也。"后来王旦果然做了公相。北宋著名文人苏轼特为此事作了《三槐堂铭》文章予以褒扬。后人以三槐堂泛指高官之宅第。故此，历代人们都喜欢在庭院中植槐，以期盼子孙发达，能出达官贵人，位极人臣。所以，《花镜》云："人多庭前植之，一取其荫，一取三槐吉兆，期许子孙三公之意。"植槐成为历代旌表门第的标志。

自唐代开始，科举考试关乎读书士子的功名利禄、荣华富贵。借此阶梯而上，博得三公之位，是他们的最高理想。考试之时正是京城长安槐花繁盛之时，因此，常以槐指代科考，考试的年头称槐秋，举子赴考称踏槐，考试的月份称槐黄。唐李淖《秦中岁时记》载："进士下第，当年七月复献新文，求拔解，曰：'槐花黄，举子忙。'"宋钱易《南部新书》中更有详细的说明："长安举子自六月以后，落第者不出京，谓之过夏。多借静坊庙院及闲宅居住，作新文章，谓之夏课。亦有十人五人醵率酒馔，请题于知己，朝达谓之私试。七月后设献新课，并于诸州府拔解人，为语曰：'槐花黄，举子忙。'"唐段成己《和杨彦衡见寄之作》有"几年奔走趋槐黄，两脚红尘驿路长"诗句，北宋黄庭坚《次韵解文将》诗云"槐催举子著花黄，来食邯郸道上梁"，南宋范成大《送刘唐卿》诗有"槐黄灯火困豪英，此去书窗得此生"。槐树这种科第象征影响到历代人们的心理。在民间有初生小儿寄名于槐的习俗。《金陵琐志·炳烛里谈》卷下载："牛市旧有槐树，千年物也。嘉道间，小儿初生，辄寄名于树，故乳名槐者居多。"这是父母望子成龙观念的流露。槐象征着三公之位，举仕有望，且"槐""魁"相近，企盼子孙后代得魁星神君之佑而登科入仕。所以，古代人给子孙取名离不开"槐"字，如"树槐""嘉槐""三槐""万槐""槐林""槐山""槐花""槐光"，等等。

在华北地区民间一直流传着这样的民谣："问我祖先来何处？山西洪洞大槐树。问我老家在哪里？大槐树下老鸹窝。"这说的是明初山西大移民的历史。大槐树和老鸹窝是当时移民惜别家乡的标志。长此以往槐树也就成了移民们怀祖的寄托，所以移民们到达新地建村立庄时，多在村中最显要的地方，如十字路口、丁字路口或村口种植上一棵槐树，以此表达对移民活动的纪念和对故土家园及祖先的怀念之情。随着时间的流逝，幼槐成了古槐，古槐就成了故乡、祖先的象征。所以古槐就被移民的后裔们视为祖先，向古槐祈求吉福成为祖先崇拜的变异形式。人们希望通过祭拜槐树，获得思想上的安慰和精神上的寄托。

8. 竹类

竹类是禾本科（Gramineae）、竹亚科（Bambusoideae）植物的总称，中国有37属500多种，是世界上竹种数量最多的国家，也是世界竹类的起源中心，素有"迷人的竹类王国"之称誉。竹类也是对中华文化产生影响最大的植物之一，其全身都浸润着中华文化的印痕。在中国人社会生活和物质生活的实践中，竹发挥了巨大的作用，与人类息息相关。竹虽未能如石器、金属器那样开创一个经济文化时代，但它却深刻地影响了中国的文字、生产、文学、艺术、宗教、风俗以及日常生活，其影响的深度和广度毫不逊于石器、金属器，以至于形成了别具一格的竹文明，积淀成为源远流长、内涵丰富多彩的竹文化。

中国历代文人爱竹、咏竹、诗竹、画竹、赋竹，创造了大量的文艺作品，留下了许多可歌可泣的传说故事。竹在中国文人士大夫的精神体系中确立了不可动摇的地位，被视为中国雅文化的精神象征。他们强调志士仁人应具有竹之"劲本坚节、不受霜雪"的刚毅性格，要有竹之"虚心而直、无所隐蔽"的忠诚之心和"不与众草木争荣"的谦虚精神，有竹之"四时一贯、荣衰不殊"的坚定品性和"直以立身、中立不依"的美德，具有永不凋谢而"日新"的进取精神。

清陈扶瑶《花镜》中说竹"值霜雪而不凋，历四时而常茂，颇无妖冶，雅俗共赏"。所以在民俗文化中，竹也发挥着巨大的影响之力，被视为吉祥的文化象

竹林荫掩下的哈尼族村寨

征。梁宗懔《荆楚岁时记》载:"正月一日,是三元之日也。鸡鸣而起,先于庭前爆竹,以辟山魈恶鬼。"可见燃放爆竹原始之意是驱鬼逐兽。竹因中空有节在火中燃烧,其破裂而发出噼啪爆裂声吓走恶鬼。但那时爆竹不叫"放",而称"爆""燃"。清翟灏《通俗编·俳优》说:"古时爆竹,皆以真竹着火爆之,故唐人诗亦谓之爆竿。后人卷纸为之,称曰爆竹。"北宋时期由于火药的发明和广泛使用,出现了用火药装于竹筒点燃的办法。以后逐渐以纸筒替代竹筒,并用麻把爆竹编成串,名曰"编爆",因声音清脆如鞭响,故称之为"鞭爆""爆仗"。宋孟元老《东京梦华录》称汴梁人于除夕夜燃放爆竹,送旧迎新,以作为"爆发"的象征。可见,放爆竹驱鬼兽的物用功能已演变为象征吉祥欢乐的民俗功能。所以人们的装饰图案都借竹来表达其吉祥象征,如竹与花瓶组成"竹报平安",竹与梅花、喜鹊组成"竹梅双喜",竹与梅花、绶鸟组成"齐眉祝寿",竹与梅花、兰草组成"华封三祝",竹与兰花、梅花、菊花和水仙花(或用松树)组成"五清图",竹与松树、萱草、兰花、寿石组成"五瑞图"。这些图案都寓意着吉祥。故竹类是风水林的重要组成树种。风水理论提倡植竹,明徽州歙县人方承训《复初集》卷二十八载其风水师叔父的"叔父状"称:"余舍亲族诸门地独高,堪舆术谓必获环垣佐之,延袤拥庇,内植竹荫,始可帖帖然居美。"

竹是佛教的象征,佛经记载佛祖释迦牟尼得道后,居住在迦陵的竹园中,迦陵是摩揭提国的长者,其归佛后即以竹园奉佛立精舍,为佛祖说法之所,故其成为古天竺的五大精舍之一,即称"竹林精舍"。明吴承恩《西游记》中提及观世音菩萨在珞珈山紫竹林中讲经说法。佛教极其崇奉紫竹,有"紫竹林下修正果"之说,"紫竹林"则成为观音寺庙的指称。一般的观音寺庙里都栽植有一片紫竹林。竹还是佛教教义的形象载体,竹之空心,正是佛教概念"空"和"心无"的形象体现。"青青翠竹,尽是法身。"在佛教徒眼中,竹就是佛,佛就是竹。所以寺庙中都植竹为风水林。

9. 桂花树

桂花(*Osmanthus fragrans*)是木樨科(Oleaceae)木樨属常绿乔木,是中

国传统的十大花卉之一，是集绿化、美化、香化于一体的观赏与实用兼备的优良树种。桂花自古就是深受中国人喜爱的传统名花。其品种有上百个，主要分为丹桂、金桂、银桂、四季桂四大类。

桂花在我国的生长历史悠久，广西桂林南郊甑皮岩洞穴新石器时代早期遗址中曾发掘出桂花花粉化石。春秋战国时期的文献中就有桂花的记载，《山海经·南山经》中提到"招摇之山多桂"，《山海经·西山经》提到"皋涂之山，其山多桂木"，《楚辞·小山招隐》中有"桂树丛生山之阿"。这些记载中的桂树植物，当包括桂花在内。当时桂树还成为美的化身，《吕氏春秋》赞称"物之美者，招摇之桂"，说招摇山的桂树是最美好的东西。

古代人喜爱桂花，将之作为忠贞之士的化身。《楚辞·招隐》以桂树暗示隐士幽处。到宋代桂花树则具"清""芬"的人格意义，宋王迈《臞轩集》卷五"清芬堂记"称其植桂是"比德于君子，清者，君子立身之本也；芬者，君子扬名之效也。芬生于清，身验于名"。明代都卬《三余赘笔》载宋曾端伯以岩桂为仙友，张敏叔以桂为仙客。宋姚宽《西溪丛话》则以木樨为岩客。所以桂花被古代文人视为超凡脱俗之高洁品性的象征。故古代人们赞赏它不与众花争春，不与群芳为伍；敬重它"胜寻常木"的芳直不屈；感慨它生长山崖，不为人知，甚至被伐为薪的命运；称颂它虽不为人知，仍不废其香的气度。唐王绩以拟人化的手法写《春桂问答》诗："问春桂：桃李正芳华，年光随处满，何事独无花？春桂答：春华讵能久，风霜摇落时，独秀君知否！"春天百花齐放，但难持久，只有在风霜凌厉众花摇落时独放，才能显示独特的风格气度。宋朱淑真《木犀》诗"弹压西风擅众芳，十分秋色为伊忙。一枝淡贮书窗下，人与花心各自香"，是对桂花品性之赞扬。清萧赵琰《桂之树》曰："桂之树，托根君之墀。大火当昏，郁郁离离。桂之树，结叶叶，交枝枝，中有丹心君不知。君不知，含情直待秋风吹。秋风吹，君知之。"诗人借歌咏桂树以寓怀抱，尽显其失意的悲凉和求仕的迫切。因此，中国历代文人墨客喜桂爱桂、植桂赏桂、咏桂赞桂，是在于其高洁的品性。桂是他们托物寓意、借物抒情、以物比德的符号象征。

汉代产生桂花树为不凡之树的传说。西汉刘安《淮南子》中就有"月中有桂树"之载，汉晋六朝时期这已是尽人皆知的故事。唐段成式《酉阳杂俎·天咫》说："旧言月中有桂，有蟾蜍。故异书言月桂高五百丈，下有一人常斫之，树创随合。人姓吴名刚，西河人，学仙有过，谪令伐树。"这是吴刚伐桂的传说。唐冯贽《南部烟花记·桂宫》载陈后主为张丽华造桂宫于光昭殿后，作圆门如月，障以水晶。庭中唯植一株桂树，树下置药杵白，使丽华恒驯一白兔，时独步于中，谓之月宫。唐代还产生了"月中落桂"之传说，宋钱易《南部新书》载："杭州灵隐山多桂，寺僧曰：月中种也。至今中秋夜往往子坠，寺僧亦曾拾得。"这些都是古代人在联想中产生的对桂花树的神话。唐白居易《庐山桂》有"偃蹇月中桂，结根依青天；天风绕日起，吹子下人间"句；宋杨万里《月桂》有"不是人间种，移从月中来；广寒香一点，吹得满山开"句；宋吕声之《桂花》有"自从分下月中种，果若飘来天际香"诗句；都是对桂花树这种美妙神奇传说的描述。此外，还有《镜花缘》中的桂花仙子、《绿野仙踪》中的峨眉桂仙、《幽怪诗谭·桂花传馥》中的人桂相恋等，为桂花增添了神秘的异彩和气韵。桂花树被视为祥瑞之物就理所当然了，所以人们以桂花来指称贤才。《晋书·郤诜传》载：郤诜"累迁雍州刺史。武帝于东堂会送，问诜曰：'卿自以为何如？'诜对曰：'臣举贤良对策，为天下第一，犹桂林之一枝，崑山之片玉。'"郤诜在这里谦称自己只是群才之一，用广寒宫中一枝桂、昆仑山上的一片玉来形容特异出众的人才，这是成语"桂枝片玉"的由来。

桂花还被历代举子视为科举及第的象征。南宋叶梦得《避暑录话》卷下载："世以登科为折桂，此谓郤诜对策东堂，自云桂林一枝也，自唐以来用之。"后来"桂林一枝"被比喻为科举考试中出类拔萃者。古代乡试、会试一般例在农历八月举行，时值桂花盛开季节，八月又称桂月，人们因此把考生考中喻为"折桂"，并与神话传说挂上钩，美称"月中折桂""桂折一枝""郤诜丹桂""攀蟾折桂""蟾宫折桂""桂林杏苑"，登科及第者则美其名曰"桂客""桂枝郎"，科举考场则美称曰"桂苑"等。相传唐代大诗人白居易得知其堂弟白敏中考中进士第三名，写《喜敏中及第偶示所怀》诗"折桂一枝先许我，穿杨三叶尽惊人"称贺。《宋史·窦仪传》载："仪学问优博，风度峻整。弟俨、侃、偁、僖，皆相继登科。冯道与禹钧（窦仪父）有旧，尝赠诗，有'灵椿一株老，丹桂五枝芳'之句，缙绅多讽诵之。"后用"谢兰燕桂"成语指代光耀门庭。因此，古代人喜爱在书院、文庙、贡院种植桂花树，取"双桂当庭""两桂流芳"之寓意。安徽歙县雄村曹氏宗族曾立有规约，凡是中

金寨县鲜花岭古桂花树
（《安徽古树名木》）

举之人可在书院里种一棵桂花树，取"蟾宫折桂"之意。书院中原有桂花树52株，为雄村曹氏子弟中52位中举、进士者亲手所植。现书院的清旷轩里留有古桂花树几十棵之多，因此又有"桂花厅"别名。

10. 椿树

椿树是香椿树（*Toona sinensis*）的俗称，属楝科（Meliaceae）香椿属的落叶乔木，是具材用、蔬用和观赏于一体的经济树种。

香椿树体高大挺拔，自古即为良材，《尚书·禹贡》中记述了当时中国各地向夏王朝进贡的物品，其中写道："荆州厥贡杶幹栝柏。"注称"杶，木名"又作"橁"。是"似樗而可为弓幹"。《左传》襄十八年有"孟庄子斩雍门之橁为公琴"之记载，"橁"同椿，当时人做琴对木材的材质要求很严格，用椿做琴，可见香椿材质之佳，也说明先秦人对香椿重视程度之高。

香椿自古就被视为长寿之木，是吉祥之树。《庄子·逍遥游》云："上古有大椿者，以八千岁为春，八千岁为秋。"唐成玄英疏："冥灵大椿，并木名也，以叶生为春，以叶落为秋。冥灵生于楚之南，以二千岁为一年也。而言上古者，伏牺时也。大椿之木长于上古，以三万二千岁为一年也。冥灵五百岁而花生，大椿八千岁而叶落，并以春秋赊永，故谓之大年也。"明李时珍《本草纲目》也曰："椿樗易长而多寿考。"所以后世人们常以"椿年""椿龄""椿寿""椿岁""仙椿""庄椿""椿同"等词祝人长寿。唐钱起的《柏崖老人命予赋诗》之"帝力言何有，椿年喜渐长"，唐牟融《赠浙西李相公》的"月里昔曾分兔药，人间今喜得椿年"，宋苏轼《内和御侍已下贺皇太后冬至词语》的"愿先柏酒以称觞，更指椿年而献寿"，都是言"椿年"；唐吴筠《步虚词》其七的"绵绵庆不极，谁谓椿龄多"，宋柳永的《御街行》词的"椿龄无尽，萝图有庆，常作乾坤主"，是说"椿龄"；唐杜甫《寄刘峡州伯华使君四十韵》的"但求椿寿永，莫虑杞天崩"，是道"椿寿"；唐令狐楚《赠毛仙翁》的"既许焚香为弟子，愿教年纪共椿同"，是述"椿同"；唐罗隐《钱尚父生日》之"锦衣玉食将何报，更俟庄椿一举头"，是论"庄椿"。古代寿联还有"筵前倾菊酿；堂上祝椿龄""椿树千寻碧；蟠桃几度红""大椿常不老，丛桂最宜秋"等。

因椿树长寿，习惯常喻父亲。《论语·季氏》载有孔鲤趋庭接受父训的记述，椿常植庭中，与萱草生于北堂相对，故后世以"椿庭""萱堂"指称父、母。唐牟融《送徐浩》诗云"知君此去情偏切，堂上椿萱雪满头"就是此例。《宋史·

窦仪传》称五代时后周窦禹钧五子先后登科，冯道写诗祝贺，有"灵椿一枝老，丹桂五枝芳"诗句，也是以指椿喻父。"椿"喻父，"萱"指母，元高明《琵琶记·伯喈五娘相会》用"椿庭萱草堂"指代父母，明朱权《金钗记》有云："不幸椿庭有丧，深赖萱堂训诲成人。"明戏曲《怀香记》有"萱室并椿庭，经过必知警"句。所以人们为了表示对父母的颂称，常用"萱花椿树""椿庭萱堂""椿庭萱室"等词语，"椿萱并茂"则喻父母健在。北京宣南有一古刹长椿寺，是明万历二十年（1592）李太后出资兴建，并在寺中供奉着象征自己的"九莲菩萨"画像。万历皇帝为寺院命名为"长椿"，出自《庄子·逍遥游》的"大椿"典故，意在祝福李太后长寿。

椿树易长而长寿，故被视为吉祥、青春的象征，备受人们的爱戴和敬重。所以有些地区盛行摸椿风尚。除夕晚上，小孩都要摸椿树，并且还要绕着转几圈，以祈求快快长高。如山东南部地区大年三十的夜晚，孩子们就抱着椿树唱着这么一首儿歌："椿树椿树王，你长粗来我长长；你长粗来好解板，我长长来穿衣裳。"在苏北地区儿童则唱："椿树爹，椿树娘，我长高你长长，我长高来穿衣裳，你长高来做大梁。"有的地区则是在正月月朔的早上，小孩背着椿树玩，寄意发展。

椿树还有一种名臭椿，是相对于香椿而言的。臭椿（*Ailanthus altissima*）是苦木科（Simaroubaceae）臭椿属落叶大乔木。臭椿又称虎目树、大眼桐，古名"樗"。《庄子·逍遥游》载惠子曰："吾有大树，人谓之樗，其大本臃肿而不中绳墨，其小枝卷曲而不中规矩，立之涂，匠者不顾，今子之言，大而无用，众所同去也。"明李时珍《本草纲目》也称："椿、樗、栲，乃一木三种也。椿木皮细肌实而赤，嫩叶香甘可茹。樗木皮粗肌虚而白，其叶臭恶，歉年人或采食。栲木即樗之生山中者，木亦虚大，梓人亦或用之，然爪之如腐朽。故古人以为不材之木，不似椿木坚实，可入栋梁也。"这实际是古人的偏见。臭椿树干通直高大，树冠圆整如半球状，颇为壮观。叶大荫浓，秋季翅果满树，虽然叶及开花时有微臭，但仍是一种很好的观赏树和庭荫树。臭椿在印度、法国、德国、意大利、美国等国常作行道树用，颇受赞赏而被称为天堂树。中国用作行道树的则不多见，但在华北地区、江淮地区的农村村落及居宅周围、北京民居四合院中则多常见，是风水林之中常见的树种。

11. 楸树

楸树（*Catalpa bungei*）系紫葳科（Bignoniaceae）梓属高大落叶乔木，是我

国古老的树种之一。山东临朐出土的楸树化石证明，在始新世地质年代以前，楸树在我国中部和东部就广为分布。《诗经》称楸树为"椅"，《左传》记楸树为"萩"，《孟子》则谓楸为"槚"，到西汉《史记》才始称楸。楸树具树姿雄伟、高大挺拔、树叶繁茂、花色艳丽的特点，宋陆佃《埤雅》称："楸，美木也。……茎干乔耸凌云，高华可爱。至秋垂条如线，俗谓之楸线。"楸自古被视为名贵观赏树种而被广泛栽植，更是历代村落、居宅庭院、寺庙观宇、墓地种植的风水林主要构成树种。晋任昉《述异记》记载春秋时吴王夫差的别馆"有楸梧成林焉"，表明当时就有楸树的栽植。汉司马迁《史记·货殖列传》中称淮北及常山以南、河济之间"千树萩"，此"其人皆与千户侯"等。可见汉代就出现楸树的规模种植。《汉书·东方朔传》记载长安顾城庙有"萩竹籍田"，唐颜师古注："萩，即楸字也。言有楸树及竹林可玩。"北魏杨衒之《洛阳伽蓝记》记载洛阳修梵寺北的永和里，"皆高门华屋，斋馆敞丽，楸槐荫途，桐杨夹植，当时名为贵里"。古人还利用楸树叶浓蔽荫、冠如华盖的特点，种植为行道林。三国曹植《名都篇》也说："走马长楸间。"梁元帝《长安道》有云："西接长楸道。"唐杜甫《韦讽录事宅观曹将军画马图》则言："霜蹄蹴踏长楸间，马官厮养森成列。"这些则是对楸树植作行道树的描述。

"楸"因与"秋"谐音，古代人多植之为墓地林，寓意其子孙兴旺，千秋万代。唐骆宾王《答博昌父老书》："耆年宿德，但见松楸。"许浑《金陵怀古》："松楸远近千官冢，禾黍高低六代宫。"宋韩琦《寒食亲拜二坟，因诫子侄》提到其祖、父坟地是"松楸各万株，岗势桐城府"。很显然这里"松楸"已是坟墓的指称。

古代种植楸树为风水林还有威严、华贵之感觉，宋朱熹《朱子语类》卷一百二十八称："国朝惟植槐楸，郁然有严毅气象。"古代人认为屋旁种植楸树为风水树能使子孙孝顺，《杂五行书》称："舍西种楸梓各五根，令子孙孝顺。所以人家多种于园亭。"深受我国风水理论影响的日本平安时代（相当于中国的晚唐、两宋时期）造园著作《作庭记》，其"树事"载："在居处之四方应种植树木，以成四神具足之地。……西有大道为白虎，若无，则可代之以七棵楸树。"这说明中国古代风水理论对种植楸树为风水林之重视程度。

楸树之叶可治疗许多疾病，古代医书载

楸树花开景象

之甚详。所以古人到了秋天都要采摘楸树叶到街上售卖，明李时珍《本草纲目·木部》载："唐时立秋日，京师卖楸叶。"还有妇女儿童在立秋日把楸叶剪成花瓣状，插于鬓边，并用井水服赤小豆，以示迎秋、辟邪，标志秋天的到来。宋范成大《立秋》有"折枝楸叶起园瓜，赤小如珠咽井花"句，其诗序云："戴楸叶，食瓜水，吞赤小豆七粒，皆吴中节物也。"可见立秋日买卖楸叶治病疗疾已演变成为迎秋的节日习俗，楸叶成为秋意的文化象征。北宋孟元老《东京梦华录·立秋》："立秋日，满街卖楸叶，妇女儿童辈，皆剪成花样戴之。"南宋吴自牧《梦粱录·七月》："侵城满街叫卖楸叶，……以应时序。"足见楸叶的文化意蕴。

12. 梓树

梓树（*Catalpa ovata*）为紫葳科（Bignoniaceae）梓属落叶大乔木，别名河楸、水桐等。梓树历史悠久，先秦文献《诗经》《山海经》中多处提及梓树。梓树在古代是上等木材，有"木王"之称，最先受到重视的自然是其木材。北魏《齐民要术》卷五称其"以作棺材，胜于松柏"，故称"梓棺"。历史上梓木棺材多是帝王、大臣特有的丧葬礼器。《盐铁论·散不足》称当时富贵人家死人是"梓棺楩椁"。《汉书·霍光传》载霍光死后，皇帝赐"梓宫、便房、黄肠题凑各一具"。唐颜师古注"梓宫"云："以梓木为之，亲身之棺也。为天子制，故亦称梓宫。"足见梓木之珍贵。梓木还是古代印刷书籍的雕版用材，清朱彝尊《经义考》卷二百九十三引他说称："后唐以降，乃有木版，昔以梓，今以梨，刊摹甚便。于是五经皆有印本。"所以"梓"成为古代书稿印行的术语，书稿刊印为"付梓""刊梓"，至今仍有人称之。梓木还是古代乐器的制作材料。

"木莫良于梓"，所以因"梓"而衍生出指代人才的文化意义。顾名思义，梓树的木材称"梓材"，把梓木加工制作成各种器物的匠人便称为"梓人"。《尚书·周书·梓材》云："若作梓材，既勤朴斫，惟其涂丹雘。"此处"梓材"则为优质木材。汉孔安国《传》将梓人治材引申为治国的"为政之术"，其曰："为政之术，如梓人治材为器，以劳力朴治斫削。惟其当涂以漆、丹以朱而后成，以言教化亦需礼义然后治。"所以后世多以"梓材"指代人才。《晋书·陆云陆机评传》称其二人"实荆衡之杞梓"。南朝梁刘勰的《文心雕龙·释器》文中以"梓材之士"来比喻为文者应备的人生最高境界、人格最高标准。唐柳宗元有感于梓人制造器物，曾写有《梓人传》，希望一人之下、万人之上的宰相必须像工匠一样技艺精湛：推荐人才，委任职责，发出命令，指派任务，整顿纲纪，调整机构，统一法治，一切都做得游刃有余。所以受其影响，古今人多喜取"梓"为名。

梓树还是我国古代墓地常见的风水林木，墓地植梓树表达后人对死者的怀念和敬仰。司马迁《史记·吴太伯世家》载伍子胥将死之时，对后人说："树吾墓上以梓，令可为器。"汉末陈琳《为袁绍檄豫州》说汉梁孝王坟陵尊显，"桑梓松柏，犹宜肃恭"。说

梓树花图

明梓树和桑树是深受古代人敬重的树木。早在先秦《诗经》时代就有表现，《诗经·小雅·小弁》有"惟桑与梓，必恭敬止"之句，毛亨传曰："父之所树已，尚不敢不恭敬。"意为是父母所种，要对之恭敬。实际上这是古人祖先崇拜观念的反映。所以古人用桑梓来比喻祖坟，东汉张衡《南都赋》之"永世克孝，怀桑梓焉"，汉末女诗人蔡琰《胡笳十八拍》中"生仍冀得兮归桑梓，死当埋骨兮长已矣"句，南朝宋谢灵运《孝感赋》中"恋丘坟而萦心，忧桑梓而零泪"，就是其意的表述。在汉魏六朝人怀乡情感的冶铸之下，"桑梓""梓里"逐渐成为故土、故乡的特称。因为在祖先的荫庇下，人们才能获得切实的安全感，桑梓就成了人们感情的归宿。晋袁宏《后汉纪·明帝纪上》中说："中国者，先王之桑梓也。"西晋文学家陆机的《思亲赋》"悲桑梓之悠旷，愧丞尝之弗营"赋句，唐柳宗元《闻黄鹂》的"乡禽何事亦来此，令我生心忆桑梓"，李德裕《早春至言禅公法堂忆平泉别业（金陵作）》的"永怀桑梓邑，衰老若为还"，宋张元幹《瑶台第一层》之"旧山同梓里，荷月旦，久已平章"等，都表达了他们对故乡、故土的眷念之情。

"梓"与"子"音同。张舜举《说文解字约注》卷十一说："梓之言子也，盖以结实繁多而得名。"近代文字学家杨树达《积微居小学述林》卷一也说："梓之受名，以其生子也。"所以是有"子道"之树。古人多喜植梓树于居宅，以此获得子嗣。种植梓树还能使子孙孝顺。《杂五行书》云："舍西种楸、梓各五根，令子孙孝顺，所以人家多种于园亭。"隋牛弘《春祈社歌辞》云："建以风露，树之松梓。"都是载称村落居宅种植梓树的情景。现今在不少村落居宅还能看到数百年的古梓树。

13. 合欢树

蝉鸣枝头的初夏时节，你会看到一种独具风韵、如亭如盖的乔木，那细长的花丝，浮泛于树冠之上，如冉冉红绒，灼灼欲燃，极为美丽，这就是人们常说的合欢树。"夜合花开香满庭，翠枝拂槛玉婷婷"，就是明人陆师道的赞美之词。合欢树（*Albizzia julibrissin*）又有马缨花、绒花、合昏、夜合、青裳、萌葛、乌赖树、夜关门等名称，属含羞草科（Mimosaceae）合欢属的落叶乔木，是我国一种具有重要的材用和观赏价值的树种，被我国民间视为传统吉祥树种之一，也是历史上得到广泛栽培的风水树种。

合欢最早受到人们关注的是其实用价值。《神农本草经》称，合欢"主按五脏，和心志，令人欢乐忘忧"。魏嵇康《养生论》也谓："合欢蠲忿，萱草忘忧。"晋崔豹《古今注》卷下则载："合欢，树似梧桐，枝叶繁互相交结，每风来辄自相解，了不相牵缀。"清陈扶瑶《花镜》也说："合欢，一名蠲人忿，则赠以青裳，青裳一名合欢，能忘忿。"可见合欢树有安神、使人不忿的药用功能，而被人们种植于阶庭、舍前。梁简文帝《夜听妓》的"合欢蠲忿叶，萱草忘忧条"，唐陆龟蒙《庭前》的"合欢能解恚，萱草信忘忧"诗句，都是对合欢树除去愤怒之情作用的赞颂。

合欢花

合欢花美叶秀，入夏绿荫清幽，绒花吐艳，远看如红霞飘落人间，甚为美观，微风吹过，送来缕缕甜香。故其受到历代人的青睐而被种植之。晋崔豹《古今注》卷下载"树之阶庭，使人不忿。嵇康种之舍前"，可见其在魏晋时就得到种植，但实际种植时间应该大大前推。宋苏颂《本草图经》称合欢树"木似梧桐，枝甚柔弱；叶似皂荚、槐等，极细而繁密，互相交结，每一风来，辄似相解了，不相牵缀；其叶至暮而合，故一名合昏。人家多植于庭除间。五月花发红白色，瓣上若丝茸然。至秋而实作荚，子极薄细，采皮及叶用，不拘时月"。宋张翊《花经》将之列为"七品三命"，明张谦德《瓶花谱》将其列为"四品六命"，足见其是不凡之品。清代北京也盛植合欢树，《京华百二竹枝词》有"正阳门外最堪夸，五道平平不少斜；点缀两边风景好，绿杨垂柳马缨花"。清初园艺家、戏剧家李渔《闲情偶寄·种植部·合欢》曰："凡植此树，不宜出之庭外，深闺曲房是其所也。此树朝开暮合，每至昏黄，枝叶相互交接，是名合欢。植之闺房者，合欢之花宜置合欢之地，如椿萱宜在承欢之所，荆棣宜在友于之场，欲其称也。此树栽于内室，则人开而树亦开，树合而人亦合。人既为之增愉，树亦因而加茂，所谓人地相宜者也。使居寂寞之境，不亦虚负此花哉！灌勿太肥，常以男女同浴之水，隔一宿而浇其根，则花之芳妍，较常加倍。此予既验之法，以无心偶试而得之。如其不信，请同觅二本，一植庭外，一植闺中，一浇肥水，一浇浴汤，验其孰盛孰衰，即知予言谬不谬矣。"这是作者对其亲自所试验结果的独到见解。现如今，合欢树在南北大地都广为种植，人们取其吉祥之意，将之种植于庭院、街道、寺庙等场所。

合欢，本来是一种树木的名称，但它后来却变成了相亲、友爱、吉祥、欢乐和幸福的象征。于是许多物品被冠以"合欢"之名。如唐代长安就有"合欢殿"；旧时风俗，男女新婚时用的红绿连理之锦，叫做"合欢梁"；夫妇之间和好及友人之间友好，也称合欢。相传在新婚之夜，喝一杯合欢花泡的茶，就能使新婚夫妇双双和美，婚姻美满，恩爱和谐，白头偕老，故称"合婚"树。如果在庭院里种上一株，一定能使家庭和睦，合家欢乐。故有"有情树"之称。明吴彦臣《花史》亦载："逊顿国有树昼开夜合，名曰夜合，亦云有情树，若各自种则无花。"明王野有《夜合》诗云："远游消息断天涯，燕子空传到妾家。春色不知人独自，庭前开遍夜合花。"则是触物生情，以思念远方的亲人。此不正是"情有独钟"的最好诠释？树有情，而人无情，则人不如树矣！明大学士李东阳《夜合花》诗有"夜合枝头别有春，坐含风露入清晨。任它明月能相照，敛尽芳心不向人"及"袂掩芳尘欲避春，羞将月夕换风晨。向来花品看应熟，不待开时已可人"。这是诗人反其意而用之，正道出了女子芳心已许他人，不肯轻易向人的情感。

传说合欢树是娥皇、女英对虞舜忠贞不渝的爱情所化，因此被后人称为"爱情树"。唐韦庄《合欢》诗"虞舜南巡去不归，二妃相誓死江湄。空留万古得魂在，结作双葩合一枝"，即是对其爱情传说故事的赞美。合欢枝叶优雅，花形奇异，特别是树叶昼开夜合，犹如夫妻相拥，所以古人常以合欢树象征忠贞不渝的爱情。唐白居易《闺妇》的"辽阳春尽无消息，夜合花前日又西"，唐元稹的《夜合》诗"绮树满朝阳，融融有露光。雨多疑濯锦，风散似分妆。叶密烟蒙火，枝低绣拂墙。更怜当暑见，留咏日偏长"，唐李颀《题合欢》诗"开花复卷叶，艳眼又惊心。蝶绕西枝露，风披东干阴。黄衫漂细蕊，时拂女郎砧"，都以合欢花寓意永远恩爱、两两相对，是夫妻好合的象征。而唐杜甫的《佳人》诗有"合昏尚知时，鸳鸯不独宿。但见新人笑，那闻旧人哭"句，则以其喻人之悲欢离合。

14. 七叶树

七叶树（*Aesculus chinensis*）是七叶树科（Hippocastanaceae）七叶属下的落叶乔木，其树形优美、花大秀丽、果形奇特，是观叶、观花、观果不可多得的树种，为世界著名的观赏树种之一。七叶树原产于我国北部和西北部的黄河流域一带，在江苏、浙江、安徽等地有栽培，历史上一般是作为佛寺风水树栽培的，被视为佛门的吉祥圣树。

七叶树

唐玄奘手植娑罗树
（《陕西古树名木》）

七叶树与佛教有着很深的渊源，传说佛教创始人释迦牟尼诞生于尼泊尔兰毗尼花园内的一棵菩提树下，长大成人后也是在菩提树下悟道的，用贝叶树叶片刻写经文，传播天下，普度众生。80岁高龄时，在印度拘尸那迦城外小河边茂盛娑罗林内的两株娑罗树之间的吊床上涅槃。佛门弟子为了纪念佛祖，以及表示对佛教的虔诚，都在寺院里种植菩提树、娑罗树、贝叶树，并视其为"佛门圣树"，而且引以为荣。"娑罗"在梵语中为坚强、永生、不灭、永恒之意，所以娑罗树与菩提树、贝叶树被佛家合称为"佛国三宝树"。佛教传入中国后，这三大佛门圣树也随之进入中国，被种植于南方寺庙中。但在岭南以北地区，因冬季寒冷不能生长，所以古代高僧就用银杏树来代替菩提树，用七叶树替代娑罗树。七叶树因叶似手掌为七个叶片而得名。此树夏初开花，花如塔状，又像烛台，每到花开之时，如手掌般的叶子托起宝塔，又像供奉着烛台；四片淡白色的小花瓣尽情绽放，花朵内七个橘红色的花蕊向外吐露芬芳，花瓣上泛起的黄色，使得小花更显俏丽；而远远望去，整个花串又白中泛紫，像是蒙上了一层薄薄的面纱。所以其深受佛家推崇，七叶树因此就俗称"娑罗树"，长此以往就被视为来自印度的真娑罗树了。宋欧阳修《定力院七叶木》则明言："伊洛多佳木，娑罗旧得名；常于佛家见，宜在月宫生。"这是说中土之人把七叶树与娑罗树等同。明刘侗、于奕正所著《帝京景物略》所录的"娑罗树歌"有"七叶九华人莫识，梵名却唤娑罗树"诗句。北京香山寺留有清乾隆皇帝的御制诗碑："香山寺里娑罗树 …… 豪色参天七叶出，恰似七佛偈成时 …… 郁葱叶叶必七瓣，定力院契欧阳哦 …… 毗舍浮证涅槃际，即此娑罗成非讹。"乾隆不仅引用了欧阳修的典故，而且还提出七叶树与释迦牟尼涅槃有关，也是将七叶树和娑罗树相混同。清道光海宁管庭芬《海昌丛载》载海宁安国寺"有娑罗两株，俗名婆娑树。…… 大逾抱，高六七丈，…… 皮干黝黑坚致，枝叶茂密，叶多七片，间亦有四五片者。结子累累。类数百年物。"其描写的正是七叶树的特征。古代的高僧们也在寺庙中广植娑罗树，所以七叶树和银杏树成为中国佛门的一种标志，岭南以北的庵堂寺院几乎都栽植有这种树。很多古刹名寺如杭州灵隐寺、北京卧佛寺、大觉寺中都有千年以上的七叶树。

15. 梅树

梅树（*Prunus mume*）是蔷薇科（Rosaceae）李属（*Prunus*）落叶乔木，是我国重要的果用和观赏树种，也是对中国传统文化产生重要影响的树种之一。梅树主要分为花梅、果梅两类。花梅以观赏为目的，有数百个品种，按其生长姿态分有直脚梅、杏梅、照水梅、龙游梅等类型；按花型花色分有宫粉、红梅、玉蝶、朱砂、绿萼、洒金等类型。果梅主要以其果实（梅子）食用，分青梅、白梅、花梅、乌梅等类型。

梅树最早是以食用为主，在我国有不少于 3000 年的历史。《尚书·说命下》中有"若作和羹，尔惟盐梅"一语，是说用梅果调制羹汤。1975 年安阳殷墟铜鼎中就发现了梅核。自先秦至今，梅果一直是人们食用的果品。

梅作为观赏花的兴起，始自汉代。《西京杂记》载汉武帝修上林苑，当时人敬献的有候梅、朱梅、紫花梅、同心梅、紫叶梅等种类。魏晋南北朝时期，"梅始以花闻天下"，艺梅、赏梅、咏梅之风大盛。《金陵志》载宋武帝刘裕之女寿阳公主日卧于含章殿檐下，梅花落于额上，拂之不去，号"梅花妆"，宫人皆效之。

唐代浙江天台山国清寺主持章安大师于寺前手植梅树。唐张九龄开凿大庚岭，于岭上植梅，又名梅岭。大诗人杜甫居成都、夔州等地时栽植了许多梅树，《诣徐卿觅果栽》有"草堂少花今欲栽，不问绿李与黄梅"，《将别巫峡赠南卿兄瀼西果园四十亩》有"雪篱梅可折，风榭柳微舒"，诗人是其果、花并得。《全唐诗话》载蜀州郡阁有红梅数株。唐代咏梅的诗赋很多，如宋璟作《梅花赋》有"独步早春，自全其天"等句赋赞梅花。杜甫在成都写下了著名的《和裴迪登蜀州东亭送客逢早梅相忆见寄》："东阁官梅动诗兴，还如何逊在扬州。此时对雪遥相忆，送客逢春可自由。幸不折来伤岁暮，若为看去乱乡愁。江边一树垂垂发，朝夕催人自白头。"因梅开而生发漂泊异乡的感怀。

琅琊山欧梅盛开
（《安徽古树名木》）

关山月"聊赠一枝春"梅画

宋代以后，我国植梅、艺梅、画梅之风兴盛，各种名作也纷纷问世。北宋林逋（字和靖）隐居杭州孤山，植梅养鹤，号"梅妻鹤子"。宋晏殊引植苏州红梅于汴京，《西清诗话》载称："红梅清艳两绝，昔独盛于姑苏，晏元献始移植西冈第中，特称赏之。"宋代成都依然以植梅著称，南宋陆游《咏梅诗》有"当年走马锦城西，曾为梅花醉如泥；二十里中香不断，青羊宫到浣花溪"诗句称道。宋范成大《梅谱》称当时"学圃之士，必先种梅，且不厌多"。以至于当时植梅、赏梅、爱梅蔚然成风，正如范成大《梅谱》说："梅天下尤物，无问智贤不肖，莫敢有异议。"自宋代始，梅花的精神形象得到了确立，认为梅花具有"暗香疏影"的高贵气质、"犯霜雪而不摄"的坚贞操节、"无意苦争春"的孤直品格。元代王冕爱梅、咏梅、画梅成癖，在其所居之地植梅千株。其墨梅画、咏梅诗，皆负盛名。明袁宏道《吴郡诸山记》云："山中梅花最盛，花时香雪三十里。"清《广陵名胜全图》载称扬州："一望琼枝纤干，皆梅树也。月明雪净，疏影繁花间，为清香世界。"

古代中国人在对梅花长期的欣赏过程中，总结出梅有"四德"："初生为元，开花如亨，结子为利，成熟为贞"；梅还有"四贵"："贵稀不贵繁，贵老不贵嫩，贵瘦不贵肥，贵合不贵开"。在国人看来，梅花开有五瓣，谓之"梅开五福"，象征着幸福、快乐、顺利、长寿、和平。人们用"梅"之谐音"眉"，与喜鹊组合为"喜鹊登梅"图案，寓意"喜上眉梢"；用梅花与竹、喜鹊组成"竹梅双喜"，寓意喜悦；用竹与梅花、绶鸟组成"齐眉祝寿"、竹与梅花、兰草组成"华封三祝"，寓意祝寿；用竹与兰花、梅花、菊花和水仙花（或用松树）组成"五清图"，寓意高洁：这些都是借梅花以象征吉祥，表达出对美好事物的追求向往之情。

16.　杏树

"红杏枝头春意闹"，是北宋著名诗人宋祁对杏花的赞美之词，透露出无限的融融春意。杏树（*Prunus armeniaca*）是蔷薇科（Rosaceae）李属的落叶乔木，是我国最古老的栽培果树之一，也是我国传统的观花树种之一。杏树与我国传统文化有着很深的历史渊源，也是对中国古代文化产生较大影响的植物之一。

先秦时期杏树主要是作果树栽植的，受到重视的是杏果。春秋齐国名相管仲的《管子·地员篇》有"五沃之土，宜彼群木，其梅其杏"之载，《夏小正》载："四月，囿有见杏。囿者，山之燕者也。"直至现代，杏树仍作为一种重要的果树被广为栽培，同时也被民间作为风水林树种种植。

自唐以后，杏树作为观赏花木受到重视。唐代杏花种植最著名的地方是皇家的宫苑曲江池杏园，当时园中植有数千株杏树。宋代植杏树著名的则是徐州古丰县（今丰县）朱陈村，《诗话》称该村有杏花120里，简直是杏花的海洋了。明沈守正《游香山寺记》称北京香山有杏树10万株，为香山第一胜处。明《新乐县志》载该县有孔村，因传为孔子周游过此而得名。村北深受风沙侵害，居者多种杏树，每岁花朝，一望飞花落红无际。受唐代杜牧《清明》诗之"牧童遥指杏花村"影响，明清时期全国出现了许多以植杏树为名的杏花村。除南京外，尚有江苏扬州杏花村、江苏淮阴杏花村、安徽怀宁杏花村、安徽贵池杏花村、江西南昌杏花村、江西玉山杏花村、湖北黄安杏花村、湖北麻城杏花村、山西杏花村、云南杏花村等十多处。现今仅有扬州、池州、山西和麻城的杏花村受到重视，仍有杏树的种植。民国初年，北京旸台山大觉寺以植杏树为最著名之地，民国时文人黄濬在《花随人圣庵摭忆》称："国中花时讨春最胜之地，以余所知所见，以旧都旸台山之杏花为最。连塍漫谷，三四十万株，亘可二十余里。"足见北京西山杏花奇观之盛。

杏树被视为农耕信号的标志。中原地区仲春二月一般是杏花时节，人们便把二月看成是杏花当令的时节，并称二月为杏月。历代农人在长期的农耕活动中，观察到杏花与农耕时节有着重要关联，杏树开花之时正是一年农作开始进行之时。西汉的农书《氾胜之书》中就有"杏始华荣，辄耕轻土弱土；望杏花落，复耕之，辄蔺之。此谓一耕而五获"的说法，杏花是春耕的物候。汉崔寔《农家谚》所收汉代农谚云："二月昏，参星夕，杏花盛，桑叶白。"这番话对二月的自然征候作了精简的概括，说明杏花是报农时的重要信号。对田家而言，杏花开放的二月，正是一年农活开始的时节，望见杏花开时，便要开始农忙了。

自唐代科举盛行后，许多树木便与科举产生关联。如桂花、槐树被视为科举的吉祥意义的象征。杏花也是如此。《唐摭言》载：新考中进士，自唐神龙以来，在杏园宴后，"皆于慈恩寺塔下题名"。唐代长安曲江池畔的杏园最为著名，园中有慈恩塔（即雁塔）。明《天中记》也载："进士杏花园初会，谓之探花宴。择少俊二人为探花使，便游名园。若他人先折得花，二人皆受罚。"唐诗人姚合《杏园》诗有"江头数顷杏花开"句。可见曲江池的杏园有"数顷"之大。每年春天，数顷杏花盛开，如霞似锦，烂漫无比，适逢新进士在曲江亭设宴庆祝金榜题名，所以这时到此游赏的人非常多，"车马争先尽此来"，以至于"遮路乱花迎马红"。故有幸荣享杏园宴的皇家恩典，就成为唐朝所有文人心中的梦想。张籍《哀孟寂》云："曲江院里题名处，十九人中最少年。今日春光君不见，杏花零落寺门前。"诗中的杏花就是特指科举功名的意旨。再如白居易《酬哥舒大见赠》的"去岁欢游何处去，曲江西岸杏园东"句，刘沧《及第后宴曲江》的"及第新春选胜游，杏园初宴曲江头"句，李群玉《赠魏三七》的"莫放焰光高二丈，来年烧杀杏花园"句，真是云霞满纸、欢畅满腹之词。自中唐以后，杏花作为科第吉兆的吉祥象征已深入人心，所以人们用"桂林杏苑"指称科举及第者，将科举考场美称曰"杏苑"。参加科举的士子还以梦见杏花为吉兆。明周晖《金陵琐事》卷三载明嘉靖年间江宁府人郑廉梦见有女子持杏花，是年得中进士。直至清代这仍是文人们的心结，袁枚《随园诗话》记金寿门所画"杏花图"题诗中，有"惟有杏花真得意，三年又见状元来"之句。

杏树还被道教徒视为神仙之境的象征。东晋道士葛洪《西京杂记》称蓬莱杏是仙人所食之物。任昉《述异记》称："杏园洲在南海中多杏，海上人云仙人种杏处。"又称:"汉时,尝有人舟行遇风,泊此洲五六日,日食杏,故免死。"说明杏树是不凡的神仙之物。北周庾信《道士步虚词》诗有"移黎付苑吏,种杏乞山人",唐王维《送友人归山歌》诗之"神与枣兮如瓜,虎卖杏兮收谷",张籍《寻仙》诗的"谿头一径入青崖,处处仙居隔杏花"等,都是神仙世界的象征。

杏树与教育、医学也有着重要关联。"杏坛"被视为教学之所的象征,《庄子·渔父》篇:"孔子游乎缁帷之林,休坐乎杏坛之上,弟子读书,孔子弦歌鼓琴。"司马彪注云:"缁帷,黑林也。杏坛,泽中高处也。"从唐代起,杏坛泛指授徒讲学之所。如杜甫《八哀诗·郑公虞》有"空闻紫芝歌,不见杏坛文。"因此,人们常将教坛称为"杏坛",从事教育教学工作也被委婉地表达为"耕耘杏坛"。

昆明圆通公园杏花海　　　　　明吴彬
(《新编昆明风物志》)　　　"孔子杏坛讲学"

"杏林"被视为传统医生的指称,葛洪《神仙传》卷十载三国时,福建侯官人董奉辞官后居庐山,为人治病,不取钱物,"重病愈者,使栽杏五株,轻者一株。如此十年,计得十万余株,郁然成林"。董奉将成熟杏子变卖后,买来粮食用于赈济周围贫苦百姓和南来北往的饥民。因此董奉成为历代许多有德医生效仿的对象,如明初王原采《静学文集·杏洲记》称,浙江黄岩赵叔威效仿董奉植杏林于沙洲,名杏洲。明张宁《方洲集·杏花诗序》称江南名医郜文晖也效法董奉。明代名医郭东模仿董奉,居山下种杏千余株。所以人们用"杏林"称颂医生,医家也每以"杏林中人"自居。人们用"杏林春暖""誉满杏林""杏林满园""杏林春满"等称赞医术精湛和医德高尚的医生。还用"杏林医案"指称医著,以"杏林圣手"指称医技,以"杏林养生"指称医道。

17. 李树

李树(*Prunus simonii*)是蔷薇科(Rosaceae)李属的落叶乔木,是我国古代与桃树并称的一种果树,也是以观花著称的观赏树种。李树是古代风水林的重要构成树种,多种植在农家村落、寺庙、居宅庭院中,是受人喜爱的传统吉祥树种。

　　李树在我国历史悠久，河南安阳殷墟出土的甲骨文中已有"李"字出现。《诗·王风·丘中有李》则反映了李和麻、麦一样是受人们重视的栽培植物。《诗·小雅·南山有台》中的"北山有李"诗句，也是当时人们在山坡种植李树的佐证。春秋时，浙江嘉兴境内已有"檇李"地名，地以果名，说明嘉兴檇李在当时就是有名的果品。自春秋战国以后，李树一直是我国南北方地区深受重视的一种果树。

　　唐代初期李花才受到文人重视，清吴宝芝《花木鸟兽集类》卷上录唐《承平旧纂》称，唐初"萧瑀、陈士达于龙昌寺看李花，相与论李有九标。谓：香、雅、细、淡、洁、密、宜月夜、宜绿鬓、宜泛酒，无异色，皆实事也"。这道出了李花的特色。李花白天望之恍若白云一片，极目迷离；入夜璀璨晶莹，尤为明艳。明陈诗教《灌园史》说："桃花如丽妹，歌舞场中定不可少；李花如女道士，烟霞泉石间，独可无一乎？"《格物丛话》亦云："桃李二花同时并开，而李之淡泊、纤细、香雅、洁蜜，兼可夜盼，有非桃之所得而埒者。"均说出了李花不争春艳的独特之处。唐李白《李花》诗云"春国送暖百花开，迎春绽金它先来。火烧叶林红霞落，李花怒放一树白"，正形象地概括了李花纯白洁净的色彩美。唐诗人韩愈写有《李花二首》诗，其中有："当春天地争奢华，洛阳园苑尤纷拏。谁将平地万堆雪，翦刻作此连天花。"诗人以极有气势又富于想象力的句子，以雪喻花，令人极其神往，道出了李花冰清玉洁之风姿。但对李花的特色，真正做到了理想地描述的是唐诗人贾至，其《春思》诗"草色青青柳色黄，桃花历乱李花香。东风不为吹愁去，春日偏能惹恨长"，写出了李花的精髓，浓烈地传递出春天的信息。南宋杨万里《山庄李花》："山庄又报李花秾，火急来看细雨中。除却断肠千树雪，别无春恨诉东风。"出奇制胜，令人耳目一新。明杨基《李花》称其"花光月色两徘徊"，所以宜于月下夜观。清文学大家曹雪芹先生让其笔下的人物写出"淡极始知花更艳"之句，更浓烈地传递出春天的信息。

　　"李"在中国传统文化中具有丰富的文化内涵。《春秋运斗枢》之"玉衡星散为李"，认为李是北斗七星中的第五星玉衡星光泽所化。"李"之文字学解释均由"木""子"构成，《说文解字·木部》："李，果也。从木，子声。"南宋罗愿的《尔雅翼》认为："李乃木之多子者，

李树花开满枝头

故从木、从子。"但古代人还把它看做是由"十""八"加上"子"构成，简称"十八子"，表达人们一种美愿。加之人们认为"李"是一种结子（果）的树，李树结实时，确实可以看到树枝上累累的赤色果子。因此，人们常用它作为子孙满堂、生机勃勃、兴旺发达的象征。李子味酸，女子怀孕后想呕吐时，非常喜欢吃李子。据说，李子有一种抑制呕吐的功效。古代还有"立夏日啖李"的习俗。立夏日，李子成熟，三五妇女凑在一起吃李子饮酒，称"李会"。认为"立夏含李，能令颜色美"，"取李汁和酒饮之，谓之驻色酒"。这说明李子的悦面美容之功十分奇妙，经常食用鲜李子，能使颜面光洁如玉，实为美容美颜不可多得的天然精华。古人还称李子为"嘉庆子"。唐韦述《两京记》中记载："东都嘉庆坊有美李，人称嘉庆子。"李子作为一种表示祥瑞的果实，还被视为女子一举得男的佳兆。所以古代喜植李树于村落屋前、庭际。

古代还产生了许多有关李树的成语故事。"桃李满天下"比喻栽培后辈或所教的学生众多；"瓜皮李树"亦作"瓜皮搭李皮"，为宋时俗语，比喻强拉亲族关系；"道边李苦"寓意对事物要认真分析思考，不能被事物的表面现象所蒙蔽；"桑中生李"或"空桑生李"比喻少见多怪；"李代桃僵"原喻兄弟互相爱护、互相帮助，后转用比喻互相顶替或代人受过；"桃李不言，下自成蹊"，亦称"桃李不言，下自成行""桃李无言，下自成蹊"，寓意做人只要真诚、忠实，严于律己，就能感动别人，受到人们的敬仰。

18. 枣栗树

枣、栗树是两类不同科属的树种泛称，是我国重要的落叶果树，也是风水林中常见的种类，因其文化意蕴相近，故同列述。

枣树是鼠李科（Rhamnaceae）枣属（*Zizyphus*）的总称，全世界有100多种，我国约有12种，主要有酸枣、枣、毛叶枣等种类。我国栽培枣树的历史源远流长，是枣树的栽培起源中心，1973年山东临朐县曾发掘出土中新世的酸枣叶化石，与现代酸枣相似。1978年河南新郑裴李岗、登封碹沟出土的新石器中发现有碳化枣核。《诗经》中有"八月剥（打）枣，十月获稻"诗句。西汉史学家司

枣树果实

马迁在《史记·货殖列传》中就有"安邑千树枣······其人皆与千户侯等"的精彩论述。栽植枣树上千株就相当于千户侯，在今天仍不失其意义。布衣出身的明太祖朱元璋称帝后，也令天下广植桑、枣、柿树，仅在京都金陵（今南京）的钟山，就种了数十万株。北京西城区白纸坊有唐代古刹崇效寺，明代周围植有枣树千株，清康熙年间著名文人王士祯见每年枣花盛开，香风阵阵，便称之为"枣花寺"。该寺是宣南士人重要的游憩题咏之地，到乾隆时仅存枣树10株，但枣林地名犹存。我国各地枣子的品种甚多，较著名的有浙江义乌大枣，果大、形长圆；浙江淳安花生枣，圆柱态，形若花生，为浙西最佳枣品；山东庆云、乐陵、无棣及河北沧州有金丝小枣，果肉金黄，掰开可拉出金色的糖丝，被朝廷列为贡品。

金寨梅山镇龙湾古板栗
（《安徽古树名木》）

栗树是壳斗科（Fagaceae）栗属（Castanea）植物的泛称，是我国栽培历史最早的果树之一，陕西西安半坡村仰韶文化遗址发现有距今6000余年的栗子和榛子。《诗经》中多处提及栗树，《战国策》说燕北地区栗树种植普遍。自汉代以后，栗树在北方地区栽植不减。西汉司马迁《史记·货殖列传》有"燕秦千树栗，······此其人皆与千户侯等"的记载。北魏郦道元《水经注·汝水》称有一名为马湾之地，植有栗园数顷，岁贡三百石以充天府。到宋代南北方均普遍栽植栗树，故有"处处有之"之称。宋苏颂《图经本草》称"栗处处有之，而兖州、宣州者最胜"。《华山记》载华山"西山麓中有栗林，艺植以来，萧森繁茂"。《辽史·文学传》载南京（今北京市）有栗园。《析津日记》也载"辽于南京置栗园"，还称昌平县（今北京昌平区）亦有栗园。辽金时北京佛寺也植栗树，《辽文存》记载蓟州上方感化寺园有甘栗万余株。元熊梦祥《松云闻见录》载北京南口庆寿寺祖师可闇，以法华经字数为号，种栗园计千余顷。明《客燕杂记》称京师（北京）佳果有霜前栗、盘古栗、鹰爪栗。古代栗树栽培利用之普遍可见一斑。北京怀柔境内有明清时期的栗园多处。九渡河镇西水峪村小西湖畔的明代板栗园，面积在百亩以上，有明代栗树40余株。

枣、栗是古代人们食物的组成部分，同桃、李、杏并称为"五果"。它在人们生活中的地位不亚于五谷，常大量存贮备荒，作为粮食代用品。《战国策》中记载苏秦对燕文侯说:"北有枣栗之利,民不作田;枣栗之实,足食于民。"《韩非子·外储说右下》里也有"秦大饥,应侯请曰:五苑之草著、蔬菜、橡果、枣栗,足以活民,请发之"之载。宋诗人郭祥正在《咏枣》诗中说:"何当广栽植,欲以慰饥年。"在战乱年代和灾荒岁月,人们亲切地称枣、栗为"生命果"。明李时珍《本草纲目》中意味深长地说,枣、栗是"丰俭可以济时"的"疾苦枣"。故枣、栗树有"铁杆庄稼"之称誉。

从古至今,国人便与枣、栗结下了不解之缘。先秦时期的礼仪活动中均要以枣、栗为礼品,《周礼·天官·笾人》里讲:"馈食之笾,其实枣、栗、桃、干梅、榛实。"是说给王进食的竹器笾中,装的果品有枣、栗、桃、干梅、榛子等。《仪礼·聘礼》中也说栗、枣果品还是古代诸侯带给朝觐官员的礼物。《仪礼·特牲馈食》和《仪礼·有司彻》说诸侯及士每月的庙祭,祭品还要有栗和枣。先秦时就有利用枣之谐音"早"、栗谐音"立"构成吉语的民俗。《仪礼·士昏礼》载:"质明,赞见妇于舅姑……妇执笲枣栗,自门入,升自西阶进拜,奠于席。"是说古代新妇早间拜见公婆献枣、栗果的礼俗。"笲"是古代盛干果的竹制器皿,"舅"是丈夫之父,"姑"是丈夫之母,所以《尔雅·释亲》云:"妇称夫之父曰舅,称夫之母曰姑。"唐贾公彦疏曰:"枣,早也;栗,肃也。以枣栗为挚,取其早起战栗自正也。"枣喻早,栗喻立,敬肃恭敬,比喻早起而虔诚之意。北宋孟元老《东京梦华录》载汴梁城八月秋社,"妇女皆归外家,晓归,即外公、姨、舅皆以新葫芦儿、枣儿为遗,俗云宜良外甥"。所以古代华北地区男女订婚,男方送给岳父母的拜匣里,放着干鲜果各四盘,包括桂圆、荔枝、生花生、生栗子、红枣等,均用胭脂染红,表示早(枣)儿立(栗)子、早(枣)生贵(桂)子。新婚"撒帐"用大枣、栗子、花生、核桃等相伴以图吉利,并分赠来宾。还在新人被中藏大枣和栗子,也是取"早(枣)立子"的含义。民间的年画常用枣与栗子(或荔枝)合组图案,谐音"早立子"。以上所引说明用枣、栗取吉的深层意义,其中蕴含着生殖崇拜文化。

民间百姓在节日的祝福、贺年及祝寿、贺喜等活动中,都以枣寄尚吉祥。如陕北人除夕之夜在吃过年饭后,取大红枣,分别置于锅、碗、瓢、盆以及门槛、枕头下面,以示红天火地、四季安康。五月端午节包红枣糯米粽子。腊月初八节家家户户吃焖枣饭,希望来年庄稼不会受鸟雀的糟蹋。古代县衙院中厅堂前,常栽枣树四棵,寓意"日日早起,勤政恤民"。枣子花小,色浅,却能长出艳丽的果实。皇帝曾以"枣"的这一特性劝慰官吏:"莫嫌位卑,早起勤政,必有硕果。"这也是以枣取吉文化意蕴之象征。

19. 柿树

柿树是柿树科（Ebenaceae）柿树属（*Diospyros*）植物的总称，我国有 64 种，多数分布在我国南部的热带、亚热带地区。柿树是起源于我国的古老树种，山东省临朐县山旺曾发现过新生代的柿叶化石。唐代柿树受人重视，唐段成式《酉阳杂俎》中总结出柿树有七大优点，说："俗谓柿树有七绝：一寿、二多荫、三无鸟巢、四无虫、五霜叶可玩、六嘉实、七落叶肥大。"唐代柿树被广植于寺庙，《长安志》载长安青龙寺有柿万株。唐诗人韩愈曾游青龙寺，写下了《游青龙寺呈崔大补阙》诗，"友生招我佛寺行，正值万株红叶满"句称颂其柿树秋叶景色。《酉阳杂俎》还记载长安城慈恩寺中柿树众多，是法力上人手植，引出了一段千古美谈。《唐书·郑虔传》说唐代书法大家郑虔年少家贫，栖身在长安城南柿树成林的慈恩寺里，积几屋子的柿叶，专为练字。后来草书造诣独到，被喻为"疾风送云，收霞推月"，且工诗善画，被唐玄宗誉为"三绝"大师。

明清时期柿树作为果树得到了普遍种植，明朝廷曾下令民众植柿树，否则给予处罚。所以南北方地区，几乎户户栽植柿树。明万历年间编修的《房山县志》载，柿为本境出产之大宗，西北河套沟、西南张坊沟，无村不有。该县柿树还是朱棣皇帝的御用贡品。明《南和县志》载城西八里处的河头郭村，村中"皆柿树，草花杂沓，林木蔽亏，人语一声，响振林表。八月中果熟，垂垂绿枝与丹实相映，秋残霜落，绿枝变为红树。每到烟横，山腹鹰点秋容，看满林红叶，如坐九叠屏，如行五十里锦步障也"。这正是对乡村村落广植柿树而产生的秋季柿树林景观之描述。明代曹州（今山东菏泽）广植柿树，以桂陵为中心，繁盛时栽种柿树近 5 万株。每逢金秋，片片柿林挂满金色的果子，柿叶也渐渐泛红，远远望去，似一团团燃烧的火焰，可与枫叶相媲美，有"城东二十五里不见天"的盛况。明末《曹州志》曾载曹州桂陵是"柿树森密，深秋霜落，叶色如丹，不异江南枫"。至清代，"桂陵柿叶"成为"曹州八景"之一。明河南《鄢陵县志》称该县三花圃有"古柿树数千株，叶灿霜辰，红霞历乳"，当是对境内所植柿树情景的真实记录。

如今，在全国各地尚生长有许多古柿树林，山东济南历城区港沟镇有一片 300 多年的古柿树林，大约有 3000 棵，为明末清初所植。浙江杭州西溪历史悠久，"柿基鱼塘"是千百年来西溪湿地人们农耕劳作形成的特殊景观，清代西溪塘堤上遍植柿树，现有柿子树 7000 多棵，仅百年以上的古柿树就有 4500 多棵。

山东烟台龙口区石良镇庵下吴家村落有一片 500 年树龄的古柿树群片林，多数是明朝正德年间所栽，历经 20 多代人的精心管理，古柿树依然枝繁叶茂，年产柿果不可数计，成为烟台市当之无愧的柿树王。北京明"十三陵"现有古柿树 3 万多棵，古柿树与苍松古柏构成"十三陵"独特的陵寝风水林景观。曾感叹"天下兴亡，匹夫有责"的明末著名思想家顾炎武先生爱柿甚深，在其读书之处——苏州昆山千墩乡曾手植 4 棵柿树。清宣统年间，后人在顾先生手植柿树旁立碑建祠，以昭后人。

柿树丰收图

柿树看似普通，实有德行。在民间，柿子象征吉祥、如意、圆满，红红火火，事事如意。唐段成式在《西阳杂俎》的木篇中记载了柿树"七绝"，现代国画大师张大千称柿树还有一德：其叶煎水可治胃病。是谓柿树为"八德树"。近代民俗家胡朴安《中华全国风俗志》称浙江杭州一带，"元旦日，签柏枝于柿饼，以大橘承之，谓之百事大吉"。历史上柿果的金黄色代表高贵，所以柿树常被栽种在古寺庙宇中，例如北京云居寺、潭柘寺都植有古柿树，潭柘寺里面有柏树和柿子树相伴而生，树旁边的石碑上就写着"百事如意"。

20. 玉兰

玉兰是木兰科（Magnoliaceae）木兰属（*Magnolia*）植物种类的总称。我国历史上玉兰的名实很多，主要有辛夷、玉兰、木笔、迎春之称，但历史文献中玉兰名称在明代才出现，在先秦文献中玉兰则称辛夷。楚国大夫屈原的著作《离骚》中多处提及辛夷。如《九歌·湘夫人》中有"桂栋兮兰橑，辛夷楣兮药房"，《九歌·山鬼》中有"乘赤豹兮从文狸，辛夷车兮结桂旗"，《九章·涉江》中有"露申辛夷，死林薄兮"等。

唐代，玉兰才作为观赏树种受到时人的重视，出现了"迎春""木笔""辛夷"等称呼。唐陈藏器《本草拾遗》云："辛夷花未发时，苞如小桃子，有毛，故名侯桃。初发如笔头，北人呼为木笔。其花最早，南人呼为迎春。"宋代已将"迎春""木笔"花视为两种花，这从宋代文献中得到了证实。南宋绩溪县人胡仔《苕溪渔隐丛话》载："木笔、迎春，自是两种，木笔色紫，丛生，二月方开；迎春白色，高树，立春已开。"唐代辛夷因花色美丽而受到文人们的注意，成为其诗颂的题材。唐诗人韩愈《感春》诗云："辛夷花房忽全开，将衰正盛须频来。清晨辉辉烛霞日，薄暮耿耿和烟埃。朝明夕暗已足叹，况乃满地成摧颓。迎繁送谢别有意，谁肯留念少环回。"正是对辛夷花盛将衰时情景的描述。白居易《题灵隐寺红辛夷花，戏酬光上人》诗道："紫粉笔含尖火焰，红胭脂染小莲花。芳情乡思知多少，恼得山僧悔出家。"将红辛夷花之状描绘成一彩笔，这表明当时还有白辛夷花。

明代"玉兰"花名才正式出现。明王世懋《学圃杂疏》载："玉兰早于辛夷，故宋人名以迎春，今广中尚仍此名。千干万蕊，不叶而花，当其盛时，可称玉树。树有极大者，笼盖一庭。"《广群芳谱》对木兰花得名玉兰称："玉兰花九瓣，色白微碧，香味似兰，故名。"明医家李时珍在其《本草纲目》说："辛夷花，……亦有白色者，人呼为玉兰。"可见，人们以"色白微碧，香味似兰"而称名玉兰，是取其高雅脱俗之气。清代则将开红、紫色花者视为辛夷花。清康熙时徽州人汪灏编《广群芳谱·花谱》载："辛夷，一名辛雉，一名侯桃，一名木笔，一名迎春，一名房木。生汉中、魏兴、梁州川谷，树似杜仲，高丈余，大连合抱。叶似柿叶而微长，花落始出。正二月花开，初出枝头，苞长半寸，而尖锐俨如笔头，重重有青黄茸毛顺铺，长半分许，及开，似莲花而小如盏，紫苞红焰，作莲及兰花香。有桃红及紫二色，又有鲜红似杜鹃，俗称红石荞是也。"按照现代植物分类学特征，开白色花者为白玉兰（M. denudata），开紫色花者名紫玉兰（M. liliiflora）。

玉兰花放景象

玉兰花枝干遒劲，先花后叶，花开犹如玉树临空，气势非凡，被人们视为美好吉祥的象征。传统的花鸟画创作就以玉兰为表现题材，如元代《促成仪凤图》（藏辽宁省博物馆）画面表现的是玉兰树盛开之时，展翅的凤凰和各种鸟雀在花枝间嬉戏的场景。明陈洪绶《玉兰依石图册（绢本）》（藏故宫博物院）也表达了玉兰花吉祥如意的寓意。清恽寿平的《辛夷图》，用笔飘逸，意境颇为秀洁淡雅。传统庭院栽植花木讲究"玉棠春富贵"，其意为吉祥如意、富有和权势。所谓玉即玉兰、棠即海棠、春即迎春、富为牡丹、贵乃桂花。苏州著名园林狮子林燕玉堂庭院置有花台、石笋、牡丹丛植，并夹植玉兰两株，取为"玉堂富贵"寓意。另一名园网师园"清能早达"大厅前天井东西各植玉兰、后天井各植桂花，以合"金玉满堂"之寓意。曲园"乐知堂"庭院中植玉兰、金桂，以应砖刻"金干玉桢"之意，寄予子孙兴旺发达的吉祥寓意。装饰吉祥图案有"玉堂富贵""玉树临风""必得其寿"图饰，"玉堂富贵"是绘玉兰、海棠、牡丹和桂花纹图；"玉树临风"是绘玉兰树而立的纹图，以象征子孙后代才干非凡、有所作为；"必得其寿"是绘玉兰与寿石的纹图，因玉兰又有木笔花之名，"笔"谐"必"，以祝寿祈吉：多用于衣料、什器、画稿的装饰。

玉兰花色如玉，馨香如兰，在早春绽放。那微微绽开的花瓣，长大而曲，犹如羊脂白玉雕刻而成，繁花缀在疏疏的枝头，形状姿态极美，被人们视为"冰清玉洁"的高洁品性象征。明代苏州著名画家文征明《玉兰》诗曰："绰约新妆玉有辉，素娥千对雪成围。我知姑射真仙子，天遣霓裳试羽衣。影落空阶初月冷，香生别院晚风微。玉环飞燕元相敌，笑比江梅不恨肥。"诗人将玉兰与仙人和历代美女相比照，尽情描述了玉兰花的色、香、姿态之美，点出了玉兰花的素艳多姿的品格美。清著名文人查慎行《雪中玉兰开》诗云："阆苑移根巧耐寒，此花端合雪中看。羽衣仙女纷纷下，齐戴华阳玉道冠。"诗人围绕着"仙"字，设譬出奇，赞美其超凡脱俗、高雅绝轮的品性。古代多喜植其于纪念性建筑之前，则有"玉洁冰清"之寓，象征着品格的高尚和具有崇高理想脱却世俗之意。江苏昆山顾文康崇功祠内和顾炎武祠前的古玉兰树就具有这种象征寓意。如丛植于草坪或针叶树丛之前，则能形成春光明媚的景境，给人以青春、喜悦和充满生气的感染力。

21. 海棠

海棠是特产于我国的蔷薇科（Rosaceae）苹果属（*Malus*）落叶乔木及灌木，以花色娇艳而著称，在我国历史上既是重要的观赏花木，也是备受古人青睐的果树。海棠栽培历史悠久，汉武帝上林苑植有群臣敬献的海棠四株。唐贾耽著《百花谱》书中誉海棠为花仙，还提及四川"海棠无香，惟蜀中嘉州者有香，其木合抱"，"独靖南者有香，故昌州号海棠香国"。唐诗人贾岛《海棠》诗有"昔闻游客话芳菲，濯锦江头几万枝"句，称道成都锦江两岸的海棠花。

宋代海棠受到人们的普遍喜爱，特别是受到帝王的垂青，因而显闻于世。北宋沈立《海棠记》序言称："尝闻真宗皇帝御制后苑杂花十题，以海棠为首章，赐近臣唱和，则知海棠足与牡丹抗衡，而可独步于西州矣。"可见当时海棠已能与牡丹花相颉颃。沈立《海棠记》中对海棠的栽培之况还有"今京师、江淮尤竞植之，每一本价不下数十金，胜地名园目为佳致"的记载。宋陈思《海棠谱》载："闽中曹宇修贡堂下海棠极盛，三面共二十四丛，长条修干，顷所未见。每春著花，真锦绣段。"南宋福建莆田人刘克庄喜爱海棠，在家居栽植海棠300多株。宋宋祁《益部方物略记》称："蜀之海棠，诚为天下所奇艳。"南宋陆游曾为官蜀地，《成都行》有"成都海棠十万株，繁华艳丽天下无"诗句。

明代北京栽植海棠极为兴盛，主要以北京城内的报国寺、韦公祠著称，王崇简诗所谓"凤城西南报国寺，海棠双树芷幽邃"和"燕京此花驰声价，韦祠为最此为亚"，说的就是这两处名胜。明刘侗《帝京景物略》也记载京师韦公、慈仁二寺，为海棠盛生处。刘侗还记西城外万驸马的白石庄园植有海棠，花时"朱丝亦竟丈"——可能有所夸张。清光绪《顺天府志》提到慈仁寺海棠已衰败，而西直门外法源寺则大盛，花时游人络绎不绝，上有轩额称"国香堂"。清龚自珍《西郊落花歌》诗前序称："出丰宜门一里，海棠大十围者八九十本。花时车马太盛，未尝过也。"

现今国内主要以北京中山公园和元大都城垣遗址公园、南京莫愁湖公园、广西南宁横县海棠公园、杭州湖滨和植物园的海棠园、昆明圆通公园的海棠最为著名。春城昆明圆通公园植有千株西府海棠和百株垂丝海棠，素有"花潮"之誉。

海棠花每届春期，红苞金蕊应候而开之时，只见满树花朵摇曳枝头，犹如万朵红霞，降落尘寰。沈立《海棠记》对海棠花描述云："其红花五出，初极红如胭脂点点然，及开则渐成缬晕，至落则若宿妆淡粉矣。"因此，海棠被人们视为"花中神仙""花中至尊"。唐贾耽著《百花谱》称海棠花是"花中神仙"，北宋王禹偁《商山海棠》有"春里无勍敌，花中是至尊"诗句赋海棠是"花中至尊"。南宋吴芾在《和陈子良海棠四首》中甚至还认为海棠应居花中第一："十年栽种满园花，无似兹花艳丽多，已是谱中推第一，不须还更问如何。"南宋钱塘人陈思《海棠谱》序言也称，"世之花卉，种类不一，或以色而艳，或以香而妍，是皆钟天地之秀，为人所钦羡也。梅花占于春前，牡丹殿于春后，骚人墨客特注意焉。独海棠一种，风姿艳质固不在二花下"，只是未受到名诗人的吟赏，海棠未得荣显，到了本朝（南宋），因皇帝垂青，被"列圣品题，云章奎画，炬耀千古，此花使得显闻于时，盛传于世矣"。因此，风姿绰约、娇艳动人的海棠花赢得了历代文人的礼颂。唐吴融《海棠》咏道："云绽霞铺锦水头，占春颜色最风流；若教更近天街种，马上多逢醉五侯。"称誉海棠是花中绝色、天下最为风流之花。五代时刘兼《海棠花》有"淡淡微红色不深，依依偏得似春心"诗句称道海棠的花色。宋刘克庄《海棠》有"海棠妙处有谁知？今在胭脂乍染时"的诗句，认为海棠的佳姿绝色，以"胭脂乍染时"为最美。明唐伯虎《妒花歌》更是诗意不凡，曰："昨夜海棠初着雨，数朵轻盈娇欲语。佳人晓起出兰房，折来对镜比红妆。问郎花好奴颜好，郎道不如花窈窕。佳人见语发娇嗔，不信死花胜活人。将花揉碎掷郎前，请郎今夜伴花眠。"诗写姣美少妇不能容忍丈夫喜爱海棠花美色而生妒意的心态，反衬出海棠花的娇艳可人之态。

海棠是吉祥美好和理想的象征，人们都爱借此以表达其美好的愿望。海棠花在园林中常与玉兰、牡丹、桂花相配植，形成"玉堂富贵"的吉祥意境；若再配几株迎春，则称"玉堂富贵迎春"；更有种植金腰带（即连翘的别名）与玉兰、海棠、牡丹和迎春相配，取"金玉满堂、富贵迎春"之吉祥寓意。清初的朱耷（八大山人）画笔下，尽为残山剩水，或为"白眼向人"的鱼鸟，

美丽的海棠花

但他对笔下的海棠却脉脉含情。当他踽踽独行在曲折的溪水边，看到"泛泛落花娇"，娇艳的海棠花瓣，落在溪水中，正随着明洁的溪水泛泛而去，竟希望"人心得如水，相随过河桥"（朱耷《题海棠》）。装饰和绘画中还以荷花、海棠和燕子组成图案，谐音"河清海晏"，寓天下太平吉祥。中国名花繁多，令人相视而笑的花除了含笑花之外，便只有海棠花了。笑，能充实人的生命，焕发青春，使人健康长寿。人际交往中，赠送一枝海棠花，表达"祝您快乐"的美好寄语。

22. 紫薇花

紫薇花是我国特有观赏树种，为第三纪的孑遗物种，历经第四纪冰川而存留至今，被科学界视为植物的活化石之一。紫薇（*Lagerstroemia indica*）属千屈菜科（Lythraceae）紫薇属落叶乔木或灌木，全世界有该属植物 55 种，主要分布在亚洲东部、东南部和澳大利亚北部。我国有紫薇属植物 19 种，其中花色最丰富、应用也最广泛的便是紫薇，其园艺品种依花色分为四大类群：花紫色的为紫薇，是紫薇的原始种，栽培应用最早；花红色、小枝略带粉红的为红薇；叶色淡绿、花白色的为银薇；还有一种较为少见的翠薇，花紫堇色或带蓝色，尤其以蓝

色花朵的最为珍奇。此外，紫薇属中的桂林紫薇、福建紫薇、网脉紫薇、云南紫薇等都具有较高的观赏价值。

紫薇花名首次出现是晋王嘉的《拾遗记》一书，其称"怀帝末，民间园圃皆生蒿棘，狐兔游聚。至元熙元年，太史令高堂忠奏，荧惑犯紫微。若不早避，当无洛阳，乃诏内外四方及京邑诸宫、观、林、卫之内，及民间园圃，皆种紫薇，以为厌胜"。这不仅是紫薇花名的首次记录，也是栽植紫薇花的首次记载。中国传统的天文观认为天体由三垣、二十八宿及其他星座组成，三垣即紫微垣、太微垣和天市垣，《晋书·天文志》载："紫宫垣十五星，其西番七，东番八，在北斗北。一曰紫微，大帝之坐也，天子之常居也，主命主度也"；《宋书·天文志》也载："紫微垣，……左右环列，翊卫之象也"。说明紫微星是三垣的中星，是北斗星系的主星。北极星因正对地轴，所以无论哪个季节看，都出现在同一位置，天空中的群星看来也都像在围绕着它旋转。古人由此将紫微星称为"帝星"，命宫主星是紫微星的人就是帝王之相，皇帝居住的地方叫做紫禁城。因荧惑星冲犯紫微星，故需栽植紫薇花以压胜，这说明紫薇花具有辟邪功能。这自是当时人深受"天人感应"思想影响的结果，也说明当时紫薇花已得到了栽培。

历史上紫薇花的名实很多，清《广群芳谱》卷三十八载曰："紫薇，一名百日红，四五月始花，开谢接续，可至八九月，故名。一名怕痒花，人以手爪其肤，彻顶动摇，故名。一名猴刺脱，树身光滑。"除紫薇花外，还有"猴郎达树""猴刺脱""百日红""红满堂""官样花""紫绶花""怕痒树（花）"等名称。

紫薇花在唐代得到重视与唐代官制的改设有关。北宋欧阳修《新唐书·百官志二》载："开元元年（713），改中书省曰紫微省，中书令曰紫微令。天宝元年曰右相，至大历五年，紫微侍郎乃复为中书侍郎。"尽管"紫微省"用的时间不长，却产生出"官样花"的典故。后世文人由此产生联想，"紫薇"与"紫微"音谐，将"花"与"官"扯在一起，因此紫薇也就有了"官样花"的别名，以至后来凡任职中书省的官员，皆喜以"紫微"称之。白居易写有咏《紫薇花》一首："丝纶阁下文章静，钟鼓楼中刻漏长。独坐黄昏谁是伴？紫薇花对紫微郎。"诗中"紫微郎"即为白居易之自称。晚唐大诗人杜牧也曾任职校书郎，写有《紫薇花》诗，别号"紫微舍人"，所以人称"杜紫微"。唐代中书省有谚云："门前种株紫薇花，家中富贵又荣华。"明王象晋《群芳谱》称："唐时省中多植此花，取其耐久且烂漫可爱也。"正是如此，唐开元以后，紫薇花不仅栽植于皇宫内苑，亦在官邸、寺院中种植，盛况空前。

宋元明清紫薇花栽植广泛，宋葛立方《韵语阳秋》载称："省中相传，咸平中，李昌武自别墅移植于此。晏元献尝作赋题于省中，所谓'得自羊墅，来从召园，有昔日之绎老，无当时之仲文'是也。"明《书传正误》载称紫薇花"吴中、黔中最多"；明王世懋《花疏》也称紫薇花是"闽花物，胜苏杭"；明文震亨

紫薇花开

《长物志》载"山园植之，可称耐久朋，然花但宜远望"。现存许多紫薇花古树也可佐证当时栽植之况。近现代的紫薇花栽培在全国城市、乡村较普遍。

紫薇花"夺艳而不与百花争春，灿烂而不怕酷暑炎炎"，有着丰厚的历史文化积淀，具诗意的浪漫，是热烈的化身，象征着吉祥好运。俗话说"天上紫微星，地下紫薇树"。紫微星是"帝王之星"，紫薇树自然也就有了好运吉祥的象征意义。古代文人有许多赞美紫薇花的诗词，如唐诗人刘禹锡《和令狐相公郡斋对紫薇花》有"明丽碧天霞，丰茸紫绶花。香闻荀令宅，艳入孝王家。几岁自荣乐，高情方叹嗟。有人移上苑，犹足占年华"；唐诗人孙鲂《甘露寺紫薇花》有"赫日迸光飞蝶去，紫薇擎艳出林来"；宋代诗人杨万里《凝露堂前紫薇花两株每自五月盛开九月乃衰》有"似痴如醉弱还佳，露压风欺分外斜，谁道花无百日红，紫薇长放半年花"；明皇甫涍《紫薇花行有序》有"未忘温室琼瑶树，虚拟湘源杜若篇"；清孙芳祖《薇花红出墙外》有"玲珑莫搦胭脂雪，但倩仙人鸟爪爬"：都表现了紫薇花色灿烂、平凡而高贵、和谐却美丽的吉祥寓意。中国传统绘画也以紫薇来表现其吉祥好运之象征。最早以紫薇花入画的是南宋卫升，传世作品仅有《写生紫薇图》册页（现藏台北故宫博物院），以工笔重色法写折枝盛开之紫薇花。明周之冕的《百花图》两幅水墨紫薇长卷是文人画的笔墨意味。清代恽南田的没骨紫薇，依然静雅。晚清海派的任伯年有几件以紫薇为题材的画作，表现出了紫薇花的风姿神韵。中国人有着"以紫为贵"的传统欣赏习惯，紫色代表着祥瑞富贵，所以居宅庭院中喜植紫薇花，以象征"紫气东来""紫薇高照"等吉祥好运寓意。此外，在现实生活当中，以紫薇命名的书斋堂号以及个人雅号、名字等数不胜数，亲友间也常常借用约定俗成的花语，相互馈赠紫薇以示吉祥好运，传达彼此间的祝福。

23. 柑橘

柑橘是芸香科（Rutaceae）柑橘亚科（Auramtioideae）的常绿果树泛称。我国是柑橘类果树的原产地，柑橘资源丰富，优良品种繁多，有 4000 多年的栽培历史。《尚书·禹贡》有"扬州 …… 厥苞橘柚锡贡"之载；东汉崔实《政论》说"橘柚之实，尧舜所不常御"；《吕氏春秋》则称"果之美者，有江浦之橘"；《韩非子·外储说左下》也称"树橘柚者，食之则甘，嗅之则香"；西汉司马迁《史记·苏秦传》载"楚必致橘柚之园"。这说明先秦时期柑橘种植之况。汉代以后，柑橘在南方栽培极为普遍。《史记》中还提到："蜀汉江陵千树橘，…… 此其人皆与千户侯等。"汉代在蜀郡设立橘官，负责管理和转运蜀地的柑橘。《新唐书·地理志》中列举了现在的四川、贵州、湖北、湖南、广东、广西、福建，浙江、江西及安徽、河南、江苏、陕西的南部，向朝廷纳贡柑橘。凡是适宜栽培柑橘的地方都户户栽植。唐诗人岑参在《郡斋望江山》诗中吟道："庭树纯栽橘，园畦半种茶。"《鸡肋编》记载苏州洞庭东西山在太湖中，方圆百里多种柑橘、桑麻。南宋朱熹写下了《次吕季克东堂九咏橘堤》一诗："君家池上几时栽，千树玲珑亦富哉。荷尽菊残秋欲老，一年佳处眼中来。"称颂黄岩柑橘。清《南丰风俗志》记载江西南丰等地，整个村庄"不事农功，专以橘为业"。清施鸿保《闽杂记》述了福州城外，"广数十亩，皆种柑橘"。清吴震方《岭南杂记》也记载："广州可耕之地甚少，民多种柑橘以图利。"

在上古时代，柑橘树就是人们的崇拜对象。楚国把柑橘视为祖树，用于祭祀，橘树是楚国的"封疆之木"，乃是社稷的象征。先秦文献中就有橘树从天而降的记载，《太平御览》卷九百六十八引《春秋运斗枢》说："璇星散为橘。"意思是说天上的璇枢星散落下来化为人间之柑橘。可见，柑橘在古人的心目中已不是人间凡品，而是天仙所食之仙果。

柑橘园

西汉刘向《列仙传》载："穆天子会王母于瑶池，食白橘、金橘。"南朝宋刘峻《送橘启》则云："南中橙甘，青鸟所食。"青鸟是为西王母取食的仙鸟。唐牛僧孺《幽怪录》记载巴邛橘园的橘脯能化为飞龙。东晋葛洪《神仙传》载西汉桂阳苏仙公，以仁孝闻名。在其得道将仙去时，告母曰："明年天下疾疫，庭中井水，檐边橘树，可以代养，井水一升，橘叶一枚，可疗一人。"言毕遂升云而去。来年果有疾疫，远近悉求母疗之，皆以水及橘叶，无不愈者。清吴震方《岭南杂记》载仙人罗辨种橘于石龙之腹，以橘红济世。清屈大均《广东新语·木语》也载"化州有橘一株在署中，月生一子，以其皮为橘红，瀹汤饮之，痰立释"。可见柑橘树是具有神异功能的果树。柑橘还有尽孝的故事。《三国志·吴志·陆绩传》载陆绩 6 岁时候，于九江（今安徽寿县）见袁术，袁术拿出橘子，陆绩怀装三枚，走时拜辞坠地。术谓曰："陆郎作宾客而怀橘乎？"陆绩跑曰："欲归遗母。"袁术甚是惊奇之。后人以"怀橘"指称孝顺双亲。唐人张祜《送魏尚书赴镇州行营》诗云："伍员忠是节，陆绩孝为心。"范成大《送詹道子教授奉祠养亲》有"下马入门怀橘拜，身今却在白云边"诗句。

柑橘还被人们视为吉祥之树。"橘"与"吉"谐音，以橘趋吉祈福，金橘可兆明。明田汝明《西湖游览志余》称明代杭州元旦（春节）"签柏枝于柿饼，以大橘承之，谓之百事大吉。取柏、柿、大橘与百事大吉同音故也"。浙江黄岩每年正月十五元宵节，用橘皮为碗，贮油其中，点灯随水流放之，橘灯如数万点红星浮漾水面，蔚为壮观。此外，正月十五橘园里都要插烛点香，俗称"间间亮"。家家户户还做橘福橘篮、挂橘球等。新屋上梁、新婚拜堂、春祭等喜庆都要例行"抛橘抛馒头"，盘上盛着五色果、橘、馒头、方糕一类，抛掷于堂前，小孩满地抢橘和馒头，以绚红艳丽多子的"朱红"橘最受欢迎。广东还流行送"年橘"习俗：凡青年男女举行婚礼或生儿育女，年长者都会赠之以一对年橘和一利是（红包），以示祝福。除夕之夜人们将一双年橘放在床头、柜台，有"大吉大利、吉到运到"之寓意。

24. 荔枝树

"日啖荔枝三百颗，不辞长作岭南人"，这是宋代大诗人苏东坡对荔枝的赞美之词。荔枝（*Litchi chinensis*）是无患子科（Sapindaceae）荔枝属的常绿果树，原产于我国的岭南地区。荔枝古称有"丹荔""离枝""离子""荔子""荔支"等，三国时朱应在《扶南记》中对荔枝名称解释为："以其结实时，枝条弱而蒂牢，不可摘取，以刀斧劙取其枝，故以为名。""离枝"其意为"离枝即食"或"不能离其本枝"。晋左思《蜀都赋》中有"旁挺龙木，侧生荔枝"之句，后人又以"侧生"来代指荔枝。荔枝成熟时果皮色红，故称为"丹荔"。唐朝著名诗人杜甫在流落巴蜀期间，曾写过《宴戎州杨使君东楼》诗，诗中有"轻红擘荔支"

句，也有以"轻红"来代称荔枝。

中国是荔枝的原产地，古代文献对荔枝的产地多有载述。唐著名宰相张九龄写作的《荔枝赋》中说："南海郡出荔枝焉。"白居易在他那篇著名的《荔枝图序》中说："荔枝生巴峡间"。中唐诗人张籍《成都曲》中也提及荔枝，诗中有"锦江近西烟水绿，新雨山头荔枝熟"句。南宋陆游《老学庵笔记》说："此未尝至成都者也。成都无山，亦无荔枝。"他还引苏轼的"蜀中荔枝生嘉州，其余及眉半有不"诗句来加以印证，说："盖眉之彭山县已无荔枝矣，况成都乎！"这说明宋代蜀中已经不出产荔枝了。但能够比较全面反映当时荔枝出产情况的则是宋蔡襄《荔枝谱》一书，其说："荔枝之于天下，唯闽粤、南粤、巴蜀有之。"中国荔枝的产地大致为今天的福建、四川、重庆和两广一带，所说与今天基本一致。

荔枝作为时令鲜果，鲜红诱人，冰肌玉质，香脆清甜，却娇嫩无比。白居易《荔枝图序》中说："夏熟 …… 壳如红缯，膜如紫绡，瓤肉莹白如冰雪，浆液甘甜如醴酪 …… 若离本枝，一日而色变，二日而香变，三日而味变，四五日外，色香味尽去矣。"所以荔枝素有南国佳果之称。自汉代始就被作为入贡朝廷的贡品，供皇亲贵胄们享用。晋葛洪《西京杂记》载南越王赵佗献荔枝给汉高祖刘邦，刘邦则赐以蒲桃锦回报，当是荔枝为贡品的最早记载。《三辅黄图》称，汉武帝酷爱荔枝，他平定南越后，曾在长安兴建扶荔宫，连年移植百株荔枝树，然无一生者，偶有一株稍茂，但终未结实。《后汉书·章帝纪》也载曰："旧南海献龙眼、荔枝，十里一置，五里一堠，奔腾阻险，死者继路。"唐代荔枝也是朝廷贡品，宋苏轼《荔枝叹》原注云："唐天宝中，盖取涪州荔枝自子午谷进入。"宋司马光《资治通鉴》中载，唐玄宗为博贵妃一笑，"岁命岭南驰驿致之"，引得大唐江山几近没落，故杜牧《过华清宫绝句》有"一骑红尘妃子笑，无人知是荔枝来"，脍炙人口，对此予以无情批判。宋代依然如故，而且数量大为增加，南宋福建《三山志》说"大中祥符二年，岁贡荔枝干六万颗"，元丰年间，贡数大体同于大中祥符年间；元祐元年定为常贡，数亦如之；崇宁年间又增加 13 000颗；大观元年又增加 3000 颗；政和年间又增贡1 万颗；宣和于祥符数外又进 83 400 颗。这是北宋时期福建进贡荔枝的数量情况。仅进贡荔枝一项，就给老百姓增加了多少负担，带来了

荔枝缀枝图

多大的灾难！

荔枝这种奇异佳妙的鲜果，其名播远扬，深得历代文人的喜爱，留下了大量的诗文歌赋，见诸文集与史料。汉代著名赋家司马相如《上林赋》中有"荅遝离支"，提到了荔枝。东汉著名文人王逸《荔枝赋》对荔枝推崇备至，极力称赞荔枝之美。历代文辞华美的《荔枝赋》还有很多。中唐以后，以荔枝为歌咏题材的诗篇层出不穷，清《四库总目提要》评述蔡襄《荔枝谱》说："王世贞《四部稿》乃谓白乐天、苏子瞻为荔枝传神，君谟不及，是未知诗歌可极意形容，谱录则惟求记实。"据此可知白居易对荔枝诗歌意象的开拓之功。白居易《题郡中荔枝十八韵兼寄杨万州八使君》对这种"南土奇果"有过甚为细腻的描摹，将荔枝比为"嚼疑天上味，嗅异世间香"。他曾自种荔枝树，并作《种荔枝》绝句："红颗珍珠诚可爱，白须太守亦何痴。十年结子知谁在，自向庭中种荔枝。"寓人世苍茫之感。唐徐寅《郊村独游》的"惊鱼掷上绿荷芰，栖鸟啄余红荔枝"，《鹧鸪天》之"荔枝初熟无人际，啄破红苞坠野田"，极尽描摹了荔枝的鲜美之态，让人读来有馋涎欲滴之感。北宋大诗人苏轼《荔枝叹》一诗，长叹汉唐以来贡荔之祸，指斥当朝大臣"争新买宠出新意"的恶行，大声疾呼："我愿天公怜赤子，莫生尤物为疮痍！"呼吁苍天再也不要生产那些招人喜爱的"尤物"，反给百姓带来伤害。这无异于一篇抨击朝政腐败的檄文。明陈辉《荔枝》诗："南州六月荔枝丹，万颗累累簇更团。绛雪艳浮红锦烂，玉壶光莹水晶寒。高名已许传新曲，芳味曾经荐大官。乌府日长霜暑静，几株斜覆石阑干。"作者运用多种表现手法，从不同角度盛赞荔枝成熟时绚丽动人的景色，描绘了荔枝芳名美味被历代传颂的情景。清谭莹其《荔枝赞》："石榴红似火，鲜荔赤如丹。日啖谁能厌，我今欲当餐。"则道出了荔枝成熟时可餐不厌的动人情景。

所以自古以来，荔枝树被视作吉祥之树，荔枝被人们视为吉祥之果，所以装饰图案多以此表示。如用荔枝、桂圆及核桃表示"连中三元"，因荔枝、桂圆、核桃的果实都是圆形，圆与"元"同音。古代科举考试中乡试、会试、殿试的第一名，合称"三元"。现以此寄望子女取得不凡成就。还有用荔枝、葱、藕、菱组成"聪明伶俐"的复合图案，"葱"与"聪"、"菱"与"伶"同音，"荔"与"俐"谐音。所以荔枝树不仅是一种果树，也是一种风水树。近代著名绘画大师齐白石创作了很多荔枝画，以荔枝象征吉利如意，他在 7 幅荔枝画上分别题上"大利""四利""大吉大利""大喜大利""太平吉利""平安吉利""平安多利"，那一树树、一串串、一篮篮鲜艳欲滴的荔枝，正是齐白石对新中国红红火火的美好生活的向往。广东高州有在荔枝成熟之后举行祭荔枝神（又名荔枝丰收祭）的习俗，是对荔枝神的答谢，祈求保佑来年风调雨顺，继续获得好收成。一般是在每年荔枝收获完毕后的农历五月初五前后，但具体时间以荔枝收获先后而确定。清谭莹《岭南荔枝词》"十里矶围筑稻田，田边博种荔枝先。凤卵龙丸多似谷，村村箫鼓庆丰年"，则是对岭南荔枝收获后村落庆祝丰收情景的描述。

25. 槟榔

"高高的树上结槟榔，谁先爬上谁先尝。"这是流行神州大地的《采槟榔》歌曲之词，它是由中国近代流行歌坛的开拓者和奠定者、作曲家黎锦光先生根据湖南湘潭花鼓戏"双川调"谱成的曲调，是一首久唱不衰的歌曲。槟榔（*Areca catechu*）是棕榈科（Palmaceae）槟榔属的常绿乔木。有榔玉、宾门、橄榄子、青仔、国马、大腹皮等名称。槟榔是典型的热带经济作物，是我国四大南药之一，含有丰富的药学成分，具有杀菌、消积化食、消脚气及驱虫等功效。现代科学研究证实，槟榔果实具有致癌作用，长期嚼食槟榔果品易引起口腔癌，在此作者建议应尽量不食或少食。

我国有着两千多年的槟榔种植史。文献中最早提及槟榔的是西汉司马相如的《上林赋》，赋中有"留落胥余，仁频并间"之句，唐颜师古注称"仁频"就是槟榔树。晋左思《吴都赋》便发挥成："槟榔无柯，椰叶无阴。"《三辅黄图》记载汉武帝平定南越后，从南越移植槟榔上百本种植于上林苑的扶荔宫中。但槟榔作为一种热带植物，怕风、怕冷、怕旱，在干旱寒冷的北方地区种植槟榔树失败是毫无疑问的。正如《齐民要术》说槟榔"性不耐霜，不得北植，必当遐树海南"。我国历史上的槟榔种植区仅限于海南、台湾、广西、云南、广东等省区。海南多种植于沿海，台湾大部分集中在岛西部海岸边上，广东雷州半岛、云南元江地区、广西南部的局部地方有少量的槟榔种植。

槟榔树

槟榔具有杀虫、消食、除痰等功用，药用价值突出，是古代社会不可或缺的药材之一。被喻为"瘴疠之地"的岭南地区居民对槟榔尤为重视，它在居民的日常生活中占有重要地位。南宋罗大经《鹤林玉露》中曾说："岭南人以槟榔代茶御瘴。其功有四：一曰醒能使之醉，盖食之久，则熏然颊赤若饮酒然，苏东坡所谓

'红潮登颊醉槟榔'也；二曰醉能使之醒，盖酒后嚼之，则宽气下痰，余酲顿解，朱晦翁所谓'槟榔收得为去痰'也；三曰饥能使之饱；四曰饱能使之饥，盖空腹食之，则充然气盛如饱，饱后食之则饮食快然易消，又且赋性疏通而不泄气，禀味严正而更有余甘，有是德故有是功也。"所以宋代以后岭南地区民间普遍嚼食槟榔。到了清代，在京城北京也有流行，清梁绍壬《两般秋雨庵随笔》卷七"槟榔"载京城"士大夫往往耽之"，"竟日细嚼，唇摇齿转"。这当是广东人入京做官或经商输入的。《红楼梦》第六十四回也提及京城人食槟榔之事。

槟榔树被人们视为吉祥之树，槟榔出现在人们的礼仪活动中，成为民俗的文化符号。在人们日常交流、沟通情感以及社会交际活动中，槟榔都成为重要礼品。朋友见面，即互相馈赠槟榔，以示尊敬；客人来访，即以槟榔代茶，来表达对客人的敬重。明《正德琼台志》中对海南岛居民就有"亲宾来往，非槟榔不为礼"的记载。明顾岕《海槎余录》载"槟榔产于海南，惟万崖、琼山、会同、乐会诸州县为多，他处则少。每亲朋会合，互相擎送以为礼。至于议婚姻，不用年帖，只送槟榔而已。久之，多以家事消长之故，改易告争，官司难于断理，以无凭执耳。愚民不足论，士人家亦多有溺是俗者"。这说明在明代海南岛居民就有用槟榔为礼的习俗存在。清乾隆年间台湾海防同知朱景英在《海东札记》卷三"记气习"中，记录当时台湾流行食槟榔的习俗："土人啖槟榔，有日费百余钱者，男女皆然，行卧不离口；啖之既久，唇齿皆黑，家日食不继，惟此不可缺也。解纷者彼此送槟榔辄和好，款客者亦以此为敬。"槟榔运用于婚礼，主要是因为槟榔包含着特殊的含义。清光绪云南《镇平县志》卷四"礼俗"称："槟字从宾，榔字从郎，言女宾于郎之义也。"寓意夫妻相敬如宾。而嚼食槟榔的调料——蒌叶，同样饱含寓意："蒌与槟榔，有夫妻相须之象。…… 蒌为夫，槟榔为妇。蒌字从串从女，男串于女之义也。"槟榔树干笔直，树身浑圆，古人有"槟榔无柯"之赞。"送槟榔"寄意坚毅不渝，不弄巧成拙；暗示"专心致志""婚姻和美"。槟榔成为婚姻缔结过程中的重要载体。清康熙云南《澄迈县志》卷一"风俗"载澄迈县"婚姻必择门户，专用槟榔，槟榔数以千万计，至有以金银为蒂者"。不仅如此，槟榔还是调解邻里纷争的媒介物，广东广州府、肇庆府以及广西、云南少数地方有此习惯。广东增城县（今增城市）乡里有争执，求人曲直者，亦皆献以槟榔。在云南西双版纳，槟榔是傣族青年男女的爱情信物。据说傣族青年恋爱结婚后，小伙子一般要先到姑娘家上门，义务服三年劳役，但如果在恋爱期间小伙子能够爬上高高的槟榔树采到槟榔果送给心爱的人，那就可以免去这三年劳役，并把姑娘领回家。"槟榔座"至今仍是台湾南部地区流行的婚俗。男女青年情意相投，男方用槟榔作聘，聘以染红的双数槟榔两座（每座 4 枚），写上"二姓合婚""百年偕老"吉祥语，与茶、糖果一起用银盘盛装，吹吹打打送至女家。女方长辈如看中"毛脚女婿"，即收下写有"二姓合婚"的槟榔座，其余一座退还给男方。富贵人家则用槟榔形状的银子作聘礼。待结婚时，凡宾客至，无论长幼，新娘必起立奉槟榔迎客。谒祖时，新娘拜后必跪奉槟榔敬祖。婚后翌晨，新娘还需盛水及槟榔各一盘、手巾一条，递给亲戚，名曰"捧水"。婚后数日，女方亲戚须备槟榔一担（4—12 盒），送男方家及亲戚，名曰"担槟榔"。待新娘满月回娘家时，男家备槟榔一担，馈赠女方亲戚，意示酬谢，名曰"酬槟榔"。

26. 丁香

丁香是木犀科（Oleaceae）丁香属（Syringa）植物的总称，主要分布在亚洲温带地区及欧洲东南部。我国有 24 种，分布较广，落叶小乔木或灌木。主要种类有紫丁香、北京丁香、荷花丁香、垂丝丁香、红丁香、四川丁香、云南丁香、暴马丁香等。丁香是以观花为主的传统花木，有纯白、紫、紫红、淡黄、蓝紫色等花色，我国多栽植在庭院、公园、寺庙、住宅等处，是深受人们喜爱的观赏树种，还是佛教四大花卉之一。

古代丁香有两类，一类属木犀科，以花色著称，是因其花冠呈筒状细长如"丁"，而称名丁香，有"公丁香"之称；另一类属桃金娘科，用作香料，名为鸡舌香，因其成熟时果实种仁形如两片鸡舌而得名，又有"母丁香"之称。《汉官仪》载，侍中刁存年老口臭，皇帝赐以鸡舌香，使含之口中，以除口臭。汉末曹操《与诸葛亮书》也提及鸡舌香。考古发掘长沙马王堆西汉墓中发现的西汉古尸手中就握有鸡舌香料。北魏贾思勰《齐民要术》也有鸡舌香的记载，称之为"丁子香"。唐陈藏器《图经本草》中称："鸡舌香与丁香同种，花实丛生其中，心最大者为鸡舌，击破有顺理而解为两向如鸡舌，故名，乃是母丁香也。"

唐代丁香受到文人们的重视而被作为文学的表现题材。唐代大诗人杜甫写有一首《江头五咏·丁香》诗："丁香体柔弱，乱结枝犹垫。细叶带浮毛，疏花披素艳。深栽小斋后，庶使幽人占。晚堕兰麝中，休怀粉身念。"这是文学作品第一次展示丁香花素洁淡雅的外部形象，赋予高贵的品格。杨伦《杜诗镜诠》引清代朱鹤龄注称："丁香与幽僻相宜，晚而坠于兰麝，则非其类矣，虽粉身其足惜哉！"到晚唐李商隐时，丁香花已成为诗歌中表达"愁怨"的文学意象之指称。李商隐

《代赠》诗云："楼上黄昏欲望休，玉梯横绝月如钩。芭蕉不展丁香结，同向春风各自愁。"暮春里的黄昏时分，一位女子倚楼而立，不知不觉间已是如钩弯月高挂天上。芭蕉未展，丁香不开，此情此景正如同女子与情人不能相见而各自牵肠挂肚，愁肠百结。五代南唐中主李璟《浣溪沙》词："手卷真珠上玉钩，依前春恨锁重楼。风里落花谁是主？思悠悠。青鸟不传云外信，丁香空结雨中愁。回首绿波三楚暮，接天流。"此词是写一女子手卷珍珠帘上玉钩，仍然是春恨绵绵紧锁高楼，风里落花无主，云外不见青鸟传来亲人的书信。雨中的丁香花蕾空结在枝头，又一次绝望的愁绪浓得化也化不开。回首三楚大地，天低日暮，长江水滚滚东去，更加映衬了愁思的深广和渺无尽头。因此"丁香结"成为中国古典诗歌中典型的文学意象，诗人们常常以丁香花含苞不放，比喻愁思郁结、难以排解，用来写夫妻、情人或友人间深重的离愁别恨。唐陆龟蒙《丁香》之"殷勤解却丁香结，纵放繁枝散诞春"，宋钱惟演《无题》之"合欢不验丁香结，只得凄凉对烛房"，贺铸《寄贺方回》的"深恩纵似丁香结，难展芭蕉一寸心"，等等，无不是将丁香的惆怅郁结在千千情结中，纠缠于密织的情网中，展现愁心永远守候的模样。南宋王十朋《点绛唇·丁香》词"落木萧萧，琉璃叶下琼葩吐。素香柔树，雅称幽人趣。无意争先，梅蕊休相妒，含春雨。结愁千绪，似忆江南主"，也是通过对丁香独特形象的细腻描写，反映了人们在离愁别绪的重重困扰下，暗结于心头，不招即来却挥之不去的深深痛苦和幽怨。

　　丁香花姿容媚秀，花繁香浓，历代人们喜植于庭院、居宅、寺庙等地。宋周师厚《洛阳花木记》记载北宋洛阳城内就有丁香花的栽培。金元时北京寺庙中首选丁香，因丁香花浓香，叶片为心脏形，有"心诚则灵"之寓意。故丁香被北方佛徒视为中国的菩提树。法源寺的高僧在寺内的几层大殿院中广植丁香，使法源寺的丁香驰名京城。法

丁香花开

源寺位于南城，特别是在清代，南城又多会馆和文人。在丁香盛开时节，紫丁香满树绯紫，犹如彩霞，白丁香枝头似雪，皎洁玉透，把寺院点缀得古色古香。"花香争香客，诗坛聚才人"，来赏丁香的游人如织，文人们更是纷纷来寺观赏丁香。而文人自然也要作诗赋词赞颂丁香，这样就产生了"丁香诗会"。当时赫赫有名的纪晓岚、黄景仁、龚自珍和名噪一时的"宣南诗社"，都在这里留下过流

连的足迹和诗篇。在清道光年间，诗会最盛，如清杨懿年有《丁香》诗云："红蕊珠攒晓露团，朱霞白雪簇雕鞍。落英扫尽游人去，执帚廊僧信是闲。"清程颂万《丁香》诗有："葱茏浅色天，空外已无禅；立尽香多处，深知寺有年。暗钟催老衲，斜日过松巅；耐得长安看，枝繁正可怜。"形象地描述了法源寺丁香盛开时的美丽情状。北京戒台寺也是以种植丁香著称的寺庙，有丁香 1000 多株，其中 200 年以上的古丁香 200 多株。是清乾隆皇帝御赐、从畅春园内的丁香堤移来的。而畅春园的丁香在 1860 年都毁于英法联军之手。北京西山古刹大觉寺前院的 2 棵紫丁香和四宜堂（玉兰院）院前过道的 4 棵白丁香也都有 200 多年树龄。北京故宫乾隆花园一个小院有株白丁香，是清乾隆年间所植。西北青海很多寺庙都是以暴马丁香来代替菩提树的。如青海乐都县（今海东市乐都区）著名的瞿坛寺内的大菩提树也是暴马丁香，现已 500 多年，所以人称暴马丁香为"西海菩提树"。青海省湟中县著名的塔尔寺内的许多古"菩提树"就是暴马丁香。

27. 木棉树

"却是南中春色别，满城都是木棉花"，这是南宋著名诗人杨万里对南国城内木棉树花繁景象的称道。木棉树（*Gossampinus malabarica*）是木棉科（Bombacaceae）木棉属的热带、南亚热带落叶大乔木，以花色橙红美丽著称，是岭南著名的观赏树种。我国主要栽培分布于云南、广东、广西、海南、福建、四川及台湾等地。木棉树还有烽火树、英雄树、攀枝花、斑枝、红棉、海边花、苍梧、吉贝、古贝、琼枝等名称。

木棉花树干通直挺拔，在早春季节先叶开放，花红蕊黄，美丽妩媚，每朵花就像一团烧得正旺的火，远远望去整个树冠就像用红花铺成，极为壮观。因此，木棉树被古代岭南人作为观赏花木而广为种植。据东晋葛洪《西京杂记》载，南越王赵佗进献汉朝皇帝的烽火树就是木棉树。明末屈大均《广东新语·木语·木棉》称："南海祠前，有十余株最古，岁二月，祝融生朝，是花盛发。观者至数千人，光气熊熊，映颜面如赭。花时无叶，叶在花落之后，叶必七，如单叶茶。未叶时，真如十丈珊瑚，尉佗所谓烽火树也。"此庙木棉今存 2 株，已有千年，依然富有生机，被人们称为广州"木棉元老"。清代广州越秀山麓学海堂一带遍植木棉树，清林伯桐《学海堂志》载"花开则远近来视，花落则老稚拾取，以其可用也"。

明清时期广州还有以植木棉树著称的两处景观，即"番山云气"和"十丈红

棉道"之胜景。清乾隆《广州府志》载广州明
"八景"之一的"番山云气"就是番山中木棉与
云气相映发而得名。清《番禺县志》记载明之
番山是山"中多木棉，二三月盛开，望之如红
棉"。清代珠江南岸瑶溪（今海珠涌一带）是广
州有名的风景名胜地，有"瑶溪二十四景"之
胜。"十丈红棉道"即是其中一胜景。其中十丈
红棉道的红棉以其雄伟、风景绝佳，吸引过不

木棉花开缀满枝

少名人雅士留下绚丽多彩的诗篇。晚清岭南画派开山之祖居巢曾长眠于此，晚清
杨永衍《十丈红棉道过居梅生攒所》（居巢字梅生，攒所即葬处）诗云："西州重
过忆前盟，筹隐花田愿未成。料得凉云微月夜，木棉花下有吟声。"屈大均《广
东新语》对广东西江地区的木棉栽植之况也有载称："舟自牂牁江而上至端州。自
南津、清岐二口而上至四会。夹岸多是木棉，身长十余丈，直穿古榕而出。千枝
万条，如珊瑚琅玕丛生，花垂至地。其落而随流者，又如水灯出没，染波欲红。
自春仲至孟夏，连村接野，无处不开，诚天下之丽景也。其树易长，故多合抱之
干。其材不可用，故少斧斤之伤。而又鬼神之所栖，风水之所藉。以故维乔最多
与榕树等。予诗：西江最是木棉多。夹岸珊瑚十万柯。又似烛龙衔十日。照人天
半玉颜酡。"这说明当时广东人将木棉树与榕树作为风水林木同植于一起。

古往今来，岭南木棉花赢得了许多文人的赏识。唐诗人皇甫松《竹枝词》有
"木棉花尽荔枝垂，千花万花待郎归"，此指木棉絮所制棉衣。清张维屏曾写过一
首《东风第一枝·木棉》称赞木棉树，其中有"烈烈轰轰，堂堂正正，花中有此
豪杰。一声铜鼓催开，千树珊瑚齐列"的字句，赞美木棉花树的伟丈夫之豪气；
其"似韦陀英魂难消，喷出此花如血"之句，当为后人称此花为英雄花的出处。
咏赋木棉花则以清初岭南诗人陈恭尹的《木棉花歌》最为传神。其诗诵云："粤江
二月三月天，千树万树朱花开。有如尧时十日出沧海，更似魏宫万炬环高台。覆
之如铃仰如爵，赤瓣熊熊星有角。浓须大面好英雄，壮气高冠何落落！……愿
为飞絮衣天下，不道边风朔雪寒。"诗人赞美了木棉花令人神往的磊落风姿，将
其誉为英雄树，刻画了木棉花无私高洁的伟大风骨，表达了诗人对木棉花的珍爱
和赞美之心。晚清丘逢甲《棉雪歌》有"谁意飘零更高洁""入时自作风流格，
尚留清白人间说""英雄心性由来热，待竟苍生衣被功"等诗句，则是诗人以木
棉花自况，赞颂其无私奉献的精神美德。香港流行乐坛已故泰斗罗文就有一曲

《红棉》，以木棉树来比喻华人的傲骨。

木棉花开时候，满树红红火火，煞是好看。树形高大，雄壮魁梧，枝干舒展，花红如血，硕大如杯，远观好似一团团在枝头尽情燃烧、欢快跳跃的火苗，极有气势。因此，木棉花被岭南人视为吉祥之花、英雄之花。所以木棉花是广东省广州市、广西壮族自治区崇左市、四川省攀枝花市和宝岛台湾高雄市、新竹市的市花，以此象征当地民性坚毅，未来发展前途美好灿烂。西双版纳的傣族对木棉有着巧妙的称谓。在傣族情歌里，一些怀春的少女，常常把心爱的小伙子比作高大的木棉树，而那红红火火的木棉花就象征执着而热烈的爱情。

28. 杜鹃花

每年农历三四月，从那遥远的南方归来的杜鹃鸟，高声啼叫向人们报道春回，此时人们便看到一种满山遍野叠红堆紫、灿若蒸霞，如一片火红世界的花卉正在怒放，这就是人们喜爱的杜鹃花，又称映山红、满山红、山石榴等。唐代大诗人白居易对此更有"千房万叶一时新，嫩紫殷红鲜麹尘"的赞美之词。杜鹃花是杜鹃花科（Ericaceae）杜鹃花属（Rhododendron）植物的统称，花、叶兼美，是中国传统观赏花木，被列为"十大名花"之一。杜鹃花有落叶和常绿两类，落叶类叶小，常绿类叶片硕大。杜鹃花通常呈筒状至漏斗状，有红、紫、黄、白、粉、蓝等花色，故有"花中西施"之美誉。

云南高山杜鹃花
（《新编怒江风物志》）

中国是世界杜鹃花的故乡，是全球杜鹃花的分布中心，约有530种，占全世界59%，除新疆和宁夏外，各省市区均有分布。西藏东南部、四川西南部、云南西北部是最集中的产地，是世界杜鹃花的发祥地和分布中心，均分别有百种以上，仅云南的杜鹃花品种就占全国品种的一半以上。

唐代杜鹃花受到人们重视被引种栽培。唐李德裕在洛阳建平泉山庄别墅，曾从绍兴稽山引种四时杜鹃，并获得成功。唐代江苏镇江鹤林寺有杜鹃花种植，五代沈汾《续仙传》载："鹤林寺在润州，有杜鹃花高丈余，每至春月烂漫。僧相传云：贞元中有僧自天台移栽之。其后有殷七七字文祥、周宝旧识之，及移镇浙西营，饰其花院。"北宋大诗人苏东坡在《和述古冬日牡丹四首》诗中曾提及此事："当时只道鹤林仙，能遣秋花发杜鹃。"这是说天台山附近的野生杜鹃被僧人先以钵盂培养，再带到了镇江移植于鹤林寺内。唐大历进士王建，作宫词百首，其中一首曰："太仪前日暖房来，嘱向朝阳乞药栽，敕赐一窠红踯躅，谢恩未了奏花开。"这说明长安皇宫中已种植红杜鹃，且得到了皇帝的青睐。唐著名诗人白居易贬任江州司马时，曾移种山野杜鹃花于厅前，其写《山石榴寄元九》诗寄通州刺史元稹说："九江三月杜鹃来，一声催得一枝开。江城上佐无闲事，山下劚得厅前栽。烂漫一栏十八树，根株有数花无数。"后改任忠州（治所在今重庆忠县）刺史时，又把江西的杜鹃移植到忠州的庭院，并作《喜山石榴花开》诗："忠州州里今日花，庐山山头去时树，已怜根损斩新栽，还喜花开依旧数。"明朱国祯《涌幢小品》卷三十七还载："越州法华山奉圣寺佛殿前者特异，树高与殿檐等，而色尤红，花正发时，照耀楹桷墙壁皆亦。每岁花苞欲拆时，寺僧先期以白郡，府守率郡僚往燕其下，邦人亦竞出往观无虚日。寺僧厌其扰，阴戕之，盖宋时已雕枯矣。"此寺杜鹃花栽植当不会晚于唐代。

唐代以后杜鹃花得到了广泛栽培，南宋陆游的《暮春龟堂即事》的"踯躅花开照眼明，缓扶藤杖绕廊行"诗句，称其移植杜鹃花于庭院。明朱国祯《涌幢小品》卷三十七载杜鹃花，"人多植庭槛间。结缚为盘盂翔凤之状"。可见当时已有栽植杜鹃花为盆景。清初陈扶瑶《花镜》中总结了杜鹃花的栽培经验："杜鹃性最喜阴而恶肥，每早以河水浇，置之树荫之下，则叶青翠可观。亦有黄白二色者，春鹃亦有长丈余者，须种以山黄泥，浇以羊粪水方茂。若用映山红接者，花不甚佳。切忌粪水，宜豆汁浇。"这说明清初杜鹃花培植技术之高超，直至今日亦颇有参考价值。如今，杜鹃花在国内得到了广泛栽培，江西、安徽、贵州将其确定为省花，丹东等七八个市亦定其为市花；在1987年上海《园林》杂志举办的全国性中国传统名花评选中，其被列为十大名花之一：足见人们对杜鹃花的珍爱。

杜鹃花灿若堆锦，姹紫嫣红，故深得历代文人的青睐。大诗人李白《宣城见杜鹃花》："蜀国曾闻子规鸟，宣城还见杜鹃花。一叫一回肠一断，三春三月忆三巴。"以此表达其思乡之情。唐诗人白居易对杜鹃花特别钟爱与推崇，简直如醉如痴，他写杜鹃花诗也最多。其《山石榴寄元九》诗中的"千房万叶一时新，嫩紫殷红鲜麹尘。泪痕裛损胭脂脸，剪刀裁破红绡巾。谪仙初堕愁在世，姹女初嫁娇泥春。日射血珠将滴地，风翻火焰欲烧人。闲折两枝持在手，细看不似人间有。花中此物似西施，芙蓉芍药皆嫫母"诗句，更是把杜鹃花比作下凡的仙女和初嫁少女，美丽无比，还为杜鹃花争得一个"花中西施"的美名。白居易《雨中赴刘十九二林之期及到寺刘已先去因以四韵寄之》的"最惜杜鹃花烂熳，春风吹尽不同攀"句，也是对杜鹃花的赞美。杜牧《山石榴》的"似火山榴映小山，繁中能薄艳中闲。一朵佳人玉钗上，只疑烧却翠云鬟"，则是对花红似火之景的称赞。宋杨万里《杜鹃花》云："何须名苑看春风，一路山花不负侬。日日锦江呈锦样，清溪倒照映山红。"该诗清新自然，朴实无华，颂扬了杜鹃花质朴、顽强的生命力。杜鹃啼血滴而成花的典故也是历代诗人表现的题材，唐成彦雄《杜鹃花》的"杜鹃花与鸟，怨艳两何赊。疑是口中血，滴成枝上花"，韩偓《净兴寺杜鹃花》之"一园红艳醉坡陀，自地连梢簇茜罗。蜀魄未归长滴血，只应偏滴此丛多"，宋杨万里《晓行道旁杜鹃花》的"泣露啼红作么生？开时偏值杜鹃声。杜鹃口血能多少，恐是征人泪滴成"，杨巽斋《杜鹃花》之"鲜红滴滴映霞明，尽是冤禽血染成。羁客有家归未得，对花无语两含情"，等等，都明白表现出杜鹃花是古时蜀国帝王杜宇死后化作杜鹃鸟啼血所点染成的"杜鹃花"，是诗人愁绪怨恨情感的无限掘发。

29. 瑞香

新春佳节到来之际，假如你来到花鸟市场，就会觉得有一股沁人心脾的清香扑鼻而来，寻香而去，会见到姿态优美、枝繁叶茂、花穗簇拥、馨香飘逸的花卉，宛若芳华绝代的俏丽佳人，手如柔荑，肤如凝脂，笑容可掬。这就是"瑞香"之花。瑞香（*Daphne odora*）为瑞香科（Thymelaeaceae）瑞香属常绿木本花卉，其花开于冬春之交，色、香、姿、韵俱备，为中外人士所喜爱，还被佛徒视为佛家四大花卉之一。

瑞香是世界名花，也是我国传统名花。关于其得名则有一个非常有趣的故事。宋陶谷《清异录》记载："庐山瑞香花，始缘一比丘昼寝盘石上，梦中闻花香酷烈，不可名。及觉寻香求得之，因名睡香。四方奇之，谓乃花中祥瑞，遂名瑞香。"比丘就是和尚，这段故事说明睡香与瑞香之名的由来。南宋诗人王十朋《瑞香花》诗云："真是花中瑞，本朝名始闻。江南一梦后，天下仰清芳。"宋代与李清照齐名的女诗人朱淑贞，也留下了一首脍炙人口的《咏瑞香》诗："玲珑巧蹙紫罗裳，令得东君著意妆。带露欲开宜暖日，临风微困怯春霜。发挥名字来庐阜，弹压芳菲入醉乡。最是午窗初睡醒，熏笼赢得梦魂香。"这些都是据此传说写就的，突出了"瑞香"之名的由来和异香无比的神奇。此外，瑞香还有蓬莱紫、风流树、千里香等名称。

五代时期瑞香花受到人们的重视。北宋初陶谷《清异录·百花门·紫风流》载："庐山僧舍，有麝囊花一丛，色正紫，类丁香，号'紫风流'。江南后主诏取数十根，植于移风殿，赐名'蓬莱紫'。"此处所指的花卉，便是瑞香。表明瑞香当时已为君王所重视。北宋陈舜俞《庐山记》卷第一"叙山北篇第二"载锦绣谷称："谷中奇花异卉不可殚述。三四月间。红紫匝地。如被锦绣。故以为名。今山间幽房小槛往往种瑞香。太平观、东林寺为盛。其花紫而香烈。非群芳之比。始野生深林草莽中。山人闻其香。寻而得之栽培。数年则大茂。今移植几遍天下。盖出此山云。"可见北宋初期瑞香花已经从庐山野生种群驯化为栽培种群，被广泛售卖栽植到各地园圃，达到"几遍天下"的程度。正如《庐山记》所载记呐禅师之诗"山中瑞彩一朝出，天下名香独见知"所称，瑞香名声大噪，遍于天下。宋庄绰《鸡肋编》卷下引述《庐山记》所载之后说："余尝在京口僧舍，有高五六尺者，云已栽三十年。而澧州使园有瑞香亭，刻石为记，云其高丈余。大观中，余官于彼，亭记虽存，而花不复见。东都贵人之家，有高尺余者，已为珍木，置于阴室，溉以佳茗。而邓州人家园圃中作畦种之，至连大枝采斫，不甚爱惜。花有子，岁取以种。其初盖亦得于山中，不独江南有也。"这说明北宋后期，瑞香花已经广泛栽种于京师及各地的寺庙、园圃、家宅等处所，而且还出现了不同地方、不同人群，对瑞香花的培育爱护程度及需求也不相同，当时已开始有专业种植瑞香为售卖者。北宋吕大防《瑞香图序》提到，瑞香系芳草，高才数尺，生山坡间，花如丁香，而有黄、紫两种，冬春之际，其花始发，植之庭槛，则芳馨出于户外，当地人不以为贵。"予令春城后二十年守成都，公庭僧圃，靡不有也，予恐其没于草，一日见知于时，殆与人事无异，感而图之，因为之序。"瑞香花在四川成都等城市的庭院、寺庙已达到广为栽种。侯延庆《退斋雅闻录》提到当时"长沙竞种成俗，一株有至百千花者，最忌麝或佩麝触之，花辄萎死，惟频沦茶灌其根则不为虫所蚀"。表明瑞香花在长沙不仅广为栽种，且成为风俗。南宋杨万里《移瑞香花斛》绝句："夜掇香寰沐露华，昼移翠斛馥窗纱。将身挨起帘帷看，生怕帘帷挨着花。"说明南宋时已有瑞香的盆景栽培。

明宣宗朱瞻基喜爱瑞香，其作《瑞香花诗》序称："瑞香花有数种，或红或白或紫，春早盛开，芬馥可爱。……瑞香花叶如织，其叶非一状，花开亦殊色，或如玛瑙之殷红，或如玉雪之姿容，或含浅绛或深紫。"这说明当时皇家宫苑里培植瑞香的种类之多、花色之美。明王象晋《群芳谱》首次记载了"叶光滑似橘

瑞香花

叶，边有黄色者"的金边瑞香新品："枝头甚繁、体干柔韧，性畏寒，冬月须收暖室或窖内，夏月置之阴处，勿见日。此花名麝囊，能损花，宜另植。"金边瑞香一直延续至今，成为闻名遐迩的珍贵品种。清初广东屈大均《广东新语·木语·瑞香》载广东"乳源多白瑞香，冬月盛开如雪，名雪花。刘以为薪，杂山兰、芎之属烧之，比屋皆香。其种以挛枝为上，有紫色者香尤烈。杂众花中，众花往往无香，皆为所夺，一名夺香花，干者可以稀痘"，道出了瑞香名"夺香花"的由来。瑞香常在春节前后盛开，非常符合国人"瑞气盈门""花开富贵"的美好愿望，是祥瑞之花，所以南北各地均喜栽种瑞香，江西南昌市将其确定为市花。

瑞香四季不凋，芳香袭人，故深受历代文人的喜爱推崇，为之歌赞。北宋张翊《花经》将其列为"一品九命"，宋曾伯端以其为"殊友"，宋张敏叔将之视为"佳客"。大诗人苏轼在任杭州通判之时，有一天，苏轼与友人在杭州真觉院聚饮并赏瑞香花。苏轼即兴写下《西江月·真觉赏瑞香》："公子眼花乱发，老夫鼻观先通。领巾飘下瑞香风，惊起谪仙春梦。后土祠中玉蕊，蓬莱殿后鞓红。此花清绝更纤秾。把酒何人心动。"范成大《瑞香花》："万粒丛芳破雪残，曲房深院闭春寒。紫紫青青云锦被，百叠薰笼晚不翻。酒恶休拈花蕊嗅，花气醉人浓胜酒。大将香供恼幽禅，恰在兰枯梅落后。"诗人表现了冬春之交瑞香在幽深庭院内开花成簇、灿若云锦的特点，赞美了瑞香花香酷烈浓郁，竟然惹得坐禅的佛僧也意恼心乱，展示了瑞香花高雅隽永的风采和韵味。张孝祥《浣溪沙·瑞香》："腊后春前别一般，梅花枯淡水仙寒。翠云裘著紫霞冠。仙品只今推第一，清香元不是人间。为君更试小龙团。"瑞香的清香雅韵，远胜梅花和水仙等名花，在群芳中只能推为第一仙品。历代对瑞香的赞美之词更是不胜枚举。

30. 楠木

凡是游览过北京十三陵的人，无不对长陵祾恩殿的 60 根围径粗达三四米的木材大柱咂舌称奇。导游会告诉你这是历史上的皇家木材——金丝楠木。楠木古称枏木、柟木，也称为赤梗、交让木。我国历史上没有现代植物学的科学分类，古代人所称楠木实为樟科（Lauraceae）桢楠属（*Phoebe*）和润楠属（*Machilus*）

类树种的总称。楠木为中亚热带常绿乔木，主要产于中国四川、云南、广西、湖北、湖南等地。现存楠木林多系人工栽培的半自然林和风景保护林，在庙宇、村舍、公园、庭院等处尚有少量的高大古树。楠木是驰名中外的珍贵用材树种，还是著名的庭园观赏和城市绿化树种。

我国古代文献中最早提及楠木是《诗经》。《秦风·终南》"终南何有？有条有梅"，《小雅·四月》"山有嘉卉，侯栗侯梅"等句，《尔雅》训称"梅，枏也"，说明秦岭有楠木的分布。战国后期成书的《山海经》一书有 13 处提及楠木的分布。《汉书·地理志》记载合肥有"木之输"，颜师古注曰："木，枫楠豫章之属。"晋左思《吴都赋》称吴都有"楠榴之木，相思之树"。唐宋以后，统治者大兴土木，楠木是皇家主要采办的"皇木"，至清乾隆时期，楠木资源基本枯竭，仅一些名山的寺庙林及村落还残存有部分呈片状分布的半自然状态的风水林。

明李时珍《本草纲目》载：楠木"其树直上童童若幢盖之状，枝叶不相碍，茂似豫樟而大如牛耳，一头尖，经岁不凋，新陈相换，其花赤黄色，实似丁香色青"。所以古代人多种植之。汉武帝上林苑植有楠木，西晋左思《蜀都赋》称蜀地"交让所植"，北宋人宋祁《益部方物略记》认为蜀地最适宜楠木生长，其"枝叶不相碍，茂叶美阴，人多植之"。唐宋蜀地寺庙种植楠木很多，唐史俊《题巴州光福寺楠木》"近郭城南山寺深，亭亭奇树出禅林"，称述巴州（今重庆）光福寺之楠木。明曹学佺《蜀中广记·方物记》称宋庆历五年（1045）春，成都太守蒋堂一次在成都种植楠木 2000 多株。明清时期随着风水意识的盛行，人们多种植楠木于村落、居宅、寺庙等场所为风水林。明陆深《蜀都杂抄》云："楠木巨材而良，其枝叶亦森秀可玩。成都人家庭院多植之，有成行列者。"《峨眉山志》记载明清峨眉山僧侣于寺庙种植楠木风水林，号称"古德林""布金林"，至今仍

楠木林景观

然荫翳于寺院周围。福建建阳麻沙古镇水南村风水林是一片近百亩的古楠木林，相传为元末明初麻沙镇水南刘氏宗族的族人在村落北面麻阳溪畔的三角洲地带种植作为风障。因为"楠"与"男"谐音，楠木就当之无愧地成了风水树。中国人素有多子多福的观念，男丁是一个家庭的支撑。所以在长江流域以南地区的农家无论生男孩还是女孩，都要种植楠木。

31. 梨树

梨树（*Pyrus spp.*）是蔷薇科（Rosaceae）梨属植物的总称，是我国各地栽培最广泛的落叶果树。我国是梨属植物中心发源地之一，有梨属植物13种，主要种类有白梨、砂梨、秋子梨、杜梨等。《诗经》中多处提及梨树，西汉司马迁《史记·货殖列传》有"淮北常山以南，河济之间千树梨"之载，晋郭义恭《广志》称"常山真定、山阳巨野、梁国睢阳、齐国临淄巨鹿，并生梨"。据有关资料统计，我国梨园面积已发展到数百万亩，仅次于苹果和柑橘，是国内名列第三位的果品。

六朝时梨花受到文人们的关注。齐王融《咏池上梨花》诗"芳春照流雪，深夕映繁星"句，称道梨花的洁白如雪，如繁星映照天空。南朝梁萧子显《燕歌行》之"洛阳梨花落如雪"句，则是直接的道白。唐代梨花更是以其素淡的芳姿及淡雅的清香博得诗人们的推崇。唐岑参《白雪歌送武判官归京》之"忽如一夜春风来，千树万树梨花开"，则是以梨花喻雪，极富妙趣。李白《宫中行乐词》之"柳色黄金嫩，梨花白雪香"，则以梨花比拟女子皮肤之香嫩白皙。白居易在《长恨歌》中写杨玉环用"玉容寂寞泪阑干，梨花一枝春带雨"之句，来描述杨贵妃与唐玄宗离别后的痛苦和悲伤。梨花洁白用来喻杨贵妃的高贵美丽，而"春带雨"则很贴切地描述了美人垂泪的情景。现在人们常用"梨花带雨"形容美女哭泣时也依然美丽的形象。梨花靓艳寒香，洁白如雪，唯其过洁，也最容易受污。元好问《梨花》："梨花如静女，寂寞出春暮。春工惜天真，玉颊洗风露。素月淡相映，萧然见风度。恨无尘外人，为续雪香句。孤芳忌太洁，莫遣凡卉妒。"形象地描绘出梨花的这种品格。

梨树中还有一种名棠梨树者，常被古代人们视为吉祥之树，寓为贤人的象征。棠梨（*Pyrus calleryana*）又名甘棠，《诗经·国风·召南·甘棠》中有："蔽芾甘棠，勿剪勿伐，召伯所茇。蔽芾甘棠，勿剪勿败，召伯所憩。蔽芾甘棠，勿剪勿拜，召伯所说。"诗里提到的召伯就是西周初年著名的召公，姓姬名奭，周武王的弟弟，召是他的封地。传召公经常在甘棠树下受理民事，听百姓诉讼，判决刑狱。他秉公而断，不避权贵，让人民再没有冤屈。召公死后，人们感念他的政绩，怀念甘棠树，就写下甘棠的诗篇，广为唱颂。自此以后人们就常用"甘棠"称颂贤吏，以赞扬他们的德政、体恤民情。即所谓"人惠其德，甘棠是思"。孔子特别重视他，《孔子家语·好生》载："吾于《甘棠》，见宗庙之敬甚矣，……思其人必爱其树，尊其人必敬其位，道也。"百姓之所以敬树如敬人，孔子认为这是

梨树花海

"民性使然"。以后历代文人多以此动情赋诗称颂，如唐李隆基《途次陕州》"树古棠荫在，耕余让畔空"句，杜甫《巴山》"天寒召伯树，地阔望仙台"，宋梅尧臣《送祖择之赴陕州》之"古来分陕重，犹有召公棠"，清员旭生《渡河游陕州》的"百年古老今余几，一树浓荫思未忘"，都是称赞甘棠之树。唐白居易《送陕府王大夫》有"他时万一为交代，留取甘棠三两枝"之句，借此表达他渴望着百姓安居乐业，自己也能施展抱负的情怀。古代群众为纪念召公，集资修建了召公祠。中国境内许多地方的地名也取甘棠，如安徽太平县（今黄山区）治所在地就以甘棠为名，江西九江有一甘棠湖，此外福建、湖北、湖南、广西、四川、北京等省区市境内也有取甘棠树为名的。甘棠虽不是美味之果，但确是一个给予人们众多渴望和无限精神寄托的符号象征。

32. 棕榈树

"叶似新蒲绿，身如乱锦缠。任君千度剥，意气自冲天。"这是五代马楚的徐仲雅《咏棕树》诗，赞颂棕榈树四季常青、历经磨难而依然挺立的品性。棕榈树（*Trachycarpus fortunei*）又名棕树，古称栟榈、栟榈、并榈或棕树，属棕榈科（Arecaceae）棕榈属植物。它是我国特有的优良园林观赏和纤维经济树种，也是为中国民间所广泛种植的风水树种。

棕榈树历史悠久，我国最早的诗歌总集《诗经》和最早地理之书《山海经》都对其有记述。林史专家考证西汉时期棕榈树出现了人工种植，当时著名赋家所作的名赋中可证。如枚乘的《七发》有"梧桐栟榈，极望成林"之句，称道梧桐与棕榈形成的树林景观。司马相如《上林赋》赞汉武帝上林苑的珍贵树种时有

"仁频栟榈"赋句，扬雄《甘泉赋》也有"攒栟榈与茇葀兮，纷被丽其亡鄂"赋句，称道皇家宫苑内的棕榈树美妙姿态。

东汉时期的私人庭院中出现了人工栽植的棕树。20 世纪 70 年代成都曾家包的东汉画像砖石墓 M1 东后室的壁画就有棕榈树的出现。该壁画中部的"养老图"左侧是仓房，房侧挺立一棕树，树旁有一手持鸠杖的老者席地而坐。壁画是当时社会情况的一种形象化反映，说明当时四川成都平原私人庭院就有棕榈树的人工种植。

成都东汉壁画中的棕榈树

棕榈树

棕榈树具有"直上而无枝者""不奇其无枝，奇其无枝而能有叶。植于众芳之中，而下不侵其地，上不蔽其天者，此木是也。较之芭蕉，大有克己妨人之别"（清李渔《闲情偶寄七·种植部》卷五）的特点，故随着汉代以后的风水意识不断深化和风靡，棕榈树也被视为风水树种而被广泛种植于庭院、村落、寺观等场所，起到旺财、护财的目的。历代文人的诗文对此有一定程度的反映，如唐杜甫的五言古诗《枯棕》"蜀门多棕榈，高者十八九"，李白《乐府·独不见》"风摧寒棕响，月入霜闺悲"，王昌龄《题僧房》"棕榈花满院"，宋梅尧臣《咏宋中道宅棕榈》"青青棕榈树，散叶如车轮。……今植公侯乘，爱惜只几春"，等等。明代开国之初，朱元璋曾命大力种植棕榈等树于京城南京的镇山钟山。《明史·食货志》称："洪武时，命种漆、棕、桐于朝阳门外钟山之阳，总五十万余株。……至宣德三年朝阳门外所植漆、桐、棕树之数，乃至二百万有奇。"足见当时棕榈树的种植规模之大，除镇山的风水价值外，可能主要是获得其经济价值。

中国南方少数民族地区的壮族、哈尼族等还种植棕榈树作为村落的护基风水树护卫村落的风水安全。云南哈尼族民间俗语说："无棕无竹不成哈尼寨。"所以哈尼族人在选村建寨之时都要种植棕榈树。哈尼族的古歌说："安寨还要栽棕树，三排棕树栽在寨头，栽下的棕树不会活，一寨的哈尼就没有希望。"可见棕榈树是哈尼族村寨生命力的象征，它能影响到哈尼族村寨的人丁兴旺、人口增殖和村寨人的平安吉祥。

棕榈树具有较高的物用价值，深受历代人的青睐。考古发掘资料证实春秋战国时期就有棕榈皮的利用，西汉王褒《僮约》中有"贩棕索"之载，清汪灏《广群芳谱》对棕榈树的利用价值记载甚详："干身赤黑皆筋络，宜为钟杵，亦可旋为器物。其皮有丝毛，错综如织，剥取缕，解可织衣帽、缛、椅、钟盂之属，大为时利。"但棕榈树最受历代文人重视的则是其棕花的食用，北宋有美食家之称的著名文学家苏轼在《棕笋并引》诗序称："棕笋，状如鱼，剖之得鱼子，味如苦笋而加甘芳。蜀人以馈佛，僧甚贵之，而南方不知也。笋生肤毳中，盖花之方孕者。正二月间可剥取，过此苦涩，不可食矣。取之无害于木，而宜于饮食，法当蒸熟，所施略与笋同，蜜煮酢浸，可致千里外，今以饷殊长老。"道出了棕榈花被称为"木鱼子"的来历，并叙蜀人以之供佛，也"宜于饮食"，"蜜煮酢浸，可致千里外"。故苏赋诗咏："赠君木鱼三百尾，中有鹅黄子鱼子。夜叉剖瘿欲分甘，箨龙藏头敢言美。愿随蔬果得自用，勿使山林空老死。问君何事食木鱼，烹不能鸣固其理。"南宋诗人李彭《戏答棕笋》中"剩夸棕笋馋生津，章就旁搜不厌频。锦绷娇儿（指竹笋）直欲避，紫驼危峰何足陈"诗句称赞棕笋，直言棕笋味道鲜美，可与竹笋、紫驼峰相比。至今棕榈花仍是南方人喜爱的美食食材。

33. 石榴树

"五月榴花照眼明，枝间时见子初成。可怜此地无车马，颠倒青苔落绛英。"这是说五月的石榴花鲜红耀眼，时有小石榴果在枝头开始长成；可怜此地无车马的喧嚣，青苔上落满了散乱的红英。这是唐代著名文学家韩愈借《题榴花》诗，表达其怀才不遇的失落和愤懑心态。

石榴树（*Punica granatum*）是石榴科（Punicaceae）石榴属的落叶果树，别名安石榴、若榴、丹若、金罂、金庞、涂林等，其产于地中海至亚洲西部地区，自汉代引入中国后，逐渐成为享誉全国的著名果树，也是重要的风水树种。

石榴最早见于东汉张衡《南都赋》，其"樗枣若榴"句中的"若榴"就是石榴。相传是汉博望侯张骞引自西域。西晋张华《博物志》载："汉张骞使西域，得涂林安石国榴种以归。"石榴作为奇珍异果主要栽植于京城长安及洛阳的皇家宫苑上林苑等场所，仅作为皇家的御用之物。

东汉至魏晋六朝，石榴树种植从长安、洛阳地区逐渐扩展到黄河、长江流域，进而成为本土化的物种。北魏杨衒之《洛阳伽蓝记》记载洛阳白马寺的茶林（石榴）等水果异于余处，枝叶繁衍，子实甚大，茶林实重七斤，冠于中京。当时京师有语云："白马甜榴，一实直牛。"西晋名士潘岳任河阳令时，曾作《河阳庭前安石榴赋》。梁元帝《咏石榴》有"堑林未应发""西域移根至""叶翠如新剪，花红似故栽"诗句，称道建康城中所植石榴树。梁朝吴均《行路难》有"青琐门外安石榴，连枝接叶夹御沟"描述石榴树作为行道树种植于建康城御道两侧的景况。刘宋道家陶弘景也说"石榴以花赤可爱，故人多植之"。唐宋时期以后，石榴树的栽培技术不断完善和日趋精细，石榴树种植遍及全国南北各地，形成了许多以石榴种植著称的产地，产生了许多著名的栽培品种。

石榴树枝繁叶茂，初春新叶红嫩，入夏花繁似锦，仲秋硕果高挂，深冬虬枝奇崛。自引入华夏大地后，就深受人们的喜爱。"是以属文之士，或叙而赋之。"潘岳对石榴树情有独钟，其赋称："修条外畅，荣干内樛，扶疏偃蹇，冉弱纷柔。于是暮春告谢，孟夏戒初，新茎擢润，膏叶垂腴，曾华晔以先越，含荣鹦其方敷。丹晖缀于朱房，缃蒤点乎红须，煌煌炜炜，熠烁委累。似琉璃之栖邓林，若珊瑚之映绿水。光明磷烂，含丹耀紫，味滋芳神，色丽琼蕊。遥而望之，焕若随珠耀重渊；详而察之，灼若列星出云间。十房同模，千子如一。"故称石榴树是"天下之奇树，九州之名果也"。唐大诗人李商隐《石榴》诗："榴枝婀娜榴实繁，榴膜轻明榴子鲜。可羡瑶池碧桃树，碧桃红颊一千年。"借赞颂石榴之美而慨叹红颜易逝。明诗人朱之蕃《榴火》云："天付炎威与祝融，海波如沸沃珍丛。飞将宝鼎于重焰，炼就丹砂万点红。自抱赤衷迎晓日，应惭艳质媚春风。农家祈粟须甘雨，愁拟焚林望碧空。"尽述了石榴花红艳似火的美妙神态。

石榴树因长期的本土化栽培，被人们视为多子多福的吉祥物。早在魏晋六朝

石榴花开

时期石榴树就被视为祝吉生子的吉祥树。《北齐书·魏收传》载北齐皇帝安德王延宗到宠妃李妃娘家赴宴。宴毕临别时，李妃母赠送两个石榴，众人不明其意。大臣魏收说："石榴房中多子，王新婚，妃母欲子孙众多。"后相沿成俗，到唐代，流行结婚赠石榴的礼仪。传统吉祥图案"榴开百子"用于新婚祝吉。宋代人还用石榴果裂开

时内部的种子数量，来占卜预知科考上榜的人数。据《海录碎事》记载，邵武郡庭院中有一株石榴树，"土人视所实之数，以为登科之信"。熙宁庚戌（1070）岁，有石榴树枝结双实石榴果，是年，有叶祖洽、上官均名在一二，何与京兄弟同榜。故叶祖洽有诗曰"已分桂叶争云路，不负榴花结露枝"，称颂其事。后人以"榴实登科"一词寓意金榜题名。石榴果成熟的季节一般恰逢重阳节，所以民俗中又将石榴作为重阳节的寿礼，送给长者，祝老人长寿。相传清康熙皇帝用石榴为其祖母孝庄太后祝寿。传统祝寿图案中的"华封三祝"，用石榴、桃、佛手三物图饰。

石榴花盛开之时正是农历五月，是当令之花，传说中的石榴花神则是钟馗。民间认为农历五月是恶月，五毒、恶鬼、邪神活动猖獗，危害人类安全，所以人们就请钟馗来镇守，驱除鬼神。民间传统绘画里的钟馗像，耳边往往都插着一朵艳红的石榴花。"榴花红似火，火红似朱砂。"朱砂色驱邪纳祥，故民间有"榴花攘瘟剪五毒"之说，所以石榴也是辟邪趋吉的象征。

故人们自然而然就视石榴树为寓意非凡的风水树，将其种植在庭院的东部，祈求生活如石榴花般红红火火，寓意着富贵、多子多福的祥兆。

34. 枇杷树

"淮山侧畔楚江阴，五月枇杷正满林"，这是唐代著名诗人白居易《初夏鲜果第一枝》中，对江南枇杷树果熟时节盛景之色的描述，表达了诗人喜爱枇杷树的情结。枇杷树（*Eriobotrya japonica*）属蔷薇科（Rosaceae）枇杷属的常绿树种，原产于我国，主要分布于淮河流域以南各省。因其树干高大、枝叶繁茂、花香蜜多，既是重要的南方水果树种，还是良好的绿化蜜源树种，也是受人重视的风水树种。

枇杷树栽种繁殖历史非常悠久。早在西汉司马相如《上林赋》中就有"卢橘夏熟，黄甘橙楱，枇杷橪柿"，描述其为上林苑的树种；扬雄《蜀都赋》有"诸柘柿桃，杏李枇杷"等句，称道当时四川的丰富物种。晋葛洪《西京杂记》载汉武帝的上林苑中，有"群臣远方各献芳果异树，有枇杷十株"。宋唐慎微《证类本草》记载：枇杷"树高丈余，叶大如驴耳，背有黄毛，子生如小李，黄色味甘酸，核大如小栗，皮肉薄，冬花春实，四月五月熟，凌冬不凋，生江南山南，今处处有"。自汉之后，枇杷树在南方地区得到了广泛栽植，经历代人的不断繁育，形成了杭州余杭塘栖、苏州洞庭东山、福建莆田和云霄、四川成都龙泉驿和资中

果实满枝的枇杷树

甘露、徽州歙县三潭等著名产区，享誉中外。

枇杷树"枝叶婆娑，凌冬不凋。秋发细蕊成毯，冬开白花，来春结子，簇结作球，微有毛如鹅黄小李，至夏成熟，满树皆金，其味甘美"，故陈扶摇在《花镜》中有"果木中独备四时之气者，惟枇杷"之称道。可见枇杷树在百果中具"秋萌、冬花、春实、夏熟"而独备四时之气，被人们视为高贵、美好、吉祥、繁盛的美好象征，故受到历代文人的推崇。南朝刘宋人周祗作《枇杷赋》曰："昔鲁季孙有嘉树，韩宣子赋誉之；屈原离骚，亦著橘赋。至枇杷树寒暑无变，负雪扬华，余植庭圃，遂赋之。云：名同音器，质贞松竹，四序一采，素华冬馥，霏雪润其绿蕤，商风理其劲条，望之冥濛，即之疏寥。"尽述了枇杷树的特色风貌。唐诗人杜甫《田舍》的"榉柳枝枝弱，枇杷树树香"，岑参《赴嘉州过城固县寻永安超禅师房》的"满寺枇杷冬着花，老僧相见具袈裟"，宋苏轼《二月十九日携白酒鲈鱼过詹使君食槐叶冷淘》的"枇杷已熟粲金珠，桑落初尝滟玉蛆"，陆游《山园屡种杨梅皆不成，枇杷一株独结实可爱戏作》的"杨梅空有树团团，却是枇杷解满盘"，戴复古《初夏游张园》的"东园载酒西园醉，摘尽枇杷一树金"，明高启《东丘兰若见枇杷》的"落叶空林忽有香，疏花吹雪过东墙。居僧记取南风后，留个金丸待我尝"，沈周《枇杷》的"谁铸黄金三百丸，弹胎微湿露溥溥。从今抵鹊何消玉，更有饧浆沁齿寒"，都表达了人们对枇杷树的热爱之情。

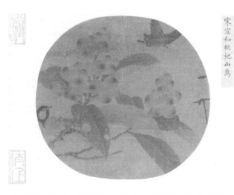

宋徽宗赵佶《枇杷山鸟图》（藏北京故宫博物院）

枇杷树形整齐美观，四季常春，果实橙黄圆润，古人称它为"佳实"。在枇杷果实成熟的时节，绿叶丛中累累金丸，十分喜人，被誉为"黄金丸"，象征财富殷实，还有"子嗣昌盛"的寓意。枇杷树是人们喜爱种植以护卫风水安全的风水树种之一，常与柑橘树配植，表达"招财进宝"的愿望；还有将枇杷树与银杏（白果）

搭配，寓意"金玉良缘"。枇杷树一般种植在村落居宅前方的东部、东南部区域。但在南方地区，枇杷树则不适宜种植在庭院中，因枇杷树干庞大、枝叶肥大，其浓郁如幄，寒暑无变，会遮挡庭院光照，加之南方多湿多雨，易造成房屋潮湿阴霉，长此以往将影响房主的身体健康。此外，枇杷树的果、叶、花、蜜均有药用价值，用它们制成的"枇杷露""枇杷膏""枇杷蜜"，均有止咳、润肺、化痰之功效，也是家庭之必备。

35. 文冠果

文冠果（*Xanthoceras sorbifolium*）树是无患子科（Sapindaceae）文冠果属的落叶小乔木或灌木，是我国特有的北方地区重要的木本食用油料树种和园林观赏绿化树种。它更是被广大北方人视为美好吉祥象征的风水树种而被广泛种植于庭院。

文冠果，又名文官果、长寿果、文光果、天仙果、木瓜树等，起源于侏罗纪到白垩纪时期，距今已有 6500 万年的历史，有着"东方神树"之美誉。

文冠果得名与唐德宗有关。据明万历年间曾在北京城为官的蒋一葵所撰《长安客话》记载，文冠果"肉旋如螺，实初成甘香，久则微苦；昔唐德宗幸奉天，民献是果，遂官其人，故名"。文中"奉天"是今陕西乾县，这说明文冠果在当时民间已经得到广泛种植。

因有皇帝的不吝赐名，文冠果就声名鹊起，风靡于世，深受人们的推崇。人们将其视为职官、科举之兆的象征，在科举的场所就种植有文冠果树。北宋徽宗时诗人慕容彦逢的《贡院即事》诗注："自崇宁癸未叨备从班，距今十有四年间，五知贡举。文官花在试厅前。"诗曰："文官花畔揖群英，紫案香焚晓雾轻。十四年间五知举，粉牌时拂旧题名。"（《摘文堂集》卷二）宋高宗时，徽州绩溪人胡仔在《苕溪渔隐丛话后集》卷第三十五记载：上庠录云"贡士举院，其地本广勇故营也。有文冠花一株，花初开白，次绿、次绯、次紫，故名文冠花。花枯经年，及更为举院，花再生。今栏槛当庭，尤为茂盛"。可见，文冠果不仅有枯荣随文运的神奇，花色变化也应和了当时文官官袍的晋阶颜色。《唐会要》卷三十一载："贞观四年八月十四日，诏曰：冠冕制度以备令文，寻常服饰，未为差等。于是三品已上服紫，四品、五品已上服绯，六品、七品以绿。"《宋史·职官九》也载："已上文武三品已上服紫，五品已上服绯，九品已上服绿。"以此可知，唐宋时期文官的官袍颜色分绿、绯、紫三色，朝廷大官着紫色官袍，州府等中级官员着绯色（红色），县级以下官员着绿色。贡院是古代开科取士的地方，是历代朝廷长期选拔人才的重要场所，因而是历代读书人向往之所，能进入贡院就有获得功名的资格。所以贡院内种植文冠果，具有特殊的意义，成为"文官当庭，金榜题名"的吉祥树。

文冠果树繁花满树，美丽奇特，被视作为祥瑞树种深受历代文人士大夫的看重，而广泛种植在庭院里，成为借此改变官运的风水树。元末明初大儒胡翰《文冠花赞》称：文官果树自吴中富人及京洛公卿之家皆植，"斥苑囿，饰亭馆，竞一花一卉之奇，以夸示世俗。极游观之娱者，往往求若是花，蔑乎未有闻也"。说明其受当时人的喜爱。南宋丞相洪适《朱叔召遗文官花二绝句》称，一个名朱叔召的文友赠送给其一棵文冠花树，诱引其诗兴大发，写道："幻出荷衣点雪衣，更将龟紫换牙绯。人中巧宦谁知此，好向天街插翅飞。""绿心变却初时白，紫色由来昨夜朱。学得文官何足道，但堪花径骇仆奴。"这道出了文冠果树的顺达、清高品性，体现出诗人对文冠树的无限喜爱之情。南宋著名词人辛弃疾在《水龙吟·寄题京口范南伯家文官花》序云：文冠果"花先白、次绿、次绯、次紫，唐会要载学士院有之"。词曰："倚栏看碧成朱，等闲褪了香袍粉。上林高选，匆匆又换，紫云衣润。几许春风，朝薰暮染，为花忙损。笑旧家桃李，东涂西抹，有多少凄凉恨。拟倩流莺说与，忆容华，易消难整。人间得意，千红百紫，转头春尽。白发怜君，儒冠曾误，平生官冷。算风流未减，年年醉里，把花枝问。"词人尽述了文冠果花的颜色多变及其原因，委婉地对文冠花提出了告诫，表达了作者对范南伯的同情之意。后成为"看碧成朱""千红万紫"等成语的出处。南宋牟巘《陵阳集》卷十五《题范氏文官花》云："邢台范氏文官花，粉碧绯紫见于一日之间，变态尤异于腰金紫。辛稼轩尝为赋《水龙吟》，'白发儒冠误'，盖属卢溪令君。……休宁令君，卢溪孙而稼轩外诸孙，刻其词直花石右，至今犹存，若有护持之者。其子雷卿遂以斯文发祥。领学士，主文盟，文官之应不虚矣。人皆曰：'花，范氏瑞也。'"说明了文冠果树的祥瑞之应。据说明清时期，全国各地在京城会试后等待发榜考生们，都会涌到京城西山八大处大悲寺的两棵文冠果树下，祈求文冠果能给他们带来好运，新科状元还会在文冠果树上绑上红绸子表达登科及第的感恩之情。北京西山大悲寺处的文冠果就成了学子的祈愿之树，象征着考取功名，官运亨通。晋北地区的人们依然喜欢把文冠果栽在土窑洞的脑畔上，当文冠果成熟落下之时，就会大声喊"文曲星降临了""文官入院了"，表达人们的美好愿望。

文冠果谐音"文管国"，明清皇家园囿里种植文冠果树以祈求祥瑞。北京故宫宁寿宫现存一株文冠果古树，相传是康熙生母孝康章皇后亲手栽植，祈望"文冠当庭"、国家长治久安。康熙五十二年（1713）三月十八日是康熙帝六十大寿，北京城内瑞应寺内种植的文冠果树"实忽并蒂骈颗，青炎光泽，特殊佗种。……以为上甫赐额，瑞即应之"。康熙挥笔赋诗："西域滇黔有此种，花从贝梵待春融。龙章瑞应题真境，载笔欣瞻近法宫。内白皮青多果实，丛香叶密待诗公。冰盘光献枫宸所，更喜连连风雨中。"诗中描述了文冠果的产地和习性以及由吉祥物引发的心怀百姓的帝王情怀，期盼天下风调雨顺、百姓安宁。此首御制诗碑现存北京石刻艺术博物馆院内。

山东曲阜孔府内也植文冠果为风水树，清初卞永誉等编撰的《式古堂书画汇考》卷二十四称："左厢前有树一株，花开细白而香，结实甘美。人云马槟榔，尝疑其名不雅，今衍圣孔公过而识之，曰：此文官花也！青兖间多有之，于是其名始定。宽因记前辈有咏此花者，乃赋一首呈太宰公教而和之。'繁花如雪散清香，一树萧疏近左厢。结实回甘非橄榄，冒名袭谬是槟榔。郭驼有

陕西神木市文冠果古树

术能移活，束晰无诗为补亡。人说吏曹宜种此，抡材应许胜枯杨。'"

文冠果树还受历代寺僧的重视。在华北、西北和内蒙古一带藏、蒙佛教的寺僧，都把文冠果树视为神树，将文冠果油称作神油。它是喇嘛、方丈、高级僧侣们的专用品，庙宇里用文冠果油点长明灯，不仅灯光明亮，且不冒黑烟、不熏佛像，以示佛光普照、神道长明。文冠果树不仅是一种祥瑞之物，更是寺庙的一大瑞相，在许多寺庙内，至今仍有树龄较大的老文冠果树。

文冠果木呈深红色，纹理清晰，质地坚硬，故有"降龙木"之称。传说北宋穆桂英"大破天门阵"的"降龙木"就是文冠果，民间用其制作一些简单的试毒防毒筷具及一些生产生活用品。佛界的鱼木和佛珠多由文冠果木制成，可以镇宅驱邪。甘肃东南部、陕西北部等农村的老人常用文冠果木制作烟锅，还把文冠果木雕刻成小老虎、小狮子或小碾子，用于拴小孩，因其被认为具有避邪气、驱鬼怪的功能。

二 驱邪树种

中国古代人为求得心灵的安宁、生活的平顺，就利用一些俗信有法力的树种来防止鬼神的惊扰或伤害，就形成了驱邪树种。这实际上是古代人求安避害心理的反映，其最终目的也是追求吉祥。所以古代人在培植风水林时，常选择一些具有驱邪作用的树种，以达到避凶驱邪，实现吉祥。

1. 柏树

柏树是柏科（Cupressaceae）植物的总称，为常绿树种。我国有 8 属 30 余种，一般常指柏木（*Cupressus funebris*）、侧柏（*Thuja orientalis*）、圆柏（*Sabina chinsis*）等种类。柏树是我国古代重要的用材树种，也是风水林的主要构成树种。

柏树栽培历史悠久，据传陕西黄陵县桥山黄帝陵轩辕庙古柏树是黄帝手植之柏。但文献中提及是殷商时期，《论语·八佾》有"殷人以柏"为社树之载，甲骨文中有"柏"字出现，其形象为侧柏的树苗形。晋张华《博物志》云："秦穆公时有人掘地得物若羊，将献之。道逢二童子，谓曰：'此名为蝹，常在地中食死人脑，若欲杀之，以柏东南枝插其首。'由是墓冢皆植柏。墓植柏，自秦始也。"说明墓地种植柏树起始于春秋之时的秦穆公时代，但实际上可能会更早。其时皆为王家所专植，是其尊贵地位的象征。《礼记》说诸侯以上的人家才可以于墓地植柏。秦汉时期随着封建等级制度的破产，墓地植柏非为王家所专有，一般平民百姓也于墓地植柏。《三辅黄图》载汉文帝灞陵，不起山陵，稠种柏树；《后汉书·袁绍传》称梁孝王坟陵尊显，松柏桑梓犹宜恭肃。古代之所以植柏于墓地，除柏树树形伟岸挺拔以象征死者的长眠不朽外，还在于其具有辟邪的功用。东汉应劭《风俗通义》"方相氏，葬日入圹，驱魍象，魍象好食亡者肝脑，人家不能常。令方相氏立于侧以禁御之，而魍象畏虎与柏。故墓前立虎与柏。""墓上树柏，路头石虎"，说明柏树具有辟邪作用。西汉的石椁画像中的足挡板，常刻画柏树。足挡板相当于墓室的门户，要用有辟邪效果的柏树放置在那里守护。如江苏沛县栖山 1 号石椁墓和河南夏邑吴庄 2 号石椁墓的足挡板，均是刻画柏树。唐以后的皇家陵寝多种植柏树，故有"柏陵"之称。北宋皇帝陵寝在今河南巩义，陵上所植柏树成林。明清皇家陵寝广植松柏树，数量巨大，达数十万株。今人张燕军《中华上下五千年盗墓趣话》（西苑出版社，2011）中"富贵有别：天子陵前为何不种柏树"之说法，实是毫无根据的无稽之谈。

黄帝陵黄帝手植柏
（《陕西古树名木》）

寺庙祠宇也是历史上植柏的主要场所之一。最著名则是山东泰安岱庙的柏树。北魏郦道元《水经注》里说："泰山有下中上三庙，墙闭严整，庙中柏树夹两阶，大二十余围，盖汉武所植也。"今岱庙尚存古柏6株。唐杜甫《蜀相》中"丞相祠堂何处寻？锦官城外柏森森"一句，就是成都武侯祠所植柏树的写照。明清时期北京的天坛、地坛、孔庙、国子监等祠宇都植有大量的柏树，这些仍存的古柏绿色浓荫将其装点得一派端肃庄严。清《泰山种柏道里记》碑记载清嘉庆元年（1796）泰安知府金棨在盘道旁植柏树千株。继而山东布政使康通基于嘉庆二年（1797）增植万株。同时康又倡议各州县官员募植柏树万株，前后共植了22 054株，其范围从岱宗坊沿盘道直至南天门下的升仙坊和独秀峰。这是泰山风水林的组成部分。

"岁不寒，无以知松柏；事不难，无以知君子。"柏树因具秀直挺拔、团栾如盖、四季常青的自然形貌特征，被尊为"百木之长"，被视为正义、高尚、长寿及不朽的精神象征，作为风水林木而被种植。《诗·商颂·殷武》中说："陟彼景山，松柏丸丸。"是说登上高山可看到松柏苍茂之景观。古代人们对柏树极为推崇，先秦时思想家孔子、庄子和荀子将柏树与松树并举，视为君子。《六书精蕴》中说柏树"有贞德者，故字从白。白者，西方也"。王安石在《字说》中亦云："柏犹伯也，故字从白。"松为"公"，柏为"伯"，在古代"公侯伯子男"五爵中，伯列第三位，柏也比作"位列三公"。明钟羽正《孔庙手植桧歌》将古柏树视为孔学兴衰的象征——"此桧日茂则孔氏日兴"，并与王朝的兴衰相联系——"恍惚枯荣关气数"。所以人们于墓地、庙堂及祠宇种植柏树，实际上就是对其品德的推崇。

民间习俗也喜用柏树"避邪"。《本草纲目》说："柏性后凋而耐久，禀坚凝之质，乃多寿之木，所以可入服食，道家以之点汤常饮，元旦以之浸酒避邪，皆有取于此。"《列仙传》也说"赤须子好食柏实,齿落更生","服柏子人长年"。《汉宫仪》云:"正旦饮柏叶酒上寿。"在民俗观念中,柏的谐音"百"是极数,极言其多其全,诸事以百盖其全部,如百事、百衾、百川等。故吉祥图案常见有:柏与"如意"图物合为"百事如意",柏与橘子合成"百事大吉"(橘、吉音近)。这是柏树民俗精神的象征。

2. 柳树

柳树是杨柳科(Salicaceae)柳属(*Salix*)植物的总称。全世界约520余种,我国有257种。主要种类有垂柳、旱柳、河柳、杞柳、台湾柳、云南柳、水柳、灰柳、银柳、筐柳、朝鲜柳、簸箕柳、白柳等,是保持水土、固沙护堤、园林绿化的优良树种,也是构成风水林的主要树种之一。

中国是世界上杨柳的主要起源地,地质时期就广泛分布于华夏大地,殷商时期的甲骨卜辞中有"柳""杞"的象形文字,我国古代最早的历法专著《夏小正》中也提及柳树。古纬书《礼纬·稽命征》载春秋时期"庶人无坟,树以杨柳",是说平民百姓无坟墓,仅在埋葬地种植杨柳树以标识。秦汉以后,柳树被广为种植,除了材用之外,主要用来固护河堤、荫护道路、园林造景和保卫边防。在北方平原地区的村落居宅前后历代都以柳为风水林,以防止风沙的侵害。唐诗人高适《寄宿田家》的"山青每到识春时,门前种柳深城巷",唐诗人赵嘏《寒食离白沙》的"试上方垣望春野,万条杨柳拂青天"句,明李先芳《由商丘入永城途中作》的"村原处处皆杨柳,一路青青到永城"、清沈德潜《过许州》的"到处陂塘决决流,垂杨百里罨平畴"诗句,是对北方农家村落植柳之况的称许。明谢榛《江南曲》的"夹岸多垂杨"、清吴绮《江南曲》的"垂杨处处带啼莺"、清张英《忆江南曲》的"杨柳家家好系船",是对江南水乡村落所植柳树的描述。清代乾隆皇帝在北京天桥地区的疏渠种柳之举是植柳为风水林的有名例子,这改变和净化了天坛与先农坛周围的环境,将这个地区改造得渠清柳绿、风景宜人。清明节坟地插柳是一种习俗,清顺治《颍上县志》载每年清明日,男女老幼均手持柳枝,前往家族亲人坟前祭扫,还为之添土,随后以柳枝挂纸钱插于坟上。清同治《随州志》载湖北随州清明日,插柳枝祭墓,作纸幡挂于墓上。民国《大理县志稿》称云南大理地区清明日,邑人墓祭,上冢插柳枝。山西长子县在人死后,要在坟地上栽植杨柳树,女人死后在坟地上栽种柳树,男人死后则种杨树。这当是先秦时的遗俗。

长武西王古柳（《陕西古树名木》）　　　　　　〔明〕仇英"儿童捉柳花图"

　　古代人植柳树多取其治病、却鬼、驱邪避毒的功用。佛教典籍《灌顶经》载："禅拉比皇以柳枝咒龙。"受其影响，人们认为柳树可以却鬼，称其为"鬼怖木"。佛教故事有南海观音一手托净水瓶、一手拿柳枝的形象，为人间遍洒甘露，祛病消灾。在魏晋南北朝时期就存在有元旦日、寒食日（农历三月三日）插柳于户辟鬼的习俗，北魏贾思勰《齐民要术》有"正月旦取柳枝著户上，百鬼不入家"的记载，梁宗懔《荆楚岁时记》载："江淮间寒食日，家家折柳插门。今州里风俗望日祭门，先以杨柳枝插门，随枝所指以酒脯饮食祭之。"这是说寒食节期间于门插柳枝祭拜鬼神，防止鬼的侵扰。到了唐代又演变为插柳或戴柳圈驱邪避毒的习俗，唐段成式《酉阳杂俎》卷一有"三月三日，赐侍臣细柳圈，言带之可免虿毒"之载。因此后世多以清明节、寒食节插柳免虿毒辟邪。清富察敦崇《燕京岁时记》载："至清明戴柳者，乃唐高宗三月三日被褉于渭阳，赐群臣柳圈各一，谓戴之可免虿毒。今盖师其遗意也。"这说明柳树具有无限的神力，能够驱走害虫、毒疫、邪祟。宋代以后还演变为头上戴柳圈或插柳于鬓为饰，有驱毒、明眼的俗信功能。南宋吴自牧《梦粱录》载："家家以柳插于门上，名曰'明眼'。"后世人多效仿之。清道光《遂溪县志》有"清明日折柳枝悬门，并插两鬓，曰明目"之说。古代人还于门檐上插柳，以柳枝的青焦验晴雨、占卜农作物的丰歉，谚语有"清明柳叶焦，大麦吃力挑""檐前插柳青，农夫休望晴""清明晒死柳，一抱麦子收一斗"之谓。还有的地区认为柳树具有延年的功用，清光绪《盐城县志》称："儿童拍手歌曰：胡不踏青，又过清明，胡不戴柳，须臾黄耇。"说明戴柳关乎人之衰老，不戴则老，戴则延年。柳色如烟，柳条蔓长，犹如亲友间缱绻的柔情，仿佛离人不尽的别恨，加之"柳"与"留"、"丝"与"思"相谐音，人们乐意把柳树当做情感的寄托物和负载体，因而产生了"折柳赠别"和"折柳寄远"的风俗。

3. 枫香树

"远上寒山石径斜，白云生处有人家。停车坐爱枫林晚，霜叶红于二月花。"这首唐代著名诗人杜牧的《山行》绝句诗，是诗人对夕阳斜射下秋季满林红叶与春光争胜的枫林之景的赞美。枫香（*Liquidambar formosana*）是金缕梅科（Hamamelidaceae）枫香树属落叶大乔木。枫香树是我国淮河流域以南地区广为种植和自然分布的材用和观赏树种，也是村落、来龙山和寺庙、坟墓所种植的风水林树种之一。

枫香树是古老的树种，《山海经·大荒南经》载："枫木，蚩尤所弃其桎梏，是谓枫木。"晋郭璞注："蚩尤为黄帝所得，械而杀之，已摘弃其械，化而为树也，即今枫香树也。"民间传说远古轩辕时代，黄帝和炎帝被称为中华民族的祖先。黄帝在统一各部时遇到一个很强的对手"蚩尤"。他有兄弟 81 人，都是牛头人身、铜头铁须，很难对付。黄帝联合各部落共同将他打败并处以械刑。他死后鲜血洒在各地，长出了红色的树，便是枫香树，故枫香树别名"蚩血树"。枫香树还有很多别名。如名"欇欇"，《尔雅·释木》云"枫，欇欇"，所说是因枫叶遇风则鸣，有欇欇作声之故。又名"丹枫"，宋陆佃《埤雅》称枫香树"叶作三脊，霜后色丹，所谓丹枫。其材可以为式"。还名"枫宸"，汉许慎《说文解字》说："枫木，厚叶，弱枝善摇。汉宫殿中多植之。至霜后，叶丹可爱，故称枫宸。"

枫香树叶因与人的手掌巨细相近，叶柄细长，使得叶片极易摇荡，稍有微风，枫叶便会摇荡不稳定，互相摩擦，发出"刷拉刷拉"的响儿，给人以招风、应风的印象。故人们把"枫树"看成"风水树"，认为其能招风、应风而在村落周边广为种植。

苗族民众对枫香树情有独钟，喜植枫香树为护寨树，高大挺拔、枝繁叶茂的枫香树，给苗寨增添了道道亮丽风景。《苗族古歌》的《枫木歌》中唱道，是一位神人找到种子，然后驱动神兽修狃犁遍天下，把种子种上，并把枫树栽到池塘边上。在池中放养了许多鱼都被野鹤吃了，因鹤栖于枫树上，理老断案时判枫树为窝家，便砍倒了枫树。枫树生了妹榜妹留，妹榜妹留又生了 12 个蛋。然后，苗族的始祖姜央和龙、虎、霄公等均从 12 个蛋中生出来。

歙县枫香风水林（《安徽古树名木》）

长沙岳麓山爱晚亭枫树

所以苗族便将枫树作为最崇拜的树木。苗族人还认为蚩尤是他们的远祖英雄，所以他们把传说中的蚩尤化身——枫香树尊称为"图米"（汉语为"母亲树"之意），也是祖先树。远古时以蚩尤为首的九黎部落被炎黄联盟打败，苗族祖先被迫一次次迁徙时，他们唯一可以带走的也许只有一株枫树苗。一旦到了栖身之地，就把枫树苗种下。这株渐渐长大的枫树，成了苗民们思念故土、怀念祖先的唯一寄托。也成了苗民们新的栖身地的守护神。枫香树与苗族子子孙孙割不断且越积越多的复杂情结，使枫香树在苗民的心目中占据了特殊的地位。他们所居住房屋的顶梁柱，必须是用枫香树做才行，这样住起来才能发子添孙、人丁兴旺。至今苗民在走亲访友时，看到耄耋老人，在敬问时都说："看来你家老枫树根还壮，枝叶还茂盛，实在是家里的福气呐！"如果别人以酒肉招待，客人还要感谢，唱歌为主人家的耄耋老人祝寿，歌词均以枫树为喻。

汉族人也视枫香树为驱除邪祟的吉祥树，常常借用"枫"与"丰"或"封"的谐音来认同枫树的吉祥如意之意。"封（枫）侯（猴）挂印"就是汉族传统中十分吉祥的装饰品造型，如貔貅。很多人将有这种带有枫树和猴子的装饰品随身携带，以求吉祥平安。徽州人喜栽植枫香树于村落水口为风水林，这昭示着此地为某姓"封地"，同时又有封住旺气不外泄之意。

枫香树还被常种植为坟墓风水林。苏州城西南30里处的天平山是苏州名山，留有许多名胜古迹。其中范坟山是北宋名臣范仲淹的祖坟，历代范氏族人都在坟山种植风水树。明万历年间，范仲淹十七世孙范允临自福建弃官归苏，从福建带回枫香树 380 棵植于祖坟山，形成了一大片枫香树风水林。现尚存 174 棵，最大树高达 10 丈、粗达三人合抱。如今风水古枫林，古木参天，枝干挺拔，姿态峻秀，气势雄壮，蔚为奇观。后人还在此山中建一"望枫台"，供人登台赏枫。深秋时节，山中古枫叶一片赤艳、红霞万丈，构成"非花斗妆，不春争色"的佳境。今安徽金寨县长岭乡同桃源沈垮村落后山的沈氏祖坟旁，存有 5 株参天枫香古树，雄伟挺拔。

4. 杨树

杨树是杨柳科（Salicacae）杨树属（*Populus*）植物的总称。杨树种类有白杨、银白杨、毛白杨、新疆杨、钻天杨、胡杨等。杨树在中国有着悠久的历史，《诗经》中就有"其叶牂牂""其叶肺肺"等诗句加以描述，《夏小正》有"三月萎杨"，《石鼓文·汧沔》也有"何以橐之，惟杨及柳"等，提及杨树。古纬书《礼纬·稽命征》载春秋时期"庶人无坟，树以杨柳"。汉《古诗十九首》中有"遥望郭北墓，白杨何萧萧""出郭门直视，但见丘与坟。……白杨多悲风，萧萧愁杀人"诗句，道及墓地栽植杨树。汉代旧俗死人多葬郭北，洛阳的郭北是邙山，

陕西陇县老虎沟古杨树
（《陕西古树名木》）

习称"北邙"，后来成了坟墓的代指。所以出了城门，就远远看到了城北的墓群。坟墓之地，白杨郁郁葱葱，风吹树叶萧萧作响，悲风低回。至魏晋六朝以后白杨就成了墓地树的代称。东晋大诗人陶渊明的"荒草何茫茫，白杨亦萧萧"（《拟挽歌辞》其三）、鲍照的"边地无高木，萧萧多白杨"（《代边居行》）等，都是对墓地所植杨树的写照。这时期如果庭院种植白杨树则被视为不祥。《宋书·萧惠开传》记载，萧惠开曾将住处的花草铲除改种白杨树，并对人说："人生不得行胸怀，虽寿百岁，犹为夭也。"以表达不得志到几欲求死的郁结之情，后来"发病呕血，吐如肝肺者甚多"。从这个故事可看出，当时白杨树就被视为不祥之兆，不宜种植在庭院里。历代诗歌对墓地植白杨多有反映，如唐李白的"悲风四边来，肠断白杨声"（《上留田》）、白居易的"闻道咸阳坟上林，已抽三丈白杨枝"（《览卢子蒙侍御旧诗多与微之唱和感今伤昔 …… 题于卷后》）、清袁枚的"白杨树，城东路，野草萋萋葬人处"（《上冢歌》）等，是借对墓地白杨的描述，抒发作者对死亡之悲和表达对故人的

怀念之情。

古代人为何植白杨于墓地？明谢肇淛著《五杂俎》中云："古人墓树多植梧楸，南人多种松柏，北人多种白杨。白杨即青杨也，其树皮白如梧桐，叶似冬青，微风击之辄淅沥有声，故古诗云，白杨多悲风，萧萧愁杀人。予一日宿邹县驿馆中，甫就枕即闻雨声，竟夕不绝，侍儿曰，雨矣。予讶之曰，岂有竟夜雨但无檐溜者？质明视之，乃青杨树也。南方绝无此树。"这是因杨树叶的叶柄很长，叶面大而分量重。风一吹哗啦哗啦的树叶声常被人们怀疑是下雨。正如北宋寇宗奭《本草衍义》所说："风才至，叶如大雨声，谓无风自动则无此事，但风微时其叶孤绝处往往独摇，以其蒂长叶重大，势使然也。"所以杨树被视为悲伤情怀的象征，古诗云："白杨多悲风，萧萧愁杀人。"

5. 桃树

"千朵浓芳绮树斜，一枝枝缀乱云霞。凭君莫厌临风看，占断春光是此花。"这是唐大诗人白居易之弟白敏中的《桃花》诗，称道桃花占断春光的独特风貌。桃树（*Prunus persica*）是蔷薇科（Rosaceae）李属的落叶乔木或小乔木，是原产我国的古老果树和观赏树种。桃树与中国文化有着重要的关联，在文学、民俗、宗教、审美观念中都产生了极其重要的影响。桃树是风水林的重要组成树种之一。

桃树原产于我国的西部和西北部，作为果树栽培历史已有 4000 多年。桃花在周代就受到人们的关注，《诗经·周南·桃夭》中"桃之夭夭，灼灼其华"句，称赞桃花的美丽，以此比拟新婚女子的娇媚可人。唐都长安宫苑有"桃花园"，以植桃树著称，历朝皇帝常在园中开筵，群臣侍宴，作咏桃花的应制诗。清代北京圆明园四十景之一为"武陵春色"，取陶渊明桃花源典故，种植一片桃林。民间植桃树更为普遍，《开元遗事》中记载：晋"潘岳为河阳令，栽桃李，号河阳满县花"。潘岳不仅有美丽的容貌和文才，还有"河阳种桃"的政绩，成为千古美谈。北周庾信《枯树赋》写有"若非金谷满园树，即是河阳一县花"赞美之。宋至明清杭州苏堤以植桃柳著称。明清时期的徽州歙县潜口（今属黄山市徽城区）以植桃花著称，有"十里桃花溪"之称，历代以植桃树为景而被冠以"桃花溪"（桃溪）"桃花坞"（桃坞）"桃花峰"（桃峰）"桃花源"（桃源）"桃花林"（桃林）"桃花圃"（桃圃）"桃花园"（桃园）"桃花洞"（桃洞）等称号。花时凝霞满林，红雨塞途，令人流连不忍遽舍。

吴昌硕的"桃花图"

桃树在中国古代典籍中出现较早且充满神奇、浪漫的色彩，被称为神树。《山海经·海外北经》记载："夸父与日逐走，……道渴而死。弃其杖，化为邓林。"其注云："邓林即桃林也。"《山海经·中山经》亦云："夸父之山，其北有林焉，名曰桃林。"将桃树说成是追赶太阳的英雄所化。那么桃木、桃果就更具不凡神力，所以桃木就具有镇鬼辟邪的神秘力量。东汉王充《论衡·订鬼篇》所引《山海经》佚文曰："沧海之中，有度朔之山，上有大桃木，其屈蟠三千里，其枝间东北曰鬼门，万鬼所出入也。上有二神人，一曰神荼，一曰郁垒，主阅领万鬼。"《太平御览》引《岁典术》："桃者，五木之精也，故压伏邪气者也。桃木之精生在鬼门，制百鬼，故今作桃人梗著门以压邪，此仙木也。"故人们用桃木制作桃板、桃印、桃符、桃弓、桃剑、桃人等各种厌胜避邪用品。《左传·昭公四年》载："桃弧棘矢，以除其灾。"这是说用桃木制成的弓可以辟邪除灾。东汉应劭《风俗通义》卷八说："县官（指朝廷、官府）以腊、除夕饰桃人，垂苇索，画虎开门，……翼以卫凶也。"《淮南子·诠言训》说："羿死于桃棓。"东汉许慎注曰："棓，大杖，以桃木为之，以击杀羿，由是以来鬼畏桃也。今人以桃梗径寸许，长七八寸，中分之，书祈福禳灾之辞。"梁宗懔《荆楚岁时记》中记载楚地风俗有饮桃汤、造桃板著户、插桃符、桃神、饰桃人、操苕（桃条制作的扫帚）、桃花水、桃弧棘矢等。《汉书·王莽传》载王莽篡夺了刘汉江山后，害怕汉高祖刘邦神灵来干涉，于是"遣虎贲武士入高庙，……桃汤赭鞭，鞭洒屋壁"。《续汉书·礼仪志》刘昭注称："桃印，本汉朝以止恶气，今世端午以彩缯篆符。"五代时后蜀宫廷里开始在桃符上题联语。《宋史·蜀世家》载："孟昶命学士为题桃符，以其非工，自命笔题云：'新年纳余庆，嘉节号长春。'"后成为春联的别名。在桃符上写对联，使本来只是用来避邪的桃符有了文化的意蕴，同时，对联本身也成为中国传统春节里一种源远流长的文化现象。

桃树是神树，桃花也随之仙化为神仙之境。《搜神记》和《幽明录》所记

"刘阮入天台"的传说就极富想象力地展现了桃花深处仙女出没的桃源仙境，为东晋陶潜的不朽佳作《桃花源记》的创作提供了原始素材。《桃花源记》表现了作者乌托邦式的社会理想。"忽逢桃花林，夹岸数百步，中无杂树，芳草鲜美，落英缤纷。"那溪流尽头的桃林不正是桃源仙境吗！身临其中，不是仙人也成仙。王维的《桃源行》诗以此传说为本旨，突出了故事的遇仙色彩。如"渔舟逐水爱山春，两岸桃花夹去津；坐看红树不知远，行尽青溪不见人。……春来遍是桃花水，不辨仙源何处寻"，则无疑强化了桃花的仙物意味。唐张旭《桃花溪》的"桃花尽日随流水，洞在清溪何处边"诗句，是对桃花所出的仙源圣境之追怀。黄庭坚《水调歌头》词之"溪上桃花无数，枝上有黄鹂。我欲穿花寻路，直入白云深处，浩气展虹霓。只恐花深里，红露湿人衣"，描绘了桃花掩映，红露湿人的神仙境界。宋末谢枋得《庆全庵桃花》诗云"寻得桃源好避秦，桃红又是一年春。花飞莫遣随流水，怕有渔郎来问津"，更是表现了作者向往桃源仙境的隐逸态度。所以，受陶潜之作的影响，全国各地先后幻化出许多桃花源的人间仙境。如著名的湖南桃源县、安徽黟县桃花源等。桃树花美、果鲜，在习俗心理上可趋吉避煞，又极易种植，故为村落、庭园宅居、道观佛寺所常植。

6. 无患子

无患子（*Sapindus mukorossi*）是无患子科（Sapindaceae）无患子属的落叶乔木，别名有木患子、油患子、苦患树、黄目树、黄目子、目浪树、油罗树、洗手果、油皂子、肥皂树、肥皂果、肥珠子、油珠子等。无患子树自古即为我国人所熟悉，并得到广泛的利用和栽培，是一种极为重要的材用及药用树种。我国古代人还将其作为风水林的组成树种种植在村落、寺庙等场所。

先秦文献《山海经·中山经》有"秩周之山，其木多桓"的记载，东晋郭璞注称："叶似柳，皮黄不蜡，子似楝，著酒中饮之辟恶气。浣衣去垢，核坚正，黑可以间香缨，一名栝楼也。"文中"桓"即今之无患子。唐陈藏器《本草拾遗》曰："桓，患字，声讹也。"说明"患"字乃是"桓"字的讹音。古代人相信用无患子木材制成的木棒可以镇煞驱邪，故有"无患"之名，又称"鬼见愁"。如晋崔豹《古今注》云："昔有神巫曰宝眊，能符劾百鬼，得鬼则以木为棒，棒煞之。世人传以此木为众鬼所畏，竞取此木为器用，以厌却邪鬼，故曰无患也。"唐段成式《酉阳杂俎》曰："无患木，烧之极香，避恶气。一名噤娄，一名桓。昔有神巫曰瑶眊，能符劾百鬼，擒魑魅，以无患木击杀之。世人竞取此木为器，用却鬼，因曰无患木。"其大意是说有一个叫瑶眊的神巫，能以画符念咒召鬼，再用无患子树棒将鬼打杀。人们认为这种树为众鬼所惧，所以称为"无患"。由此可见，鬼邪并非只畏惧无患木燃烧后的烟香，无患子棒就可以有避邪作用，可做打鬼棒。据说道士作法所用木剑等，也都爱用无患木制成，就是来自瑶眊的典故。据说我国台湾地区排湾人巫师卜卦的工具——"神珠"，就是取用无患子的种子制作而成的。当地的巫师会使用未切开的扁蒲抹满油脂，然后一边用神珠在扁蒲表面滚动，一边在口中念咒语及所求的事项，最后将神珠放在扁蒲上。如果神珠静止不动，代表所求之事得到应允；若神珠下滑，则表示否定的结果。清陈扶摇《花镜》称无患子"花如冠蕊"，其"核坚黑"，可"作念珠，俗名鬼见愁，以其能辟邪恶也"。可见，无患子树具有辟除邪恶的功能。

无患子树

佛家称无患子为木槵子，并取其种子制成念珠，称名"菩提子"，即佛经中所称"阿唎瑟迦柴"树的种子。"阿唎瑟迦柴"（Aristaka）为无患子树的印度梵文名字之音译。木槵子念珠是佛经中最早记载的一种佛珠，是极为重要的佛珠品类之一。《木槵子经》中说："苦欲灭烦恼障、报障者，当贯木槵子一百八，以常自随。"佛陀在《佛说较量数珠功德经》中也宣说：若求往生诸佛净土及天宫者，应当持用木槵子佛珠，持此佛珠诵掐一遍，得福千倍。所以后世佛家亦常挑选色泽紫红而粒小的无患子制成念珠，如北宋寇宗奭《本草衍义》云："今释子取以为念珠，出佛经。惟取紫红色小者佳。今入药绝少，西洛亦有之。"《纂文》也云："无患名噤娄，实好去垢，今僧家贯之为念珠，红底为也。纂文无患，木名也。"用无患子种子制成的无患子佛珠，不需经过上漆等加工，纯天然本色，材质坚硬，使用时间越长，表面越光洁柔亮。佛家认为无患子木具有降服大力鬼神的功用。佛经《千手合药经》记载："若有行人欲降诸大力鬼神者，取阿唎瑟迦柴，咒三七遍，火中烧。"注曰："阿唎瑟迦柴者，木槵子是也。"《千手千眼观自在菩萨广大圆满无碍大悲心陀罗尼经》卷一中也说，如果要降伏大力鬼神者，可取阿唎瑟迦柴即木槵子，以咒语加持七七四十九遍，投入火中烧，还必须涂上酥酪蜜，并于大悲心千手千眼观音像前作法。上述两则经文均指出无患木念咒加持后丢入火坛中烧，就能有降伏鬼神的效果。所以在不适宜种植菩提榕树地区的一些寺庙常选用无患子树为菩提树的替代树，并取其种子制作念珠。杭州西湖灵隐寺入口道路两侧就植有许多无患子大树，掩翳寺庙。江苏兴化沙沟大士禅林大雄宝殿东侧庭院中，有一株已近 800 年的古无患子树，相传系该寺开山祖师所植。唐人包何曾写有《同李郎中净律院槵子树》诗："木槵稀难识，沙门种则生；叶殊经写字，子为佛称名。滤水浇新长，燃灯暖更荣；亭亭无别意，只是劝修行。"称颂无患子树在佛门中的功用。相传福建漳州有一位老妇，常年吃斋念佛，每天烧香跪拜菩萨，从不间断。有一年春天，漳州连降大雨，山洪暴发。当大水冲到这位老妇家门口时，从天上掉下一粒无患子，落地生根开花，大水便绕道而走。别人的家被大水冲毁了，仅老妇的家平安无事。从此，家家都在自家门前种无患子树，用来消灾驱难，保佑平安。多年下来流传着一首儿歌："无患子，种门前，佛造光，家宅安，子孙后代无患难，菩萨保佑万万年。"

7. 桑树

桑树是桑科（Moraceae）桑属（*Morus*）落叶乔木的总称。我国有桑属树种约 15 种，桑树是我国重要的经济栽培树种。我国是世界上最早种桑养蚕的国家，这也是中华民族对人类文明的伟大贡献之一。殷商甲骨文字中的"桑"字就以桑树为形，甲骨文中还出现有蚕、丝、帛等字形。毫无疑问，在商代及其以前，中原及黄河中下游地区的居民已经在住宅附近栽植并利用桑树养蚕，而且成为他们生活的一部分。周代文献记载种桑养蚕更是当时普遍的生产行为，宋蔡沈在《尚书·禹贡》中"桑土既蚕"句下注："桑土，宜桑之土。既蚕者，可以蚕桑。……九州皆赖其利。"我国出土的绘有精美图画的战国青铜器物上，就充分展现了采摘桑树的情景。如成都百花潭出土的宴乐水陆攻占铜壶，第一层镶嵌饰有采桑场面，身着上衣下裳的妇女坐在树上采摘桑叶，篮子吊挂在枝干上。《孟子》曰："五亩之宅，树之以桑，五十者可以衣帛矣。"提出了当时小康之家的栽桑标准。自秦汉以后，历代统治者都重视植桑养蚕，农桑并举。秦代公布了保护桑树的法令，汉景帝曾下诏令郡国务劝农桑；三国时孙权在长江以南地区广开农桑之业；北魏孝文帝规定每户植桑 50 株并授农桑田 20 亩为永业田。直至清朝结束，农桑一直不废，成为立国之本。

成都战国青铜圆壶桑林舞图

桑树在历代人生存中的作用很大，先秦时期就形成了与桑有关的古桑俗。如《礼记·月令》载季春之月的桑事活动："是月也，命野虞无伐桑柘，鸣鸠拂其羽，戴胜降于桑，具曲植蘧筐。后妃齐戒，亲东乡躬桑，禁妇女毋观，省妇使以劝蚕事。蚕事既登，分茧称丝效功，以共郊庙之服，无有敢惰。"以后历代王朝后宫的妃嫔都要举行躬桑礼仪式，以示朝廷对农桑生产的重视。南朝刘昭注《后汉书·礼仪志上》称汉旧仪曰："春桑生而皇后视桑于苑中。"据《清史稿》载，清代后宫祭祀蚕神时要举行躬桑礼，由专人向皇后进筐、钩，内官们扬彩旗、鸣金鼓、歌采桑辞。乐声中，皇后于桑畦北正中开始，东西三采。妃嫔公主各五采，命妇九采。采下的桑叶由蚕母跪接，授蚕妇拿去养蚕。今北京北海公园中还留存有明朝所建的先蚕坛，坛东为采桑台，广三丈二尺，高四尺，三出陛。观桑台前为桑园，三面树桑柘。先秦时男子出生，有以桑木作弓，射天地四方之俗。《礼记·内则》载："国君世子生，……射人以桑弧蓬矢六，射天地四方。"以此象征孩子长大后有四方之志，成语"桑弧蓬矢"指男子的远大志向。桑木还被用来作为祭奠时的神主。《国语·周语上》载："及期，命于武宫，设桑主，布几筵。"所谓"桑主"乃丧主也。晋干宝《搜神记》卷十四载"蚕女"故事，谓一女化蚕结茧于树上，众人"因名其树曰桑。桑者，丧也"。此当是我国历代居宅门前不植桑树的文化源头，门前植有桑树则意味着家有丧事。

桑树在古人心目中具有神圣地位，扶桑在古代神话传说中是太阳栖息的地方，《山海经》中说："汤谷上有扶桑，十日所浴。"扶桑是由桑树衍生出来的一种神树，它是沟通天人之间的桥梁。所以桑树被视为社树，古代的许多仪礼活动也都在桑林中举行。《战国策·赵策四·冯忌请见赵王》载："昔者尧见舜于草茅之中，席陇亩而阴庇桑，阴移而授天下传。"这是说尧在桑树下把天下禅让给了舜。这成为成语"桑荫不徙""桑荫未移"的由来。国家每年一些大的祭祀活动都要在"桑林"中举行。《墨子·明鬼篇》云："燕之有祖，当齐之社稷，宋之有桑林。"至春秋时"桑林"仍是万人瞩目的盛大祭祀活动。"桑林"之祭所用的乐舞，也就沿用其祭名，称为《桑林》了。《庄子·养生主第三》曾用十分流畅的笔调描写过庖丁解牛时的动作、节奏、音响"莫不中音，合于《桑林》之舞"，据其描述我们不难知道，《桑林》乐舞既强而有力，又轻捷灵巧，而且音乐震撼人心。就连古代求雨活动也是在桑林中进行。《吕氏春秋·顺民篇》载："昔者汤克夏而正天下，天大旱，五年不收。汤乃以身祷于桑林，曰：'余一人有罪，无及万夫；万夫有罪，在余一人。无以一人之不敏，使上帝鬼神伤民之命。'于是剪其发，断其爪，以身为牺牲，用祈福于上帝。民乃甚说，雨乃大至。"后来民众作歌颂扬汤的德行，乐曲取名为"桑林"，人称其为"汤乐"。东汉高诱注："桑林，桑山之林，能兴云作雨也。"祈雨必以淫事感应天公普降甘霖，若禹与涂山女之媾合于台桑也。云雨，一向是性交的隐喻。《诗经·鄘风·桑中》的"期我乎桑中，要我乎上官，送我乎淇之上矣"是指青年男女多在桑林中约会，后用"桑中""桑间"专指男女约会的地方。桑林也就成为青年男女聚会的场所。桑林是上古极有名气的地方，它的叫法还有扶桑、台桑、桑中、空桑、穷桑等。而男女欢会也是当时的礼俗所允许的，《周礼·地官·媒氏》说："中春之月，令会男女。于是时也，奔者不禁。"《吕氏春秋·本味篇》记称："有侁氏女子采桑，得婴儿于空桑之中。……身因化为空桑。故命之曰伊尹，此伊尹生空桑之故也。"这是说商代名相伊尹是母亲因采桑得婴儿于空桑之中。北魏郦道元《水经注·伊水》也有记载。司马迁《史记·孔子世家》明白无误地记载了梁叔纥与齐氏女野合于丘而生孔子。汉画像砖《桑间野合》典型地表现了"桑林"这一场景在汉代习俗中的延续。"桑间"这一地名在卫国的濮水之上，但由于古代男女常在此聚会，以歌谣赠答，"桑间濮上之音"则成了先民们追求自由爱情的情歌。以致后来受到统治者的诬蔑，说它是"乱国之所好，衰德之所说"。

古代人生活环境中，桑树随处可见，到处都有着桑树的影子，反映到语言里，就出现了许多与桑有关的名词概念，有些被沿用至今。如桑田、沧桑、桑海、桑麻、桑梓、桑榆等名词，就是常用之词。《淮南子》曰："日西垂，景在树端，谓之桑榆。"桑榆是西方日落处，太阳落在西边的桑树和榆树间，后用以比喻人的晚年。《神仙传》说："接待以来，已见东海三为桑田。"仙人麻姑自称三次看见东海变成桑田，后用"沧海桑田"比喻世事变迁很大或人生短暂。

8.　杉木

杉木（*Cunninghamia lanceolata*）是杉科（Taxodiaceae）杉木属常绿乔木，是中国秦岭淮河以南地区特有栽培树种和分布最广泛的主要商品树种，也是历代风水林组成的重要树种。杉木是新生代第三纪古热带区系植物。西汉刘歆《西京杂记》载汉代宫廷太液池西孤洲植有䅸树（杉木）。刘宋邓德明《南康记》载汉太傅陈蕃墓也植有杉树两株，耸可出岭，垂阴覆谷。东晋长沙太尉陶侃曾种杉结庵于岳麓山，人称"杉庵"。唐代诗人韦应物也有《郡斋移杉》诗记云："擢干方数尺，幽姿已森然。结根西山寺，来植郡斋前。"说明当时寺庙和居宅已经种植

湖北咸丰唐崖夫妻杉（《武陵土家》）

杉木。宋代南方佛寺植杉一次可达数十万株。北宋人宋祁《福严禅院种杉述》称南岳衡山福严和尚带领其徒环寺院百里广树杉木为风水林，达10万株。宋僧大超和尚于庐山卧龙山西10里，手植杉万本，被赐名万杉寺。《朱子诗注》云："万杉寺在卧龙山西十里，寺前后杉万本，皆天圣中植，有旨禁剪伐者。"宋淳熙三年（1176）春，朱熹在婺源县文公岭其祖母坟地栽杉树20株，现存古杉16株，其所植无疑是墓地杉木林。嘉靖《建宁府志》记载："元季邑人杨达卿出资种树 …… 里人德之，因名万木林。"杨荣的《万木图事实记》载："龙津大富山者，先茔所在。…… 值岁大歉，乡人乏食，公欲发廪赈之，恐为人所忌。乃托言某山，将募人种树，有能植杉一株者，偿粟一斗。…… 逾数载，山木茂盛，望之蔚然，阴翳扶疏，井然布列。"这是福建省早期大规模人工植杉的文字记载。福建建瓯《东杨宗谱》也收录杨荣的文章。建安大富山（今建瓯市万木林自然保护区）是杨氏宗族的祖坟山，元至正年间大约植杉500余亩。古代人为何种植杉木为风水林？是因杉木具枝刺有防卫功用，能使百鬼害怕而起到辟邪作用。杉木的枝刺容易对小孩的身体造成伤害，所以居宅、庭院一般不植杉木。今福建宁化县水茜乡石寮村还保存有一片清代嘉庆年间所植的杉木风水林。

9. 茱萸树

"遥知兄弟登高处，遍插茱萸少一人。"唐代大诗人王维在《九月九日忆山东兄弟》诗中借此表达对远方亲人的思念之情。茱萸作为树木有两种，一是山茱萸科（Cornaceae）的山茱萸（*Cornus officinalis*），为落叶灌木或小乔木；一是芸香科（Rutaceae）的吴茱萸（*Evodia rutaecarpa*），为常绿小乔木或乔木。两种树木都是我国传统的中药材原料，在我国有着悠久的历史。但是历史上作为村落风水林树种的则是吴茱萸，人们多种此为辟邪之物，护卫村落风水。吴茱萸也称越椒、艾子，为羽状复叶，初夏开绿白色的小花，结实似椒子，秋后成熟，果实嫩时呈黄色，成熟后变成紫红色，有温中、止痛、理气等功效。

　　吴茱萸能够祛风逐邪驱寒，在民间成为驱病疗疾的巫术用品。先秦时期吴茱萸便是祭祀的礼品，《周礼·内则》中记载："三牲用椴。"清代段玉裁解释道："椴，煎茱萸。"屈原《离骚》里说茱萸是恶草，所以鬼神害怕它。明著名医家李时珍《本草纲目》中说茱萸"辛辣蜇口惨腹，使人有杀戮觉然之状"。古人因之而"悬其子于屋，辟鬼魅"。古代人认为晚秋寒气能侵害人的身体，常视其为鬼魅恶气。汉代就有佩茱萸的习俗，《续齐楷记》记载一则故事，称汉代汝南人桓景随费长房学道。某一日，费长房对桓景说，九月九日那天，他家将有大灾。破解办法是叫家人各做一个彩色的袋子，里面装上茱萸，缠在臂上，登高山，饮菊酒。桓景一家人照此而行，傍晚回家一看，果然家中的鸡犬牛羊都已死亡，而全家人因外出而安然无恙。于是茱萸"辟邪"便流传下来。晋葛洪《西京杂记》称："汉武帝宫人贾佩兰，九月九日佩茱萸、食蓬饵、饮菊花酒，云令人长寿。"晋人周处《风土记》也说：九月九日折茱萸以插头上，辟除恶气而御初寒。重阳节正是晚秋之时，采摘它的枝叶，连果实用布缝成一小囊，佩带身上，可用来辟除邪恶之气。吴茱萸具有如此神奇的驱邪效用，人们将之称作"辟邪翁"。所以古代人多喜植吴茱萸，《淮南毕万术》谓：井上宜种茱萸，茱萸叶落井中，饮此水无瘟疫，悬茱萸于屋内，鬼畏不入。《杂五行书》也说在屋舍旁种白杨、茱萸三根，增年益寿，除患害也。而悬茱萸子于室内，则有"鬼畏不入"的效果。

　　由于吴茱萸是重阳节特有的辟邪物品，佩茱萸自然成为重阳节俗的主要标志，所以登高会也称"茱萸会"，重阳节则称为"茱萸节"。古代文人所写诗词对此习俗多有反映。唐储光羲少年时曾游徐州戏马台，感慨当年南朝宋武帝刘裕重阳节在此宴群僚，故写下了一首《登戏马台作》诗，其中"天门神武树元勋，九日茱萸缒六军"一句，说明当时把茱

吴茱萸

萸作为犒赏全军的奖品。唐张说《湘州九日城北亭子》诗云："西楚茱萸节，南淮戏马台。"杜甫《九日蓝田崔氏庄》的"明年此会知谁健？醉把茱萸仔细看"，清吴伟业《丁亥之秋王烟客招予西田赏菊》之"秔稻将登农父喜，茱萸遍插故人怜"，都是对插戴茱萸驱邪习俗的表现。

第六章

村落居宅风水林

村落风水林就是在村落居宅周围人工栽培或天然生长并受到保护的风水林。

一 村落居宅风水林的起源

村落宅基风水林渊源于上古时代的社神崇拜。《说文解字》说:"社,地主也。从示、土。"《玉篇·示部》也说:"社,土地神主也。"《尚书·虞夏书·甘誓》曰:"用命赏于祖,弗用命戮于社。"可见,在文字学的解释里,"社"源自对土地的崇拜。《礼记·郊特牲》言:"社,所以神地之道也。"《白虎通·社稷》也称:"社,土地之主;稷,五谷之主。…… 土地广博,不可遍敬,故封土以为社,而祀之以报功也。"可见,"社神"是土地神,是古代社会里一位非常重要的神祇。它是古代人们的衣食父母,是人类历史进入农耕时代以后的一种宗教形式。在农耕时代,土地成为重要的生产资料、人们获取食物的最主要来源。诚如《周易·坤卦》所言,"地能生养至极","万物资地而生",故而产生了对土地的依赖感,由此而产生了对土地的虔诚与狂热崇拜,也就创造出了社神。先秦以来一直有立社、祭社的传统。人们采用血祭土地,《周礼·春官·大宗伯》称"以血祭祭社稷、五祀五岳",就是"以血滴于地,如郁鬯之灌地也 …… 以牲血下降而祭地"。甚至还有杀活人而祭的。人们向社神祈求风调雨顺,获得好的收成;丰收以后,人们又向社神献祭,报答它的恩赐。唐诗中就有许多祭社的描述。如唐王维《凉州郊外游望》诗云:"野老才三户,边村少四邻。婆娑依里社,箫鼓赛田神。洒酒浇刍狗,焚香拜木人。女巫纷屡舞,罗袜自生尘。"唐韩愈《游城南十六首·赛神》诗云:"白布长衫紫领巾,差科未动是闲人。麦苗含穟桑生葚,共向田头乐社神。"说明当时人们选择用来祭祀土地的地点就是社的场所。

随着社会的进步发展,古代部落、部族、国家,上至国王天子、诸侯,下至乡里百姓,都各有其社,只能在自己所有的土地上祭祀其社。《礼记·祭法》则言:王为群社立社,曰太社;王自立为社,曰王社。诸侯为百姓立社,曰国社;诸侯自为立社,曰侯社。大夫以下成群立社,曰置社。而置社还包括县社和里社,《论语·先进》中的"费有社稷",就是县社。《史记·孔子世家·索隐》称:古者二十五家为里,里各有社。说明里社设立之普遍。

古代人为了捕捉社神的存在,以便祭拜祈祷,用社主做代表的实体,将其作为社神的依附对象和标志。社神的标志多种多样，《管子·轻重戊》云："有虞之王，烧曾薮，斩群害，以为民利。封土为社，置木为闾，民始知礼也。"《淮南子·齐俗训》则载："有虞氏之祀，其社用土……；夏后氏，其社用松……；殷人之礼，其社用石……；周人之礼，其社用栗……"可见不同时代，所立社的标志不同，或封土，或立石，或植树，或择木。因此早期的社可分为土社、石社、树社和丛社等四类。

《周礼·地官·大司徒》载："设其社稷之壝，而树之田主，各以其野之所宜木，遂以名其社与其野。"东汉郑玄注曰："壝，坛与堳埒也。……所宜木，谓若松、柏、栗也，若以松为社者，则名松社之野。"这说明树是社的标志，树木便是"社主"。早期的社主大都选用丛林中五大三粗、枝繁叶茂的自然树木。《墨子·明鬼下》称虞夏商周三代圣王建国营都之日，"必择木之修茂者立以为丛位。"这里"丛位"就是"丛社"。社必有树，不同的社，所植的树木也不同。《论语·八佾》载："哀公问社于宰我，宰我对曰：'夏后氏以松，殷人以柏，周人以栗。'"《太公金匮》载："武王问太公曰：'天下神来甚众，恐后复有试予者也，何以待之？'师尚父曰：'请树槐于王门内……'客有非常，先与之语，乃命太公祝社曰：客有益者入，无益者距（之）。"这说明槐树就是社神所凭依之"主"，植槐就是使社神有栖息之处。可见，树木与社不可分地相联系于一体，社的神灵当然也就要附于树上。树木已成为当时区别社坛方位和大小的重要标志，《尚书·无逸篇》载："大社唯松，东社唯柏，南社唯梓，西社唯栗，北社唯槐。"

古代社树的种类除上文所说的松树、柏树、栗树、槐树、梓树外，还有榆树、桑树、栎树等很多种。如《汉书·郊祀志》曰："及高祖祷丰、枌、榆社。"颜师古注云："以此树为社神。因立名也。"这是以榆树为社。《吕氏春秋·顺民》称："汤乃以身祷于桑林。"《吕氏春秋·慎大》也称："武王胜殷，……立成汤之后于宋，以奉桑林。"这是以桑树为殷人社。古代在不同季节里，所祭祀的社树也是不同的。《淮南子·时则训》阐释天子一年十二个月中所祭祀的季节社树分别为：正月为杨树，二月为杏树，三月为李树，四月为桃树，五月为榆树，六月为梓树，七月为楝树，八月为柘树，九月为槐树，十月为檀树，十一月为枣树，十二月为栎树。

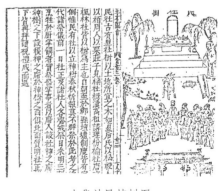

古代社民植树图

古代人为何以树为社的标志？其原因有三：一是使民望而生敬。《白虎通义》说："社稷所以有树何？尊而识之也，使民望见师敬之。又所以表功也。"二是树为神灵凭依之"主"。南宋理学家朱熹注"哀公问社"云："三代之社不同者，古者立社，各树其土之所宜木以为主也。"三是树木形体高大和长寿。在长期宗教生活中，社树就具有社神的宗教意义，如福禄、国祚、国运及祖先、故里等内容。

社树的宗教意义还有故国的象征。《孟子·梁惠王下》说："所谓有故国者，非谓有乔木之谓也，有世臣之谓也。"这是以乔木作为故国的象征。楚国大夫屈原《楚辞·九章·哀郢》有"发郢都而去闾兮，荒忽其焉极？……望长楸而太息兮，涕淫淫其若霰"赋句。蒋骥《山带阁注楚辞》卷四注："长楸，所谓故国之乔木，令人顾望而不忍去者。"这是屈原因秦国入侵而被迫离开祖宗故国，在漂泊途中，望长楸而抒发的追思故都之情。社树作为故国的象征，国亡社亦亡，亡国的社树还要像俘虏一样被侮辱和摧残。《礼记·郊特牲》曰："丧国之社屋之，不受天阳也。"《左传·襄公二十五年》载："陈侯会楚子伐郑，当陈隧者，井堙木刊，郑人怨之。"敌国交战，砍伐和摧残敌国之某地树木，就是污辱和践踏一个国家和一个地方。可见，社树与故国、乡里的命运是息息相关的。这在我国最早的诗歌《诗经》中就得到体现，《唐风·杕杜》则是当时唐地民间以杜树为社树的反映，唐风咏杜即是咏其社神。"有杕之杜，其叶湑湑"，是描述一个远离故乡、亲人隔绝、骨肉离散、孤独无依的异乡人，在看到一棵孤独的杜树而产生的乡里故国之思。那象征着家人团聚、乡里之情的故国神树——杜树，便成为他的精神和情感的寄托。对乡里、家人的无限怀念之情统统集聚于社树之中。《小雅·小弁》的"维桑与梓，必恭敬止"诗句，以桑、梓二木起兴，所表达的也是对祖先、宗族的忠贞不贰和崇敬虔诚的宗教感情。《小雅·采薇》文中"昔我往矣，杨柳依依。今我来思，雨雪霏霏"句，表达了戍边士兵对家乡故园和亲人的思念之情。此外，《唐风·有杕之杜》《周南·樛木》《小雅·南山有臺》等诗，其"所咏之词"也是有关宗族、故园乡里和福禄国祚观念之表述。

秦汉之际，产生了视树为神的观念，社树就被视为神树。我国古代神话传说中的建木、扶桑、若木就是古代人崇拜的三大神树，无疑就是古代人们心中最理想的社树。文献典籍中有大量关于树木崇拜的记载。《山海经·海内南经》说："有木，其状如牛，引之有皮，若缨、黄蛇，其叶如罗，其实如栾，其木若蓲，其名曰建木。"东晋郭璞注云："建木，青叶、紫茎、黑华、黄实，其下声无响，立无影也。"这是论建木崇拜。东晋郭璞注《山海经·海外南经》载："员丘山上有不死树，食之乃寿。"这是说寿木崇拜。《十洲记》称："扶桑生碧海中，树长数千丈，一千余围。"这是言桑树崇拜。《淮南子·坠形训》云："若木在建木西，末有十日，其华照下地。"这是道若木崇拜。《神仙传》也载："天上见老君，赐羲枣二枚，大如鸡子。"这是谈枣树崇拜。《玄中记》言："东南有桃都山，上有大树曰桃都，枝相去三千里，上有天鸡，日初出照此木……下有二神，……今人正朝作两桃人立门旁，以雄鸡毛置索中，盖遗像也。"这是称桃树崇拜。《汉书·五行志》载："昭帝时，上林苑大柳树断仆地，一朝起立，生枝叶，有虫食其叶，成文字，曰'公孙病已立'。"后来昭帝崩，大臣迎立昌邑王，淫乱失道，大臣霍光废之，又立昭帝之兄戾太子之孙为宣帝，其名正好叫"病已"。对于这种现象的出现，《汉书·眭两夏侯京翼李传》中眭弘推知："僵柳复起，非人力所为，此当有从匹夫为天子者。枯社木复生，故废之家公孙氏当复兴者也。"这是视柳树为神树的事实。以上文献说明树神崇拜在中国古代的普遍性。这些自是当时人们追求长寿和死后升仙思想的产物。考古资料也可证实这种情况。四川广汉三星堆出土的3棵青铜树，两大一小，树座呈圆形，有的座上还有武士形象的铜人雕像，背朝树干，面向外下跪，俨然一副虔诚的神树守卫者形象。论者认为这就是传说中的建木神树。河南济源泗涧沟8号墓出土一件西汉绿褐釉桃都树，该树高69.3厘米，底座宽15厘米。洛阳烧沟61号西汉中晚期的打鬼图墓门额内上方的神虎吃旱魃图中，也有桃树的形

四川三星堆青铜神树
（《三星堆文化》）

象。南阳汉画馆存有3块"常青树"的汉代画像砖，其造型均为三角形，一般仅有单线勾勒轮廓，寓意十分明显，取三角形的稳定性寓意稳定、长存和光明。

历经魏晋南北朝，到唐代以后，视社树为神树已是很普遍了，并形成了对社树的禁忌。白居易诗云："有木名杜梨，阴森覆丘壑。心蠹已空朽，根深尚盘薄。……为长社坛下，无人敢芟斫。几度野火来，风回烧不著。"就是因对社树的禁忌而不敢砍伐，借此讽刺大唐帝国行将没落。由于与农业生产有着密切的关系，人们视社树为一方的保护神，并为之立祠建庙。晋干宝《搜神记》卷

十八记载，魏晋南北朝时期扬州庐江郡龙舒县陆亭的流水边有一棵大树，高数十丈，常有黄鸟数千只在上面做巢。当时久旱不雨，村中的长老认为这棵大树常有黄气，可能有神灵，于是以酒脯前往祈雨。后来村中有人于夜间见一妇人，自称是树神黄祖，能兴云作雨，答应明日有大雨。到时果然下雨。于是村民遂立祠祭之。这说明在魏晋时期就存在着祈雨于树神的习俗。梁宗懔《荆楚岁时记》载荆楚习俗："社日，四邻并结综会社牲醪，为屋于树下，先祭神，然后飨其胙。"唐元稹《古社》诗云："古社基址在，人散社不神。…… 农收村落盛，社树新团圆。社公千万岁，永保村中民。"这是对唐代人在村落间社树下祭祀社神场面的描述。唐代诗人王建在《神树祠》中，描写了一个普通农家对院落中的海棠树的崇拜。这户人家每年四时八节都要为海棠树上供，海棠树有灵，祈晴即晴，祷雨即雨。农家希望依附在海棠树上的神灵不要离开，保佑合家平安，官衙不要来找麻烦。南宋理学家朱熹注"哀公问社"云："看占人的意思，只以树为社主，使神依焉，如今人说神树之类。"这说明社树已经变迁为民间的神树了。民俗学家曹松叶在20世纪20年代末曾对家乡浙江省金华城区的20处树神庙进行调查统计，他在《民俗周刊》的《金华一部分神庙一个简单的统计》一文如此记载："槐树庙2所，皂树庙2所，槐木庙1所，柏树庙1所，柏树白塔庙1所，仙桃庙1所，枣树庙1所，桐木庙1所，棕榈庙1所，杨柳七夫人庙1所，槐塔庙1所，古木庙1所，罗汉柏树庙1所。"当时金华城区面积不足2平方公里，而树神庙竟有这么多，可见当时敬奉树神的风俗之兴盛。

由上所述，社树作社的标识，易为人们所接受，无论本地人，还是迁徙的流民，多受到树木的恩惠和庇护。如广泛流传于黄淮海地区的大槐树故事。人们把树木种植在村边和宅旁，久而久之便成为村寨和居宅的象征。村落宅基风水林就是在当时的社会条件下对社神或氏族祖宗崇拜的延伸与派生，人们相信它们的好坏会预卜未来的祸福吉凶。培护村落居宅风水林成为封建宗法制度下祖先崇拜的表现，为民间所接受仿效。广西、湖南、贵州苗族地区在每

广西某村落风水林
（《理想景观探源》）

一村寨中都植有风水林或树，相信这些树木支配着人们的命运。云南沧源班洪地区的佤族人村寨都有"鬼林"（即"神林"），称为"龙木依吉"，即树木之神的意

思。湘西苗寨村口常见的大枫树，云南、广西、广东、福建一带村口常见的大榕树，江西、湖南等地村口常见的大樟树，都是被视作为"风水树"或"神树"而保留下来的。广西毛南族的每一个山寨都保留着山寨后面的风水林，人们视其为祖先和神灵寄居之所，不敢触犯，禁止砍伐。

二　主要村落风水林

这里主要选择村落风水林保存较好的古徽州、客家人聚居区及民族地区为代表作一论述。

1. 徽州村落风水林

徽州地区是指明清时期的徽州府所辖的歙县、休宁、绩溪（今属安徽宣城市）、黟县、祁门、婺源（今属江西上饶市）六县，是一个"八山一水一分田"的山区。境内群峰耸立，山丘屏列，岭谷交错，有深山、河谷、盆地、平原，波流清澈，溪水回环，水秀山灵，犹如一幅风景优美的图画。

（1）徽州村落风水林类型

徽州山区的古村落周围几乎都有一片古老的树木，少则几亩，多则几十、几百亩。这些树木都是上辈人传下来的，树龄已有百年以上，经历数代人而至今仍郁郁葱葱、茁壮成长。村民称之为"风水林"。徽州地区目前是我国村落风水林保存最多的地区之一。徽州村落风水林主要有三类：

一是水口林，主要种植在村落的水口之处，具有护托村落生气的风水意义。水口是村落的总出入口，也是一村一族居民盛衰荣辱的象征。水口常常是三向环山、一向出口。只有在水口处种植大片村落水口风水林，才能保护一村生民之命脉，抵挡煞气（东北风和北风）的侵入。故水口林又有"抵煞林"之称。绩溪县家朋乡霞水村有通水口碑文称："水口之兴败，关乎全村之盛衰。凡水口内之树木，不容人刁一丫、伐一枝者，盖以水口之有树，如人之有衣也。人无衣则无以护身体，水口无树何以护乡里。"故聚族而居的古代徽州人特别重视水口地带景观的建构，在村落的出入口即"水口"地带营造大量的风水林木以护卫村落安全，并严加保护、禁止砍伐。徽州人还在村口（即水口）建有亭、楼、桥、坊、寺、庙、塔、书院等建筑，与水口林共同构成水口园林景观。调查发现，目前徽州地区风水林以水口林为主，水口林有 3 万多亩，分布在徽州六县的各个古村落。徽州绩溪县宅坦村却有村南、村北两个水口林，这两个水口林形成了宅坦村落相对封闭的小天地。村北水口林的树木栽植于人工垒砌的护坝上，香榧、银杏、柏树、柞树等珍稀树木既高又密；村南水口林的树木相对稀疏。休宁县古林素有"桥木世家"之雅号，"桥"即"蔚林桥"，"木"指桥南一片水口林，即树木蔚然成林也，故古林又称"蔚林"。其桥南两侧水口林，占地近 60 亩，林内参天古树密密匝匝，大都需要四五人合抱，朴树、小叶栎胸粗 3 米以上，苦槠、甜槠四季常青。婺源县水岚村水口林是婺源境内保存甚好的古村落水口林之一。水口两侧山上长满了郁郁苍苍的古树，佳木葱茏，翠林密蔽。古树林中，珍贵树种有红豆杉、香榧等，其香榧胸围最粗的达 4.5 米。漫步至此，沐浴拂面清风，耳聆啾啾鸟语，不仅能唤起人们对山野情趣的寻觅，且可激发人们对返璞归真的追求，进而体验到"天人合一"的境界。休宁白际严池村的水口林中南方红豆杉、南方铁杉、银杏树等稀有古树树龄已超千年，干粗数抱，冠如华盖，在向我们静静叙述严池的历史和自然。祁门县历口镇环砂村水口林，500 年以上的古树有 48 棵之多，而且多是红豆杉、红楠、豹皮樟等，仅银杏树就有 9 株，所以村子的俗名"白果树下"一直沿用至今。祁门县历溪村分布有五六片水口林，由于长期封禁，保存完好，百年以上的古树有 360 余株，林中古木参天，遮天蔽日。珍贵树种有银杏、红楠、苦槠、樟树等。黟县南屏村水口有名"万松林"的水口林，有枫香、樟树等古树 50 多株。休宁县阳台村有数百年至千年的红豆杉、望春花环绕村口，组成水口林。最大的红豆杉高 28 米、胸围 4.7 米、基围 5.2 米，最大的望春花高 21 米、胸围 5.15 米。参天古树林郁郁苍苍、伟岸挺拔，构景壮观。在阳台水口林外围是漫山遍野的毛竹林海，面积达 2.6 万亩，与古水口林相互映照，构成亮丽的自然生态景观。歙县槐塘村有 9 条道进村，俗称"九龙进村"。村口皆有水口，每一水口都有水口林分布。

徽州唐模水口园林古樟和古亭
（《安徽古树名木》）

二是垫脚林，主要是种植在村落前面水塘边、河溪湖畔的"风水林"。祁门县西乡的闪里镇沿边村在沿河相距不足 500 米的村头村尾生长着的两处奇特的风水林就属于垫脚林。风水林均成排连片生长，有香樟、枫树、白栎和苦槠等，树龄均达数百年以上，其中数棵古树被县林业部门列为国家一、二级保护名木。风水林均以香樟树龄最高，树形最为奇特，特征最为明显。村东上游河边，斜矗在河边的一棵达 700 多年的香樟，树干已成空洞，而树冠依然枝繁叶茂，巨大的树枝像手臂一样伸向河中，像要在河中捞取什么似的。村西一棵香樟更为奇特，胸径近 2 米的树干，像一条巨龙凌空伸向河中，好像要把整个河水拦住。两处风水林中的香樟，像古代两个年长的将军一样，奋不顾身，一马当先，镇守在河边，护佑着整个村庄，而其余的古树则像列队的士兵，紧随其后。而在沿边这个小村庄，风水林的作用和意义，被这两棵香樟树生动的形态作了完美的诠释和表现。西溪南古村村口分布有上百亩的数百年古枫杨树林就是古村落的垫脚林，村中缓缓流淌的小溪环绕古林木，水倒映着树林，树林映衬着青砖白墙，体现了"绿水绕人家"景致。

三是宅基林，是指古代人们在宅基周围和庭院里种植的风水林木，主要是护卫居宅和庭院环境。祁门县历溪万寿樟就是宅基风水树，距合一堂不远，至今依然枝繁叶茂、郁郁葱葱，它是历溪村历经千年的标志。据考此树植于五代时期，有 800 多年的树龄，故取名"万寿樟"。古樟胸径 2.2 米，五个成年人都无法合抱。树冠覆盖有 300 多平方米，枝丫伸展造型独特，形似佛掌，故又名"佛掌香樟"，被当地村民奉为"神树"。歙县昌溪古村落宅基林古树有 17 个树种、六七十株以上，至今仍保留有几百年乃至千年的古银杏、古樟、古松、古罗汉松、古槐等名贵树种，这些绿色文物也为昌溪自然景观增添了几分秀丽、几分魅力。村内"福安堂"明清古宅的池塘旁有一棵数百年树龄的罗汉松。昌溪古村不远处有一株数百年树龄的奇特古槠树，古槠树的朽心中又生长出一株枝叶茂盛的新樟树；槠树对樟树关爱备至，紧紧拥抱，犹如一对相恋的情人，难分难舍；槠树与樟树树冠各占一半，高约 10 米，而树围则有 3 米左右，当地乡人美其名曰"槠怀樟"。昌溪村学校内还有"牛顶樟""孪生姊妹樟""一柱四友樟"，为昌溪学校增添了独特景色。古村忠烈庙前方的人工沙墩上，有两棵互相依偎而神态奇异的樟树，一株像龙，一株似凤，人称"千年龙凤樟"。古树直径 3.3 米，高 38 米，枝干粗壮，树叶茂密，树冠像一把张开的大伞，覆地近 1000 平方米。有人曾把它与黄山迎客松对举："黄山迎客松，昌溪龙凤樟"。昌溪村中古庙旁的土丘上，有一株千年银杏树，古树干围达 8 米，高 42 米，主干挺拔，周围枝叶分布均匀，紧紧靠拢，素有"八老爷之马鞭"的美誉；在 1982 年冬天遭受火烧 10 小时后却安然无恙，侧枝仍继续生长拔高，呈现出顽强的生命力。

（2）徽州村落风水林形成原因

徽州人种植保护村落风水林与历史上徽州崇尚风水和地理环境有关。

徽州境内崇尚风水之说与宋代理学家程颐和朱熹的大力提倡有关。程、朱二人祖籍徽州，其二人的风水学说对徽州之地风水风靡起到了推波助澜的作用。程颐曾指出，人死后选择葬地，要使他日不为道路、城郭、沟池，不为贵势所夺，不为犁耕所及，认为这是葬地的五大祸患之所在。朱熹也说，欲使坟地安固久远，子孙避免死亡灭绝之忧，必须精心选择吉地、龙穴安葬先人。徽州人特别将程颐、朱熹所提倡的风水之说奉为圭臬。被湛若水奉为先儒的吴逊就深受朱熹风水论的影响，歙县冲山吴氏宗族所编的宗谱《冲山家乘》说："可筠（吴逊）公以儒术鸣，永乐初征聘不起，辟居山谷，精研地理，与上牢刘氏善，得其术。……玩朱子《山陵议》一篇：先论主势强弱，风气聚散，水土深浅，穴道偏正，力量全否。然后较其地之美恶，辟背阳向阴之非，避泉蚁风水之患，朱子一代大儒，且宗其说，予然后以其说为可信。"所以徽州人视风水地为子孙后代能否科举仕宦、财运亨通的根本所在。清《海阳纪略》卷上称当时徽州是"衣冠一席之宴，谈风水者过半"；清赵吉士《寄园寄所寄》卷十一也称："风水之说，徽人尤重之。其平时构争结讼，强半为此。"风水之说成了徽州人的热门话题和关注的焦点之一。所以培植和保护风水林木便成为当时人们的神圣职责和普遍行为。徽州地区的一些古乡志、乡规以及家谱都有明确的记述和规定。祁门县《善和乡志》卷二"风水说"记载：明洪武、永乐年间，六都善和乡程氏诸公酷信风水之说，在溪面茅田降，众人出钱买下高地栽莳竹木，开造风水，荫护一乡，并订立券约，以图永久。至明弘治年间时，又重立议约，并要求"各家爱护四周山水，培植竹木，以为庇荫。如有犯约者，必并力讼于官而重罚之。……载瞻载顾，勿剪勿伐，保全风水，以为千百世之悠悠之业"。明清时期号称"祁西右族"的祁门文堂陈氏宗族的《文堂乡约家法》乡约规定："本里宅墓来龙朝山水口，皆祖宗血脉，山川形胜所关，各家宜戒谕长养林木以卫形胜。毋得泥为己业，掘损盗砍。犯者共同重罚理治。"因此，风水观念是徽州地区风水林形成的根本原因。

徽州地处亚热带湿润季风气候区，黄山、天目山和白际山环绕四周，山脉之间形成休（宁）歙（县）、黟县、祁门等小盆地，环于四周山脉的新安江及其众多支流形成闭塞而又景色秀美的自然环境，为徽州人选择和营造理想的居住环境提供了有利的自然条件。徽州景色秀美的自然地理环境表现是四周山体峰峦环抱、森林茂盛荫翳、中间地势平坦、河溪绕村而流、背山面水而居。因此林木茂密的地理环境是徽州人在风水地选址时优先考虑的条件。徽州裴氏宗族在村落选址时就注重林木的景观，其宗谱《湾里裴氏宗谱》卷二"鹤山图记"云："鹤山之阳，黟北之胜地也，面亭子而朝印山，美景胜致，目不给赏，前有溪，清波环其室，后有树葱茏荫其居，悠然而虚，渊然而静，……惟裴氏相其宜，度其原，卜筑于是，以为发祥之基。"徽州方氏宗族《尚书方氏族谱》卷三"荷村派基图小引"称荷村派始祖见此处是"阡陌纵横，山川灵秀，前有山峰耸然而峙立，后有幽谷窈然而深藏，左右河水回环，绿树阴翳"，遂"慕山水之胜而卜居焉"。强调是"山川灵秀""绿林荫翳"的优美景观。这种优美景观构成的林木植被，是护卫村落居宅安全的生态屏障，就是风水理论所说的风水林。因此，地理环境是徽州地区风水林形成的重要原因。

此外，徽商的兴盛也是风水林兴起的原因之一。明清时期徽州商人极为兴盛，几执全国商界之牛耳，全国十大商帮，徽商居首。徽州大贾富积百万，在衣锦还乡之际，往往不惜重金寻求风水佳地。为子孙后代人财兴旺发达，徽商及其后人十分注重对风水地的营造和保护。风水林无疑就是其悉心营造和保护的对象之一。

（3）徽州村落风水林的实践

徽州人培植和保护风水林的实践，在一定程度上反映了历史上徽州人种植保护林木的成就，也是保护发展森林资源的见证。

①培植风水林的成就

由于林木景观对形成所谓"吉地""龙穴"的风水环境具有十分重要的作用，所以风水理论注重倡导植树、培植风水林。徽州婺源清华胡氏宗族人认为，林木繁茂是一个宗族兴旺发达的标志，"故培其本者则枝叶繁茂，浚基源者则流长。人能以先陇为意，培植而封护之，则其子孙岂有不昌大者乎？"倡导宗族人培植风水林木。明代徽州风水术提倡植竹。明歙县人方承训《复初集》卷九《门前植竹歌》曰："前江碧水喜之玄，仍訾南山对未专。青囊授秘丛植竹，苍翠森森沙浮旋。"就是提及风水术倡导植竹之举。清光绪《婺源县志·义行》记载婺源中云王联辉以"云山、骐山为村北障，劝族人培植树木以护宅"；还载理田李赠因"村有西山，集众捐资栽树以障北风，余费置租善后，里宅由是获荫"。这是种植村落风水林护卫村居安全。黟县宏村雷岗山是宏村汪氏族人的风水山，清乾隆时该村文人汪士通《雷岗山记》称"雷岗山者，村之依托也。村人视其来龙圣所，村之屏户之望也。村人担石压土种树植草"，因此其山"林木丰茂也。其山坡缓垛平，广植榛林及枫樟，是岁交秋，霜侵叶变，五彩绚明，大添风景"。歙县《黄氏重修族谱》称其族于村落"遍植水竹，一片翠绿。又有枫树成林，深秋之际，红绿相映，无上景致"。绩溪龙川胡氏宗族还规定宗族子弟生男孩须担土上来龙山栽树一棵。歙县棠樾村是鲍氏宗族的聚居地，其村东南角地势平坦，不符风水要求，族人就在此堆筑了 7 个高大的土墩，土墩上植树以障蓄水，至今尚存。《明经胡氏龙井派宗谱》规定："堪舆家示人堆砌种树之法，皆所以保全生气也。各族阴阳二基宜共遵此法，尤必严禁损害。"

徽州人多种松树、枫香、苦槠、樟树、银杏、杨柳等树种于水口，护卫村落生气；植桂花、银杏、柏树、黄连木、梧桐等树种于宗族祠堂，护荫祠堂；植桂花、梅花、银杏、梧桐、罗汉松、棕榈、柏树、红豆树等于居宅庭园，以作庭院观赏树；植苦槠、银杏、柏树、枫香、松树等作道树，以荫护行人。但种植最多的是枫香、梓树、榆树、樟树、银杏、苦槠、黄连木、松柏、桂花、杨柳等，这些树种在徽州都具有某种象征意义，寄托了种植者的某种理念。如枫香树

徽州村落风水林景观

谐音"封"，栽在村落水口则昭示着此地为某姓"封地"，同时又有封住旺气不外泄之意；梓树有"梓里""桑梓"意义的象征，植此以告诫子孙后代不可忘怀家乡；榆树开花结籽的果实形同古代钱币，被历代视为"摇钱树"而喜栽植；樟树的纹理细密如"纹樟"，故谐音"文章"，植此以寄寓子孙科举兴旺、人才辈出；黄连木又名"楷树"，植之以象征刚正、仁义和楷模之意；银杏树高大、浓荫广覆，被视为村落标志树，多作迁基树栽种，寓意后代子孙兴旺、多子多福；徽州人多外出经商，故喜植杨树，寄望出门后顺风顺水、广进财源；柏树常青，柏树枝谐音"百支"，象征宗族人丁兴旺；桂花树八月开花，此月为科举月，以此象征举子科举高中，蟾宫折桂；槠树则有"朱紫""诸侯"等谐音，以此昭示本族兴旺发达，子孙后代升官发财。以上诸种都是徽州人祈求平安、寄寓吉祥和子孙兴旺发达的风水理念表达，也体现了徽州文化的精深内涵。

②保护风水林的成就

受风水理论的影响，徽州人十分重视对村落风水林的保护，但徽州历史上保护较多的是水口风水林。因水口林是护卫村落安全的屏障。祁门县康村的康、凌二宗族自明代开始就已联合立议蓄养水口林木庇荫。到清代康熙和乾隆朝，利用对犯禁者处罚之契机两次联合再议规约加禁。其于乾隆四十八年（1783）所立的规约称："凌务本、康协和堂，原共有金竹税洲，为申饬文约，请示演戏严禁，蓄养树木庇荫水口，保守无异。近因无耻之徒，屡被偷窃，锄种无休。是以二姓合议，会禁水口，命脉攸关，本应指名控理，免伤亲族之谊，违犯自愿封禁鸣锣、扯旗示众。自后，家、外人等毋许入洲窃取，税州（洲）地毋许锄种，如违，罚戏壹台，树木入众。如有梗顽不遵，指名赴县，赍文控理，断不宽恕。二祠倘有外侮，费用均出，各宜凛遵，毋贻后悔，凛之慎之。乾隆四十八年六月 日 二姓公白。"足见对水口林木的重视程度。二姓联合封禁制定的规约，针对的是不特定的宗族内外人等，具有较强的威慑力，发挥着控制作用。清乾隆五十年（1785）十二月婺源县汪口村俞氏宗族等为保护该村水口风水林，在婺源县官府的支持下制定了保护规约并刻石立碑，其碑文称："乡聚族而居，前藉向山以为屏障，但拱对逼近削石巉岩。若不栽培，多主凶祸。以故历来长养树木，垂荫森森。自宋明迄今数百年间，服畴食旧，乐业安居，良于生乡大有裨益。"只是自乾隆四十三年（1778）以来，"无籍之徒盗行砍伐，……当经旦旦而伐，山必童赭。事关祸福，害切肌肤"。所以，该族生员俞大璋等聚众商议，"酌立条规，重行封禁，永远毋得入山残害"。所以至今古徽州地区许多村落留存的水口林就是严加保护的结果。如歙县唐模檀干园有徽州"水口园林第一村"之称，走近唐模，扑面而来的是古朴典雅、安详宁谧的水口园林。由村中流出的小溪穿过一座座的小石桥，翻越一道道拦水坝，形成一道道人工瀑布流往下游，两岸数十株巨大的樟树浓荫蔽日。特别是那株决定汪氏家族命运的银杏，历经1300多年的风风雨雨，依然枝繁叶茂、生机盎然。婺源下溪村的水口林由数十株古樟水口林、武溪、万担岗、文昌阁组成。婺源李坑水口林位于村口，在村口的溪堤边生长着许多高大壮观的南宋时期栽植的古樟树，至今依旧枝叶婆娑，生机盎然，和廊桥、牌坊、文昌阁共同构成李坑水口园林。婺源晓起村水口林则由古樟水口林、木屋、牌坊等构成。诚如清康熙年间的徽州人方西畴《新安竹枝词》："故家乔木识梗楠，水口浓郁写蔚蓝，更着红亭供眺听，行人错认百花潭。"这正是对徽州水口林景观的生动写照。

2. 客家村落风水林

客家人是汉族的一个民系，源自中原河洛地区，是汉族中的一个地缘性群体，主要分布于福建、江西、广东、广西、四川、台湾、香港、贵州等，其中闽赣粤边三角地区是其主要聚居地。客家先民自中原迁徙之时，风水术也随之而来，所以历代客家人都十分崇信风水，有在村落居宅之地种植和保护风水林的习俗。至今在客家人聚集区的古村落内还保存有许多风水古林。

（1）客家村落风水林类型

客家人崇奉风水，培护村落风水林是客家人普遍的行为。目前客家人聚居区内的村落风水林主要有后龙风水林、水口风水林、居宅风水林和垫脚风水林等类型。

后龙风水林：客家村落多依山而建，其村落屋后的山丘被称为后龙山或屋龙山，山上所培护的面积数亩至数百亩不等的林木，客家人称之为后龙风水林。客家先民认为后龙山是来龙脉之山，其山势要深远绵长，山上必须林草茂盛，村落宗族才会生气充盈、人丁兴旺、人才辈出。这些树木不但被村民看成是一个宗族盛衰的标志，实质上也起到了预防水土流失、遮挡风沙、蓄养水源、调节气候和保护宅舍的作用，故客家村民对后龙山风水林都制定有严格的保护规约，禁止砍伐和毁坏。广东大埔县客家村落的后龙风水林随处可见，该县西河镇黄堂是已故知名侨领、大实业家张弼士于1900年建造的"光禄第"大堂屋，依山而建，屋后山有一片宽广的风水林。高陂镇银滩村背头山上有一片苍翠茂密的后龙风水林，乃是建村以来就不见衰败的树林。

水口风水林：客家人聚居的村落水口一般都保存有水口风水林，有着护托村落生气的风水意义。福建连城县四堡乡马屋村客家村落的村口就有一片郁郁葱葱的水口林，护卫着村落的生气，预示着村庄的兴旺。在风水林中最古老的一棵古樟树下，村民还修建了一座土地庙供奉土地神，客家人称土地神为"伯公""社公"或"公王"。"伯公"就肩负着把守水口的重任，不让邪气进入，严防财气外泄。福建将乐县龙栖山区的客家人村落余家坪村前有片30多亩的水口林，当地人称"山龙口"林，林内生长着红豆杉、柳杉、三尖杉、光叶石楠、野漆、青冈栎、浙楠、大叶锥、马尾松、罗浮拷、甜槠、构树等10多种古林木，遮天蔽日。

居宅风水林：是客家人在宅基周围和庭院里培护的风水林木，主要是护卫居宅和庭院环境。又有砂手风水林、龙座风水林之称。广西博白县的许多客家村落每户人家都在居宅前培护一片竹林或果园为风水林。四川客家人在建造居宅的同时，在房屋前后还广植大片的慈竹为风水林，客家将之称为竹"林盘"。每家都拥有一座"林盘"，既美化了环境，调节了气温，还为发展副业手工业提供了原材料。这种慈竹林盘特色至今仍在川西各地保持着。

垫脚风水林：主要是种植在村落前面河边、湖畔及塘堤的"风水林"。广东增城旧刘村客家古村落村前的大水塘边还残存有建村时种植的荔枝风水林，其中有一棵树干很粗，需要两人才可以合抱，枝叶可覆盖120平方米。

（2）客家村落风水林产生原因

客家人种植保护村落风水林与客家人爱好风水术有关。唐代中期以后，客家先民们自中原播迁到僻远、人烟稀少、林菁深密、虫蛇出没的闽粤赣山区。要在如此恶劣的环境里生存和发展，首先必须选择一处适宜建房安家的地方。所以伴随迁民而来的中原风水术在客家先民们的生活和生产活动中发挥了积极的作用。在祈求平安、福荫后代的潜意识之下，北方的风水文化便在客家新区生根、发芽、结果。因为风水阳宅理论的宗旨就是追求居宅选址的布局与周围自然环境的协调统一，保证人的生理健康和心理平和，而这正是《黄帝宅经》所谓的"宅者，人之本也。人因宅而立，宅因人得存，人宅相扶，感通天地"之说的体现。

从客家地区风水术士们世代相传的口碑资料中可知，将风水术带入客家地区的人主要是唐末避乱南迁的客家先民杨筠松。杨筠松为唐僖宗朝国师，官至金紫光禄大夫、掌灵台地理事，因避黄巢之乱由长安来到赣州，寻龙追脉，从事风水术的实践活动，并授徒传术，使风水术在赣南地区播延开来。杨还创立了风水术中的江西形势派，强调龙、穴、砂、水、向的配合。实际上就是因地制宜，因形选择，观察来龙去脉，追求优美意境，特别看重分析地表、地势、地场、地气、土壤及方向，尽可能使宅基于山灵水秀之处。杨筠松被历代风水术士共同尊奉为祖师。自杨筠松之后，风水术名流辈出，如曾文遄、刘江东、廖瑀、赖文俊等都是客家出身的著名风水师。《古今图书集成·堪舆部》所记客家著名风水师还有南康人刘潜，著有《地理诸说》行世，另有傅伯通曾被南宋皇帝诏令相看杭州风水。宋代创立福建理气派风水术的王伋也是客家人，是自赣州移居福建建瓯的。

随着明清时期客家民系的不断播迁和发展，风水活动也遍及广大客家地区，风水观念作为一种文化积淀已浸透于客家人的心灵深处，并成为客家人的行为准则而具有约束力。客家人故有"风水人间不可无，全凭阴德两相扶"的迷信趋势。明清之时，江西兴国县三僚客家风水师蜂拥而出，足迹遍布全国，甚至闻达于朝廷。清同治《兴国县志》所载明清两代的著名风水师就达 21 人，而见载于曾、廖两姓族谱的风水师更有六七十人之多。明初三僚廖均卿、曾文政对风水有很深的研究，明永乐五年（1407）奉旨为朝廷堪定了天寿山皇陵（即十三陵）。嘉靖十五年（1536），廖文政、曾邦旻、曾鹤宾奉嘉靖皇帝诏晋京相看献陵风水，受到嘉靖皇帝的封赏。清顺治十六年（1659），曾氏后人曾永章再次晋京，奉诏相视皇家陵园。他们除在风水实践上有很大作为外，且在风水理论上也有不少创新，整理出诸如《阳宅简要》《地理指迷》《向水指南》《地理心得》等一批有价值的风水著作，使得江西形势派风水愈显其彰。由上所引，说明客家人对风水术及风水理论发展作出了杰出贡献。

受风水观念的影响，古代客家人认为龙脉和风水林的好坏关系到一家、一族乃至一村的吉凶祸福，多通过培植和保护"龙脉"来维持风水，获得"藏风""得水""乘生气"的风水效应。所以客家人从古至今都保持着培护风水林的习俗，他们相信风水林是风水龙脉之所在，就如同人之所穿的衣服。清光绪《嘉应州志》卷四"山川"载嘉应州（今广东梅州）的北山殿，"在城北三十里，州四围皆崇山峻岭，惟此山独低"，因此，"俗谓之缺，前人议植竹树或浮屠以补缺云"。这是通过植树来培植风水。客家人认为如果后龙山或主山没有茂盛的森林也为"形家大忌"，清康熙《埔阳县志》卷一"地纪""山川"载广东大埔县之茶山，"为一邑主山，建邑初草木森浓，旺气攸聚，故人文多鹊起。厥后不禁樵采，听其濯濯，官民两不利焉。至于后山过峡处，尤不可任人叠葬。盖斩木则童，刈草流潦，戕脉崩裂之患因之，此形家大忌也。前乡绅饶舆龄合通邑白之署篆司理，余口久禁弛，尤望后人之戒严尔矣"。清同治《赣州府志》卷三"城池"也载"郡城东门外对岸有童山，一带色赤如火"。据风水家说有碍风水，所以，同治九年（1870），"巡道文翼、知府黄德溥，购小松千万株，命附山居民种植殆遍"。清光绪《瑞金密溪罗氏六修族谱》之"祖坟禁碑"记载江西瑞金密溪罗氏宗族为保护坟山、以卫龙脉，于清乾隆二十三年（1758）合族议立禁条，刻石立碑。其碑文云："窃思人各有祖，祖各有坟，坟穴有生成不足者，必栽植树木以培补之。如我祖此山，先人栽种树木，长堪数寻，大有合抱郁葱畅茂，实蔚然壮观。奈因近来有不相体念人祖之辈，潜行盗砍，笕株寥寥，草柞濯濯，以山岭干枯，树木因以自毙。登此坟山，不胜触目伤心，爰是房众人等合议此山复行严禁，照依先代老界，……俱勒碑严禁。凡菌草柞、一切树木，不许砍伐划削。现奉新例，盗砍坟山树木，议以盗贼计赃论，子孙盗砍者罪加等。"由上所见，风水意识是客家地区风水林形成的主要原因。

客家先民从中原渐次南迁到闽赣粤偏僻山区落户之时，正是靠着山林才得以隐蔽安身，并用树木、茅草搭起简陋的茅寮栖身。后来，他们虽然有了立足之地，但还是从山林中获得衣食之源。于是，人们怀着感恩戴德之情，将门前屋后的古树奉为树神，并视之为家族兴旺发达的根源而倍加养护。闽赣粤地区是多雨的南方之地，用生土夯筑的客家民居最怕山洪的冲刷。客家人多在屋后栽种树木、果树和竹丛，以固护水土，防止洪水冲刷和山崖坍塌。风水林还使水源得养，泉水充盈甘洌，滋生万物。此外村落四周风水林林木茂密，能够防风挡沙，使村中不受凶风恶暴的侵扰；调节了居住环境的小气候，收到冬暖夏凉之效。所以实用功利的目的也是客家村落风水林形成的重要原因之一。

客家先民自中原南迁到闽赣粤等地山区，居宅多背靠青山，依山而建，坐北朝南，四周山丘环抱，屋后山坡地上均有浓郁茂盛的林木，山清水秀，藏风聚气。诗云："深山最深处，篱落自成村；结庐在山顶，圭窦而荜门。牵牛天上出，鸣鸡林外闻；方知吾客族，住遍岭头云。"这正是对客家人所居地理环境的真实写照。从现存客家人居住的古村落来看，也反映了客家人对理想居住环境的追求。这些居住环境在景观上的表现通常是"山川秀发""绿林荫翳"的山水胜地，符合风水学里所说的"山为骨架，水为血脉，草木为毛发，烟云为神采"的总体环境观。所以客家先人往往"慕山水之胜而居之"。江西于都县段屋乡寒信村客家肖氏宗族寿六公祠内的《七修肖寿六公祠序》碑文载："太祖肖寿六公，于明朝洪武初年，由赣州信江营北迁至寒信峡，喜见山水灵秀、大气磅礴，遂卜迁垦殖，构宅第于贡水之滨，耕读自立。"肖姓开基祖寿六公择寒信峡而居，其后子孙昌盛，人丁兴旺，衍为当地一巨姓大族。江西赣南客家林氏联修的《林氏联修族谱》记载该族李安洞屋的风水环境是："其地山清而水秀，泉甘而土肥，草木畅茂，地灵人杰。因询其屋之来龙树山，则曰：'吾林氏之山也。'"广东焦岭县淡定村丘逢甲故居"培远堂"的楹联："西枕庐峰东朝玉笔山水本多情耕读渔樵俱适意；南腾天马北渡仙桥林泉皆

福建南靖塔下村客家德远堂风水林
（《土楼与中国传统文化》）

胜境同藏出处尽随心。"这正是对其居住环境景观的概括。可见，客家人村居这种优美景观构成的林木植被，是护卫村落居宅安全的生态屏障，就是风水理论所说的风水林。

（3）客家村落风水林的培育保护成就

①客家人培植村落风水林的成就：客家人基于风水理论，十分注重倡导植树、培植风水林。江西《大余黄龙李氏九修族谱》云："一培栾林。栾林为保障要务，村居、坟山皆不可少，若地有树木，如人有衣冠，所以庇祖灵，荫后嗣也。古人为宫室必慎堤防；为陵墓，必勤封植。"将林木视为人体之衣服，倡导族人种植风水林。客家人的房屋多依山建造，屋后几乎都种有一丛浓郁茂密的树林。纵然是在平坦地形上建房，也要在屋后人造土坡（当地叫做花台）上种植四季常青的各种竹木，少则几亩，多则几十、上百亩，当视房屋规模而定。这些树林，大都是祖辈传下来的，有的是单家独院后面营造，大多则是以自然村落后山成片营造，树龄已有数十年乃至几百年的历史。清嘉庆十二年（1807）江西瑞金《邹氏族谱·艺文》载邹氏先祖琼如翁因"于本族水口缺陷，翁捐田三亩筑围以作一族风水，兹围口败，合族种植树木，皆已苍翠蓊郁，不敢戕伐。后之人皆知翁之所捐而众业以培风水者，其有功于一族一村，诚不少矣"。福建宁化县水茜乡石寮客家村落有一片面积3亩多的古杉群，32株高大挺拔的古杉木，名闻遐迩。据该村郑氏村民回忆，是250多年前其先人迁居石寮村时，为了抵挡来自西北面峡谷的"风煞"，保佑村落平安，在村落前下方所栽植的杉木风水林。福建龙岩银澍村客家王氏族人通过在村落背后种植风水林，形成"密林蔽日""茂林修竹"等景观。民国《崧里何氏族史·杂录》载广东大埔县双坑客家何姓村落四周之山，因长期樵采，山上连一个"遮障之所"也找不到。康熙初年，"至十八世通族始议，照鼎成、道隆、鸿业三户丁口派银购物，鸠工栽种，修蓄松、杉等木"。经过族人数十年的精心管理，至乾隆十七年（1752）时，"吾族一抔之土，茂林修竹，蔚然深秀，一望无际"。这是客家何氏宗族人种植村落风水林的载记。江西兴国三僚客家曾氏族人聚居的村落左侧砂山是该族于明初人工挑土堆砌的山梁，上面种满郁郁葱葱的毛竹作为风水林，如绿色屏障拱卫着村落。

福建宁化石寮村落古杉风水林
（《宁化林业志》）

②保护村落风水林的成就："若要穷，灭后龙；若要富，留住水口树。"这是客家人祖祖辈辈传诵的口头禅。因此，在客家人眼里，后龙山风水林及水口风水林比一个人的生命还重要。他们认为这是关系到一个姓氏乃至各家各户的衰败与兴旺的大事，无论是谁，有何理由，都不许乱动。闽西武平县源头村客家蓝氏宗族的祖训规定："山林树木者围护屋基譬如人之有衣。本家住近乡落所有掌禁，竹木柴薪各宜约束，群小不可轻易斩伐，捉获之日当众公罚，以杜将来，决无宽宥。"江西赣南《大余黄龙李氏九修族谱》云："今与族人约，凡属栾林，倘有不肖之辈，无故剪伐，是不知要务，当以达禁之律惩治。如果时加培植，后嗣自必昌荣。"将村落风水林视为宗族兴旺的象征而严加保护。江西《于都峡溪萧氏族谱》所记该族所订立的"族规"对保育风水林木有专门的规定，其文曰：

> "吾族以庵山为后龙，以中坝为水口，其间之树木皆一族众掌，但有不肖子弟往往偷伐，不知后龙之有树木犹人之有衣服，水口有树木犹人之有唇齿，无衣服则人必寒冻，无唇齿则人且立毙。忆昔年，吾族因后龙树密多虎，而且易藏奸人，众议出售得七百金，期将此广置众田，以大门风。孰知既卖之后，斧斤入山不半岁，而合村鸡犬不安，人丁损败，且连年兴讼，百孔千疮，即或将些须置买田产，讼事复于别售外人所用。祸当近，乃严加禁蓄，稍得安静，始知风水捷于影响。此二处树木永不可卖，前车可鉴，切宜记之。倘不肖子孙有偷伐者，查出则必严加重责，为父兄者不可不时加训励也。至于后岗来脉金星，乃过龙之胎脉，犹人身之有头项也，务宜培补为美。前人所筑围墙其误已极，自后永禁挖锄以及作厕，凡我族人各宜体恤，有不遵约束者，通众公罚。"

有些地方的客家人还确定由专门的管理人员负责管理村落风水林，如民国《崧里何氏族史·杂录》之"十八公引"载广东大埔县湖寮村客家人何氏在栽种村落四周之山的风水林后，规定"三年一划拨"，平时不准上山樵采。如发生山火，子孙必须前往救护。为管理好山林，"举次房十八世瞿行、而安二公为董理"。设立巡夫，每天巡视山林。"二公既往，时异势殊，守规者固多，犯禁者亦不少。则有善长公者，而安公之胞侄，毅然独任，族人目为破面虎。勤劳三十余年，而树木益长大，厥功诚伟。"清福建连城县客家《新泉张氏族规条款》规定："族内众山树木前人修蓄，所以护卫风水，不许入山砍伐。即风吹倒者必众卖以充公用，不得恃强擅搬。违者经看山人报知，从重罚惩。"客家人保护最多的村落风水林则是后龙风水林和水口风水林。

对后龙风水林的保护：后龙事关一村一镇的命脉，是运气兴衰的标志。后龙风水林的作用是培壮后龙山，或者是遮盖后龙可能带来的煞气。所以客家人很重视对后龙风水林的保护，有些客家宗族还把其列入族规家法，以约束宗族人的行为。江西兴国三僚廖氏宗族就把保护后龙风水林的禁约写入族谱，清光绪《清河廖氏遵修族谱》之"月洲堂重禁后龙禁约"其文曰：

"月洲堂为重行严禁后龙，以卫风水，以固山林，免伤树木事：窃思人文蔚起，全岳渎之钟灵，宝贵悠长，犹赖山林之秀丽，故钟灵木自于天生，而秀丽实关乎人力。如吾房之后龙山及章光土，为合村之屏障，及一姓之在观向。承前人蓄植经致，树木畅茂，成林苍苍，恍如书图。奈近年以来人心不古，习俗浇漓，只图一己目前之便，不顾合房日后之伤，潜往山中，竟将青青郁郁之山，时作旦旦丁丁之境。或盗砍树身，或窃挖兜木，或斫菌几，或钩燥丫，或拯树叶，或剥树皮，或取松毛，或捡鸡子，种种戕害，实难枚举。使见者心痛，闻者切齿。向年既行示禁，金人巡守，奈射利之徒不遵众议，是以传集合房前辈至祠，再行商议，编立条款，鸣锣置酒，另行家喻户晓，重行严禁。合金杰士良雕，时日看守。自禁以后，凡我房人中人等，各宜教训子弟，不得仍蹈前辙行戕害。若有再蹈覆辙，毋论男妇老幼，倘经捉获、撞遇、察觉，定即照依后关条款责罚。有恃蛮不遵者，及无赖泼妇，恃其身系女流，或藉称年幼无知者，口徒合房绅董人等究处，或送官究治，或将犯夫逐革，决不宽眷。各宜凛遵，或属外房外姓人等，有犯则当临期酌处，务斩合房人等恪守，乃规永遵是禁，则人文蔚起、宝贵悠长之风，可翘首而待焉。"

通过摆事实、讲道理，告诫族人爱护村落后龙风水林的重要性，强调所订立规约的约束和威慑力。广东中山石莹桥村是古姓客家人聚居的山村，村落居宅的背后有片繁茂昌盛的风水林，宛如弯月形状，像一把椅子的靠背护卫着村落。古姓先祖明令禁止村民到山上砍伐树木，只能捡拾些枯枝，否则会受到重罚。福建南靖县和溪乐土村客家黄氏家族，将村周 2000 多亩山林定为风水林，现在黄氏祠堂后还有 300多亩保存完好，成为罕见的原始森林景观，被列为国家级自然保护区。

对水口风水林的保护：客家民众非常重视对水口林木的保护。福建武平县源头村客家蓝氏宗族的《景常公太遗训》就有"水口栽种之树木，不得任意剪伐"

之要求。福建永定县（今龙岩市永定区）培丰镇客家人聚居的长流村有片水口风水林，林内树种繁多，除了榕树、楝树外，还有樟树、酸枣、桂花等数十种，树龄大多数百年，树径大者超过 1 米，有一棵楝树需六七名成年男子牵手相围方能环抱。为了保护这片水口风水林，该村人于民国二十七年（1938）五月，呈请长流乡保长联合办公处，制定保护规约，并刻石立碑，其碑文曰："为重申严禁事窃查：本乡凹子山古人立有树木，原为全乡北阙屏障，关系起见，已订公约，严禁在案。近因潮流变迁，以致公约废弛，疏失前人植树之意，且其中有坟墓在此，诚恐以后藉词修坟损失树木者。本处鉴及此，特召集保长、绅耆等前来会议，再行重申严禁，并拟定违禁罚则"，并"将决议罚则勒石以维禁约而固风景，仰附近居民守之。"还制定了四条处罚规则。该片水口风水林现已被县旅游部门规划建立成为森林公园。福建宁化客家人每个宗族（或祠下）都制定有保护水口风水林的乡规民约。有的宗族规定：凡有人胆敢砍伐树木或拾柴火者，就得在祠下办一场酒席，每户来一人。以此来教育大家，使此林不受侵犯。新中国成立后，有的罚放电影，有的罚发食盐等。如有人偷砍了此林的树木，就得送给每户半斤或一斤的食盐，并挨家挨户送去，同时得向各户作检查，赔礼道歉，表示自己行为不对，并表示悔改，从而教育大家不得乱砍树木。为更好地保护好水口林，每年的清明节，客家人便利用清明祭祖的机会，在祠内集中各房的房长及族内权威人士总结前一年对风水林的保护情况，进一步强化护林条约，加强责任感，确保风水林得到严格的保护。广东五华县双口镇军营村客家村落北边的风围水口风水林郁郁葱葱、异常茂密，面积有 20 多公顷，是华南植物研究所生物多样性研究的一个观测点。该村落风水林里还有国家二级保护植物——观光木。历史上该村村民为保护这片水口风水林，于清乾隆三十年（1765）立碑保护，至今已有 200 多年。

（4）客家村落风水林的生态文化意义

客家村落风水林是客家人基于山林崇拜的意识与风水观念而保护下来的一类特殊森林景观，它体现了一种生态文化的传统。

①生态学价值：客家村落风水林是客家地区村落农业生态系统中的重要组成部分，具有涵养水源、保持水土、调节气候、保护生物多样性等生态学价

广东客家村落风水林（《理想景观探源》）

值。多数村落风水林位于当地村落后面的山坡，是当地的水源处或灌溉水沟的上游，不仅提供了当地居民的生活用水，且是农业生产中的重要灌溉水源；在客观上对防止山地的水土流失、减缓山洪对水土的冲刷、减少山体滑坡和泥石流以及防风、稳定村舍有一定作用。深圳和香港九龙、新界的客家聚居区是清康熙朝开始实行"迁海复界"政策后形成的客家人新聚居区。在龙岗区大鹏半岛南端的南澳，几乎每个村庄都有一片蔚为壮观的古风水林。在这一片片风水林中，有众多树龄达数百年甚至上千年的古树，有许多珍贵的国家级保护植物，有不少深圳罕见的植物群落，还有众多的鸟类、蛇类以及野猪等。杨梅坑村后山坡上的黄桐风水林，非常高大苍老，许多黄桐主干约要两三个人才能围抱。其中有一棵胸径1.6米、两棵胸径1.5米，高约十五六米不等。黄桐是热带常见树种，该村黄桐古风水林可能是深圳最大的黄桐群落。西涌沙岗香蒲桃风水林是广东省少见的单种香蒲桃群落，是南澳最有价值的植物景观资源；高岭风水林不仅面积大而且品种多、古树多。龙岗区坝光素有种植风水林的传统，有全国罕见的银叶树保护群落。银叶树是一种很美的树，因其叶子背面被白色鳞毛，故称"银叶树"，属于热带海岸红树林组成树种。特别是它的板状根，就像章鱼的爪，盘曲着，牢牢地抓着地面。虽然银叶树的树干高大挺拔，却一点没有头重脚轻的感觉。坝光的先人选用银叶树作为防阻海风海浪的树种真是独具慧眼。坝光行政村盐灶自然村后的风水山，面积大约7.5亩，长满了古树，其中百年以上的银叶树就有27株，有些树龄更高达500年以上，板状根高达2米，这在全国都属罕见。银叶树木材坚硬致密、耐腐，是优良的建筑用材，其树姿清秀，深绿色的叶面与银白色的叶背交相辉映，夏季又有红花映衬，更是明艳照人。所以当地村民把它们当作生命树来保护，一直延续至今。这也是坝光盐灶自然村拥有这么多银叶树的原因。2007年4月至5月，广东中山市林业局成立调查小组，对全市风水林进行了全面调查，发现目前中山市有大小风水林66个，主要保存在南朗、三乡、五桂山等9个镇区63个自然村中，多数是客家人的聚居区。调查结果显示，属国家保护与珍稀的野生植物共6科6种：土沉香、樟树、金毛狗、野荔枝、毛茶、粘木；栽培植物共6科7属7种：红椿、千果榄仁、蝴蝶果、格木、降香黄檀、云南石梓、海南石梓。这说明中山市村落风水林中有较为丰富的国家重点保护与珍稀植物。坦洲沾涌村的风水林，有着古老的树种——土沉香；沙溪镇大石兜村内人面子树林是中山面积最广的人面子树群落；五桂山办事处南坑尾村村落风水林内有华南地区很少见的古枫香二三十株；板芙镇永厚村村落风水林是以百余棵古黄皮树为主的一片黄皮林；大涌凤环村古村落风水林则是面积达120亩的黄桐林，三乡三溪村落风水林是一片米槠树群落。由上所见，村落风水林有效地保护了一大批非常珍贵稀有的生物物种。

②生态伦理价值：客家地区的村落风水林是一种森林文化的传统，其实质上是一种朴素的生态伦理观，这种生态伦理观以一种传统的文化传承形式发扬光大，有着保护自然生态的价值。风水林的文化传统是一种敬畏生命的生态伦理观。它是人类童年的原始宗教、图腾文化的延续，是山林崇拜的产物。所以说客家人培植和保护风水林的行为正是这种敬畏生命的生态伦理价值观的体现。福建客家人聚居的土楼就在风水林旁，为防止人们砍伐，产生了许多对砍伐风水林者有威慑力的惩罚报应之说，如谁要砍伐了风水林就会绝后，遭到雷打，得怪病，缺腿、瞎目、断手等说法，令人闻而生畏，久而久之便深入人心，成为人们永久的文化历史记忆而被历代传承。闽赣粤客家传统村落中都以一些高大古树作为"风水树"，树下多供奉"伯公"庙和牌位，这是这些地区的一大文化特色。清梁绍壬《两般秋雨庵随笔》笔记说"榕树过赣州，即化为樟"，是说在赣州以南的村落是以植榕树为风水树，故有"有村就有榕，无榕不成村"的景象出现。榕树是一种美丽的树，明末屈大均《广东新语》称："榕易高大，广人多植作风水，墟落间榕树多者地必兴。"所以，客家村民都喜欢在村前村后栽种榕树，认为高大的树木具有"灵魂"，会带来好的风水，甚至把它们当成"神树"加以崇拜。村民通常在榕树下设置"伯公"神坛，供村民祭祀，这给榕树蒙上了一层神秘的色彩。榕树生命力极强，树龄可达几百年以至上千年，且根繁叶茂、浓荫似盖，体现了客家人顽强的生命意识，也寄托着先祖对后代的希望。故在客家人的大小村落，村前村后必有几丛甚至成片的古榕屹立于大地之上。看这棵树的年龄有多久，便可推算出这座村庄的创建历史有多久。甚至每逢过年过节，人们络绎不绝地在榕树下烧香膜拜，在榕树上披红挂绿。这些榕树成了人们祈福的寄托，成为客家人的福音树。在深圳南澳坝光行政村产头客家人村落的村口，有一株250岁高龄的古榕，已经独木成林，其下还有一个"伯公"的神坛。台湾客家人的村口多植有一棵大榕树，大榕树下多建土地庙。所以客家村落风水林铸就了客家人敬畏生命、爱护和崇尚自然的心理和文化特征，使其能够在长期的历史发展中，始终与自然和谐相处。

③生态旅游价值：风水林是风景资源的典型代表。客家地区现今留存的风水林木一般枝体苍劲、奇姿异态，与周围的村落建筑构成别具一格的乡村园林风貌景观，集科学、历史、观赏、文化价值于一体，吸引了千千万万的人去游览，丰

富了人们的生活情趣，今日已成为宝贵的生态旅游资源，具有旅游观光价值。广东增城朱村街山角村樟油园社就有上百棵古荔枝树风水林，为山角村樟油园开居的吴姓先民首植，最老的树龄达 600 年，树径围最大达 6 米，年代久远却仍然苍劲嫣然。村里人为缅怀先祖首植古荔之情，把整座后龙山的荔枝林统称为"怀荔园"。上百棵古荔成林，相伴围绕在樟油园的后龙山，似一道天然的绿色屏障帷幕，守护滋养着这古老的村落。村庄连接着万亩果蔬生产基地，村前有整齐划一的千亩田野，各种新鲜的蔬菜青翠欲滴，田园风光优美，可谓前庭宽广，后有先祖怀荔园林荫庇，东有山角水库蓄水保财，西有回环古井的滋养。村中人文底蕴丰厚，至今仍留存有名人的祖居、讲学私塾、古井、宗祠等一批古迹，自然人文生态和谐，现已被有关部门规划为以"怀荔园"为主题的农家森林旅游公园。1977—1979 年，港英政府共规划了 21 个郊野公园，面积 4 万公顷（400 平方公里），占香港陆地总面积的 40%。九龙、新界的客家人村落风水林现已被香港特区政府部门划定为郊野公园。西贡的郊野公园基本上都是客家围村，原先位于村落背后的风水林已经成为郊野公园重要的林木景观，古老纵横交错的乡村小径，也已成为郊野公园内的游览通道。位处新界东北的荔枝窝客家古村落的一片风水

林亦被划定为船湾郊野公园的一部分，与印洲塘海岸公园毗邻。村落内树影婆娑且林木交错的荔枝窝风水林，环抱着已有 300 年历史的荔枝窝村。因居民种植了许多荔枝树，故以荔枝窝为村名。村前是一片古老的银叶树林，村后有广阔的风水林，植物品种非常丰富，对村民有重要的风水和经济价值。荔枝窝是一个多彩多姿的大自然

香港荔枝窝客家风水林（《风水林》）

宝库，林边有几棵形态奇特的大树，包括通心秋枫树和五指樟。荔枝窝自然步道沿途的解说牌，将这里的生态及文化故事娓娓道来。这些以客家村落风水林构成的郊野公园现已成为香港市民及港外游客观光游览的重要场所，向游人展示各自的生态文化特色。

3. 民族地区的村落风水林

长期以来，我国许多少数民族（特别是南方山地聚居的少数民族）受汉民族

风水理论的影响，也盛行营造和保护风水林的意识及行为，多选择依山傍水之地建村立寨，村寨周围的林木被视为风水林，禁止砍伐，就连干枝残株也不能随意惊动，因为他们相信风水林是村寨守护神藏身和显身之所。如今许多民族地区的村寨都有大片风水林的保存。浙江景宁畲族自治县秋炉乡第一坑村的村边有五湾六岗的风水林，村民称之为

贵州锦屏文斗寨苗族村落风水林（《锦屏》）

"柴广林"，意为树多、地阔。五里之地就有数十株参天古松，村头有高大的柳杉，村尾有珍贵的红豆杉。贵州黔东南地区的苗、侗族的村寨风水林，一般都位于村寨的后山上，绵延数里，呈条状遮住村庄。林中树木以松、枫、檀、栎、樟、鹅掌楸等为主，还有许多的桂花树、榉木以及贵重的楠木等。林内的每一棵树，都有一番不同寻常的来历，俨然山神派来的罗汉，身姿傲然，驻守一方。走进村寨，只要看到村寨后的风水林即可知晓此地民风。贵州车江三宝侗寨有世界上罕见的古榕群，是侗寨的风水林，有高达二十几米、围抱3米以上的古榕，一棵棵如同一把把巨大的绿伞，遮天蔽日。广西漓江源地区的壮、瑶、侗、苗族村寨附近都有一片风水林，每个村寨随处可见参天的古木，房屋往往掩映在大树之中，一些年代久远的树木上还被缠上了红布条等象征吉祥和拜祭的标志。广西兴安县水源头瑶族整个村寨都被银杏树所环绕，每年到了秋天银杏收获季节，村子就笼罩在一片灿烂的金黄之中。村口还有一棵千年银杏，粗壮的树干分成七个枝丫，被村民亲切地称为"七仙女"。云南彝族、白族、壮族、哈尼族、傣族、基诺族、景颇族、瑶族、佤族等少数民族的风水林则被称为神林，不同的民族有不同的称谓，彝族称之为"密枝林"和"祭龙林"，傣族则称"垄林"，哈尼族、基诺族、拉祜族统称之"寨神林"，文山壮族称"者处林"，佤族则称为"鬼林"（佤族语言称"龙木依吉"），布朗族称为"色林"，德昂族称之为"鬼树林"，景颇族称为"龙尚林"等。这些民族对这种树林都十分崇敬，一系列民族节日、祭祀活动和禁忌习惯都与"神林"有关。

（1）民族地区风水林形成原因

少数民族地区村落风水林的形成主要与山林崇拜和风水意识有关。

①山林崇拜：受"万物有灵论"的影响，我国少数民族地区普遍存在崇拜山

林的行为习惯。聚居于川西岷江上游地区的羌族把山林看成是超现实、超自然、超人力的存在，甚至是无所不能的各种神秘力量的化身，需要用祭祀、牺牲去博取它的赐予和好感，羌族中广为流传"古时敬神均在森林""天地之后神林为大"的说法，把神林划分为社区神林、村寨神林和家族神林等不同级别，分别加以祭拜。生活在滇西哀牢山区的哈尼族，创造了"谷底江河—坡地梯田—山腰村寨—山顶森林"的生存模式，他们认为"有山有林才有水，有田有粮才有命"，将位于村寨之顶的高山森林奉为神山和神林，每年开展祭拜神山森林的活动，俗称"祭寨母"。云南省临沧市耿马黄佤人存在色林崇拜的风习。"色林"，佤语意为"神林"，位于村寨背靠的后山上，占地200亩左右。他们认为色林中居住着"色勐"（又称色勐老爷）。"色勐"是万物的主宰，具有超自然的神力，它不仅能庇护和养育他们，还能满足他们的各种要求和愿望。云南拉祜族亦盛行山林崇拜的习俗。族人从村寨周围葱郁的树林中选择其中最高大笔直的两棵大树为"灵树"，拉祜语称之为"阙巴阙马都"。这片神秘的树林得到人们的特殊保护。人们不准在其中随便砍伐树木，免得掠动了树灵的安宁。逢年过节，村寨成员要祭献树灵，祈求它保佑村寨成员安康、牲畜兴旺。西双版纳哈尼族僾尼人的村寨一般都在密林的掩映之中，环绕于村寨周围的所有树木都被视为有神灵栖息或是神灵的化身和象征，要在特定的季节里进行祭献活动。云南、四川的彝族人普遍信仰山神，认为人的健康安泰和五谷六畜的丰歉都由"山神"主管，"山神"就居住在"神山林"里。神山一般选择村寨附近树木茂密的高山，有固定的祭场，有的村寨还建有山神庙，每年定期祭祀，神山上的"神山林"禁止砍伐。西双版纳傣族人崇拜勐神（部落祖先）和寨神（氏族祖先），神林叫"垄林"，是勐神和寨神居住的地方。西双版纳有30余个大小不等的自然勐（勐即平川，俗称坝子），每勐均有"垄社勐"即勐神林；600多个傣族村寨，每寨均有"垄社曼"即寨神林。"垄林"是村寨的保护神，它的一切动植物、土地、水源都是神圣不可侵犯的，严禁砍伐、采集、狩猎、开垦，即使是风吹下来的枯树枝、干树叶，熟透的果子也不能捡，任其腐烂。为了祈求寨神、勐神保佑村民人畜平安、五谷丰产，每年还要以猪、牛作牺牲，定期祭祀。西双版纳借助"神"的力量而保护的"垄林"面积（包括山坝区），不低于10万公顷。云南省兰坪县菟峨的怒族（自称"若柔"人）有过"山林节"的习俗，是全体族人为祭祀树林而过的节日。节期一般在树木生长茂盛的六、七月间举行，祭祀之时，阖族之人都集中到一片被视为"神林"的树林前，由巫师主持，杀黑羊祭祀，以祈求风调雨顺、五谷丰登。祭

云南元阳哈尼族人祭祀寨神林
（《寻根》2008 年第 3 期）

毕，大家在神树下烹羊共享，而不能带回家去。对于神圣的树林，村民严加保护，禁止砍伐。文山壮族支系的布侬人迁徙神话《祖宗神树》认为，远古时人口太多，不易谋生，有三房长老提出各房子孙分散自谋出路，但又担心将来子孙互不相认，于是决定到山上种三种树，一为木棉树，二为榕树，三为枫树，今后凡是走过有这三种树之一的村寨，就一定住着同宗同族的兄弟姊妹。因此布侬人以这三种树象征祖先神，每年三月某天开始过"合处节"，即祭祀树神，历时 3 天，以示追宗怀远、缅怀先祖。人们将树神视为神圣之物，甚至不敢捡回树枝或拿走一片树叶，以示对祖先神的敬畏。云南大理苍山、宾川鸡足山、剑川石宝山、云龙天池五宝山等都是当地白族崇拜的神山，每年春耕播种或秋收时令，白族村民都要对山神焚香膜拜，祈求山神保护山林茂盛、人畜兴旺、五谷丰收。神山的一草一木均有神灵而不可侵犯。在这种山林崇拜观念的护佑下，鸡足山、云龙天池五宝山、苍山等生态植被得到了有效保护。纳西族普遍存在祭祀山林的习俗，通常每个村落都有神山神树，尤其是松、柏、栗树在纳西族原始崇拜中占有很特殊的地位，大而年代久远的栗树多被视为神树，是纳西族的"图腾"。神山中的大栗树不得任意砍伐和践踏，据说只要动它的一片叶子，都会给人招来莫大的灾难。丽江纳西族每年正月以村寨为单位举行祭天、祭神林活动，每年由村寨内各家轮流主祭。祭祀之时在村寨外树林中搭祭台，台中插 3 根树木，中为柏树枝，两旁为栗树枝，作为农作物茁壮生长的象征。一些地方则以松、栗、柏三种树代表天、地、君三神。神林既然是各种神祇居住、生活的地方，侵犯神林便意味着侵犯各种神祇，因此禁止砍伐以及以任何方式玷污神林。云南宁范普米族的每个村寨都有一定面积的山坡为本村寨的神山，神山内供奉一棵大麻栗树作为本村的山神树，每个家庭还要各自供奉一棵松树或麻栗树作为自己的山神树，定期祭祀。神山内的树木都严禁砍伐。西双版纳的布朗族民间历来广泛流传"削木为人"的族源传说，每个布朗村寨都有自己的"龙山"，龙山上的神林称为"龙林"。历代布朗人对森林树木怀有深深的崇拜和敬畏之情，"龙林"中的树木严禁砍伐和毁损，每年都要定期举行祭林拜树的仪式。明清时期随着风水理论的传入和影响，许多民族就将神林、神树视为风水林和风水树而加以祭拜。所以对山林的崇拜意识是少数民族地区风水林产生的主要原因。

②风水观念：我国少数民族的满族、壮族、毛南族、土家族、畲族、布依族、瑶族、纳西族、白族、普米族、水族、侗族、苗族、哈尼族、仫佬族、黎族、门巴族、佤族、彝族、羌族、藏族、傣族等深受汉民族风水思想的影响，也崇尚风水之说。各民族在村寨选址、阴阳宅建造时，都要请风水师查看风水、点穴定向。贵州锦屏文斗寨是苗族姜氏族人的聚居区，该族明万历年间编撰的《姜氏家谱》载：

> "闻父老云，今所居文斗。元时，丛林密茂，古木荫稠。虎豹踞为巢，日月穿不透，诚为深山箐野之地乎！先辈自宋末从军至银广坡，散居各处，大垦田园。有居羊告，有居里丹，人户寥寥，每处十数户而已。明初居里丹者之鸡犬，每放辄至文斗，恋不舍回。质之堪舆，请来观看，云此处真谓到（龙）头横结，前朝上水，后靠高岗，左不见水来，右不见水去，明堂开展，朝对有情，依此筑室，富贵可期。遂邀羊告之人，于明正统初年，同移居此。一居上文斗，名舟兜，一居下文斗，名舟南。万历年，居招仰者，咸移附居。只知开坎砌田，挖山栽杉。"

这说明文斗寨苗族姜氏宗族人的先祖看中此地是风水宝地而在明初就迁居于此，可见苗族在明初就存在着信奉风水的事实。湖南、贵州侗族村寨和房舍选建讲究"前朱雀、后玄武，左青龙、右白虎"的四兽方位。民谚说"不怕青龙高万丈，就怕白虎抬头望""前有笔架山，秀才代代传""后靠卧龙山，有人在朝上"等，无疑是他们风水观念的反映。贵州锦屏九寨侗族风水师将依山傍水的村寨坐落模式解释为"坐龙嘴"，他们认为龙脉顺山脊到坝区或溪流戛然而止，所止之处称为"龙头"；龙头之后是蜿蜒起伏的山脉，若在此处建房就为"坐龙嘴"。侗族人入村的道路多选择在东面或南面，因太阳东升西落，从东面入寨，即有兴旺发达之意；村寨前的河道也以弯曲为吉，这样才能留住财源。同时，侗族人还常以修桥、栽树、立亭、改道、改水立寨等方法来完善风水，弥补村寨风水之不足。如后山来势凶猛，侗人便在后山多种树蓄林，视为"风水林"，以护卫生气；溪涧之水长流而去，隘口穿风而过，认为会带走财福，故常在溪流上架桥，在隘口处建凉亭，以留住财源。所以注重培植和保护风水林，便成为各族人的神圣职责和普遍行为。云南大理白族旧铺村于清乾隆四十五年（1780）所立的"护松碑"

称："从来地灵者人杰，理然也。以余村居赤浦，虽口倚麓山而对玉案，尚惜主山有缺陷，宜用人力以补之。而所以补其缺陷者，贵乎林木之阴翳。因上宪劝民种植，合村众志一举，于乾隆三十八年奋然种松。由是青葱蔚秀，自现于主山，而且培养日久。"这是说风水林可弥补风水环境之不足。湖南通道县播阳镇上湘村保山寨侗族人于清咸丰元年（1851）所立的护林碑文也说："从来天之暖者物始生，地之灵者人方杰。故古人卜居，必相其阴阳，观其流泉。凡左青龙，右白虎，前朱雀，后玄武，所有树木，具为蓄禁，而后保障有资，龙脉不息，可以久安而长治也。"清光绪三十三年（1907）正月初八日贵州锦屏县归固寨苗族后龙山风水林的"立禁碑"云："为此振顿玄武山以保闾里事。窃思鼻祖开基故村以来数百年矣。先人培植风树，兹生荣荣秀蕊，茂茂奇枝。远观如招福之旗，近看似罗之伞，可保一枝人人清泰，户户安康，亦能足矣。谁知木油就树而生，如井泉之水。"这是将"风水林"比作"龙脉"或山脉的衣服，没有郁郁葱葱的树林，龙就无衣遮蔽体肤，"遍地朱红"就像受伤流血的病龙；无"旗""伞"，自然无威无势，不能庇佑归固寨"人人清泰，户户安康"。这就是关于后龙山风水林最形象的诠释。上引说明风水观念对少数民族培植和保护风水林产生的影响之广泛。因此，风水意识是少数民族地区风水林形成的重要原因。

（2）培育与保护风水林的成就

①培植风水林的成就：少数民族地区都十分重视培植风水林。清云南《寻甸州志》记载曲靖寻甸州玉屏之支山："初名火龙，其山蜿蜒而南，望若游龙，明时多火患，郡守黄肇新植松压之，少息。康熙时，知州李月枝补种、禁采，改今名。"可见风水林使山保持成一条"青龙"以压火灾。火龙

湖北宣恩沙道沟土家族吊脚楼风水竹林
（《武陵土家》）

变青（水）龙，无疑诠释了风水林对形成风水吉地的作用。清嘉庆二十五年（1820）十一月九日锦屏县九南乡护林碑刻称侗族村民于水口山种植风水林，以补村寨风水之不足。碑文曰："盖闻德不在（大），亦不在小，书云'作善降之百祥'，岂能修于远而忽于近乎？我境水口，放荡无阻、古木凋残，财爻有缺。于是合乎人心捐买地界，复种植树木。故栽者培之郁乎苍苍，而千峰叠嶂罗列于前，不使斧斤伐于其后，永为护卫，保障迴环，岂日小补之哉。"清道光五年

（1825）云南永昌知府陈廷育为保护永昌郡城（今保山市）的风水，发动各族民众于该府镇山太保山植松，其亲撰《永昌种树碑记》，记叙了其组织植树的经过，其称："郡有南北二河环城而下者数十里，……二河之源来自老鼠等山，积雨之际，滴洪瀰湃，赖以聚泄诸箐之水者也。先是山多材木，根盘上固，得以为谷为岸，藉资捍卫。今则斧斤之余，山之木濯濯然矣。而石工渔利，穿五丁之技于山根，堤溃沙崩所由致也。然则为固本计，禁采山石，而外种树其可缓哉。"所以"余乃相其土，宜遍种松秧，南自石象沟至十八坎，北自老鼠山至磨房沟。斯役也，计费松种二十余石，募丁守之，置铺征租以酬其值。日冀松之成林，以固斯堤"。

云南各族人常在村寨种植大青树、竹类为风水树。大青树勃发的枝叶象征着村寨的昌盛，它枝繁叶茂、蓬勃生长，意味着儿孙满堂、村寨兴旺。"有了青树和竹子，就有了村寨和人家。"白族常在村落的水口处种植树木，形成大片的水口林，有的则在村口种植象征村落昌盛的大青树。白族人称大青树为"万年青"，是白族村落中最为重要的景观标志之一。它们经历漫长的岁月，盘根错节，根深叶茂，郁郁葱葱，成为大理村寨悠久历史的见证，也是大理村落生态文化的象征。哈尼族历史上素有建寨必植竹的习俗，对建寨及栽竹的位置都有一定的要求，新寨建好后要在寨脚栽3排金竹，寨头的竹子须由30岁以上的成年男子栽种，否则会招致绝后等灾难；栽竹时要栽3棵青草并将3块白石填进竹坑，目的是让竹有吃不完的食料；栽下竹子的竹尖不能勾向人的住所，否则就要拔出重栽。哈尼族在建新寨时还要举行"丈口勒"（意即"驱逐鬼神清扫新寨基"）仪式，第二天早晨举行栽竹仪式：迁居新寨的各户长辈男子指派6名男青年，在新寨边沿种下青竹、刺桐和锥栗树各1棵。傣族人喜爱竹林，素有种竹的传统，每年傣家人都要自行结伴，在房前屋后种竹，还在村寨周围、佛寺中种植一些观赏性的竹类。镇沅的彝族人盛行植竹，每年的四、五月间，彝家人头戴笋壳帽，在村旁、地头、荒坡、山沟种竹，家家户户种竹，男女老少栽竹。傈僳族也有在房前屋后植竹的传统，几乎家家都拥有自己的竹园或竹丛。此外，布朗族、德昂族、景颇族、基诺族、布依族、怒族、苗族、瑶族等，都喜欢在村寨的房前屋后种植生机盎然的竹丛，掩映着村寨民居。云南富宁县瑶寨的瑶民很早以来就流行栽"椤树""婚嫁树"等风水树。妇女怀了孩子，家人便在村落的房屋前后或田边地角，精心栽培几棵杉树、松树或椿树。部分山寨还在村子附近养育一片常绿树林作为"保命树"，谁家生了孩子，接生婆便把"依胞"（胎盘）埋在树下，以示孩子与树同呼吸、同命运、共成长，与树相依为命。对这片树林，人人爱护，

云南丽江古城木王府后山风水林景观

家家管理护养。有的村寨在村落入口或岔路口，保护或栽培一片或几棵绿叶垂荫的大树（即"歇凉树"）作为行路、劳动、拴马、放牧歇息乘凉的场所。有的村寨在村旁或寨中心栽培一棵或几棵常绿大树（称"寨树"），作为寨老聚集村民议事或村中吉庆、节日聚会的地方，或为早晚闲谈的场所。湘西苗族在新建村寨时，要栽下几棵常青树为"迁居树"，探摸"风水"，根据所栽常青树的成活情况，确定是否定居。苗族谚语对风水树木的选择和栽植有云："杉木栽在沟沟里，桐子栽在田坎上；果子栽在寨子边，枞树山顶也能栽。"《苗族史诗》的《枫木歌》也唱道："榜央栽树秧，松树栽哪里？杉树栽哪里？枫树栽哪里？松树厚衣裳，不怕冰和霜，栽满大高山，四季亮苍苍。杉树翠又绿，树干直又长，栽在大山中，长大作栋梁。枫树枝丫多，枫树枝丫长，栽在山坳上，苗家来歇气，汉家来乘凉。"此外，侗族、土家族、毛南族、壮族、仫佬族、水族、仡佬族、畲族、彝族、瑶族等村寨都栽种有风水林。

②保护风水林的成就：深受汉民族风水理论影响的少数民族人对村落居宅风水林、风水树都严加保护，禁止砍伐。云南大理白族注重对村落风水林的保护，如清乾隆四十八年（1783）剑川白族《保护公山碑记》说："查老君山为合州来脉，水源所关，统宜共为保全，为自己受用之地，安容任意侵踏，以败万姓养命之源。"广西、云南壮族人认为村寨的风水林木关系村落风水，人人有责保护，任何人不得砍伐；村前庄后高岗高阜上的林木，不许砍伐；房前屋后的树木虽属个人，但一般也不砍伐。清光绪《镇安府志》中就曾提到广西镇安壮族人视榕树为风水树的虔诚心理："土人于榕树下必奉祠之，云为风水所关，不敢刊伐，故榕易得高大，亦非以不材而寿也。"川西羌族聚居区的每个羌寨附近都有一片树林，称为"神林"，羌族人认为是与风水有关的风水林，严禁砍伐。汶川县克枯乡周达村小寺寨羌族聚居区内有清乾隆四年（1739）所立的保护风水神林的碑刻，碑刻全文如下：

"特授直隶理番厅分驻新保关 照法口加级记录五次。为示禁事，照得小寺寨尚存神树林，经寨公议，封禁有年，不许入山砍伐。兹有乡民不知议规，私自砍伐。□□寺约首拿获，伊抗不服理。控来所盗伐□实为应，□□□凭众村□羊三只，□三头、香一万，以作酬神祭山之资。为此出示禁止：以后无论本寨乡村人等，不得私自入山樵采，亦不得牧放羊践踏神森□林木，一经拿获，许该寨□首指名具提案严惩，决不姑息。禁之。值□□若有人偷卖神树，罚钱拾千文□□神树，其约首轮流□转树棣柴木，不准捞口。乾隆四年二月二日小寺众姓人等公立。"

可见羌族对风水神林的保护极为严厉。浙江景宁县英川镇岭根畲族村落有片郁郁葱葱、异常茂密的古风水林，风水林像一把巨伞掩盖着整个村落，村民认为这片风水林就是村落的衣服。该村先人为保护它历代不受破坏还专门立了一条村规，规定：谁砍了风水林里的树木，就把他家的猪杀掉分吃。养猪是当地人主要的经济来源之一，以杀猪来惩戒砍树者，确实够让砍树人掂量一番。湖南通道县播阳镇上湘侗寨的侗族人为保护该村寨的风水林于清咸丰元年（1851）竖立的护林碑云："公议我等后龙山，上抵坡头，下抵塘园田屋，里抵岑楼坡岭，外抵岩冲田塘，俱属公地，不许买，亦不许卖。一切树木，俱要蓄禁，不许妄砍。有不尊公议者，系是残贼，公同责罚，决不宽容。公议系保山寨水口树木，乃一团之保障，俱要蓄禁，不许乱砍，违者责罚。"上湘侗族人人保护村落风水林，才使得该村今天拥有秀甲一方的青山绿水。贵州黎平坝寨乡高场村侗寨村落后面有一片300多亩的古含笑风水林，几百年来保护完好。该村根据祖宗遗传下来的规矩，每年农历的"六月六"，村里都要举行一个隆重的护林仪式。在全体村民参加的仪式上，由该村的长老当众宰杀一只雄鸡，将鸡血滴入村民的酒碗中，然后众人庄严宣誓："不动后山一草一木，违者严惩不贷。"云南傣族对保护风水林有极严厉的规定，傣族典籍《土司对百姓的训条》说："垄山上的树木不能砍。森林中间不能砍开树、盖房子在里面。"还规定："砍掉别寨的垄树，需负担该寨全部的祭费，若该寨死了人，按每人价格1500元赔偿。"云南、四川的彝族人认为密枝林神圣不可冒犯，规定不准在林中伐木折枝，不准攀爬"龙树"，不准在林区放牧捕猎；林中的一草一木都富有威严的神力，若有冒犯，不仅会受到社会的谴责，还会受到"神力"的惩治。广西毛南族的每一个山寨的后面都保留有一片风水林，被人们视为祖先和神灵寄居之所，不敢触犯，禁止砍伐。苗族人认为寨头村边的松杉、枫木是护卫村寨的风水神林，任何人都不准乱砍或损坏。贵州锦屏文斗寨苗族村落的前后有一片近千株的数百年古树组成的古风水林，为了保护这片风水林不受破坏，该村寨姜氏宗族的苗民曾于清乾隆三十八年（1773）制定了

"六禁碑"，长期约束苗民的行为，对保护风水林有"众等会议开列于左：一禁不俱（拘）远近杉木，大小树木，不许大人小儿砍削，如违罚艮（银）十两。一禁后龙之阶（街），不许放六畜践踏，如违罚艮（银）三两修补。一禁四至油山，不许乱伐乱捡，如违罚艮（银）五两"的规定。此外，土家族、布依族、仡佬族、水族、仫佬族、瑶族、普米族、德昂族、纳西族、怒族、独龙族、哈尼族、黎族等都有保护村落风水林的乡规民约。

云南西双版纳傣族村落

第七章

坟园墓地风水林

所谓坟园墓地风水林就是古代人们在坟园墓地周围人工栽培并加以保护的林木。

一 坟园墓地风水林的起源

坟园墓地风水林起源于我国早期殷周时期的"封树之制"。所谓"封",就是"积土"起坟堆;"树"就是种树以标其处,来建造墓园。"墓以栽植草木处谓之园",这是说土葬的形式。实际上中国古代人死亡丧葬的形式很多,有鸟葬、风葬、土葬、水葬、树葬、塔葬、荒葬、悬棺葬等形式,以土葬和火葬最普遍,但历史上火葬并没有为大众所普遍接受,而只有土葬成为社会的主流形式。"葬者,藏也",藏于草木之间,称之为葬,这是文字学的解释,只有埋入土中才能称之为葬,与此有关的汉字还有墓、茔、坟、丘、垄等。墓者,没也。历史上最早的土葬仅是将先人的尸体掩埋于土中,东汉崔实《政论》说:"古者墓而不坟,文武之兆,与地平齐。"而早于此书的《易经·系辞》也说:"古之葬者,厚衣之以薪,葬之中野,不封不树,丧期无数。"既不封,也不树。后来古代人从根深叶茂的树木生长规律中得到启发,并且用之于土葬,在掩埋先人尸体的同时,除了要求墓穴深,还要在上面培上厚厚的土,作起高高的坟堆。他们认为这样就可以达到根深叶茂的目的。

坟墓旁植树是中国墓葬史上随着墓上筑坟丘而产生的巨大变化。从周代开始,由于社会经济的逐渐繁荣,人口流动频繁,为了辨认,人们才在墓上筑坟或种树以为标志,并且还产生了负责管理坟墓的职官——冢人。《周礼·春官》载:"冢人掌公墓之地,……以爵等为封丘之度与其树数。"冢人就是当时管理坟墓政令的官员,其职责包括墓地植树,其植树的种类和坟堆高度按等级有不同的规定。孔颖达疏《礼记》曰:"尊者丘高而树多,卑者封下而树少。"古纬书《礼纬·稽命征》载:"天子坟高三刃,树以松;诸侯半之,树以柏;大夫八尺,树以栗;士四尺,树以槐;庶人无坟,树以杨柳。"这一规定在周代不一定得到严格遵守,但墓地植树作为一种制度当形成于西周时期。因为《春秋》记载了这样一则典故,其说:"秦伯将袭郑。百里子与蹇叔子谏曰:'千里而袭人未有不亡者也。'秦伯曰:'子之冢木已拱矣,何知?'"此处用"冢木已拱"是"言其老无知"。晋代七十岁的封孚也曾用"墓木已拱"来表示自己年事已高，死也死得过了。但也有用"冢木已拱"表示死去多年的，这可能是指死后在墓上植树的情况。如杜甫《幼时观公孙大娘剑器舞》便有"金粟堆南木已拱"的诗句，意思是说玄宗已死了六年，在他那金粟山的陵墓上，树已够双手拱抱了。

随着春秋战国时期的群雄竞逐，"礼崩乐坏"，坟墓的等级制度被抛弃，从西汉时期起，除皇家之外，显贵富豪、平民百姓也均效仿，开始于祖宗坟地堆土植树、增设建筑。《吕氏春秋·安死篇》载："世之为丘垄也，其高大若山，其树之若林。"丘和林逐渐演变成墓葬的代名词，如战国后期赵武灵王的陵墓被称为赵丘，孔子的陵墓称孔林。汉桓宽《盐铁论·散不足》载："富者积土成山，列树成林，台榭连阁，集观增楼；中者祠堂屏阁，垣阙罘罳。"这些祖庙建筑开民间墓地园寝林木之先河。汉王符《潜夫论·浮侈篇》说："造起大冢，广种松柏。"《汉书·王贡两龚鲍传》则说："勿随俗动吾冢，种柏，作祠堂。"《古诗十九首》有"驱车上东门，遥望郭北墓。白杨何萧萧，松柏夹广路。下有陈死人，杳杳即长暮"。描写东汉发生在安徽潜山的焦仲卿、刘兰芝爱情故事的长诗《孔雀东南飞》中，有"两家求合葬，合葬华山傍。东西植松柏，左右植梧桐；枝枝相覆盖，叶叶相交通"的诗句。这些都说明两汉时期在坟墓旁建园植树，已经成为普遍的社会丧葬行为，平民百姓也能够于墓地种植松柏树了。自汉代开始，随着风水信仰的产生与盛行，墓葬植树的习俗遂与风水理论相结合，墓地植树的社会风习开始演化为中国特色的墓葬风水林。所以古代人们把祖宗坟墓置于具有良好风水环境景观的风水山上和风水林中加以保护，或在祖宗坟墓四周依方位种植树木作为该家族的风水林或风水树，并把风水林木长势的好坏与家族命运好坏联系在一起，把风水林（风水树）和祖宗崇拜融于一体，使其更具有神秘意义。

古代人为何于墓地种植风水林？究其原因主要有以下方面：

一是凝聚生气，福佑后代。入土为安，既是对死者而言，又是对生者而言。墓地是生者为死者安排的最后归宿，也是死者给生者留下的永久纪念。同时，在过去人们的观念中，它还会影响生者及其子孙后代命运，子孙的贫富、贵贱、贤愚、寿夭尽系于此。因此，古来行土葬，虽然代表了一个生命的终结，但更是对未来寄予的无限的希望。因为古代人相信葬在地下的先人，会像树木的地下部分（根系）滋养地上部分（枝叶）一样，荫及自己的子孙。诚如晋风水大师郭璞在《葬书》中言："人受体于父母，本骸得气遗体受荫，父母骸骨为子孙之本，子孙形体乃父母之枝，一气相荫由本而达枝也。"《河南二程全书》载北宋著名理学家、大儒程颐说："地之美者，则其神灵安，其子孙盛，若培壅其根而枝叶茂，理固然矣。地之恶者，则反是。……父祖子孙同气，彼安则此安，彼危则此危，亦其理也。"人们认为人体下葬后与墓穴之气结合，形成生气，通过阴阳交流造成的途径，影响后人的运气；葬地理想，先人骨骸得到地气的温暖，造福子孙。古代的文献典籍中记载因葬得福的事例很多，不再举述。在古代人看来，树木是有生气之物，北宋李思聪《堪舆总索杂著》曾说："树木荣盛可征山有气至，朱侍郎祝禧寺祖茔，先是植木皆枯，人疑为不祥。乙未前，树木或皆葱茜如油，公发大魁。"

二是基于祖先崇拜的原因。古代先民在原始社会就存在对祖先的崇拜，将祖先奉为神灵，相信家族的荣辱兴衰与祖先神灵休戚相关，后人只有虔诚地崇奉膜拜，才能得到祖先英灵的护佑。"木之茂者，神所凭"。所以在古人看来墓地上所植的树木，正是祖先魂灵的凭依之所。坟墓上的一草一木都被看成与自己的祖先联系在一起，是因为"坟山之有树木，犹祖宗之有神灵。坟山之树木荣，则祖宗之神灵安。祖宗之神灵安，则子孙之福祥应。……木既衰，祖灵亦散，祖灵既散，则吾身之精神命脉与祖考相通而无间者，必然危殆不安，灾害百出，岂得以独存哉！由此观之，伐山木即所以戕祖宗，戕祖宗而所以灭吾身矣。"正是出于这一逻辑，古人要在坟墓上大力种植林木并加以保护，自然成为子孙后代和皇亲们孝敬祖宗的具体行为，亦是死者亡灵得以安息、生人得庇佑的宗教活动的外延。

三是为先人创造安静的环境。在古今人们的观念中，人死称为长眠。睡眠需要清静的环境。因此，墓地特别重视坟墓周围的环境绿化，以求得清新安详之所。江西《乳源余氏族谱》的祖训云："坟墓乃祖宗所依归，而子孙赖祖宗为庇佑，亡者亦安，理之常也。人所贵者，子孙为其死而坟墓有所托耳，世未有坟墓不祭守而子孙昌盛者也。"（卷

陕西韩城司马迁墓古柏（《陕西古树名木》）

一，《家规并引》《余襄公训规十四条》）在古人看来，创造和保持墓地有一个良好的安静环境，这既是对已故先人的孝，也是为了荫及子孙。因此，要求人们在坟墓的周围种植树木植被并加以精心的保护，不容有一草一木遭到破坏。甚至在

穷得没有办法的情况下，也要求子孙"不斩丘木"，否则便是不孝。

四是标志和纪念。墓地植树并非古代人的初衷，《礼记·檀弓》载国子高说："葬也者，藏也。藏也者，欲人之弗得见也。是故，衣足以饰身，棺周于衣，椁周于棺，土周于椁，反壤树之哉。"可见古人埋葬死者是为了让死者深埋地下，使其得以安息，而不是为了张扬。但由于封建等级制的产生，不仅生者有贵贱之分，而且在死后也有贵贱之别。死者因生前的荣辱尊卑而享受不同的葬制。包括坟地封土的高度和大小、棺椁的重数、冢树的种类等，都有不同的规定，根据这些就可以识别墓主的身份。诚如《吕氏春秋·安死篇》所言："世之为丘垄也，……以此观世示富则可也。"而对于普通百姓而言，墓地植树则具有宣示土地所有权的功能，因为树木常常可以作为界址的依据。此外，墓地植树还标示着家族的人丁兴旺和显贵。如果墓地树木稀少或无，则表明此家族的没落或衰亡。

墓地植树还是后人表达对先人的哀思、仰慕之情感的方式。墓主的后人、部属、徒众、学生等，为纪念亡者的恩德、善行，往往通过种植墓地树木来加以颂扬，以表达和寄托对墓主绵绵不尽的怀念和哀思。如山东曲阜孔林，最初就是由当时孔子的弟子从各地携带了各种树木，种植在孔子的墓地，并经历代严加管护，才形成今天古木森森的"孔林"。还有陕西黄帝陵的黄帝林、浙江绍兴的大禹林、山东邹城的孟林、河南洛阳的关林、陕西汉中勉县的诸葛林、湖南株洲炎帝林等都是如此，是国人对先贤纪念之情的表达。

二　历代营造和保护坟园墓地风水林的实践

坟园陵地以风水为重，荫护以树木为先。所以历代人都十分重视和保护坟园墓地风水林。

1. 营造坟园墓地风水林

风水理论强调在坟园墓地周围种植风水林木护坟，保全生气。徽州《明经胡氏龙井派宗谱》认为：堪舆家示人堆砌种树之法，皆所以保全生气也。所以坟地种植风水林历久不衰。《魏书·甄琛传》载：琛母服未阕，复丧父，于茔兆之内手种松柏，隆冬之月，负掘水土。乡老哀之，咸助加力。十余年中，坟成木茂。

淮北渠沟镇黄里丁姓古柏风水林
（《安徽古树名木》）

明十三陵长陵风水林景观
（《法天象地》）

南宋理学家朱熹撰《外大父祝公遗事》称："亲丧，庐墓下，手植名木以千数。率诵佛书若干过，乃植一本，日有常课，比终制而归，则所植已郁然成荫矣。"是记其外祖父在亲人坟墓植风水林庇护。朱熹本人在其四世祖母墓植杉 20 株，今尚存古杉 16 株，是国内目前较为罕见的古杉树群。徽州胡氏宗族的祠规不仅要求族人保养好坟茔禁步内草木，还要在坟地四周种树护坟，以"保全生气"。清徽州《歙西溪南吴氏先茔志》记载该族曾招佃在坟山上栽种风水林木。四川通江兴隆李蕃墓地道光三年（1823）所立碑云："坟园禁地，培植风木。"河北丰润董氏祖茔原先树木森然，青葱蔚起，但历经多年，渐渐消枯，族人问心难安，乃于乾隆十七年（1752）捐资修缮茔房，以备看坟之所，次年又公议各出资财，培植树木，并筹措坟工费用。以上表明明清时期在坟地栽植风水林已成为宗族的祠规之一。少数民族也注重种植坟地风水林。哈尼族人还在死人的坟山遍植竹林为风水林，并创造出一个被称为"约收"的专为死人栽竹的神。哈尼族贝玛（祭师）背诵的《嗑竹筒》祭词中有："人在世间需要竹，到了阴间仍要用，为去世老人出门上山去栽竹。先栽刺竹又栽金竹和毛竹，约收姑娘去栽竹，竹子栽在河谷底，竹子栽在河滩旁，水边竹子长得旺，满山遍谷长起来。"白族人常在坟地上种植松柏为风水林。仡佬族人死入葬后，在坟地栽植枫树或柏树作风水林或风水树。湖南土家族人墓地四周植以松树。

坟园陵地种植风水林数历代皇陵规模最大。河南巩义是北宋皇帝陵寝所在地，陵上所植柏树成林。北京明十三陵是明代十三位皇帝及后妃的陵地。明朝植树不断，据《明史·刑法志》记载，当时朝廷采取植树赎罪的方法，动用犯人种植皇陵风水林，"发天寿山种树赎罪者：死罪终身；徒、流各年限；杖，五百株；笞，一百株。"明益端王朱祐槟（明宪宗朱见深第六子）墓位于建昌府南城县

（今江西抚州市南城县），万历《建昌府志》卷一"形胜"录罗汝芳诗有"松楸一望余无际，胤祚千年远未涯"，清同治《南城县志》卷一"山川"载"明益端王墓，四旁山塘田地四十里……草木茂盛，虎豹伤人"。可见明藩王陵地风水林之盛。清乾隆《直隶遵化州志》卷二"陵寝"记载清代皇家陵地风水林"按形势分植仪树，以资荫护"。利用仪树的各种形式及组合，丰富陵寝环境景观空间层次，渲染强化庄严肃穆、崇宏神圣的山陵纪念气氛。位于河北遵化市境内的清东陵遍植翠柏苍松，河北易县的清西陵也植有松柏 20 余万株。

2. 保护坟园墓地风水林

历代人都对坟园墓地的风水林木施以保护措施，禁止砍伐和破坏。处罚最为严厉的是破坏皇家陵园风水林的行为。《唐律疏义·贼盗》中有"诸盗园陵内草木者，徒二年半。若盗他人墓茔内树者，杖一百"的法律条文。宋代就曾多次发布诸如"诸陵侧近林木禁樵采诏"一类的诏书，以确保本朝和前朝皇家陵地的风水林不被破坏和砍伐。汉人的这一传统也对契丹辽国产生了影响。《辽史·圣宗纪一》载辽东的医巫闾山是辽国皇陵所在地，这里森林茂密，松柏绵亘百余里，辽世宗、景宗都葬在这里，所以禁止樵采。辽统和三年（985），辽圣宗到此谒陵，命南、北面臣僚分巡山陵林木。《明会典》载：正统二年（1437），"谕天寿山祖宗陵寝所在，敢有剪伐树木者，治以重罪，家属发边远充军。命锦衣卫官校巡视、工部同钦天监官，环山立界，界外听民樵采"。又载：嘉靖二十七年（1548），"令于天寿山前龙脉相关处所，大书禁地界石，有违禁偷砍树木者，照例问拟斩、绞等罪。若止是潜行拾柴拔草，比照家属事例，向发辽东地方充军"。《大清律例·盗园陵树木》对盗砍园陵风水林木有十分严厉的惩罚规定。清东陵的"前圈"，北以昌瑞山山脊的明长城为界，在长城南侧圈修了近 40 公里长的风水墙，陵寝位于其内；长城以北是"后龙"，为风水禁地，面积达 2000 多平方公里，居民全部迁出。清《遵化通志》卷二记载清乾隆三十五年（1770）重设界桩，每桩写道："后龙风水重地，凡木桩以内，军民人等不准越入设窑烧炭，各宜凛遵，如敢故违，严拿以重治罪。"清西陵周围也都树有层层界桩，并有驻军看守，界桩内严禁樵采。至今陵园内仍树木常青，如一幅山清水秀的画卷。

"不以奉先为计，而专以利后为虑"，历代民众也刻意保护坟地风水林，认为坟地风水林的生长状态反映了家族的兴衰，偷盗和砍伐都是对祖先的不敬，是不可饶恕的。清乾隆《婺源县志》称婺源"自唐宋以来，丘木松楸，世守勿懈。……禁樵牧，若有樵牧者，子孙仇之"。家谱中对保护坟地风水林都有明确的记载。浙江绍兴《称山章氏家乘》规定："墓木成拱，所以获祖茔也，松柏垂青，樟桐增色，望之蔚然而深秀者，皆元气之所盘结也。陌路坟荫，尚思珍惜。矧祖我宗忍今斩伐而勿思培植乎？敢有不肖戕贼，削谱革祭。倘或他人侵砍，合族呈官究治。"江西《大余郭氏族谱》载："栾林为保障要务，村居坟山皆不可少。若地有树木，如人有衣冠，所以庇祖灵，荫后嗣也。古人为宫室必慎提防，为陵墓必勤封植。今与族人约，凡属栾林尚有不肖之辈无故剪伐，是不知要务，当以达禁之律惩治。如果时加培植，后嗣必昌荣。"明徽州祁门六都善和里（今安徽省黄山市祁门县六都村）程氏宗族仁山门东房派窦山公家族制订的《窦山公家议·墓茔议》规定："自今以上祖墓，各得山水环聚之所，俱系前人积德所致，有非偶然。……各处坟茔树木，属前遮蔽者可少剪除，系庇荫者宜慎保守，各房毋得纵容奴仆擅自砍伐，及外人侵损，管理者查访，从重处治。"歙县《黄氏族谱》规定：坟墓周围的树木"俱系荫庇坟墓，但许长养，毋许砍拼"。休宁县《江村洪氏家谱》卷十四"祠规"规定："各祖墓山地，不许不肖者盗卖丝毫。其上蓄养荫木，不许擅伐。虽有枯树，亦听其自倒。其既倒之树，收取入众公用。违者逐出祠堂，仍行呈处。"重庆铜梁《安居乡周氏宗谱》卷一说："乔柯葱蔚，乃先茔之衣被，名陇之巨观。"风水林是宗族的荣誉所在，自应加意培植。江西新干县黄氏视护理坟树为事关礼义的大事，清道光十五年（1835）印本的《临淦窗前黄氏重修族谱》写道："诗谓维桑与梓，必恭敬止；礼谓为宫室不斩于邱木，义至深也。"因此要求族众，凡近居、近坟及各山各地，诸大树非公行妥议，不许轻伐，柴薪非届期不许私砍，如有不遵者罚之。湖南汉寿《盛氏族谱》卷首"家规十六条"规定，茔山重地，止许蓄禁栾林，以培风水，以安幽灵；有戕贼者，聚族重处。还有一些宗族为了使族众明了保护祖坟的严肃性，特在宗谱中刊载朝廷有关法律文字，令族人知晓，避免因侵害祖茔土地林木陷入重罪。如清湖南宁乡刘氏宗谱抄录清律，清乾隆二十六年（1761）刊本的《歙县桂溪项氏崇报堂祠谱·新例宪示》刊载乾隆二十年（1755）十二月十一日刑部"奏定保护祖坟山林严惩盗卖事例"。由上所见，各地对保护祖先坟地风水林都有明确的共识。白族人也认为，家庭的坟山松柏神圣不能砍伐，若动了刀，便破坏了家庭风水，会给家族带来灾难。

古代各地民间多立有禁约保护坟地风水林。清浙江绍兴《汤浦吴氏宗谱》卷一"吴氏家规"记载，吴氏族人认为坟树之荣枯，事关人丁的盈缩，有一房的祖坟山，历来培养荫木，保卫合族风水。乾隆年间有人不懂得与损丁攸关的道理，欲砍坟荫，后经合族公议，由宗祠出资留养，永禁砍斫，并立契约，百余年来相安无异。清同治十二年（1873）闰六月祁门县康村康氏宗族针对十二都二保金榜山四世祖俊公的墓地遭到侵害一事，考虑到原各祖户墓山皆为各户金业，名目不均，恐后子孙繁衍、贤愚不一，以

广西桂林明靖江王陵风水林

（百度百科——靖江王陵）

致祖宗坟茔失所，出于思祖源共一脉，合众嘀议《清同治十二年闰陆月立查明考证遵训崇基合同文约》："但系祖坟山场有荫木山场木植花利，秩下子孙一同管业标祀，不许各执金业滋端，亦不许变卖以堕先人之志。……所有各号祖茔及荫木山场木植花利，如有砍斫，会众眼同议价，众储以备标祀、修理坟茔之用，毋得各生异议。如违前件事情，听自守坟之人赉文告理，以不孝论，仍依此文为准。"这是对祖墓风水林实行保护的禁约。婺源县发现的《目录十六条》中《禁坟山帖》载："本家有坟山一局，坐落土名（某处）。所养杉松苗木，以卫先灵，则为荫木矣。近有无知，肆行无忌，多借樵采为由，砍伐嫩苗，挖劈松明，一顾满目皆然，深为隐恨。今并某处几号山场，概行掌养，是以特告诸戚里邻老内外人等，各宜规守，姑念前往者不究，后来者必追。除拔山衣外，其山杉松苗木，毋得仍踵故习，纵恣侵渔，如有此等，本家巡缉，定行鸣公理论，决不姑徇。预帖先知。"

一些宗族对出卖墓地风水林的行为也严厉禁止。江西《新淦习氏四修族谱》规定："《礼》云：'君子为宫室不斩于丘木'。丘木且不可斩，忍将坟地投献他姓，被人侵占乎。有此等事，呈官究治外，削谱革祭，吾族断不容恕。""各祖坟墓山林，……有人侵占，毋徇情不理。"江西《宜邑谢氏六修族谱·家规》（清同治九年刊本）载宜黄县谢氏因坟山树木被盗，特制定"祖山之所当蓄"族规，谓各处竹木柴薪，国赋攸资，近遭盗伐，致使童秃，目击心伤。嗣后再行盗砍，一经捉获，经族严规重罚。河北沧州《郑氏族谱·原谱凡例》（2004年刊本）所录郑氏族规：祖茔中柏树为祖宗庇荫，不许擅自斩伐，如有不肖子孙变卖坟树者，合族当共攻之，断不可远怨坐视。池州《仙源杜氏宗谱》卷首"家法"云：窃取坟山及宗族村落水口树木者，照该地禁约处罚；恃顽不遵照暂逐例，务俟遵禁方许归宗；赤贫无出者，暂逐后，三年无过，笞四十，归宗。

婺源文公山墓地朱熹手植古杉

还有一些宗族在地方官府的支持下，立禁碑保护坟地风水林。如清绍兴府会稽县（今属浙江绍兴市）章氏宗族经县宪批准而发布的"禁碑告示"云："……担山既系章姓第一世祖坟公山，自因永远禁约，……凡在后山毋得砍树、掘泥并附近侵葬。违者，无论本宗及异姓人等，许令章氏通族公禀本县，以凭严拿重究，枷示不贷。毋违，特示。"（《俙山章氏家乘》卷六"禁碑"）福建莆田《郑氏族谱（莆田郑樵家谱）》记载郑氏宗族为保护祖墓风水林，于清康熙五十五年（1716）立碑示禁称："自唐迄今，千有余年，通族子孙从无砍伐坟树，盗卖山穴。"后因有子孙不孝，盗伐树木，致兴讼端，为祖宗、族党计，庶风水得以保全，叩请府宪给示勒石永禁。兴化府正堂卞给示谕："附近地方居民及族众人等知悉：嗣后如有不肖子孙仍前卖砍树木，并卖葬坟山，许该都长据实指名赴府禀明，以凭严拿重究，绝不少（稍）贷。"

在传统社会里，偷盗坟地风水林是一件令人愤怒的事情。清徽州婺源（今江西省上饶市婺源县）人詹元相《畏斋日记》记载："康熙四十年十一月初二，谢坑曹佩生以尔樊兄修坟惊伊祖坟来投词，并仆三人身家待点心去。初三，天晴。晚同蔚林、润可在法叔家夜饭，以代伊家讲永记偷坟木事。"这是说当时徽州乡绅处理盗砍坟地风水林木的事情。宋代文献中就记载有多起因偷盗坟地风水林而引发的官司。宋代《名公书判清明集》中，就有多起关于"墓木"的案件，内容涉及"舍木与僧""争墓木致死""盗卖坟木"等。现存的徽州民间文献中，经常出现因盗伐坟木而引发的纠纷。《婺源程氏乡局记》收录的《黄茅胡陈二姓至考坑烧炭戒约》称清康熙十六年（1677）二月"休宁县二十八都黄茅胡青等，今自不合，带领多人，越界至婺源上溪头考坑封禁山，误砍荫木烧炭。今被地方捉获呈官，身等知亏，不欲闻官，情愿立戒约，随设封山培养苗木。今立戒约之后，如有仍前入山盗砍，及放火烧山故害等情，一听执此戒约，指名呈官究治，身等甘罪无辞，今恐无凭，情愿立此戒约为照"。这就是因砍伐封禁山场荫木引起的纠纷。清同治五年（1866）二月歙县古岩寺僧瑞林因砍伐仇姓坟山风水林被拿获，订立《清同治五年二月歙县寺僧瑞林立服据》的服罪合约称："立服据古岩寺僧瑞林，今写到仇率正监郡堂名下，兹因小僧不合，砍伐坟山荫木贰拾余株，经鸣保甲究追。自知获罪，今踵门恳求，从宽究办，自愿谨备猪羊香烛火炮，安山醮坟。嗣后小僧遵奉规则，小心看守，计点荫木共柒拾乙株，倘再不法，听凭送官处治，甘受无辞。空口无凭，立此服具存照。"因砍伐坟地风水林木而引起的诉讼也有不少。《绩邑唐金山祖墓盗砍盗葬两案合刊》载清道光七年（1827）绩溪仁里程有妹等勾结守庙僧人盗砍新安汪氏四十世祖刘宋授军司马汪叔举的司马墓荫木 11 株，致使徽州六县汪氏 69 个支裔共 120 多人联名具禀告到官府，官司进行到四月有余，在"与两造谊属亲友"的生员余卓岁等人协调下，向绩溪县衙递交息讼呈词，得到批准，具结息讼合同文约。称："具遵依程有妹等，今于与遵依事。实遵得汪熙等控身等盗砍坟树一案，今蒙亲友查明登源庙户实汪姓祖遗之产，缘因身等祖上有遗下前立故纸留传，未曾彻底查知，以致误行砍伐。经汪控案，兹蒙亲友出为调处，着将登源户税簿交出归汪姓照税管业，并令身等偿还树价、安山醮坟、以礼赎咎。……身等嗣后不敢侵损汪姓坟树，所具遵依是实。"浙江绍兴《汤浦吴氏宗谱·谕禁友竹公坟山碑》记载绍兴府会稽县（今属浙江省绍兴市）吴氏族人串通外姓人砍伐坟地风水林木 47 株，族长、族董报案，李知县将肇事者责押，树木归祠堂，凭族长运售，得价开办吴氏学堂，办成禀请立案。以上说明因砍伐坟地风水林木而引发的纠纷和诉讼官司之普遍。

由于墓地风水林内的一草一木都受到精心的保护，墓地一般会成为植被覆盖最好的地方，这点虽常为国人所忽视，但对于许多到过中国的外国人来说却印象深刻。当他们看到周围的环境都遭到破坏，唯有墓地林得到很好的保护时，他们的感觉无异于在沙漠跋涉中猛然间发现了绿洲。正如英国的阿绮波德·立德（1845—1926）在《穿蓝色长袍的国度》一书中所说："我发现，与中国北方一样，这里唯一可以住人的地方就是坟墓。只有坟墓可以在树木的庇护下免受风吹日晒。"富兰克林·金（F. H. King）在《四千年的农夫》（*Farmers of Forty Centuries*，1911）一书中也提到在中国和日本极少看到古树林木，除非在受保护的寺庙、墓地和房舍。现如今墓地风水林被保存下来的很多，除北京明十三陵、南京明孝陵、河北清东西陵、辽宁沈阳清北陵等皇家陵寝外，还有山东的孔林和孟林、陕西汉中的诸葛林、徽州婺源（今属江西）文公山林、福建建瓯万木林等著名墓地风水林，它们都是遍地成林、老树参天、山明水秀的风景胜地。南京的中山陵自 1929 年建成之后，遍植松柏、银杏树，现已形成一片混合的森林。

三 各地坟园墓地风水林

长期以来，经历代人的精心培育和保护的坟园墓地，已成为人类与大自然共同创造的一种特殊景观。这里仅介绍一些保存较好的著名坟园墓地风水林。

1. 皇家陵寝风水林

全国各地还保存着较为完整的明清时期的皇家陵寝风水林景观。

（1）南京明孝陵：明孝陵坐落于江苏省南京市钟山南麓玩珠峰下，明太祖朱元璋和马皇后合葬于此。明洪武十四年（1381），朱元璋命中军都督府佥事李新主持陵墓的营建工程，第二年八月，马皇后去世，九月葬入此陵墓。孝陵之名，取意于谥中的孝字，有"以孝治天下"之意，一说是马皇后谥"孝慈"，故名。洪武十六年（1383）五月，孝陵殿建成。洪武三十一年（1398）闰五月，朱元璋病逝，与马皇后合葬于此陵。明孝陵的附属工程一直延续到永乐三年（1405）。明孝陵规模宏大，建筑雄伟，形制参照唐宋两代的陵墓而有所增益。陵地围墙长达22.5

明孝陵风水林景观

公里，纵深2.62公里，围墙内享殿巍峨，楼阁壮丽，南朝70所寺院有一半被围入禁苑之中。建陵时种植松树10万株，养鹿千头，每头鹿颈间挂有"盗宰者抵死"的银牌。明末清初方文《戊申正月初四日恭谒孝陵感怀六百字》的"瞻彼钟山阿，佳哉郁葱气，其上为孝陵，其下孝陵卫，松柏千万株，尽作虬龙势"之句，就是对钟山孝陵墓地风水林的真实写照。为了保卫孝陵，内设神宫监，外设孝陵卫，有5000—10 000名军士日夜守卫。清代还特设守陵监2员、40陵户，拨给司香田若干。咸丰三年（1853），孝陵地区成为太平军和清军对峙的重要战场，陵区地面建筑和风水林均毁于战火。后经近百年的恢复营造，钟山仍为一片浓荫蔽天、蔚为壮观的森林景观。

（2）北京明十三陵：明十三陵是明朝 13 位葬于北京昌平天寿山南麓的皇帝的陵寝的总称，按照历史年代排列依次是长陵、献陵、景陵、裕陵、茂陵、泰陵、康陵、永陵、昭陵、定陵、庆陵、德陵、思陵。中国古代帝王陵寝的选址，大多受堪舆风水术的影响。由于明朝时皇家陵地卜选采用的是盛行于当时的江西之法，亦即形势宗风水术，注重龙、穴、砂、水的相配关系，而明十三陵所在的天寿山吉地又是永乐年间江西著名的风水术士廖均卿等人所选，因而明十三陵自然环境具有四面青山环抱、中间明堂开阔、水流屈曲横过的特点，而各陵所在位置又都背山面水，处于左右护山的环抱之中。这一陵址位置的经营方式与建在平原之上的陵墓相比，其自然景观显得更为赏心悦目、丰富多彩，更能显示皇帝陵寝肃穆庄严和恢宏的气势，并且各陵主体建筑仍保存至今。十三陵周围的军都山余脉，在陵域东、西、北三面形成环抱式天然屏障，北部的天寿山主峰三峰并峙，中峰海拔 760 余米，是陵区最高峰。环山之中，是洪水冲积形成的小盆地，山壑中的水流在平原中部交汇后，蜿蜒东去。陵区南部的龙山、虎山一左一右，虎踞龙盘，把守门户。伫立平原北望，群山巍峨，层峦叠嶂；登高南眺，河水潆洄，川原开阔。如此磅礴壮观的地理环境，正是中国古代风水学说极力推崇的"四势完美""山川大聚"的帝王陵寝吉壤。明十三陵自然环境幽雅，陵寝建筑规模宏大、体系完备，整体性突出，陵寝制度独具风貌，是明朝 200 多年历史中，中国建筑艺术的杰作和陵寝规划与建造的最高代表。陵园内外遍植松柏风水林，经历四五百年的历史风雨，虽然许多陵园建筑的地上部分大都已损毁，取而代之的是数也数不清的松柏树，但这些有灵性的绿色生命，经过历史的变迁，现在已然变成了参天的古树，静静地向人们展示着十三陵的悠久历史。十三陵陵区范围内目前在册的一、二级古树有 4000 余株，按照陵园的自然分布划为 13 个古树群，以油松、侧柏为主。松柏四季常青，庄严、肃穆、古朴，形成了独特的陵区风貌。神道两侧松柏多于清代被砍伐。明末顾炎武在《昌平山水记》中说十三陵"自大红门以内，苍松翠柏无虑数十万株，今剪伐尽矣"；又说东山口"有松园，方广数里，皆松桧，无一杂木。嘉靖中，俺答之犯，我兵优林中，竟不得逞而去，今尽矣"。至 1956 年陵区树木仅存 92.3 公顷。中华人民共和国成立后，十三陵的这些风水林大都被保护下来，至今仍生长旺盛。如今明十三陵到处是绿树葱茏，松柏参天，数量有数十万株，再现了历史上"环山数十里，松柏参天苍"的风景画面。

明十三陵全景效果图（《法天象地》）　　　　　明十三陵风水林（《北京林业建设》）

（3）湖北明显陵：明显陵位于湖北省钟祥城东 15 里的松林山，是明世宗嘉靖皇帝的父亲恭睿皇帝朱祐杬和母亲章圣皇太后的合葬陵墓，始建于明正德十四年（1519），是我国中南地区唯一的一座明代帝王陵墓，也是我国明代帝陵中最大的单体陵墓。松林山群山绵延，其山多松，四时葱郁，王气之所钟，实属帝王幽宅的风水宝地。《兴都志》这样形容松林山之风水："左瞻聊屈山，右眺三章山表其南，花山峙其北。沔汉之水方数千里，地而西来走其下，萦绕如带，汇浸如襟，舟航辐辏，今古所称。兹山之体则峻而不激，雅而不缓，层峦叠岫，含藻蕴奇，虎踞而龙蟠，鸾翔而凤舞，然后翼翼绵绵、盘纡前结，实为天子之岗。"显陵的营建"遵照典礼之规制，配合山川之形势"，追求"地臻全美"，达到"左青龙、右白虎、前朱雀、后玄武"的风水格局，体现了"陵制与山水相称"的原则。也就是说整个显陵是背靠老虎山，脚踏莫愁水，坐北朝南、青山环抱的完美格局。明显陵"一陵两冢"的陵寝结构，为历代帝王陵墓中绝无仅有。其建筑格局，从整体看，宛如一个巨大的"宝瓶"，分内外围城。外围城红墙黄瓦，随山势起伏，雄伟壮观。外围城南端为两重陵门，称新、旧红门。红门内似如游龙的神道连陵寝，神道两侧建有龙凤门、石雕文臣、武将、立马、卧马、麒麟、象、骆驼、狮子、獬豸、华表、御碑亭及龙行神道，九曲河蜿蜒其间，其上架有 5 道汉字白玉石拱桥。内围城建有祾恩门、祾恩大殿、明楼、茔城、瑶台等，建筑宏大，雄伟壮观。特别是呈"8"字形的两大茔城，两座隐秘的地下玄宫由瑶台相连，神秘莫测，隐藏着一段动人心魄的宫廷历史。外围城外，原建有陵卫、更铺、军户、礼生乐户等。明显陵布局巧夺天工，工艺浮雕精美绝伦。历史上显陵周围遍植松树风水林，虽经历代战乱破坏，毁坏严重，如今依然是苍松翠柏、绿树成荫。

湖北钟祥明显陵（《寻根》2005年第2期）

（4）清东陵：清东陵位于河北遵化市马兰峪的昌瑞山，是清朝顺治（孝陵）、康熙（景陵）、乾隆（裕陵）、咸丰（定陵）、同治（惠陵）五位皇帝的陵寝，以及东（慈安）、西（慈禧）太后等后陵四座、妃园五座、公主陵一座，计埋葬14个皇后和136个妃嫔，是规模宏大、体系完整的清代三大陵寝之一。清东陵是一块难得的"风水"宝地，北有昌瑞山做后靠，龙蟠凤翥，玉陛金阙，如锦屏翠帐；南有金星山做朝，山形如覆钟，端拱正南，如持笏朝揖；中间有影壁山做案，圆巧端正，位于靠山、朝山之间，似玉案前横，可凭可依；东有鹰飞倒仰山如青龙盘卧，势皆西向，俨然左辅；西有黄花山似白虎雄踞，势尽东朝，宛如右弼；水口山象山、烟墩山两山对峙，横亘陵区之南，形如阙门，扼守隘口；马兰河、西大河两条大河环绕夹流，似两条玉带，顾盼有情；群山环抱的堂局辽阔坦荡，雍容不迫。天然造就的山川形势，对镶嵌于其中的陵寝形成了拱卫、环抱、朝揖之势，真可谓地臻全美、景物天成。传说当年顺治到这一带行围打猎，就被这一片灵山秀水所震撼，当即传旨"此山王气葱郁可为朕寿宫"。自此之后，昌瑞山便有了规模浩大、气势恢宏的清东陵。清东陵建陵之初就十分重视风水林的营造。从石牌坊至陵园十多里长的"神道"，两侧各种植着10行紫柏，共计43 660株，称为"仪树"；在各座陵寝的宝山（后靠山）、砂山（两翼砂山）、平原、路旁遍植松柏，谓之曰"海树"。景陵（康熙陵）植仪树29 500株，裕陵（乾隆陵）植11 007株，定陵（咸丰陵）植11 848株；从皇帝陵通向皇后陵的神路，也都植满仪树。慈禧定东陵就植有松树10 234株，其他妃陵也各植仪树。整个清东陵共植有仪树20万株，海树近千万株，数字之大，实在惊人。清东陵"前圈"48平方公里处，遍植翠柏苍松。清代为护卫东陵风水，在昌瑞山以北地区（即现今河北兴隆县）划定了"后龙"封禁区，以木桩和界石为界。木桩分红、白、青三色，外沿160公里。最早所设木桩在火道内侧，每一里一根，桩深红色，称红桩。乾隆年间，又沿外火道竖了白桩，与红桩相对，并立界石，上书"风水外界"四字，以示所竖红桩为"风水"内界，白桩为外界，不许外人进入。但时常仍有居民误入禁区。于是清廷又在其外围向北、西北、西、西南增设了青桩，并挂牌一块，上书："后龙风水宝地，凡木桩以内军民人等不准越入设窑烧炭，各宜凛遵，如敢故违，严拿从重治罪。""后龙风水"禁地圈定后，原居民全部被驱赶至火道边界以外居住，红桩内不准居民涉足，严禁耕种、栽果、植树、埋坟、用火、采矿、砍伐、狩猎等；青桩内虽允许居住，但严禁偷伐树木、私挖药材、打窑烧炭。历经近300年的封禁，后龙雾灵山成为森林茂密的风景秀丽之地，被誉为"华北物种基因库"和"京东绿色明珠"，现已被辟为国家级自然保护区，六里坪被列为国家级森林公园。

清东陵风水形势图

清东陵全景

（5）清西陵：清西陵位于河北易县梁各庄的永宁山下，距北京约120公里，是清朝皇室三大陵墓群之一。清西陵埋葬着四个皇帝，即雍正（泰陵）、嘉庆（昌陵）、道光（慕陵）、光绪（崇陵），以及皇后、妃嫔、皇子、公主和亲王等，计有陵寝14座，埋葬76人。有附属建筑西陵行宫和永福寺。清西陵地域广阔，建筑宏伟，气势磅礴，是一处典型的清代古建筑群。清朝的皇帝们也和历代的皇帝们一样，十分重视陵墓的风水。他们把常青的松柏视为"江山永固，万代千秋"的象征，在选择好万年吉壤之地后，陵区内的风水林种植，被视为陵寝营造的重要工程之一。雍正帝营建泰陵时，决定用苍松"映衬山脉，合汇阴阳"，这是从利于皇家江山万代的风水学角度考虑的。对如何栽植风水林便有了严格的规制。规定神道两侧"十株为行，各间三丈"，称作"仪树"，外侧要立荷花头红木桩，用朱绳相连，既可护卫风水，又显庄重肃穆。再外侧称作"海树"，即可以大面积无间距地遍植松树，使风水禁地成为莽莽林海，以便"形势理气"。随着后世嘉庆、道光、光绪皇帝以及诸多皇后、嫔妃的陵寝相继在泰陵周围落成，西

清西陵风水林景观

陵辖区的松树栽植便形成了规模。至清朝末期，登记在册的古松就达 20 多万株。整个陵区，东起梁各庄，西到紫荆关，北从奇峰岭，南到大雁桥，在西陵广阔无垠的大地上，是一望无际的绿色海洋，所以西陵向有"翠海"之称。清西陵现存有古油松风水林 2 万多棵，还有很多古柏树（都栽植在宝顶上）以及少量的古白皮松、古云杉等，是华北地区面积最大的古松林，驰名于世。古松或高耸云天，或如揖迎客，把皇家吉地装点得生机盎然。清西陵现已被联合国教科文组织列入世界文化遗产名录，古松风水林也成了游客徜徉林海的重要景观。

（6）清盛京三陵：清入关前的皇家陵寝有三座，即位于辽宁抚顺新宾的祖陵永陵、沈阳清太祖努尔哈赤的福陵、清太宗皇太极的昭陵，统称为"盛京三陵"或"关外三陵"。

清永陵位于辽宁抚顺新宾永陵镇，原名"兴京陵"，是清代皇族爱新觉罗氏的祖陵，陵内埋葬着清太祖努尔哈赤的六世祖孟特穆（肇祖原皇帝）、曾祖福满（兴祖直皇帝）、祖觉昌安（景祖翼皇帝）、父塔克世（显祖宣皇帝），合称清"四祖"。永陵是一风水佳地，长白山为其龙祖，启运山为其靠山，苏子河自东向西从陵前流过。四周群山环抱朝拱，众水朝宗，前方若百官朝揖，左边青龙蜿蜒，右边凤山翔舞；穴前明堂开阔宽平，天门开而地户闭；外山包裹密如城垣，四周秀峰罗列。负责堪舆此地的清钦天监风水师杜如预将此地评为"天下第一福地"。清永陵建陵之时，盛植风水林护卫陵寝风水。据《满洲四礼》记载，陵树原为遮阳蔽日、藏风收气、培植风水之作，能成乔木方有古墓之象，所关风水最要。在永陵宝城兴祖墓前原有一株古榆，被视为"神树"，兆示着大清王朝的祥瑞。清乾隆八年（1743），乾隆帝至永陵祭祖，见到了这棵榆树，大为赞叹，写下了《神树赋》。永陵至今仍是古木参天之地，永陵后山榆林茂盛，木奇古御道两侧也保留了数十株 300 多年的高大古榆树，苍劲挺拔。

清福陵是清太祖努尔哈赤与孝慈高皇后叶赫纳喇氏的陵墓，坐落于沈阳旧城东北部 20 里处，又称"东陵"。福陵建于后金天聪三年（1629），最初称"先汗陵""太祖陵"，后皇太极改称为"福陵"。1929 年定名为"东陵公园"。清福陵规制完备，礼制设施齐全，同时选址审慎，遵照礼典之规制，配合山川之形势，追求地臻完美，以达到"龙穴砂水无美不收""形势理气诸吉咸备"的境地。清福陵坐北朝南，自南而北地势渐高、南北狭长，背倚天柱山，前临浑河，水绕山环、众山俯伏，草深林密、古松参天，自然景观赏心悦目，周边环境幽雅壮观。其总体布局与山川、水流等自然环境因素密切结合，达到了很高的艺术境界。其中108级台阶的建筑形式是中国古代风水学理论在古建筑上的应用，是明清皇陵中独特的建筑形式。神功圣德碑楼、隆恩门、隆恩殿等建筑的设计匠心独具，造型典雅大方，材质精良，是中国古代建筑中的精美杰作。陵寝松树风水林是福陵一大特色景观。陵松的栽植始于天聪八年（1634），当时植有油松风水林达3万株，占地9000亩。福陵油松风水林历史上曾被列为"盛京十景"之一的"福陵叠翠"和"沈阳八景"之一的"天柱排青"。经历代皇帝的严加保护，至今福陵古松尚有1600余株。前往福陵游览的人们在数里之外便可看到横卧天际、浓密墨绿的油松林，而金碧辉煌的陵寝，只是散落于松林之间的点点星星。置身于参天蔽日、郁郁葱葱的林间，面对高大挺拔、多姿多态的古树，聆听那虎啸龙吟般的阵阵松涛，顿觉庄严和肃穆。

清福陵风水林景观　　　　清昭陵
《园林》1991年第2期）　风水林景观

清北陵位于沈阳城北约10里，故称"北陵"，本名昭陵，为清太宗皇太极及后妃的陵墓，建于清崇德八年（1643），历时8年竣工。占地面积16万平方米，是清初"关外三陵"中规模最大、气势最宏伟的一座，是清代皇家陵寝和现代园林合一的游览胜地。园内古松参天，草木葱茏，湖水荡漾，楼殿威严，金瓦夺目，充分显示出皇家陵园的雄伟、壮丽和现代园林的清雅、秀美。北陵的一大特色是漫漫数里的古松群，现存古松2000余棵，为建陵时所植，树龄达300多年，摇曳挺拔，参天蔽日。这些苍翠的陵松在金瓦红墙中构成昭陵的壮丽景观，其中"神树""凤凰树""夫妻树""姐妹树""龟树"等更是别具特色。昭陵自古就是沈阳重要景区，清代"陪京八景"里有"北陵红叶"。金梁在《奉天古迹考》中说："北陵多枫柳，西风黄叶红满秋林，故名北陵红叶。"中华人民共和国成立后，清北陵被政府建立为沈阳北陵公园。

2. 中华始祖陵地风水林

历代人们为纪念中华民族的始祖而营造和保护的墓地风水林。

（1）桥山黄帝陵：黄帝陵位于陕西黄陵县城北的桥山之巅，故称"桥陵"。黄帝是我国原始社会末期一位伟大的部落首领，姓公孙，因长于姬水，又姓姬。曾居于轩辕之丘（今河南新郑市轩辕丘），取名轩辕。祖籍有熊氏，乃号有熊。又因其崇尚土德，而土呈黄色，故称黄帝。黄帝生于山东寿丘，逝于河南荆山，葬于陕西桥山。汉司马迁《史记》称："黄帝崩，葬桥山。"黄帝以他首先统一中华民族的伟绩而被载入史册。他播百谷草木，大力发展生产，创造文字，始制衣冠，建造舟车，发明指南车，定算数，制音律，创医学等，是开创中华民族古代文明的先祖。桥山因山形像桥，故得名。桥山黄帝陵相传创自汉代，唐代宗大历中期在城北桥山西麓，宋太祖开宝五年（972），下令移建于今址。元至正，明天启、崇祯，清顺治、雍正、乾隆、道光均有重修并营造大面积风水林。如今桥山古柏森森、参天蔽野，古柏面积达到1335亩，有古柏83 000余株，其中千年以上的古柏34 600余株，是中国现存覆盖面积最大、最古老、保存最完整的古柏群风水林。在桥山古柏林中，有相传有4000多年历史的"黄帝手植柏"，柏高19米，树干下围10米，当地俗称它"七搂八扎半，疙里疙瘩不上算"，被称誉为"世界柏树之父"。这些柏树形态各异，与黄帝陵庙相互映衬，形成黄帝陵区特有的自然景观和人文景观。千百年来，历朝均对黄帝陵及其古柏进行保护。黄帝陵已成为海内外华夏子孙寻根认祖的圣地。

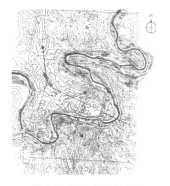
黄帝陵墓风水选址图

黄帝陵古柏林（《陕西古树名木》）

（2）株洲炎帝陵：炎帝陵又称"天子坟"，位于湖南株洲炎陵县城西南15公里处的炎陵山麓。相传上古时代，中华民族的始祖炎帝神农氏巡视南方，尝

炎帝陵山川图（清道光《炎陵志》）

草采药，为民治病，不幸误尝毒草身亡，葬于此地。炎帝是一位伟大人物，他开发了华夏的原始农业，是农耕文化的创始人；他创造木制耒耜，教民耕种，提高农作物的产量；他遍尝百草，为人医病，是华夏中草药的第一位发现者和利用者；他还利用火为人类造福，制造乐器；因而一直受到历代人们的敬仰和祭祀。株洲炎帝陵始建于北宋乾德

五年（967），宋代以后曾多次毁于战乱和火灾，明清以后历代均有所修葺，规模不断扩大，建陵时就广植风水林木。现存的炎帝陵是 1988 年重新修复的，现陵区面积达 5 平方公里。炎帝陵的建筑共分五进：第一进为午门，门内有丹墀，左右两侧有碑房，碑房内立有历代石碑；第二进为行礼亭；第三进为重檐歇山顶的正殿；第四进为墓碑亭，其内立有石刻墓碑，上书"炎帝神农氏之墓"；第五进为炎帝陵寝宫。四周还建有规模宏大的奉圣寺、胡真官祠、天使公馆、崇德坊、宰牲亭、时余公馆、咏丰台、飞香亭等古建筑。陵殿建筑绿树怀抱，古树荫翳，烟云出没。炎帝陵现已成为历代炎黄子孙寻根问祖、谒陵扫墓的神圣之地。

（3）淮阳太昊陵：太昊陵位于河南省淮阳县，传说是"人祖"伏羲氏（太昊）定都和长眠的地方。陵墓位于淮阳县城北的蔡河边。太昊陵包括太昊伏羲氏陵和为祭祀而修建的陵庙，是我国著名的三陵（太昊陵、黄帝陵、大禹陵）之一。原占地面积 875 亩，是一座气势磅礴、规模雄伟的古代宫殿式建筑群，历来被称为"天下第一皇朝祖圣地"。太昊陵庙以伏羲先天八卦数理兴建，是中国帝王陵庙大规模宫殿式古建筑群之孤例。分外城、内城、紫禁城三道皇城，有三殿、两楼、两廊、两坊、一台、一坛、一亭、一祠、一堂、一园、七观、十六门。陵区以中轴线上的一系列建筑——午朝门、道仪门、先天门、太极门、统天殿、显仁殿、太始门、八卦坛、太昊伏羲陵墓、蓍草园等构成主景区，并附属独秀园、碑林、西四观、岳忠武祠、同根园等部分。太昊陵始建于春秋，汉代有祠，增制于盛唐，完善于明清，历代帝王 52 次御祭。太昊陵受到历代官方的保护，唐太宗李世贞观四年（630）颁诏"禁民刍牧"，五代周世宗显德元年（954）禁民樵采耕犁。太昊陵区历代广植松柏为风水林，陵区现有古柏 108 株、古槐 2 株、古檀 3 株，还新植松柏数千株。在太昊陵墓的西侧有棵高大的古侧柏

树，两杈间长出一株碗口粗的檀树，和柏树的两个枝干紧密缠绕在一起，形成了"古柏抱檀"的奇观。当地人认为是伏羲爷显灵，俗称"古柏抱一檀，保佑粮食吃不完"，反映了人们的一种美好心愿。太昊陵每年在农历二月二到三月三都要举办"朝祖进香"庙会，当地人称"人祖庙会"，又称"二月会"。明代以来庙会期间，每天有十数万人到太昊陵求神拜祖，祈求伏羲神灵的庇护保佑，祈福儿女子孙兴旺。

先天八卦坛与伏羲陵墓

太昊陵显仁殿（《寻根》2011 年第 3 期）

（4）曲阜少昊陵：少昊陵位于山东曲阜市的城东之地。少昊为中华民族传说中"三皇五帝"中的"五帝"之首，是黄帝之子，号金天氏，建都穷桑，"能修太昊之法，以金德王天下"，后徙曲阜，在位 84 载，寿百岁而终。少昊陵即为少昊的墓葬处。

古柏森森的少昊陵

少昊陵始建年代不详，北宋大中祥符五年（1012）曾进行大规模修整并种植柏树风水林，政和元年（1111）又在陵墓周围砌石，俗称"万石山"，故有"中国金字塔"之称。宋代以来，少昊陵又经多次维修。乾隆十三年（1748），乾隆皇帝南巡到此谒陵，旨令曲阜知县于陵园风水林内补种柏树 421 棵、桧树 4 棵。现少昊陵占地 24 700 平方米，存有古建筑 17 间、古柏树 391 株。陵园坐北向南，沿南面神道而入，依次为石坊、陵门、享殿及东西配房，三进而后即石块叠砌陵墓，犹如一尊倒扣的宝鼎。整个陵园内风水古柏树森森参天，遮天蔽日，显现出神秘的气氛。

（5）舜帝陵：舜帝是中华民族人文始祖"五帝"之一，更是中国道德文化的创始人。舜帝的葬地主要有两处，早期文献都有记载。汉司马迁《史记》载：舜

"南巡狩，崩于苍梧之野，葬于江南九疑"。这是说舜帝埋葬地在九嶷山，即今湖南宁远县。《孟子·离娄下》也载：舜"生于诸冯，迁于负夏，卒于鸣条。"这是说舜帝埋葬地在山西运城鸣条山。两处舜帝陵营建历史悠久，均为国家级文物保护单位，是历朝历代人朝圣拜谒祭祀的圣地，是万宗敬仰之地。

九嶷山舜帝陵：九嶷山是湖南省的著名名山，北魏《水经·湘水注》载：九嶷山"盘基苍梧之野，峰秀数郡之间，罗岩九举，各导一溪，岫壑负阻，导岭同势。游者疑焉，故曰'九疑'"。舜帝陵园主要由拜殿、陵庙、寝殿及其他附属建筑组成，建在九嶷山九峰之首的舜源峰下，该山被视为帝陵的风水山，成为历代王朝的封禁之地，山上风水古林木众多，参天蔽日。其中有一株干大数围的千年石枞树，因其长在峰巅石崖之上，故名石枞，为"九嶷三宝"之一。陵庙四周古木参天，据《九疑山志》载，庙旁原有香杉 15 株，皆已老死。香杉也是"九嶷三宝"之一，因其皮色较深、材有芳香而名"香杉"。唐代湖南首位状元李郃有《咏舜庙古杉》："总负亿年质，高临千仞峰。贞心欺晚桂，劲节掩寒松。任彼风飚折，挺然霜雪冲。茎凌霄汉表，根蟠龙窟中。仙客频栖舞，良工何渺逢。枝头连理翠，拥护圣神宫。"称道古香杉树的高洁品性。陵庙西北仅存古柏 1 棵，虽历经千年风雨，仍苍翠满枝，被尊为神树，枝上挂满祈福绸带。

九嶷山舜帝陵

山西舜帝陵

鸣条山舜帝陵：鸣条山舜帝陵位于山西运城市城北 30 里的鸣条山西端，可能是衣冠冢，启于禹时。陵庙始建于唐开元二十六年（738），历代多次重修。舜帝陵、庙是一风水宝地，明相宗皋描述说："观庙之形胜，北枕孤峰，涑水之波涛绕于后；南对条山，磋海之盐花献于前。右缠黄河玉带，妫汭厘降之风犹存；左拱香山瑶台，历山耕稼之迹如故。"可见其乃是一风水形胜壮美之地。故历代都十分重视在舜帝陵种植风水林木护卫风水，清光绪二十六年（1900）所立《鸣条古柏录存》碑称，舜陵自秦汉时就遍植柏树，有4000余株，"陵垣内大柏五十余章，皆数十围，而南下长坂夹道两夫妻柏不与焉。肃深古茂，几千年物，凡所以护帝陵，表圣迹也"。该碑文撰者不华子杜居实统计称："今约计柏数，五十余围者五，四十余围者八，二三十围者十。神道两旁，俗名夫妻柏者二，以其阴阳相抱，故父老相传，古是有名。"现神道仍保存有5株树龄在4000年以上的"夫妻柏"古柏树，每一棵活柏怀里都抱着一棵死柏，甚为奇特，也名"连理柏"。还有一株树龄2000余年的"龙柏"树，宛若一条尾高摆、首低伏的祥龙，根部还像一把"龙椅"。相传，刘秀躲避追兵时爬骑在柏树身，后不小心跌坐在柏树根之上。刘秀乃真龙天子，人们后来发现被刘秀爬过的柏树形成了一条卧龙的样子，他坐过的树根也变成龙椅的形状。故人们称此树为"龙柏"，又称"帝君柏"。

（6）绍兴大禹陵：大禹陵位于浙江绍兴城东南郊的会稽山麓，是古代治水英雄大禹的葬地。汉司马迁《史记·夏本纪》载："禹会诸侯江南，计功而崩，因葬焉，命曰会稽。"大禹陵坐东朝西，由禹陵、禹祠、禹庙三大建筑群组成，禹陵的入口处为一青石牌坊，其后是一条长百余米的神道，神道两侧立有石刻神兽。神道尽头为大禹陵碑亭，亭内立有"大禹陵"石碑。陵前还遍植有槐树、

绍兴大禹陵（《风景名胜》2003年第1期）

松柏、竹类等树种为风水林。鲁迅先生曾用"古柏参天吐元气，梅梁赴海作波涛"诗句称颂其陵区风水林景观。大禹陵为我国东南久负盛名的胜迹之一，具有丰富的历史、人文、艺术和旅游价值，是历代人们朝圣谒陵、寻根祭祖之圣地。

3. 先贤墓地风水林

中华民族历史上涌现出无数杰出的圣人先贤，后人为了纪念他们的丰功伟业，在其葬地建立陵园，广植风水林。

（1）曲阜孔林：孔林位于山东省曲阜市，是孔子及其后裔的家族墓地，也是世界上延续时间最长的家族墓地。孔子是我国春秋末期的思想家、政治家、教育家，儒家学说的创始人，历代封建统治者都把他尊为圣人。孔林为一风水宝地，

五岳之首泰山为其发脉，龙气脱卸入平洋。曲阜地理风水格局有洙水和泗河两水环绕流过，这在平洋可谓难得之风水地，平洋风水以得水为贵，孔林墓地合其风水格局，是"平支得水之贵格"。据史料记载，孔子死后葬于此地，最初的墓地约有1公顷，后经过历代帝王的不断赐田，到清代时已达3000多亩。孔林的围墙周长达7公里，有墓葬1万多座。孔林内墓冢遍地皆是，碑碣林立。墓园有万古长春坊、至圣林坊、享殿、楷亭、驻跸亭等胜迹。孔林神道长达1266米，苍桧翠柏，夹道侍立。林道尽头为"至圣林"木构牌坊，为孔林的大门。由此往北是二林门，为一座城堡式的建筑，亦称"观楼"。四周筑墙，墙高4米，周长达7000余米。林墙内有一河，即著名的圣水——洙水河。洙水桥北不远处为享殿，是祭孔时摆香坛之地。殿前有翁仲、望柱、文豹和角端等石兽。孔子墓前有明正统八年（1443）所立"大成至圣文宣王墓"碑一通。东边是孔子之子孔鲤墓，南为孔子之孙孔伋墓，这种墓地格局在古代称为"携子抱孙"。附近还有"子贡庐墓处"。整个孔林笼罩在古木蔽天的风水林绿色荫掩之下。孔子墓地种植风水林木由来已久。孔子埋葬之时，就有人于其墓地植树，南朝宋裴骃为《史记·孔子世家》所作集解说："孔子冢，去城一里，冢茔百亩，冢南北广十步，东西十三步，高一丈二尺，……冢茔中树以百数，皆异种。鲁人世世无能名其树者。民传言孔子弟子、异国人，各持其方树来种之，其树柞、枌、雒、离、女贞、五味、毚檀之树。"又《广志》载："夫子没，云弟子各持其乡土所宜木，人植一本于墓而去。冢上特多楷木。楷木出南海，今林中楷木最茂，间有因风摧折者，人或得之，以为手板。"相传在孔子死后，其弟子子贡将一棵楷树苗种植在先师的墓旁，后来这棵树长成参天大树，清康熙年间遭雷火焚死。人们将这棵楷树的枯干图像刻在石上，筑"楷亭"纪念。孔子弟子们用植树的方式来表达对恩师的思念之情，但当时孔子弟子植树仍未达到植树成林的程度。东汉以后，历代统治者一再下令扩修孔子墓地，不断地植树志哀。北朝高齐时一次植松柏树600株，当为首次大规模植树。唐太宗贞观十一年（637），下旨拨给孔氏家族"户二十，奉守林庙"，保护墓地风水树林不受破坏。明清时期孔林大规模种植风水林就有5次之多，明成化七年（1471）和万历二十二年（1594）各植树1000多株，目前尚存百余株；清康熙二十三年（1684）、乾隆五十四年（1789）、道光二十八年（1848）又植树32 700余株。如今孔林内孔林内有树10万多株，其中古树尚有3万余株，形成了现在古木参天、遮天蔽日的森林景观。孔林现已被联合国教科文组织列入世界文化遗产保护名录。

孔林鸟瞰（《中华遗产》2004 年第 1 期）　　　　　孔子墓甬道风水林

（2）邹城孟林：孟林位于山东邹城东北的四基山南麓，是先秦时期伟大的思想家孟子及其后裔的墓地。历史上很长时间不知孟子葬于何地，直到北宋景佑四年（1037），任兖州知府的孔子四十五代孙孔道辅寻访到孟子墓地，经其多次探查，最后确认在四基山，并报告给朝廷。自此之后，历经宋元明清，孟林不断扩大，庙堂不断增修，逐渐形成了今天的规模。孟林内现有柏树、桧树、柞树、杨树、榆树、楸树、槐树、枫树、楷树等各类风水林木 1 万多株，多为宋、金、元、明、清时所栽植。刘培桂《孟子林庙历代石刻集》卷四收明朱观熖《重建亚圣林享堂记》碑称明嘉靖四十一年（1562）青阳人章时鸾为邹县令，督谕并带领孟氏族人"树柏桧三千余株"。明代著名文人薛瑄曾有"邹国丛祠古道边，满林松柏带苍烟"诗句称颂孟林的风水林景观。孟林内建有御桥、神道、享殿等建筑。孟林前有一条 1.5 公里长的神道，神道两旁植有两行高大的古杨树，杨树外面是古柏树。神道中段有一小溪，溪上架一座名"御桥"的拱形弹孔石桥，桥左立一刻有"亚圣林"的石碑，过桥往北有 500 米长的石砌甬道直到享殿大门。享殿五间，殿后是孟子墓，墓前立有巨型石碑，上书"亚圣孟子墓"，整体布局气派威严。四基山是连绵不断的四座山，因坐落的山顶平坦齐头如基，所以称名四基山。四基山的地理环境十分幽美，清《邹县志》载称其"南面凫峰，北拱岱岳，层峦叠嶂，环拱交错。远接洙泗之水，近连岗峰之脉"。孟林四面环山近水，随着山势的

山东邹城孟林神道风水林

曲阜梁公林古柏风水林

起伏而曼延，给人一种开阔宏大的感觉。林内古木参天，遮天蔽日，云雾缭绕，肃穆幽深，是仅次于曲阜孔林的又一处人造森林。

（3）曲阜梁公林：梁公林位于山东曲阜城东13公里处，南倚防山，北临泗水，是儒家先贤孔圣人的父亲叔梁纥、母亲颜征在的合葬墓地。孔子3岁时父亲叔梁纥去世，葬于防山之阴，17岁时母亲颜征在去世。他将父母合葬，封土而墓。父以子贵，金代封孔父为齐国公，又称梁公，其墓地风水林故名"梁公林"；元代封孔父为启圣王，故而称其墓地风水林为"启圣王林"。经历代孔子后人多次修葺，立墓碑、石仪、神道碑及建享殿、林门、林垣等，并种植松柏护卫风水，形成现有规模。林地总面积63亩，周围墙垣南北长200米，东西宽143.4米；林前神道南北长177.9米，东西宽42.3米。墓园现有柏、桧、楷、槲各种树木467棵，其中国家一级古树40余株、二级古柏60余株。现林内古柏森森，形如蟠虬，老楷成荫，为山东省重点文物保护单位。

（4）邹城孟母林：孟母林是孟子父母的合葬地，位于邹城北25里处的马鞍山下，环山而建。孟母是中国历史上受到普遍尊崇的伟大母亲，后人认为孟子成名，在很大程度上是因"孟母三迁""断机教子"之功，故墓地称名"孟母林"。孟母林占地38公顷，西靠马鞍山，外围石墙，内有历代所植风水树木约1.3万株，元明清历代石碑数通。入林后，有一长约百米、宽40余米的林荫神道，两旁有立马、卧羊及合抱粗的古柏。神道尽头为享殿院，以红色墙垣围成，享殿四檐三间。享殿院西50米有一高高隆起的大土丘，便为孟母之墓，墓高9米有余，底圆周达20多米。元明两代祭祀孟母而立的御碑及石桌、石鼎、石凳、石瓶等石雕，排列在墓前。正对墓堆的石碑上，镌刻着"亚圣孟母端范宣献夫人墓"11个醒目大字。孟母林东向与孟林遥遥相望，山林合为一体，林内松、柏、桧、楷、槲等各类古树数以万计，苍劲葱郁，浓荫蔽地，墓冢累累。已被公布为山东省重点文物保护单位。

（5）勉县诸葛林：诸葛林位于陕西勉县定军山，是三国蜀汉政治家、军事家诸葛亮的陵园，占地27公顷。据说诸葛亮下葬后，蜀汉后主刘禅曾亲自下诏，在陵园内种了54棵柏树——象征着诸葛亮终年54岁——以志不朽。自此以后，历代人均在诸葛亮墓地种植风水林木，最多时达到 10 万株，目前仍存留有 22 棵汉代古柏，挺拔苍翠，为墓地增添了肃穆的气氛。墓前左右两侧各有一株汉桂，称作"护墓双汉桂"，是蜀汉以来少见的桂花树，树高 15—16 米，冠幅宽 20 多米，像两把遮天巨伞，八月花开，遍地芳香，无怪乎墓前有"汉桂流芳"的题字。

陕西勉县诸葛林古桂花树（《陕西古树名木》）

（6）洛阳关林：关林位于洛阳市南 7 公里，北依隋唐故城，南临龙门石窟，西望熊耳青黛，东傍伊水清流，是武圣关羽的葬首之所，也是"墓、庙、林"合祀的古代经典建筑。始建于汉末，重修于明万历二十年（1592），占地 180 亩，现存明清殿宇廊庑 150 余间。其布局按帝王宫殿式建筑呈"回"字形结构，从大门外的舞楼、大门、仪门、大殿、二殿、三殿、墓冢直至后门为其南北向中轴线，其他建筑的布设皆沿此线左右对称，错落

洛阳关林

有致。这体现了我国古建筑文化的传统特点和"大一统"的思想意识。关公墓冢占地 2600 平方米，高出地面 17 米，气势恢宏。墓前立有两座石坊，上书有"汉寿亭侯墓"五字。晋陈寿《三国志·武帝纪》载："建安二十五年春，（操）至洛阳，权击斩羽，传其首。"曹操识破孙权计谋，敬重关公忠义，刻沉香木续为躯，以王侯之礼厚葬关羽于关林。历史上先后有 16 位帝王为关羽谕旨加封，明万历十年（1582）关羽被加封为"协天大帝"，万历三十三年（1605）又被加封为"三界伏魔协天大帝神威远震天尊关圣帝君"。民间更是把其尊崇为平安神、保护神和武财神。清康熙五年（1666）加封洛阳关冢为"忠义神武关圣大帝林"，从而使洛阳关林与曲阜文圣孔林比肩而立。关林自明万历年间重新建庙时就盛植柏树为风水林，现风水林存有古柏 800 余株。洛阳关林的古柏曾被誉为"洛阳八景"之一。关林现是河南省重点文物保护单位，已成为海内外朝拜者心中的圣地。

（7）郏县"三苏"墓："三苏"墓又称"三苏"坟、"三苏"林，在河南郏县城西北约45里处的小峨眉山。北宋著名散文家、文学家苏洵及其子苏轼、苏辙合称"三苏"，在中国古代文化史、文学史上具有重要的历史地位。苏轼在自流放地海南儋州赦归途中病死常州，其子将之葬于生前选定的汝州郏县（今平顶山市郏县）小峨眉山。10年后，其弟苏辙也病逝，苏辙子遵父嘱，将之与兄长苏轼葬在一起，时称"二苏"墓。元代郏县县尹杨允认为"三苏"学问同出一脉，出于拜谒的需要，便"精灵之往来"，当"陟降左右"，遂在"二苏"墓旁置苏洵衣冠冢，便成为"三苏"墓。明末甲申年（1644），李自成部将盗掘"三苏"墓无获，将墓园周围的100多棵古柏风水林砍伐掠去。清初郏县知县张笃行修复"三苏"墓，重新种植了大量风水树木，在墓园西南处建广庆寺，前殿供佛，后为祠堂，祀"三苏"像，僧人礼佛之余，兼守"三苏"墓。

"三苏"墓背依嵩岳余脉莲花山，面对汝水旷川，黄帝钧天台在其前，左右两小岭逶迤而下，宛若峨眉，山明水秀，景色宜人。墓园占地百亩，墓园内大片风水柏林枝繁叶茂，苍翠挺拔，共有近600株明清古柏，其中神道两旁4株高10多米的古柏为宋代种植。墓园内古柏绝大多数树干向西南方倾斜，传说是三苏品德感动草木，

河南郏县"三苏"墓

草木皆随其心意所向，遥望家乡四川眉山，所以几百年来它们被人们称为"思乡柏"。每当夜澜更深、万籁俱寂的时候，置身此地你会听到轻风簌簌、细雨潇潇，声音时高时低、时远时近，"风紧衣不鼓，雨急衫不湿"，数百年来一直"倾泻"不止，驰名遐迩。故有"苏坟夜雨"之说，成为郏县著名"八景"之首。清诗人张鹏翮有《苏坟夜雨次韵》云："共识峨眉紫气多，文章千古重东坡。神归天上为霖雨，碧化长空作汝河。马鬣当年埋宋璧，夕阳此日听樵歌。春流不尽忠魂恨，万壑涛声涨绿波。"称颂"三苏"墓林景观。"三苏"墓已成为历代文人墨客景仰、高人雅士驻足、游客游览观光，追寻"三苏"道德文章的圣地，现为国家级文物保护单位。

第八章

寺庙宫观风水林

所谓寺庙宫观风水林就是在寺庙宫观周围由历代僧侣道士人工栽培或天然形成并受到保护的林木。

一　寺庙宫观风水林的起源

寺庙宫观是我国古代人崇佛敬道和信奉其他宗教的活动场所。寺庙宫观风水林是在宗教和风水意识共同支配下营造和保存下来的林木。

道教是中国土生土长的宗教，是由中华传统文化孕育而成的，在处理人与自然的关系问题上，继承和发展了中国传统文化中的天人一体、和谐共生的思想。自道教产生之时，其所谓仙山和世外桃源便与人间的名山秀水有广泛联系，并把这些"能出云，为风雨，见怪物"的山林川谷丘壑尊之为神。通过神的点化，进而坐化成仙，是道教徒的信仰和追求。东晋道家葛洪《抱朴子》称，道教徒们之所以大都选择在深山密林中修道，实因"山林之中非有道也，而为道者必入山林，诚欲远彼腥膻，而即此清净也。夫入九室以精思，存真一以招神者，既不喜喧哗而合污秽，而合金丹之大药，炼八石之飞精者，尤忌利口之愚人。凡俗之闻见，明灵为之不降，仙药为之不成，非小禁也"。故"道士志学，山林隐静，久遁岩室，远绝人间，为之者益精，而神速至也"。可见道教徒们入山林修炼，远离尘世，不仅能居清静之地感应山林灵气，且更易得到神真的眷佑；同时山林中丰富的矿物和植物，为道教徒养生和采丹炼药提供了绝好的条件。"洞天福地"就是道教对其神仙胜境的追求境界。唐代道士司马承祯的《天地宫府图》说："十大洞天者，处大地名山之间，是上天遣群仙统治之所"；"三十六小洞天，在诸名山之中，亦上仙所统治之处也"；"七十二福地，在大地名山之间，上帝命真人治之，其间多得道之所"。这里环境幽雅，人与自然和谐相处。晚唐道士杜光庭在《洞天福地岳渎名山记序》描述"洞天福地"的绮丽风光是："或瑶池翠沼，流注于四隅；或珠树琼林，扶疏于其上；神凤飞虬之所产，天麟骏马之所栖。"这正是道门中人对于美

道教徒在洞穴中修炼（《上阳子》）

好自然环境的极致追求。这些名山，不仅有秀美的自然景观，而且都有茂盛的林木花草和清泉秀水，更是各种野生动物繁衍生息的乐园。几乎所有有关洞天福地的文献中所提到的洞天，其自然环境都是异香芬芳、绿树成行、井泉甘美、气候宜人、灵凤翱翔、神龙飞舞、五灾不侵、百病不生之地。这是一种极自然而又理想的生存环境，也是道教的神仙所居之处。为了追求这种洞天福地的境界，道教徒们所建造的宫观，也往往位于远离尘嚣、清净安谧、林木茂密的名山大川之中。这些地方古木参天，多奇花异草和珍稀动物。所以道教徒们自然倍加爱护这些覆盖川谷丘壑的林木，莳花植竹，以期达到出神入化的神仙境界。

佛教是东汉初年从印度传入的外来宗教，后同中华文化融合形成具中国特色的宗教，并同道教一起成为影响中国文化最主要的两大宗教。佛教与森林有着密切的关系，自佛教创立之时，就发生着影响。佛教文献记载释迦牟尼佛出生并成长于绿树覆荫、奇花争妍的森林环境中；在创立佛教之前，一直是在茂密的森林环境中修持苦行，在菩提树下悟得宇宙人生的真理，从而开始了他的教化。这就是佛教教义中著名的"鹿野苑初转法轮"。佛教在创立之初并没有寺院，森林就是僧人们的栖息场所。僧侣们早晨从山林走到村落，或托钵乞食，或游行说法，晚上回到山林，在树下禅观冥思，净心修道。后来佛祖带领弟子们到灵鹫山的茂林修竹中修习，摩揭陀国的频婆娑罗王向佛祖请法，并在迦兰陀竹林营建精舍供养佛祖，称为"竹林精舍"，佛教才开始有了寺院建筑。起初这些精舍都选建在都城郊外的幽静森林中，被称为"兰若"。所谓"兰若"，就是"梵云阿兰若"，是指无诤的闲静处。佛教经籍《宝云经》记云："独静无人，不为恼乱，乞食易得，非远非近，多诸林木华果，清净美水，龛室安稳。远离处最近二里，能远益善，去村一拘卢舍。"这说明"兰若"是靠近村庄不远的森林地。在佛祖看来，

森林能帮助修道者达到身心的宁静，易于获得真谛。所以体验森林生活，对修道者智慧的显现和开展有很大的助益。以后佛祖在圆满完成他人世间的工作后，来到一个叫拘尸那罗的地方，在娑罗双树林呈右侧卧，安详去世，这就是佛祖的涅槃（圆寂）。出于教义，僧徒们为效法佛祖、超脱红尘、潜心修持，达到"智慧福德圆满成就的、永恒寂静的、最安乐的"涅槃境界，必须选择安静优

释迦牟尼涅槃图

雅的自然环境，以示不受凡尘干扰。如佛经《坐禅三昧经》云"闲静修静志，结跏坐林间"；《禅秘要法经》亦云"出定之时，应于静处，若在冢间，若在树下，若阿炼若处"；《无量寿经》则说"国中万物，严净光丽……无量色树，行行相植，茎茎相望，枝叶相向，华实相当，荣色光耀，不可胜视；清风时发，出五音声，自然相和"。不胜枚举。

佛教传入中国后，延续了它在印度的风格，多数寺院都建筑在山林中，中国多以"丛林"称寺院。但佛教经典对"丛林"一语的解释颇多。如《大智度论》卷三载，僧众和合居住于一处，犹如大树聚集的丛林，故称之；《大庄严经论》谓，众僧是胜智的丛林；《禅林宝训音义》亦载，"丛林"二字是取其草木不乱生长之义，表示其中有规矩法度。"丛林"又以芳香的旃檀树林比喻佛门龙象所住的清静森林，所以又称"旃檀林"。后来佛教的教、律等各宗寺院亦仿照禅林制度而称"丛林"。另据《大乘义章》卷十三记载，丛林能生智慧、神通等功德，所以又称功德丛林。《中峰本禅师语录·东语西话》云："世称丛林者，盖取喻于草木也，法道之所寄，材器之所从出焉。"佛祖说："依雪山上，有大高广之树，五事长大：一根不移动，二皮极厚大，三枝节远荫，四靡所不覆，五叶极茂盛。"意思是说善知识如山，有广大茂密的树林可庇荫我们成长。

佛教徒们出于教义种植和保护森林树木。佛书《僧只律》中有则"种树法"，是说佛住舍卫城时，"尔时有比丘，于僧地中种庵婆罗果，长养成树，自取其果，不令他取。诸比丘言：'汝何故自取遮他？'答言：'我种此树护令长大。'诸比丘以此因缘往白世尊。佛言：'此种植有功，听。'一年与一树。年法者，若比丘僧地种婆罗果树、阎浮树，如是比果树应与一年取。若树大不欲一年并取者，听年年取一枝，枝遍则止。若种一园树者，应与一年。若言我欲年取一树，亦听。若种芜菁，若葱，如是比菜应与一剪。若种瓜瓠，应与一番熟取。是名种树法"。佛祖评判的结果是种树者有功，因是公有土地上种树，应允许取果，但要有度。《毗尼母经》卷五记载佛祖就明示："若比丘为三宝种三种树：一者果树，二者花树，三者叶树，此但有福无过。"在《杂阿含经》里，佛祖也说："种植园果故，林树荫清凉，桥船以济度，造作福德舍。穿井供渴乏，客舍给行旅，如此之功德，日夜常增长。"《佛说诸福田经》说种植树木使人得清凉为七种福田之一，广行则生梵天。故植树造林，不但能广种福田，同时也具足无量的功德。《高僧传·昙摩密多传》载北魏初，高僧昙摩密多来到敦煌，"于闲旷之地，建立精舍。植柰千株，开园百里"，使得佛寺所在地区树木森森，茂密郁然。《五灯会元》记载禅宗五祖弘忍"蕲州黄梅人也，先为破头山中栽松道者"，临济禅师一日"栽松次，（黄）檗问：'深山里栽许多松作什么？'临济曰：'一与山门作境致，二与后人作标榜。'"

佛教认为"草木有性"，一草一木都是佛性的体现。《根本说一切有部苾刍尼毗奈耶》卷二说佛祖在未出家时，目睹宫女为采花取果任意摧残园中树木枝叶，践踏青翠草地，使得原本花果枝叶茂盛的树木凋零败落，惨不忍睹。佛祖看了心生不忍。佛祖得道后就不断地教诲弟子不得任意砍伐树木。

由上所述，僧侣道徒们对林木都有一种特殊的亲情，借此创造出一种修持、静修的幽静环境。所以宗教意识中的林木培护一直被僧道徒们继承发扬，因而寺庙、宫观、古刹往往林木翳荟、乔树葱倩，更显得宗教圣地幽深、庄严肃穆。六朝以后，因受风水意识的影响，在寺院周围的林木就被僧道徒们冠以保护寺院"龙脉"安全的风水林和风水树之名，受到严格的保护而被禁止砍伐。

二 历代营造和保护寺庙宫观风水林的成就

受宗教教义和风水意识的共同支配，历代寺庙宫观的寺僧道徒都十分重视营造和保护寺庙宫观的风水林，以护卫其风水。

1. 营造寺庙宫观风水林

历代寺僧道徒都在宗教场地（庙寺宫观庵）大量栽植林木以培育风水。浙江《普陀洛迦新志》卷八载："后山系寺之来脉，堪舆家言俱不宜建盖，……其余悉栽竹木，培荫道场。"这说明风水林对保护佛寺风水龙脉的重要程度。所以寺僧道徒都种植风水林、风水树。湖南衡阳《衡阳何氏四修宗谱》记载一民间庵院"息影林庵山脉起于白云峰，大气磅礴，经两头塘纡回至，……讲求培植森林之法，当禁止樵苏砍伐、牛羊践踏，以旺息影林庵之风水"。唐代泗州开元寺明远大师与郡守苏遇等，谋于"沙湖西隙地创避水僧坊"，"植松、杉、楠、桎、桧一万本"，由是僧与民无水灾之患。庐山黄龙寺"万杉林"是北宋大超和尚发动寺僧所植。重庆大足石桌乡佛会村佛惠寺内有一通北宋元祐五年（1090）严逊所撰的碑铭，称该寺僧于"堂、塔前后左右，并植松、柏及花果、杂木等"，到元祐五年，"所植亦皆长茂，春时节日，往往为乡人瞻礼游从之所"。北宋明州（今宁波）象山县蓬莱山寿圣禅院住持永净，除鼎新堂宇殿门、开垦 300 亩田以赡僧供外，并植松 10 万本以助众山之森秀，其徒慧初、义琛与郡豪吴骥亦相助而成。宋仁宗庆历元年（1041）衡山福严禅院长老省桥及其徒环院百里种杉 10 万棵护卫衡山风水，宋祁还特别撰文记述此事。宋余靖《武溪集·筠州洞山普利禅院传法记》记载四川筠州（今四川筠连县）洞山普利禅院第十一世住持曲江晓聪禅师于宋大中祥符三年（1010）应命而来，于洞山东北植松万株，凡植松一株，坐诵金刚经一卷，常自称"栽松比丘"，其地遂号"金刚岭"；该寺十二世住持合肥自宝（俗姓吴）在寺 16 年，未尝出院门，也亲自植松万株。明清时期四川峨眉山的僧人在佛寺周围营造"旃檀林""古德林""布金林""华严林"等风水林，至今犹存。四川通江草池大明庵主持于同治三年（1864）撰文昭众："大明庵前后左右之风木者属本庙风木，……览兹风景者，因常以青龙卜之，罗星乎者也！我先人殷勤培植，始成茂郁，愿以望后世峥嵘茂昌，挺翠腾秀。"要求寺僧种植风水林。清张成梁《黄檗种松记》称福建福清乾隆时黄檗山寺僧主持通馨植松 3 万余株，"计十年之后，青青在望矣。计再十年之后，

浙江天童寺风水林（《理想景观探源》）

清阴照地可以覆人矣"。浙江天童寺的寺僧为了聚气，在寺庙四周之护砂、水口及案山广植竹木，以荫地脉。还种植了长达 10 余里的松林长道，至今道路两旁古松依然参天蔽日。近代高僧虚云和尚重修广东南华寺，培主山以免坐空，筑高左右护山以成大局场，并广植风水林以藏风聚气。虚云《重兴曹溪南华寺记》说：

> "寺所枕山，形像似象。后人将方丈后之靠山，分段铲去，使寺后落空无主。寺坐象口，其左右系象之下颔，夷成平地，阴阳不分。其右系象鼻，应当高耸，分节起伏，又被人在毗卢井处切断，一路挖平，直到头山门，成大空缺，又无树木拥护，远望孤寺无依，近察鼻节已陷，殊痛恨也。云于拆平旧殿堂及丹墀时，所有土石悉归三处。右高于左，形象鼻也，稍曲而东，形鼻之卷也。中凿莲池，象鼻之吸水处也。培高后山，依倚固也。三处皆栽林木，今幽翠矣！"

　　少数民族地区的寺庙也种植风水林护卫寺庙的风水。甘肃甘南藏族寺庙拉卜楞寺对面山有一片千亩的云杉林，为该寺的风水林，清康熙四十九年（1710）寺院一世住持嘉木样协巴阿旺宗哲高僧规定寺庙的喇嘛每人植云杉 25 棵，并保证成活。以后历代住持均遵此规，形成了现今云杉风水林的规模。清嘉庆二十一年（1816）任迤西道（今云南大理）尹的广东人宋湘，带领白族民众种松于三塔寺后的苍山麓，"为其濯濯也"，作为三塔寺的风水林。西双版纳地区的南传上座部佛教尊崇的圣树则是"五树六花"。"五树"是菩提树、大青树、贝叶棕、槟榔、铁力木或椰子，"六花"是荷花、文殊兰、黄姜花、黄缅桂、鸡蛋花、地涌金莲。这些"佛树"都受到信徒们的崇奉而被广泛种植。云南德宏潞西遮放弄坎江边的芒丙山上，有一片有大约 550 棵榕树的古榕树林，为清初傣族人建芒丙佛塔而植的风水林，距今有 300 多年历史。古树遮天蔽日，形若古代骑兵布阵，成排成行，覆盖数百亩，远远看去，形如山，势如海，当地傣族民众称之为"勐榕"，意为"榕树王国"。

甘肃拉卜楞寺云杉风水林

青海塔尔寺风水林

　　道教徒更是十分重视宫观周围的环境，植树造林，使不少宫观成为"飞亭曲阁、修林翠竹之美观也"。《景定建康志》记载华姥山华阳洞天、金陵福地有正素先生王栖霞"艺树蔽野，植松为门，川梁必通，榛秽必剪"。植树为界，形成一道绿色屏障。《洞霄图志》记载宋淳祐三年（1243），同知宫事章居中，"凡宫山冈阜与民境接者，悉树以松，亲董工役。既成，春秋二时，每指引后进登山以识疆界"。至元大德年间（1297—1307），"四山虬枝龙形，环列森立，围皆丈许，真图画所不能到，其经始培植之功不可泯也"。陈垣《道家经石略》所录碑文记载洪州道正倪氏创太一观，手植杉松，成茂林者千余根。

2. 保护寺庙宫观风水林

僧侣道徒保护寺院宫观的风水林，是出于风水和宗教教义的双重目的，和尚道士以晨钟暮鼓传梵韵之清音，翠柏苍松拥衣钵之渊薮，保持这些森林千年不败。历代都采取许多措施来加以保护。

道教自创立之时，就注重对森林植被的保护，道经中保护森林植被的规定也屡屡可见。汉《太平经》要求人们："慎无烧山破石，延及草木，折华伤枝，实于市里，金刃加之，茎根俱尽。其母则怒，上白于父，不惜人年。人亦须草自给，但取枯落不滋者，是为顺常。天地生长，如人欲活，何为自恣，延及后生。有知之人，可无犯禁。"告诫人们在利用山石草木这些资源时应当遵循其生长规律，不可肆意开采、滥砍滥伐，断绝草木的生机，否则会贻害后代子孙。《老君说一百八十戒》规定"不得烧野田山林""不得妄伐树木""不得妄摘草花"。《上清洞真智慧观身大戒文》规定："道学不得以火烧田野山林，道学不得教人以火烧田野山林""道学不得无故摘众草之花，道学不得教人无故摘众草之花""道学不得无故伐树木，道学不得教人无故伐树木"。《文昌帝君阴骘文》告诫人们要禁火，莫烧山林。《云笈七签》卷四十《崇百药》把"不烧山木"当做保护生态环境的一味良药。《真君观禁樵采牒》规定禁樵采。道教徒为确保修持环境的清净，从而达到神仙境界，注重保护道观的风水林木。山东莱州市大基山道士谷入山路口的摩崖石刻有北魏时郑道昭书写的护林文告。刻文曰："此大基山人中明口及四面岩顶上，荥阳郑道昭扫石置五处仙坛。其松林草木有能口奉者，世贵吉昌，慎勿侵犯，铭告令知也是！"郑道昭（？—515），字僖伯，自称中岳先生，荥阳人，仕为光州刺史，工书，初不为世重。至清嘉道间，发现云峰山诸石刻，包世臣、张琦、吴熙载等极推重之，被举为北魏一代书圣。文中对具有风水作用的草木，明确提出要"慎勿侵犯"，这被誉为中国古代护林碑刻的发端。为保护茅山道观的风水林，自唐开始，历代朝廷都曾应茅山道士所请为之发布禁山令。金人王处一编撰的《西岳华山志》记载："华山之上，或谷内，或道庙中，但有生死树木，名曰神林，禁人采伐。如有犯者，立祸于身。山之西南隅乍一林，侵天松桧，乃岳神游宴之处名累山林，众有樵窃采之者，火烧虎食，甚。"道教徒赋予华山上的树木以神圣性来教诫众人，禁止破坏华山的生态环境，使得华山成为历代道士理想修炼之地。

佛教教义规定佛徒不得任意砍伐树木，《毗尼母经》云："有五种树不得斫：

一菩提树，二神树，三路中大树，四尸陀林中树，五尼拘陀树。"《摩诃僧只律》卷三十三言佛祖释迦牟尼除了肯定种植花草树木的功德，也提到修剪时须配合植物的成长情形，新长出来的嫩叶不宜动它，应在茂盛繁华时才作适当的修剪，不应做出伤害山林的行为。《四分律比丘戒本》曰："生草木等不得断，断者犯堕。"砍伐草木自会受到惩罚。敦煌莫高窟第 428 窟绘有"梵志夫妇摘花坠死缘"，所画故事为：梵志长者之子新婚，夫妇一同到后园赏花，但见园中百花争艳、姹紫嫣红，夫妇不胜欢喜。长者子遂为新妇上树摘花，正取一花欲再得一花，突然树枝折断，长者子坠地身亡。佛祖告诉长者，这是因为长者父子前世恶业之故，遂有今之报应。这里虽然讲的是佛家的因果报应，实际上也是在向世人昭示，花草树木皆有生命，应倍加爱护，不得随意采摘，否则必受惩罚。受这些佛学思想的影响，僧侣们也制定有许多戒规，加强对寺院风水林木的保护。《衡阳宋氏六修族谱》卷一"五凤山庵记"中说龙脉发自大霞岭的五凤山有一五凤庵，"左右前后诸峰，林壑尤美，望之蔚然而深秀者，桐茶也、松柏也、各色树竹也，倘有入山悄伐者，寺僧固不得逭其咎，族人亦不得徇其情"。山西洪洞县广胜寺是三晋著名佛寺之一，门首的康熙五十五年（1716）十月《为严禁盗伐山柏勒石以垂永远事碑》云："照得广胜一山，原为赵邑名胜，柏木郁葱深秀，不特以壮观瞻，拟且以助风脉，历来不敢擅伐，饬禁甚严，彰彰可据也。"清嘉庆二十三年（1818）广胜寺的又一块护树碑也指出："此诚古刹名胜之区，自应加意培护，未便任意樵采。兹据监生李特纲等禀请禁止剪伐，前来合行示禁。"福州鼓山涌泉禅寺是福建著名寺庙，清《重修鼓山志》记载为保护寺庙的龙脉和周围的风水林木，清康熙十二年（1673）经官府批准立碑示禁，其云："鼓山涌泉禅寺，历经八百余载，其山场树林向有禁约，毋敢樵采侵越，近奉两院饬示杜绝，案墨犹鲜 …… 惟此风水渺茫焉，得山川能语，要求福地先种心田。倘非所有，则将佳气郁苍者，自必转为白杨衰草。…… 嗣后敢有奸民们前违，越于本界内盗葬及樵采树木、作践禅林者，…… 绝不宽贷。"安徽淮北市相山庙是淮北名刹，为保护该寺风水林木，该寺住持报经宿州知州批准，于清朝乾隆二十五年（1760）八月立《禁碑》，云："查相山高峙濉溪，砂土相半，民鲜种植，树木稀疏。近因附近居民纵放牲畜，任意作践，尤见濯濯。神祠所在，若无乔木庇荫，不惟不足以昭诚敬，亦且无以壮观瞻。所有在山场地，自不得不区画（划）界址，分别申禁，毋许牧放樵采。…… 倘有不遵，该主持投鸣约保，赴州禀报，以凭拿究。其名凛遵，毋违特示。"为保护相山寺庙风水林木、禁止放牧樵采，不仅明确了禁止性事项，还规定了寺庙主持的权责关系。至今该寺院内仍然古树浓密荫翳。

少数民族人还对聚居区内的寺庙风水林加以严格保护，禁止砍伐破坏。藏族人民在古代信仰苯教，他们认为凡山林都有神，唯有神树处不得触犯，更不能随便砍树。寺院喇嘛把寺庙森林封成风水林、神林，禁伐禁樵。清光绪二十四年（1898）现青海卓尼县纳浪村藏族村民和寺庙喇嘛共同订立护林公约，敕于石碑。碑文申明缘由外，公议将四处树林重定为"神林"进行公护。并规定"倘有不法之徒偷入护林砍伐者，罚猪一口、酒一缸，倘不受者，指名禀官，以全会规，布重生矣"。广西防城江平永福村京族村民为保护寺庙风水林而制定的规约规定："一约本村系是有高山庙一座，水口大王庙一座，四姿庙一座及民居后林一带，共山林四处，析生枯木树根等项，一皆净禁。自后或何人不遵如约内，贪图利己，擅入盗掘破，巡山各等捉回，本村定罚铜钱三千六百及猪首一只，糯米十斤、酒五十筒，谢神有恩不恕。或余村人等何系可堪，捉得赃物回详，本村定赏花红钱一千六百（文）正，盗人所赏不恕兹约。"川西羌族民众注意保护境内的寺庙风水林，茂县东兴乡永和村牛家山有一立于清光绪二十八年（1902）的碑刻，碑文内容为该村牛氏宗族的羌族绅民为保护村内古庙风水林，恳请茂州直隶州张知州出示刊碑，文称："周围获蓄树林约有一千余株，庙有一大古柏树一株，历年获许均无砍伐。查此树林地基系牛族公众栽成，道光初年首等先族请示刊碑获守，牛姓以及村众均不得砍伐，至今约八十余年，碑文模糊，有不肖之徒私自偷砍，并剥树皮以致树林不茂，村中不常，恐有祸非。……为此示仰：该处牛族及村众大等知悉，自示之后，倘有牛族及村众不肖之徒，私自偷砍树木，并剥树皮，一经查获准示送案，从严惩办，决不姑宽。其各凛遵，毋违。特示遵右谕通知。"言辞之恳切，处罚之严厉，极具示禁效力。

三　寺庙宫观风水林列举

全国各地许多地方的寺院都保存有大片寺院风水古林，这里仅列举几处较为著名的风水林。

1. 佛寺风水林

"天下名山僧占多"，是说佛寺多建造于名山之地。事实的确如此，著名佛寺多在著名的历史文化名山之中，留存有不少风水古林。

（1）峨眉山佛寺风水林

峨眉山是我国佛教四大名山之一，是普贤菩萨的道场。峨眉山自古就以苍翠浓黛、林木葱茏、云雾缭绕著称，素有"峨眉天下秀"之美誉。清康熙时的《峨眉山志》记载自唐代开始，历代僧侣在峨眉山建寺造院的同时，出于佛教教义就十分注意种植和保护佛寺风水林，以护卫佛寺风水及点缀风光。光绪十三年（1887）成书的《峨山图说》所列"峨眉十景"之"金顶祥光""灵岩叠翠""双桥清音""九老仙府""大坪霁雪""萝峰晴云""圣积晚钟""象池夜月""白水秋风""洪椿晓雨"，多数与山林有关。峨眉山佛寺风水林则是以"古德林""旃檀林""布金林""华严林"四大禅林著称。

"古德林"为明代穆宗隆庆元年（1567）临济宗别传禅师所植。据《峨眉伽蓝记》记载，他当时在白龙洞旁建造金龙寺（故址尚存）时，于佛寺四周广植樟、楠、柏、杉。每种一株树，辄诵《妙法莲华经》一字，并作礼拜。《妙法莲华经》共 69 777 字，他也种了 69 777 株树。起于大峨楼下的象牙坡，止于清音阁上之向阳坡。方圆 6 里之内，翠云蔽日，浓荫匝地，为全山长得最好、最茂盛的人工阔叶林。后人为纪念别传禅师的功德，就把这片风水林称为"古功德林"。虽经 400 多年的风雨侵蚀、朝代更迭、兵戈扰攘，仍幸存 400 多株十围古木，苍翠浓郁地掩映着红墙碧瓦的古刹，为峨眉山避暑佳境。为表彰别传禅师的建寺造林之功，明万历皇帝朱翊钧赐号"宏济禅师"。明末胡世安《登峨眉山道里记》载称："一望浓翠蔽岭，别传和尚手植楠也。株与《法华经》（《妙法莲华经》）字数相等，今号古德林，樵苏不敢轻犯。"明崇祯三年（1630），四川巡抚马如蛟游寺，题："郁葱佳树拂慈云，幻出槎丫避斧斤。老衲得知山是佛，今人同诵法华文。"称道其营造风水林事迹及景观。清江皋《游峨眉山记》也云："古德林绿云四垂，万株浓翠，别传和尚手植楠也。相传与《法华经》字等，真不啻檀林只树矣！""峨眉十景"之一的"白水秋风"即在附近。

"旃檀林"位于洪椿坪。明楚山禅师在明万历五年（1577）建造千佛庵时，即发愿在洪椿坪一带培植旃檀林，以《华严经》字数为准，一字一树，精心栽植。第二任住持性一禅师、第三任住持德心禅师继之。历经 400 多载的沧桑岁月，如今早已老干撑云。洪椿坪四周群峰环翠，山抱林拥，葱郁幽静，空气清新。每当炎夏清晨，林中饱和的湿度经过凉夜的冷却，形成奇妙的"洪椿晓雨"，为"峨眉十景"之一。1960 年 10 月，佛学大师赵朴初先生游此曾乘兴填《忆江南》一首，有"洪崖去，犹有树留坪。雨过千枝争滴翠，云飞群岭为摇青，仙境自多情"词句称颂。

"布金林"位于伏虎寺，是清顺治八年（1651）寂玩禅师所植。《峨眉山志》记载伏虎寺住持可闻大师的徒弟寂玩上人在寺周广种杉树、桢楠、柏树，按《大乘经》一字一株所植，共植树木 109 000 余株，人称"布金林"。数十年后，四山林木连成一片，楠松森森，樟杉郁郁，深幽清静。清雍正年间伏虎寺住持曾于寺中撰书七律一首："登峨先向虎溪游，策杖云深步更幽。一径钟声瞻玉殿，万杉烟色绕琼楼。石桥水隔红尘杳，台榭花飞绿树稠。入室幸聆空妙谛，缤纷华雨孰能酬。"如今"布金林"已是古木参

四川峨眉山"布金林"

天，浓荫蔽日，伏虎寺整座寺院均掩映在密林之中，有"密林藏伏虎"之称。"峨眉十景"之"萝峰晴云"就是对其景观的概括。

"华严林"位于大乘寺至万佛顶一带，是清末妙彩禅师率众所植。民国《峨眉山志》记载清末妙彩和尚率众在大乘寺至万佛顶一带种植了大片的冷杉风水林。因植树时依《华严经》一字一树，所以又称"华严林"。妙彩和尚在道光二十八年（1848）中过武举，虎背熊腰，力能扛鼎，中年在峨眉山金顶出家为僧。他深感高寒山区水土流失和建寺用材的缺乏，大力提倡种植针叶林并身体力行。在他出家后几十年的岁月里，亲手栽种的面积竟达方圆 20 多里。妙彩和尚圆寂于民国二年（1913），临终时告诫后人，如因修建寺院需要伐树，伐 1 棵必补种10 棵，并遗言将其骨灰撒入冷杉林中。

历史上峨眉山的寺僧不仅注重种植风水林，且还对之严加保护，使之不受破坏。他们还对全山的风水林木作出统计，并划定范围、勘确地界、绘制地图，分别由各寺院负责管理，若有滥伐偷砍，必予惩处。清光绪二十二年（1896），海拔 2800 米的天门石有位法名如昭的小沙弥，滥伐文殊庵界内的冷杉，即受到罚

菜油 50 斤的处罚，并立下字据，保证"今后天门石子孙永远不再滥伐树木"。

峨眉山藏风聚气，每个山头都为森林所覆盖，每座寺院都是绿拥翠绕，每条山径都是浓荫夹道。春风荡漾之时，或夏雨初霁之际，不尽的繁枝绿叶直让人觉得青翠欲滴，秀色可餐！

（2）普陀山佛寺风水林

普陀山位于浙江沿海的舟山群岛东部海域，是我国四大佛教名山之一，为观音菩萨的道场。相传西汉成帝时，梅福来山隐居，采药炼丹，称名梅岑山。宋时称宝陀山，宋宝庆《昌国县志》载："梅岑山观音宝陀寺在县东海中，梁贞明二年建，因山为名。"宋张邦基《墨庄漫录》云："宝陀山，去昌国两潮，山不甚高峻。"元代时称补陀洛迦山；宋至明代有以梵语"补怛洛迦"意译称白华山；明万历三十三年（1605），钦赐宝陀观音寺为"护国永寿普陀禅寺"，山以寺名，此为普陀山名之始。因其东南海中有洛迦山，故有普陀洛迦之称谓。历史上历代帝王多建都北方，其南之东海一般称为南海，故元、明时期还称南海普陀。普陀山最早于后梁贞明二年（916）建寺庙，现有普济寺、法雨寺、盘陀庵、灵石庵等寺庙和潮音洞、梵音洞等名胜。普陀山四面环海，风光旖旎，幽幻独特，被誉为"第一人间清净地"。

普陀山佛寺建造之时，寺僧就重视营造和保护佛寺风水林。"山中住，煨紫芋，拾枯枝，不伐常青树"，普陀山的僧众居民历来有护树爱木的优良传统。明万历二年（1574）制定的《普陀禁约》中就规定"沿海一带军民、僧道人等，不许一船一人登山樵采及倡为耕种"。清《普陀洛迦新志》卷八的禁令更为明确："凡本寺前后左右山场，不但不可侵渔，且风水攸关，竹木务悠久培荫，斫石取泥，俱所当慎。"强调对普陀山佛寺风水林木的保护。普陀山佛寺的僧侣们还提倡种植风水林来护卫佛寺风水。清《普陀洛迦新志》卷八载："后山系寺之来脉，堪舆家言俱不宜建盖，…… 其余悉栽竹木，培荫道场。"这说明普陀山寺僧都重视种植风水林。如今岛上树木丰茂，古樟遍野，鸟语花香，素有"海岛植物园"之称。据《普陀山志》记载岛上风水林木葱郁，林幽壑美，有樟

浙江普陀山法雨寺樟树风水林
（《中国名山风景区》）

271

树、罗汉松、银杏、合欢等66种百年以上的树木1329株，其中有古樟树千余株。普陀山风水林中有株该岛独有的"地球独子"珍贵古树——普陀鹅耳枥，生长于佛顶山慧济寺的后门西侧，树高13.5米，树枝骈出双分。岛上僧尼和群众称它为"夫妻树"。1930年我国植物学家钟观光先生到普陀山进行植物调查时发现，1932年经我国著名树木分类学家郑万均先生鉴定为一新树种，且是世界上唯一的一棵，并定名为"普陀鹅耳枥"，列为国家一级保护树种。普陀鹅耳枥是雌雄同株，花单性，雄花于4月上旬先叶开放，雌花与新叶同时开放。普慧庵门前岿然屹立的一株巨樟，被誉为普陀山"千年古樟"，有七八层楼高，干围粗达8米，枝叶茂盛，浓荫蔽天，犹如一朵遮天盖地的绿色蘑菇云。普陀山风水林多古罗汉松，全山树龄在百年以上的有127株。其中法雨寺内3株和磐陀庵门口1株，树龄均在500年以上。普陀山的寺前庵后和香道路旁随处都可见到高大挺拔的桧柏树，据调查全山树龄在百年以上的古桧柏有57株。其中法雨寺内一株古桧柏，枝干似虬龙盘曲，苍劲古雅、姿态奇特，吸引着众多的香客游人驻足观赏或拍照留念。郭沫若游览普陀山时给它取名为"龙凤古柏"。普陀山风水林还生长有抗污染力极强的蚊母树。慧济寺周围有面积40余亩、树龄百年以上的蚊母树林，为国内所罕见。法雨寺后山坡上生长着一片高大的枫香风水林，每到秋天，红叶相映，为海天佛国增添了无限姿色。此外普陀山风水林中还保存有百年以上的山茶花树44株，生长有银杏、舟山新木姜子、全绿叶冬青、紫竹、刨花楠、全绿叶石斑木等名贵树种。

（3）九华山佛寺风水林

九华山位于安徽青阳县西南山区，为我国佛教四大名山之一，是地藏菩萨成道教化众生的道场。九华山峰峦奇丽，高出云表，有99座山峰，唐大诗人李白曾有"昔在九江上，遥望九华峰。天河挂绿水，秀出九芙蓉"五言绝句赞颂，因此而得名九华山。山中多溪流、瀑布、怪石、古洞、苍松、翠竹，山光水色，独特别致，遍布名胜古迹，素有"东南第一山"之美称。唐末青阳人费冠卿《九华山化成寺记》文称，唐开元末僧檀首于九华山开立佛门，继有新罗国（今韩国）王子金乔觉杖锡，结庵修持成为功德大师，吸引了新罗国大批僧人慕名前来礼佛修持，方使九华山成为全国佛教名山。历史上九华山寺院林立，最盛时达200余所，目前尚有96座。

九华山上历代僧侣十分重视营造和保护佛寺风水林，使得九华山成为树的海洋、绿的世界，青松漫山遍野，翠竹摇曳生姿。如今参天古树把梵宇林立的九华

山装扮得古朴庄重，苍翠静雅，一棵棵
古树成为一道道亮丽的风景。如一天门
之处的甘露寺便掩映于竹海丛中，山门
前数株楠、栲古树苍劲挺拔，映衬得古
寺更加苍翠。祇园寺旁的古枫杨树虬龙
盘曲，将祇园寺烘托得格外庄严肃穆。
神光岭上下，是一片常绿阔叶古树林，
荫翳蔽日，人行其中，如入仙境。古树

九华祇园寺胜境

林中还有几株高大的古青钱柳，果实串串，形似铜钱，又称金钱树，被誉为九华
"三宝"之一。九华山佛寺风水林最具规模的是千亩"闵园竹海"。这里有数十万
株毛竹跨山连谷成为无边的竹海而远近闻名，慧静寺就荫罩在竹海之中。闵园竹
海深处还有一株已有1400余年的凤凰松，整株树形似凤凰展翅，秀美奇丽无比，
被誉为"天下名松"，可与黄山迎客松媲美，吸引着无数游人前来观赏、摄影留
念。此外，九华山佛寺风水林还有无数株银杏、枫香古树遮天蔽日，护卫着九华
山佛寺的风水。历史上九华山寺僧和地方官府还多次竖立示禁碑，保护九华山佛
寺风水林木。

（4）五台山佛寺风水林

五台山位于山西东北部的五台县和繁峙县之间，因五峰（东台、西台、南
台、北台和中台）如五根擎天巨柱拔地而起，巍然矗立，峰顶平坦如台，故名
"五台"。又因山上气候多寒，盛夏仍不见炎暑，别称"清凉山"。五台山是驰名
中外的佛教圣地，为我国佛教四大名山之一，是文殊菩萨的道场。自东汉始，佛
徒就在此修建寺庙，现存47处，其中显通寺、塔院寺、殊像寺、罗睺寺和菩萨
顶称为五台山五大禅处。五台山自古就以森林茂密著称，《清凉山志》记载唐高
宗仪凤元年（676），印度僧波利礼谒五台山，见"林木入云，景物殊胜"。唐文
宗开成三年（838），日本高僧园仁大师在《入唐求法巡礼行记》中描述五台山情
景是"松翠与青天相接""千峰百岭，松杉郁茂"，整个五峰内外则是"周五百
里，树木郁茂""岭上谷里，树木端长，无一曲庆之木"的高大通直的密林。据
《清凉山志》记载，到明初五台山仍是"五峰内外，七百余里，茂林森耸"。

五台山佛寺僧侣极力培植和保护寺庙的风水林。如明万历年间不法树贩木商
借朝廷"造办"之名，大伐五台山林木，上山伐木者"千百成群，遍山罗野，斧
斤如雨点，喊声震山谷"。僧侣们目睹五台森林破坏之惨状，上报官府、奏禀朝

山西五台山寺庙风水林景观
（《中国名山风景区》）

廷，提出严禁采伐五台山林木，得到万历皇帝批准。当时五台山的僧徒们穿草鞋、系腰带、携饭包、饮山泉，翻山越岭，带领官兵巡山护林，查缉盗伐林木之人，使得五台山一带残林得到保存和抚育。五台山不少寺庙至今仍有风水古林的分布。五台山寺庙群中最大的一座寺庙显通寺，寺内院落重叠，树木交荫，苍松翠柏，肃穆安宁。南梁沟的娑罗寺以植有娑罗树而得名，康熙朝大臣高士奇《扈从西巡日录》中记载康熙皇帝曾到过娑罗寺，其称"前有古树，高二丈许，枝干盘虬，相传为娑罗树也。其生特异，凡木数百枝，枝十余头，头六七叶，惜未见其花时也"。清末民初高鹤年在《五台山游访记》中也有记载。现有百余株数百年生古娑罗树构成了一处娑罗树古林，成为五台山一道亮丽的风景线。

（5）庐山佛寺风水林

庐山黄龙寺风水林景观

庐山位于江西北部，北临长江，东濒鄱阳湖，是一座历史悠久的文化名山，相传周朝时有人上山结庐修道，由此而得名。自古享有"匡庐奇秀甲天下"之盛誉。庐山还是中国佛教中心之一，东晋高僧慧远定居庐山创建东林寺，被后世佛徒尊崇为佛教"净土宗"的祖庭。历史上庐山寺庙林立，最多达500多处，"庐山到处是浮图"。东林寺、西林寺和大林寺被称为庐山"三大名寺"，秀峰寺、海会寺、万杉寺、栖贤寺和归宗寺则被称为庐山"五大丛林"。庐山历代寺僧出于风水目的而大力营造和保护佛寺风水林，庐山黄龙寺附近的"三宝树"为1棵银杏、2棵柳杉，高耸挺拔，传为晋代僧人昙诜自西域引种。旁边岩石之上镌有"宝树晋僧昙诜手植"八个大字。晚明徐霞客在其《游记》中写道："溪上树大三人围，非桧非杉，枝头着子累累，传为宝树。"《庐山记》卷二载宋真宗景德二年（1005）僧大超住持庆云院，大超和尚带领寺僧于庆云峰山上植杉万本，事闻于朝，被宋仁宗皇帝赐名"万杉"院。南宋状元张孝祥有"老干参天一万株，庐山佳处着浮图"诗句赞称。《庐山记》卷二载北宋大中祥符三年（1010）祖印大师任罗汉禅院住持，乃沿官道 10 里植松，直达南康军壁，遂使行人往来如织。南宋杨大年并撰有《栽松记》。一些寺观还立有专门规条保护佛寺风水林木。明黄龙寺住持彻空和尚明示寺僧要爱护佛寺的一树一木，要求寺僧"山木不得折一枝，折之，必讼至枝长而后已"。这一直成为寺僧所恪守的常规。清范昌治《庐山秀峰寺志》卷四所录秀峰寺的《僧约》第九条即规定："无故擅自判（拚）山砍树、伐卖竹木者出院。"庐山佛寺的风水林木因此而得到有效保护。清潘耒在《游庐山记》中云："前至大林寺，寺在山巅，而平敞多竹木。碧涧流于外，临流宝树一株，柯条扶疏，垂阴数亩，千年物也。……明旦，傍涧西行三四里间，皆茂树，树多作花。……又西至黄龙潭，山益深，境益异。寺在大谷中，一谷皆杉，大者十余抱，材皆中栋梁。"清范昌治《庐山秀峰寺志》卷三录清吴阐思"开先寺有引"文，称秀峰寺周边风水林直到康熙年间还保存较好，"乔松千树皆南唐以来旧物，夹道千尺，亭亭如云，天地黛色"。这些寺院所保护的寺庙风水林成了"微型自然保护区"，如今庐山所存的古树都是靠这些"微型自然保护区"保存下来的。

（6）衡山佛寺风水林

衡山位于湖南省中部衡阳市境内，是我国著名的五岳名山之一，因地处五岳的最南端，故名南岳。其山巍峨壮丽，风光秀丽，气势磅礴，延绵七十二峰，素有"五岳独秀""中华寿岳"之美誉。南岳衡山还是著名的佛教圣地，南朝梁天监年间，佛徒高僧惠海、希遁最早到

衡山福严寺风水林景观

达南岳，自此之后历代高僧辈出，成为佛教南禅天台宗（亦名法华宗）、曹洞宗、临济宗的发源地。历史上寺庙众多，环山数百里，有寺、庙、庵达 200 多处，著名的有福严寺、南台寺、藏经殿、方广寺。衡山佛寺风水古林参天蔽日，归功于历代寺僧植树护林之举。北宋仁宗庆历元年（1041）衡山福严禅院长老省桥率其徒环院百里种杉 10 万棵，宋祁还特别撰《福严院种杉述》一文记述此事，后人遂以他法号而命寺名。南宋理学家朱熹任职湖南衡阳时曾发布绿化南岳《约束榜》（《晦庵集》卷100），榜文要求"寺观各随界分，多取小木，连本栽培，以时浇灌，务令青活，庶几数年之后，山势崇深，永为福地"。即要求寺僧种植所属之寺庙周围的风水林木并确保成林。对破坏衡山佛寺风水森林的行为，僧徒们

也大力制止。唐朝末年一些山民受利益驱动，在衡山斩木烧山种田，对佛寺森林破坏极大。玄泰和尚作《畲山谣》："畲山儿，无所知；年年斫断青山媚。就中最好衡岳色，杉松利斧摧贞枝。灵禽野鹤无固依，白云回避青烟飞。猿猱路绝岩崖出，芝兰失根茅草肥。年年斫罢仍再锄，千秋终是难复初。又道今年种不多，来年更斫当阳坡。国家寿岳尚如此，不知此理如之何。"这首歌谣被广为传诵，后来流传到京城，朝廷下诏，禁止在南岳衡山垦殖，这对保护南岳佛寺山林起到了很大作用。清代《南岳志》称："千年古柏乔松间有存者，寺僧泰布纳之力也！"朱熹发布的南岳《约束榜》文称："及出榜岳山寺张挂，约束诸色等人不得依前于山内瞻望所及之处斫伐林木，穿毁土石。如有前项违犯之人，许诸色人于所属陈告根究，从条断罪施行。"禁止滥砍滥伐衡山佛寺森林，违者严惩不贷。所以现今衡山留存满山遍岭的奇木异树，离不开历代寺僧的精心种植与保护。据调查，衡山有各种古树109种，百年以上的古树1340余株。其中有芳香扑鼻的香楠和香樟，光滑如镜的红绸木和红椎树，有被誉为"活化石"的千年古银杏，有钻天拂云、叶状俊秀的金钱松，有树干粗壮、五彩缤纷的云绵杜鹃和长蕊杜鹃，有花妍果艳、木质优良的伯乐树，还有神话传说中在广寒宫被张果老砍过的桫椤树，以及夜合昼开的合欢树，等等，不一而足。它们挺拔多姿，或盘根错节，或老态龙钟，或傲立苍穹，或枝繁叶茂，主要分布在佛寺的周围。如"南山第一古刹"的福严寺右有一株1400余年的古银杏树，树干粗壮、枝叶茂盛，是南岳佛教文化发展史的见证。藏经殿古木参天，有摇钱树之称的青钱柳、多脉青冈和稠李同根共生的"同根生"、形同连理枝的短柄青冈等奇树，被誉为南岳"树中三宝"。广济寺则有8株举世罕见的绒毛皂荚古树，树干高达28米，夏初盛开白花，宛如展翅飞翔的白色蝴蝶；金秋果实如皂角，外面长有一层密集的金色绒毛，质地柔软，金光闪烁，所以又叫金毛皂荚。方广寺古树苍苍，幽雅深邃，因而有"方广寺之深"的说法。此外，高台寺有古朴苍劲的华山松。

（7）鼎湖山佛寺风水林

鼎湖山位于广东肇庆境内，是岭南四大名山之一。因其山顶有湖四时不涸，故得名顶湖，又说其山远望如鼎峙而名鼎，故习称为鼎湖山。鼎湖山自唐代以来就是著名的佛教圣地，唐仪凤三年（678），禅宗六祖惠能弟子智常禅师于鼎湖山顶建白云寺，开鼎湖山佛教之先河。此后高僧云集，前来朝拜游览的香客游人络绎不绝。明崇祯六年（1633），有寺僧在莲花峰下建莲花庵，崇祯九年（1636）改名庆云寺。到清代，庆云寺规模越来越大，使鼎湖山成为岭南四大名山之首。

历史上鼎湖山佛寺的僧人十分重视种植和保护寺庙的风水林。据清《鼎湖山志》记载，庆云寺首任住持种松栽竹，以至庆云寺"四面松竹，皆属长住"。鼎湖山庆云寺存《在犙和尚禁伐树木碑》曰："道人（此指在犙和尚）于崇祯癸酉年住山。本山左边只有土坟数堆，原无树木，所有松杉，皆由长住工植。五十余载，已成丛林风水之树。"庆云寺僧人们还扩展到周边山冈，《禁伐鼎湖山林木碑》载："寺居山中，左有石仔岭、竹篙岭、飞水潭、青龙头，右有三宝峰、二宝峰、虎山头诸山环绕，遍植松杉，历年数百。山属官地，树由僧种，林木蓊蔚，成此大观。"《民国政府禁伐树木碑》亦称："庆云寺建自前明崇祯年间，在本寺前后左右遍植树木，浓荫密布，游客行人赖以遮盖。历年数百，俱是僧等栽培，久成丛林巨观，称为岭南名胜。"可见种植风水林自庆云寺首任住持之始就是该寺僧侣们的一件大事情，正是寺僧们通过"五十余载"甚至是"历年数百"，由"僧种""僧等栽培"，才将鼎湖山变为"丛林风水"和"林木蓊蔚"之地。至今仍然有鼎湖山"丛林巨观"的景象。寺庙周围的许多名贵树木就是僧侣们所植，其中有一棵粗壮的板栗树和庆云寺同龄。

鼎湖山僧人在念经做功课之余，就在维护这片寺庙风水林，《僧众护山碑》所云："身任知山，必要铁面，不容稍私。即凡寺内居僧，亦宜齐心致力，卫护山场，使勿剪伐，以致濯濯。"文中的"知山"是寺内专门负责种植和管理树木的僧人。该碑刻对保护风水林的范围也有反映，其称："使其知界内竹木，系佛门有宅之物，俗人不可斩伐私

鼎湖山原始林景观

取，以伤丛林风水，则无量功德矣。"鼎湖山庆云寺历代僧人不遗余力地种植和卫护佛寺风水林，不仅促进了鼎湖山早期植被的恢复和发展，而且使鼎湖山物种资源也得以较好地保存。庆云寺周围所存的风水古树，如龙眼、仁面子、锥栗、黄皮树、山荔枝、山茶花、海红豆、白榄、菩提树、梅花、丹桂等，无疑就是该寺近400年来僧徒辛勤种植及保护风水林的成就和历史见证，极大地丰富了鼎湖山的物种多样性，使得鼎湖山享有岭南四大名山之一的称誉，才得以构成今天"深山藏古寺，丛林探幽胜"的佳境。如今由风水林形成的鼎湖山森林，从山麓到山顶依次分布着沟谷雨林、常绿阔叶林、亚热带季风常绿阔叶林、针叶林、灌木丛等森林类型，其中典型的南亚热带森林地带性常绿阔叶林是具400多年历史

的原始次森林。1956 年，鼎湖山成为我国第一个自然保护区；1979 年，又成为我国第一批加入联合国教科文组织"人与生物圈"计划的保护区。鼎湖山还因其特殊的研究价值闻名海内外，1993 年，联合国把鼎湖山命名为"生物种类的基因储存库"和活的自然博物馆。鼎湖山还被中外学者誉为"北回归线上的绿宝石"。

（8）天目山佛寺风水林

天目山位于浙江省杭州市境内，因东西两山峰各有一天池，左右对称，状如双目望天，因而得名"天目"山。天目山是我国东南佛教名山之一，有"天目灵山"之称。天目山佛教自东晋传入，已有 1500 余年的历史，鼎盛时有寺院 50 余座、僧侣千余人。建于 1279 年的狮子正宗禅寺和建于 1425 年的禅源寺均为江南名刹。天目山还是韦陀天尊者的道场。历史上天目山的山林不仅是天目山佛寺的风水山、风水林，而且还是浙江杭州的来龙山和来龙林，自然受到历代官府和僧侣的关照和保护。天目山的佛寺历代都设有专门的"巡山和尚"，常年守护山林。对于偷盗树木者也有相应的处罚，一般根据情节轻重缴纳一定数量大米或银两。看管山林的和尚也要尽职尽守，如果徇私违规，则会受到杖罚，情节严重者会被逐出山门。天目山寺庙的碑刻反映了寺僧保护佛寺风水林的事迹，清康熙年间玉林禅师塔铭载称："山乃武林发源，古木阴森，最为幽胜。兵燹后不轨之徒妄加斫伐。师举古德，千株竹，万株松，动者无非触祖翁以禁之。不数年而丛林顿还旧观矣。"这是说玉琳国师护卫佛寺风水林的功德。地方官府也发布告示保护佛寺山林，清康熙年间官府曾立禁碑保护佛寺森林，清光绪二十八年（1902），临安县（今杭州市临安区）正堂公告称："寺内山场田地无论有无施主，均照定例，由该寺僧管业收花，外人不得霸占，寺僧不准盗卖；寺山培养竹木，为荫庇丛林及修筑本寺之用，不准寺僧无故砍斫与人，并不准远近居民盗砍及强斫柴薪。"因此有效地保护了天目山佛寺的风水林。天目山历代僧众还不断地营造佛寺风水林，西天目山三里亭到老殿的登山道两旁的巨大柳杉，就是明弘治八年（1495）前后为寺僧所栽植。《西天目山志》记载民国二十三年（1934），禅源寺住僧妙朗在致浙江省政府的信中写道："禅源寺地处西天目山，为浙西有名古刹，四周森林茂密，风景清幽，皆由历来僧侣勤于栽培与设施，始有今日之现象。"可见天目山寺僧为营造和保护佛寺风水林作出了极为重要的贡献，使得天目山成为著名的自然保护区和风景旅游胜地。目前天目山自然保护区保存着长江中下游地区各种类型的森林植被，区内保存有胸径 1 米以上的古木 600 余棵，仅柳杉古树就有

400 余棵，胸径 2 米以上的柳杉 19 棵，其中一棵"大树王"竟要六七人才能合抱。故享有"大树王国"之美誉。保存有天然野生状态的野生银杏，有"五代同堂""子孙满堂"等。天目山数十株金钱松古树高度居国内同类树之冠，最高的达 60 余米，抬头看不见树梢。这些古树无疑都成为历代寺僧植树护林的历史见证。

天目山柳杉古树

(9) 北京佛寺风水林

北京地区佛寺建筑最早始于晋代，至明清时期最为兴盛，出现了许多佛教名刹。历代寺僧出于护卫佛寺风水的需要，都极力营造和保护佛寺风水林，至今不少寺庙还是因风水古林而著称。

潭柘寺是北京最为著名的佛寺，位于京西门头沟东南部的潭柘山麓，因其寺后有龙潭，山上有柘树，故民间一直称为"潭柘寺"。其始建于晋永嘉元年 (307)，是北京地区历史最早的佛寺，民谚有"先有潭柘寺，后有北京城"之说。寺院坐北朝南，背倚宝珠峰，周围有 9 座高大的山峰呈马蹄形环护，宛如在 9 条巨龙的拥立之下。佛寺殿宇巍峨，依地势而巧妙布局，错落有致，更有翠竹名花点缀其间，环境极为优美。潭柘山红叶景观在明清时就已名冠京城，有"平原红叶"之景，秋天潭柘古刹所处的平原村落，山上长满了柿子、红果、山楂、秋梨等果木树以及黄栌、丹枫。秋霜一过，漫山红遍，层林尽染，如火似霞，宛如丹桂涂朱。寺庙内外，古木参天，寺前流水淙淙，僧塔如林，修竹成荫。牌楼前有古松 2 株，形状奇特，离地 3 米多高，枝叶掩映，相互搭扰，犹如一顶绿

潭柘寺风水林

色天棚，遮阳蔽日。大雄宝殿后的三圣殿两侧植有 2 株巨大而有气势的银杏树，东边一棵高达 30 米，树冠浓荫遮盖大半庭院，树干需几人合抱才能围拢，相传为辽代所植，距今已有千年，现在仍枝叶繁茂、生机盎然。据说康熙皇帝来潭柘寺时，此树新生出一个侧枝以表庆贺。乾隆皇帝曾下诏将其命名为"帝王树"。西侧与它对称的一棵则名"配王树"。寺庙中路松树特别粗大，高入云霄，还有

娑罗树、玉兰树和各种名贵花木、果树等。东跨院极为幽静雅致，绿竹葱秀，颇有江南园林意境。寺名中的柘树，由建寺时的"柘树千章"，现已成为罕见之物，作为名寺应景之物，供人们观赏。

大觉寺则位于北京西山阳台山东麓，寺院始建于辽咸雍四年（1068），时称"清水院"，后改"灵泉寺"，因寺内泉水而得名。金代是金章宗完颜璟的八大水院之一，明清时期备受皇家恩宠，曾多次得到重修扩建，寺院现主体古建筑格局多为明清时期遗存。大觉寺历史悠久，风水古树众多，它们以其苍劲古朴的树姿、美丽神奇的传说，吸引着众多的游人驻足仰目，赞叹不绝。松、柏、银杏是大觉寺内主要的树种，无量寿殿前的银杏树高达 30 余米，浓荫遮蔽了大半个庭院，植于辽代，树龄已逾千年，人称"银杏树王"，为西山银杏之冠；其树之粗要六七个成人伸臂牵手方能合围。清乾隆帝曾为它的雄姿题诗一首："古柯不计数人围，叶茂孙枝绿荫肥；世外沧桑阅如幻，开山大定记依稀。"其诗碑在寺内龙王堂假山石当中。大觉寺院内还有一株 300 多年历史的古银杏树极为奇特，树干周围滋生了 9 棵小树，形成了独木成林的奇观，被人称为"九子抱母"，看上去就像 9 个孩子围抱着自己的母亲，"9"是阳数之极，被视为吉祥之数，故此树被人们认为是吉祥之树。大觉寺的古柏很多，其中有 2 棵最具奇观，一是位于寺前院功德水池西北的"古柏蛇葡萄"，为辽代古柏，其高达 20 米，干周长达 4.8 米，奇特是其树干的大杈中，长出一棵长长的藤本蛇葡萄（学名为"绿叶白蔹"），长长的蔓茎缠绕在古柏的树冠上；另一为四宜堂院（即南玉兰院）西边的"古柏鼠李"，是一棵双干的辽代古柏，其高达 25 米，下部干周长达 4 米，在其双干分杈处，也长出一棵百年以上的小叶鼠李。寺内名松则是藏经院（后院）的"抱塔松"，树高达 25 米，干周长达 2.9 米，也为辽代所植，其巨冠把旁边的舍利塔紧紧抱住，其景观奇绝。大觉寺内还有国槐、白皮松、栎树、娑罗树等古树。大觉寺最名贵的古树则为名噪京华的玉兰，南北跨院内都有种植。据说南院两株玉兰是清代乾隆年间僧迦陵自四川移来，树龄已达 300 多年，可惜其中一株已经死去；北院一株玉兰是清光绪年间移植，树龄也逾百年；两院的玉兰高 7 米有余，每逢初春，寺内的几株玉兰花盛开时节，花繁瓣大，满树皆白，馨香浓郁，分外绚丽，把深山古刹点缀得古香古色。

卧佛寺位于西山的寿安山，寺庙坐北朝南，建筑规整，共四进殿院，左右围以廊庑配殿，对称严谨，天王殿、三世佛殿、卧佛殿、藏经楼，依次由南而北排列在中轴线上，中轴线东侧为斋堂、大禅堂及霁月轩、清凉馆、祖堂等。古寺环以花园，水石奇秀，竹树交荫。智光重朗牌坊之后有古桧柏风水树百余棵，排列在香道两旁，桧树粗干茂冠，荫蔽着道路，有森然之感。卧佛寺三世佛殿前的2株娑罗树（七叶树）为该寺独特的宝物，相传是建寺时所植，史料称其明时"可数围""大三围"，清时已"大数十围"。现存1株，为后来补种。殿前还有海松、海桧古树，也极为高大、壮观。

法海寺位于石景山的翠微山麓，明正统年间所建。法海寺坐北朝南，由南往北顺山势而建，山门殿、四大天王殿、大雄宝殿分别处在三级平台，其地山谷幽静，景色宜人，峰峦绵亘，寺周风水林葱郁苍劲。寺门前的脱皮巨柏，寺内石墙上长出的奇柏，寺后古藤互生的柏林，寺西的山谷翠柏，寺东的天然长廊柏，无不铁骨铮铮，形成令人振奋的柏画林涛，给这座古老寺庙增添了勃勃生机。

除上述寺庙外，北京著名的佛寺风水林还有位于西山聚宝山东麓的碧云寺，水泉院内松柏参天，最为有名的是"三代树"，极为奇特：古柏树中长着柏树，最里层还长着一株楝树，仍然成活。西山八大处之一的长安寺以奇花名树著称，寺门两侧是珍贵玉兰、紫薇等古树，寺之后进院落有2棵元代种植的白皮松，参天婆娑、老干横空、白鳞斑驳，犹如盘屈的苍虬。西山余脉平坡山密林深处的大悲寺，则以翠竹、古银杏树著称。

碧云寺风水林（《北京林业建设》）

2. 道观风水林

道教以神仙信仰为核心，强调其修道的环境，所建宫观多在远离尘嚣、清净安谧、林木茂密的名山大川之中。道教徒们自然倍加爱护这些覆盖宫观的林木，植竹种树，以期达到出神入化的神仙境界。许多著名的道观都保存有大片的风水林，成为道徒们植树护林的历史见证。

（1）青城山道观风水林

青城山位于四川成都平原西北部边缘的都江堰市西南，是中国道教的发祥地之一，又称天谷山、丈人山。其为邛崃山脉的分支，背靠岷山雪岭，面向川西平原，群峰环绕，曲径通幽。全山林木青翠，四季常青，诸峰环峙，山有36峰环拱若城郭，以其秀丽的自然风光和众多道教建筑而成为天下名山，自古就享有

建福宫风水林景观

（《青城山志》）

"青城天下幽"的美誉。东汉汉安二年（143），道教祖师张道陵来到青城山建立道场，创立五斗米道即天师道。自此之后，历代高真来居山中修炼，如魏晋时著名道师范长生、唐末杜光庭等都曾居山修炼，使之成为名扬天下的道教圣地。山中现有建福宫、常道观、祖师殿、朝阳洞、上清宫、圆明宫及天然图画等宫观十余处。这些宫观亭阁依山就势，或掩映于翠绿浓荫，或深藏于丛林幽谷，或显现于青山峰巅。建筑不以雕梁画栋为贵，追求自然风格，体现了"青城天下幽"的意境和清静自然的道教旨趣。这与历代道徒大力营造和保护青城山道观

风水林的行为是分不开的。坐落于丈人峰北木鱼山缓坡谷地的圆明宫，因供奉圆明道母天尊而得名。宫观周围楠木成林，松竹繁茂，有即景联云："栽竹栽松，竹隐凤凰松隐鹤；培山培水，山藏虎豹水藏龙。"环境十分清静宜人。建福宫坐落于丈人峰下，掩映于繁茂苍翠的巨竹、柳杉林木之中。天师洞是青城山的主观，始建于隋朝大业年间，三面环山，一面临涧，古树参天，十分幽静。洞门前有一株古银杏树，高50余米，胸围7.06米、直径2.24米，据说乃张天师手植，树龄已达1800多年。祖师殿又名真武宫，创建于唐代，殿内供奉真武祖师，此处环境幽静，隐蔽于古树林中。上清宫位于青城山第一峰，始建于晋代，宫内祀奉道教始祖老子，山门及周围植有数株数百年生古银杏，生机益然。青城山牌坊岗及常道观山门道旁之百年以上的柳杉树林则是晚清青城山道教大师彭椿仙道长所栽植，为青城增添了几分深幽青碧的意境。

（2）楼观台风水林

楼观台位于陕西周至县城东南15公里的终南山北，因老子骑青牛过函谷关受到守关令尹喜盛情款待，并请为之筑台授《道德五千言》经，故又有说经台之说。汉代以后，老子被尊为道教开山祖师，楼观台由此成为道教祖庭圣地，有"天下第一福地"美称。历代道士多于此修建宫观殿宇作为修炼之所，留有老子说经台、宗圣观（宫）、尹喜观星楼、会灵观、玉真观、玉华观等建筑。古代道徒们在建宫观之时广植风水林木，护卫道观风水。晋代元康年间曾栽植风水林达10余万株。唐宋时期翠竹连片，唐诗人卢纶《过楼观台》有"竹园相接鹿成群"诗句称颂；北宋苏辙也写有诗句称道楼观台的竹林景观。如今楼观台依然是风水

林木繁茂、古树参天、青竹数万竿的清幽之处，成为国家森林公园。建于唐代的宗圣宫至今荫蔽于 9 株千年的苍劲古柏之下，其中 2 株古柏极为奇特，一为"系牛柏"，据《古楼观志》记载，老子入关驾车之牛即系此柏上，已历时 2000 余年，树高 14 米，胸围 3.6 米，主干中空，基部有 2 个洞，古貌苍苍，枝叶繁茂，苍劲犹昔；而今树下还有一石牛恬然而卧，安详自若。另一为"三鹰柏"，一株枝杈藤结，顶似 3 只雄鹰，一展翅欲飞，一闭目而卧，一回首张望，惟妙惟肖。古宫还有一棵高大挺拔的银杏树，直径约 3 米，高约 20 米，虽树身已空，但枝叶茂盛，相传为汉时所植。说经台老子祠周围被数百株参天古树装扮

楼观台道观风水林

（《陕西古树名木》）

得清净幽雅，祠内还有一株千年古银杏雌树，直径 2 米，高约数十米，树冠博大，犹如巨伞，至今仍果实繁密。据调查，楼观台尚遗存有古树 17 种 367 株，其中千年以上古树 16 株，这些古树无疑就是楼观台道观道士们种植和保护风水林的历史见证。

（3）龙虎山道观风水林

龙虎山位于江西鹰潭市南郊 16 公里处，是我国道教四大名山之一，自古就以"神仙都所""人间福地"而闻名天下。龙虎山原名云锦山，相传东汉道教第一代天师张道陵在此炼丹，"丹成龙虎见"，遂名为"龙虎山"。自此以后，龙虎山成为道教祖山，至唐代成为中国道教的传播中心和"百神受职之所"。历史上龙虎山曾建有 10 座道宫、81 处道观、36 座道院，现在龙虎山作为道教圣地，在海内外道教界备受推崇，来此朝圣、观光者络绎不绝。龙虎山道观以"上清宫"规模最大，"上清"是道教尊神"灵宝天尊"所居之所，宫内伏魔殿和镇妖井就是施耐庵生花妙笔下的"水泊梁山一百单八将"的出生地。上清宫始建于东汉，原为张道陵修道之所，时名"天师草堂"，第四代天师张盛改为"传录坛"；唐武宗名"真仙观"；北宋真宗敕改"上清观"；北宋徽宗政和三年（1113），赐名"上清正一宫"，简称上清宫。上清宫选址于九龙集结的莲花宝地，左拥象山，右注沂溪（上清河），面临云林，枕台山，是一风水宝地。古代上清宫规模庞大，气势雄伟，仿皇宫建筑格局，整个建筑布局呈八卦形，重檐丹槛，彤壁朱扉，显示出道教宫观建筑的独特风格。占地约 15 万平方米，在中国道教史上绝无仅有。

历史上上清宫盛植风水林，是一林木繁茂之所。元末施耐庵《水浒传》称其是"青松屈曲，翠柏阴森"，清光绪十六年（1890）修《留侯天师世家宗谱》载："垣之内外乔木森列，逶迤三折而北至下马亭"，龙虎门外"苍松二株，豫章二株，皆高数百尺"。如今尚存千年古樟 1 株，虽树干已中空，仍枝繁叶茂，见证着古观的千年沧桑。嗣汉天师府简称天师府，在龙虎山下的上清镇中街，北靠西华山，南对琵琶峰，门临泸溪河，依山带水，是历代天师起居之所，主要建筑有头门、二门、三门、私第、家庙、万法宗坛、真武庙、玄坛殿、敕书阁、书院、后花园、百花塘等。整个建筑布局呈八卦形，飞檐斗壁，红壁琉璃瓦，规模宏大，殿宇楼阁，雕梁画栋，是一处王府式样的建筑。府内古樟成林，有数十株古樟树荫翳蔽日，鸟栖树顶，绿树红墙，交相辉映，清幽之境恰似仙宫。主殿玉皇殿右侧的 7 棵古樟树，依北斗七星位置排布，十分奇特。万法宗坛还有东西对峙的千年雌雄罗汉松，传为南宋绍兴年间高宗皇帝亲手所栽，至今仍是叶翠葱郁，盘根错节。这种清幽静穆的绿树风水环境，正是道士追求超凡脱俗、清静无为境界之体现。

天师府古樟风水林

（4）武当山道观风水林

武当山位于湖北省丹江口市境内，西接秦岭山脉，南邻大神农架，东通汉江平原，峰峦迭嶂，标奇竞秀。北魏郦道元《水经注·沔水》引《荆州图附记》说："山形特秀，异于众岳。峰首状博山香炉，亭亭远出，药者、延年者萃焉。"这里是道教北方玄武之神——真武大帝的道场，武当山是因"谓非玄武不足以当此山"而得名。唐初道教进入武当山，明初武当山道教最盛，明永乐皇帝封赠武当山为太岳，在武当山修建了主祀真武大帝的宫观，计有八宫二观、三十六庵堂、七十二岩庙。至今尚有金殿、太和宫、南岩宫、紫霄宫、五龙宫、遇真宫、复真观、元和观及磨针井、太子坡等建筑，是道教名山中保存最好、规模最大的建筑群。这些壮丽宏伟的宫殿建筑在青山秀峰之中，伴随着悠扬清雅的道教仙乐，令人如入仙境。武当山道观建筑按风水布局，山水川

紫霄宫风水林景观

谷远取其势，近取其质，宫观庙祠适形而止，不仅具有良好的尺度感和娴熟的空间技巧，而且具有一种神奇宁静之美。武当山古建筑群对天柱峰的处理最为精彩。天柱峰海拔1612米，是众山之"祖山"，为了"藏风聚气"，沿山腰建紫禁城环绕，东南西北四天门只有南天门可以开启，以确保"气不外泄"，以此抵御四周的寒风，使城内保持适宜的温度，适合于树木的生长；同时高大石头城烘托了"天国"神圣威严的气氛，在形式上使金殿更加雄伟。武当山宫观十分重视对风水林木的种植和保护，宋元明清时期，历代道士都注意在山上植树造林，尤其是南宋道士房长须，坚持在五龙宫一带栽种杉树30余年，培植灌溉，一刻不停，给当地人留下了深刻印象。明朝皇帝曾钦定和敕谕武当山保护范围，明令不得砍伐侵毁圣山树木花卉，不得有开垦坡地的行为，更是严格要求所有朝山信徒不得侵毁采摘。并命令明代均州千户所5000多名正军余丁常驻武当山修山，祖孙相继，历时200余年。他们除了维修宫观外，还在全山修了许多防止山体滑坡和水土流失的石墙，构筑了世界上罕见的古代生态保护工程。明末徐霞客在《游记·游太和山日记（湖广襄阳府均州）》中写道："满山乔木夹道，密布上下，如行绿幕中。"并称："四山环抱，百里内密树森罗，蔽日参天；至近山数十里内，则异杉老柏合三人抱者，连络山坞，盖国禁也。"足见武当山当时风水禁林面积之大。但随之战乱兵燹，风水林遭受严重破坏。时至今天，武当山道观尚存有银杏、青果树、水青树、桂花、天竺桂等风水古树，多数宫观仍荫蔽于林木间，古树垂萝，清静幽深，与大自然和谐相融，为道人提供亲近自然、返璞归真和静心修炼的成道环境。

（5）齐云山宫观风水林

齐云山位于古徽州休宁县城西15公里处，是我国道教四大名山之一，古称白岳。齐云山供奉真武大帝，唐代元和年间，道教传入齐云山，明嘉靖和万历间

齐云山太素宫风水林

最盛，渐成为江南道教活动中心。自开山以来，齐云山道教建筑很多，最盛时有太素宫、三元宫、玉虚宫、静乐宫等达 100 余处，现存东阳道院、伯阳道院、梅轩道院，1980 年以后修复了玉虚宫、罗汉洞、真武殿等。齐云山是一风水宝地，新安江旁群山绵延至蓝渡，忽然陡峭，显露出嵯峨之形，连片的丹山峰峦叠翠、林莽苍润、烟霞轻笼，使得整座山峦钟灵毓秀，一派仙风道骨。齐云山道观也是风水佳穴之地。真仙洞府供奉真武大帝，观前积聚一泓碧水，生气得水而聚；远近狮、象两峰，构成了理想的相拱之势；堪称风水中的奇绝之地。太素宫则完全依照左青龙、右白虎、前朱雀、后玄武的四灵兽格局所建，太素宫左有钟峰，右有鼓峰，后倚玉屏峰，前对香炉峰，更有象征五行的五股清泉在殿前汇为一水，蕴含九九归一之意。太素宫作为正殿，位居齐云山的核心部位，是风水佳穴。玉虚宫则是齐云山现有的最古老的道观，殿前通道两端入口分别设有云龙关、风虎关两座石坊，用以聚气。小壶天则是齐云山的命门，壶天是道教仙境。齐云山道观的总体营建采取的是道教的壶天模式，望仙亭是葫芦口，小壶天是大葫芦中之小葫芦，小壶天入口处修建的葫芦形门坊，就是为了聚住一腔仙气。齐云山道观自建之时就荫蔽于大片风水林中。元著名学者、诗人郑玉《白岳》有"重重烟树霭云里，簇簇峰峦缥缈间"诗句描述。明徐霞客《游记·游白岳日记》称齐云山是"满山冰花玉树，迷漫一色"。齐云山的道士还种植风水林木护卫道观风水。明嘉靖三年（1524）《紫霄崖兴建记》碑称明齐云山道士汪养素于齐云山"华林坞骆驼峰，栽松竹，种果树数千株"。明万历年间鲁点修《齐云山志》记载嘉靖五年（1526）齐云山道士方琼真建榔梅庵，并从武当山引种 2 株榔梅树于庵前，现今古榔梅仍存。如今齐云山依然是一处林木繁盛的风景胜地。

（6）罗浮山道观风水林

罗浮山位于广东博罗县境内，《罗浮山图经注》称罗浮山是罗山与浮山的总称。罗浮山风光秀丽，气候宜人，很早就被视为"神仙洞府""南海蓬莱"。相传秦代山东琅琊人安期生来此修炼，特别是东晋道士葛洪来罗浮山朱明洞建冲虚观修道炼丹，"尸解得仙"。从此以后，罗浮山名扬天下，逐渐成为道教名山。是道教第七洞天和第三十二福地，被誉为岭南四大名山之一。历史上罗浮山道观众多，主要有冲虚观、黄龙观、九天观、酥醪观、遗履轩等建筑，还有许多道教活动的遗迹，如葛洪炼丹灶、仙人洗药池、朱明洞、蝴蝶洞等。罗浮山也是风水佳地。朱明洞天由象山、狮山、梅花山、马山环抱，前临溪涧，

罗浮山冲虚观风水林（《理想景观探源》）

背依青山，林木参天，环境幽雅，恍如世外桃源，是罗浮山精华之所在。罗浮山道观的道徒们十分注重营造和保护风水林，以确保道观的风水。罗浮山《严禁砍伐山林碑》曰："粤东各区四百三十二峰，均系神仙窟宅，游人丛集，骚客时临。凡有洞院寺观，犹宜广栽松竹，多种梅株，以壮观瞻，而资阴翳。"不仅禁止砍伐林木，而且还极力倡导种植风水林木，以护卫道观风水和改进景观。朱明洞天大门左侧的梅花山，植有梅树近千株，其中有许多为古梅，老干虬枝，苍劲盎然，是罗浮山最大的一片赏梅基地。每年十二月，千株梅树枝头绽开簇簇香雪白花，傲寒盛放，与罗浮山这神仙洞府和青山绿水相辉映，吸引着无数游人前来赏梅。冲虚观是罗浮山最为著名的宫观，掩映于苍松古柏之中。主殿三清宝殿供三清神像，殿左右各有金桂、丹桂古树，距今有 400 余年；另有米兰各一，其中右树距今有 500 年的历史。古道观的庭院也遍布森森古树，庭院左侧一株 700 多年的芸香科树种九里香，至今仍虬枝劲干、枝繁叶茂，花开时节，香气袭人，颇有仙风道骨之神韵。酥醪观 2 株数百年古水松树，为清雍正五年（1727）酥醪观道长柯善智法师亲手栽植，清《浮山志》载："罗浮山皆山松，惟酥醪观前大池左右有水松二株，高十余丈，樱枝密叶，苍翠下垂若幡幢然，柯善智师手植。"至今已 270 多年。逍遥宫还有 2 棵木棉树，高大挺拔，传为贺龙元帅亲手栽种。木棉树是英雄树，尤其是它繁花凋落之时，具有英雄般的气概，落地后花不褪色、不萎靡。罗浮山现今道观都荫掩在风水林的绿树丛中。

（7）嵩山中岳庙风水林

嵩山由于地处中原，东临北宋京都汴梁，西与九朝故都洛阳毗邻，北依黄河，南近颍水，属秦岭东段的伏牛山脉，群山耸立，层峦叠嶂，风光秀丽，景色宜人，《方舆纪要》说："嵩，高，中岳也，萃两间之秀，居四方之中。"故为中岳。中岳庙则位于嵩山太室山东南麓黄盖峰下，距登封市 4 公里。中岳庙风水环

中岳庙峻极殿

境极佳，四周群山环绕，南有玉案山，西有㠄来峰，峰上原有文峰塔，向北与望朝岭峰腰相连，再北是浮丘峰，东为牧子岗，中岳庙居中，背靠黄盖峰，面临奈河，实为一处风水宝地。中岳庙原名太室祠，始建于秦，汉武帝元封元年（前110）游嵩山时扩建。

唐代中叶定于现址，唐宋时期盛极一时，清乾隆时进行过大规模扩建，其庙南北长6.5公里，面积10万多平方米，是五岳中现存规模最大和最完整的道教古建筑群。现有汉翁仲、遥参亭、天中阁、配天作镇坊、崇圣门、古神库、镇库铁人、化三门、峻极殿、五岳殿台、中岳大殿、寝殿、御书楼、神州宫、太尉宫、祖师宫、九龙宫等。

历史上中岳庙在兴建之时就十分注重庙观环境的选择，更加注意山林之胜，极力营造和保护风水林。从庙内700多年前的金代庙图碑可知，中岳庙自古以来就营造有很多风水林，各种树木及竹林把殿、阁、亭、台掩映和衬托得非常雅静。相传汉武帝刘彻游嵩山时来到太室祠（即中岳庙），看到是一片翠绿的树林，遮天蔽日，便随口对祠内76株大柏树加封。据史料记载，宋太祖乾德二年（964），河南地方官派两名军将监修中岳庙行廊100多间，并在庙内及前后分次遍植松柏。当时庙内已有古柏百余株，硕大俱数抱，"自东南来者，四十里外遥见苍蔚蟠薄、扶疏荫翳之气，欲喷云雾"。以后历代均有种植。据调查，如今尚存古柏树335株，其中汉柏15株、晋柏3株、南北朝柏24株、唐柏16株、宋柏42株、元至清代古柏235株。是五岳中保存风水古柏树最多的庙宇。清康熙时进士吴应棻游览中岳庙观赏古柏之后，写《中岳庙》诗云："中天开法象，御气接氤氲。殿角临黄盖，封中起白云。祀崇秦典礼，树老汉将军。鸾鹤凌空舞，仙音缥缈闻。"称颂其古柏景观。近现代又植柏树数千株，更使中岳庙郁郁葱葱，绿波起伏，现已形成"崇墉缭绕，屹若云连"的壮丽规模。庙宇的琉璃瓦闪烁其间，明霞璀璨，古树与建筑交相辉映，犹如仙境。入阁周游，始知古柏离奇，或俯或伏、或屈或蟠、或怒或擢、或奋发欲飞、或鳞龙螺旋、或如帱幄之势，或如东盖三拥，如同进入了一座古柏博物馆。这些古柏树历经沧桑，演变了无数的传奇故事。

（8）茅山道观风水林

茅山位于江苏省句容县境内，原名句曲山，因山势曲折，形似"已"字而得名；因相传西汉三茅真人（茅盈、茅固、茅衷兄弟三人）相随来此山修道成仙而得名茅山。它西接金陵，东望太湖，山形曲折，林木葱翠，洞墟天成，为历代仙真栖隐之地，是道教上清派和茅山宗的活动中心，被视

茅山道观风水林景观

为道教的"第八洞天""第一福地"。茅山是道教上清派的祖庭，从汉至清，高道辈出，宫观遍布。从上清派初祖三茅真君始，历魏华存、陶弘景、孙游岳、司马承祯、刘混康等宗师在此山中修炼、著书立说、编撰道典，为传播道教思想作出了重要贡献。如南朝宋、梁道士陶弘景博通山川地理、医术草木及阴阳五行学说，为梁武帝所尊重，有"山中宰相"之称。历史上茅山宫观道院林立，最盛时多达200余处，有"三宫五观七十二茅庵"之说。现有元符万宁宫（印宫）、九霄万福宫（三清观）、崇寿观、元阳观等建筑。九霄万福宫依山而建，宏伟壮观，气势磅礴，观内主要殿堂有灵官殿、藏经楼、太元殿、三圣殿、飞升台等，为茅山"三宫五观"之首。茅山历史上就是绿树成荫、林木繁茂的胜境。历代道士都在道观及其周边地区营造和保护风水林，卫护茅山风水。《南史》曾载陶弘景特爱松风，庭院皆植松，每闻其响，欣然为乐。其隐居的茅山道观也以植松著称，《古今图书集成·松部》引《游茅山记》称："夜深宿方丈左室，闻窗外声澎湃溯滂，飘忽飑激，如秋江怒涛。又如大将之师万马奔腾，千里驰骤。予意是日热必大雨，虑其妨游。揽衣起徐耳之，盖松风。云山空人寂境，乃如是，陶贞白之爱听也。"可见茅山道观所植风水林之盛。茅山道士还引种许多名木异卉于道观，如东晋许长史手植的左纽桧，展仙人遗种的白李，钱妙真所种的鸳鸯树。还有一株经台柏，则系宋末一道人自陕西周至老君说经台移植，清《茅山志》称"此檀亦翠碧，非凡木也"。可证道士们不辞千里之劳，移植各种名贵珍异树木于洞天福地。茅山道士还严加保护道观风水山林，唐玄宗曾应当时高道李玄静之请求下诏明令："茅山神秀，华阳洞天，法教之所源，群仙之所宅，固望秩之礼，虽有典常，而崇敬之心宜增精洁。自今以后茅山中，令断采捕及渔猎。"至唐文宗大和七年（833），朝廷再次下"大和禁山敕牒"，严令"茅山界内并不得令百姓弋猎

采伐，及焚烧山林"。《茅山元符观颂碑》也载："句曲山于仙经为金坛华阳之洞天，山川神秀，据东南一都会。汉晋以还，世著灵迹，往往禁樵牧。"宋真宗大中祥符二年（1009），针对一些不法分子肆意采樵渔猎、焚烧山林的行为，真宗亦发"敕禁山"令："于茅山四面立定界止，严行指挥，断绝诸色并本山宫观祠宇主首以下，自今后不得辄有樵采斫伐，及故野火焚爇。常令地方巡检官吏、耆老壮丁，觉察检校。如有违犯，即便收捕，押送所属州县勘断。"对于一些老残枯树，需要砍伐，亦必须经宫观主持与州县官府共同研究，"勒定数目去处，常依时栽种补填，务要别无空阙"。由于历代茅山道士的严加保护，茅山道观的风水林得以保存，才使茅山成为风景秀丽的游览胜地。茅山留存至今的许多古树闻名遐迩，种类颇多，形态奇特，极为罕见，如300多年的糙叶树、500年的枸骨树，还有相传陶弘景手植的金边玉兰。这些不仅是珍贵的自然资源，也是重要的历史文化遗产。

（9）崂山道观风水林

崂山位于青岛市东部，崂山古名劳山，又称牢山、辅唐山、鳌山等。劳山因其山势峻险、攀越不胜劳累而名。牢山是取《清凉疏注》意称"牢固不拔"之山。唐玄宗曾改名为辅唐山，元丘处机道士见山形似巨鳌，又改称为鳌山。直到明末崂山一名才沿袭至今。崂山山势高大雄伟，耸立在黄海之滨，被誉为"海上第一名山"。崂山地处海隅，自古就享有"神仙之宅""灵异之府"的美誉，秦始皇、汉武帝曾登临此山寻仙祀神，唐明皇也派人进山炼药，历代著名道士都曾在山上传道修炼，如李哲玄、丘处机、张三丰等。从而使其成为名扬天下的道教名山，号称"道教全真天下第二丛林"。历史上道观林立，全盛时有九宫、八观、七十二庵之说。如今尚存有太清宫、上清宫、明霞洞、太平宫、通真宫、华楼宫、蔚竹庵、白云洞、明道观、关帝庙、百福庵、大崂观和太和观等。历史上崂山及道观就是林木繁茂之地，明陈沂《鳌山记》称万寿宫附近"松千株，皆偃盖"；明邹善《游劳山记》记南天门处"左覆松数千株，苍翠可掬，天风飒飒，时来作海涛声，与歌声相和"；明汪有恒《游崂山记》云崂山"古松千余株，苍然碧峰绿嶂间，真大小李千仞山水一幅，恋恋不能别"；清王大来《游劳山记》称太清宫附近有"修竹数里，竹尽而抵太清"。林木之盛可见一斑，说明崂山道士十分重视营造和保护风水林来维护道观风水。如今崂山许多道观依旧是古树遮蔽荫翳。

太清宫始建于唐末，庭院内各种上百年历史的苍天古树随处可见，如明代山茶花、唐代古银杏、唐代古榆、汉代古柏树等。其中则以唐代古榆和汉代古柏最具奇观，粗达数围的唐榆枝干盘曲倾斜，好似苍龙，人们美称为"龙头榆"；汉代古柏上长着凌霄和盐肤木两种树木，凌霄攀附着古柏的身躯，透迤攀延，枝丫甚至超出了古柏的高度，形成"三树合一"，是绝无仅有的古树奇观。太清宫三官殿前两侧的白茶花和红耐冬也颇有名，东侧是一株开红花的耐冬，树高 8.5 米，围粗 1.78

崂山太清宫

米，雪天仍花红如火，蕊黄如金，叶绿如翠。据《太清宫志》载，崂山原无耐冬，是名道张三丰乘舟从千里岩岛上移植于此，从此之后，崂山各观才有耐冬的繁衍。清蒲松龄《聊斋志异》之《香玉》小说中穿红衣的花神"绛雪"即指此树。殿前西侧是一株白山茶，树龄已逾 400 年，每逢花季，如银似雪，与红耐冬交相辉映。晚清傅增湘《劳山游记》对太清宫耐冬描述道："内外十数株，谛视之，即吾乡之山茶花。此花北方多植数金。山中乃独茂异，高可齐檐，红艳如锦，历冬春不凋。闻其自海舶移来，水土和腴，遂尔繁衍。顾亭林谓'地暖多发南花'，正谓此也。"

上清宫是宋初皇家敕建的道观，坐落在昆仑山之阳、宝珠山之阴的山谷中，前院门内东西原各植古银杏 1 棵，枝叶繁茂，苍翠葱茏，为崂山银杏之冠，现仅存 1 株。院中还植有玉兰、紫薇等古花木，每当花季，香气袭人。华楼宫位于华楼山南，元代创建，宫内外有数围的松、银杏等古树 20 余株。宫前临夕阳涧，杂树葳蕤，翠竹婆娑。太平宫位于上苑山麓，掩映在苍松翠竹之中。关帝庙位于猪头峰下，襟倚翠竹，环于苍松山楸之间，是一处景色清幽的道院。这些古树名花都是历代崂山道士营造道观风水林的见证。

历代崂山道士也十分重视保护风水林，道徒们通过官府发布禁林告示，严禁砍伐。如明道观内竖立的清乾隆四十八年（1783）莱州府颁布《护持崂山庙林文告》称："照得崂山为东郡名胜之区，树木尤关风水，……每视崂山林木众多，任意砍伐，以致道士刘信桂、邹西元等屡屡控告，批行察禁，仍阳奉阴违。"所以"合再严行禁示，仰一切军民书役及僧道人等知悉：嗣后凡有山场，经僧道完纳国课者，该处所有树木，应归本庙管理，官民不得势压擅伐"。如本观需用树木，也必须报官察明，方准砍伐。

第九章

风水林的传说故事

千百年来，中华大地产生了无数与风水林有关的历史传说和传奇故事，给人留下了丰富的联想，极大地丰富了风水林的文化内涵。这里择选部分以飨读者。

1. 慈禧、光绪斗风水

在北京西山秀丽的群峰之中，耸立着一座古树参天、气势非凡的妙高峰。在这里埋葬着慈禧的妹夫、光绪皇帝的父亲醇亲王奕譞。奕譞是道光皇帝的第七个儿子，后来被封为醇亲王，故当地百姓称他的陵寝为"七王坟"。在道光皇帝的九个儿子中，除咸丰皇帝外，醇亲王与恭亲王是比较能干的，他们都曾在一段时期把持朝政，在中国近代的政治舞台上有过重要活动。七王坟的营造，早在光绪登基之前就已开始。根据奕譞《退潜别墅存稿》里的《九月十九日看定妙高峰风水志并序》和《遣色克图同堪舆赴妙高峰兴工定穴志感》两诗的记载可知，同治七年（1868）夏天，他因病后气弱，"弗克趋公"，承蒙慈禧太后赏假，至蔚秀园小住旬余，又往西山响堂庙避暑——该庙为昔日在他府中服役的太监王照禄、王正光所建造。当这两名旧仆听到主子尚无陵寝时，便告诉奕譞，山南有个地方叫九龙口，"九峰环抱，局势颇佳"。于是，奕譞请风水先生托某往视，托某看后，竟不置可否。秋间，闻有风水师李唐（字尧民），道术高深，于是请假邀与俱往。周视上下，据云山高地狭，万难适用。王照禄复告以山北最高山峰——妙高峰，遂同护军校色克图、太监曹进寿等为之一游。奕譞记道："北行二十余里，甫露峰峦，尧民即遥瞩称善。至则层嶂巍峨，丛林秀美，遍山流水潺潺，其源澄澈如镜。山高三里许，凭凌一望，目极百里，洵大观也。尧民深赞不已，指古松西北，为来龙正脉，点穴最佳。余喜极，不复狐疑，一言决断。"以上便是奕譞在妙高峰选择陵寝基址的过程。当他看到这里山清水秀的自然风光时，兴奋得忘乎所以。于是高兴之余，又吟长律一首，该诗最后部分说："石凑玲珑骨，林开锦绣屏。细流分径曲，斜日印渊渟。鱼漾千头碧，龙磐百尺松。"奕譞曾自注道："老松高六丈许，银杏树一株，围三丈五尺，清阴盈亩，重实累累，皆数百年物也。水源出石罅，周砌以石，游鱼千余头，堪舆云是生气。"然而正是这棵古老的银杏树，在奕譞死后多年，为他惹来了麻烦，使他在地下也不得安生。奕譞去世后，光绪皇帝日益年长，与慈禧之间的权力角逐日趋激烈。尤其甲午战争以后，帝后两党壁垒分明，鸿沟日深。据《德宗遗事》记载，醇亲王墓道前有银杏树1株，其树八九合抱，高数十丈，盖万年之物。英年谄事太后，谓皇家风水全被此树占去，请伐之以利本枝。太后大喜，然未敢轻动，因奏闻于德宗，德宗大怒，并传谕曰：尔等谁敢伐此树者，请先砍我头。乃又求太后，太后坚执愈烈。相持月余。一日，上退朝，闻内侍言，太后于黎明带内务府人往七王园寝矣。上急命驾出城，奔至红山口，于舆中号啕大哭，因往时到此，即遥见亭亭如盖之白果树，今却不见。连哭20里。至园，太后已去，树身倒卧。数百人方斫其根，虑其复生萌叶也。诸臣奏云，太后亲执斧先砍三下，始令诸人伐之，故不敢违也。上无语，步行绕墓三匝，顿足拭泪而去，此乃光绪二十三年（1897）之事也。此事在当时引起轰动，朝野上下议论纷纷。光绪贵为天子，却无力保护其父坟前的一棵古树。光绪帝的老师翁同龢《翁文恭公日记》和末代皇帝爱新觉罗·溥仪的《我的前半生》里都有记载。百日维新时因上书而闻名天下的帝党人物王照（字小航），在他的名作《方家园杂咏记事诗》二十首的第一首即写"白果树"的故事。诗曰："甘棠余荫犹知爱，柳下遗邱尚禁樵。濮国大王天子父，南山莫保一株桥。"诗中"桥"字借指乔木之"乔"，即白果树。光绪皇帝贵为天子，却没有能力保护他父亲坟上的一株古树，其可怜境况实在是令人同情。如今七王坟不仅建筑宏伟，保存完好，而且还是京城一处古木林园。据调查，七王坟共有古树331株，其中包括古龙爪槐、古白皮松、古柏树、古银杏等。特别是陵寝后面那片茂密的松林，古木参天，泉水淙淙，群峰起伏，幽雅秀美，现已成为京城一处著名旅游景点。

2. 朱熹与文公山的传说

古徽州婺源是文公朱熹的阙里，有关他的人文古迹很多，不仅有以朱熹字号命名的地名，还有他回乡扫墓手植的杉群。朱熹是婺源的一种文化标识。在婺源，一座葬有朱熹四世祖母之墓的山峰，却以朱熹名号命名为文公山，千百年来流传着一个神奇的传说。相传朱熹四世祖朱唯甫之妻——程氏豆蔻夫人去世时，曾受恩于朱家的风水先生一心想报答朱家，相中了九老芙蓉山山腰坐西北朝东南的墓地，算准了下葬的时辰，然后对朱熹的家人说，要等到"鲤鱼上树、铁锅当帽、瓦片盛饭、葛藤束腰"四种现象同时出现，方可下葬。风水先生看到朱家人都是一脸的疑惑之色，便告知某日某时将棺木抬至墓穴旁边等待即可。朱熹家人虽然半信半疑，但还是遵从风水先生的吩咐行事。当日中午时分，有一位农夫手提两条鲤鱼来到路口茶亭，随手将两条鲤鱼挂于树上，就进入凉亭歇息喝茶；过了一会儿，天突然下起了雨，只见一人头顶铁锅遮雨，奔进凉亭；几位农妇提着瓦罐，匆忙上山送午饭，遇到风雨路滑，一位农妇摔了一跤，盛饭的瓦罐打破了，裤带也跌断了。农妇心疼米饭，用瓦片将米饭盛起，又随手折了葛藤当裤带系于腰上。朱熹家人见"鲤鱼上树、铁锅当帽、瓦片盛饭、葛藤束腰"四种现象同时出现，连连称奇，连忙将棺木葬于墓穴内。在公元 849 年前的一个春日，中了进士的朱熹回乡扫墓，在四世祖朱唯甫之妻——程氏豆蔻夫人的墓周围，他亲手植下了 24 棵杉树，以寄托哀思。树形的分布为八卦，每棵均有卦名。后人将九老芙蓉山更名为文公山，文公山就成了婺源的一方禁山，坟山"枯枝败叶，不得挪动"。沧海桑田变幻，世事往复轮回。文公山现存 16 棵拱天立地的巨杉，其中最大的一棵有 38.7 米高，胸径 3 米多，是朱熹遗存在文公山的一种活的文化符号。

3. 万木林的故事

福建建瓯有一个著名的旅游之地万木林自然保护区，历史上曾是该县望族杨氏宗族的风水林。据杨氏家族收藏的《东杨宗谱》记载，建安龙津里（今建瓯房道沶村）开明乡绅杨氏第六十五代杨达卿，在灾年采取"植树一株，偿粟一斗"的以工代赈方式，出资募民于祖坟所在地大富山营造杉木林。之所以采用这种方式是有苦衷的。当时正值元末，时世纷乱，如果直接赈灾势必引起朝廷关注。民间传说杨达卿植杉是受到太白金星的点拨。某天，玉皇大帝闲着无事，他拨开云端看尘寰气象，发现闽北的山林景色比他的御花园还要美，心中不乐。太白金星看透了玉帝的心事，奏道："玉帝，这闽北树木多，是因为侍炉童子抛下的香线梗抽芽。无意而为，没有章法。玉帝如果要重建御花园，可另建一座万木林。"玉帝一听"万木林"很高兴，太白金星说："我去闽北找一片山，在山上种下春夏秋冬四季开花的一万种树，然后搬上天庭就是。"玉帝发话说："好，谁给我种下万木林，我就把最好的香炉换给他。"又补充说："万木林要搬上天庭，造万木林的人，也要是个行善之人才好。"太白金星朗声允诺，又向玉帝上奏说："要营造万木林，单靠一点善心还不行。须让闽北大旱三年，造成天下饥荒。"太白金星奉玉帝旨意巡视人间，变成一个讨饭的老乞丐，到处遭受白眼。一天他来到房道村，村中有个很富有的财主杨达卿施舍饭菜给他，但他不吃，给他钱也不要。太白金星说："我给你种一棵树，你给一斗米的工钱。"杨达卿想：种一棵树给一斗米工钱，天下哪有这样贵的工钱？可太白金星说："一斗米会吃掉，一棵树却会长大。"杨达卿一想有道理，就应允了。讨饭的灾民越来越多，纷纷向富户杨达卿乞讨。杨达卿开仓救济，但他不愿意灾民给他磕头谢恩、做牛做马，所以，他就按照太白金星"一棵树一斗米"的指点，张贴了告示："凡是在大富山种树一棵者，给米一斗。"周围的灾民都去大富山栽树，光秃秃的大富山很快就栽成了万木林，杨达卿的谷仓也见了底。太白金星上天庭禀报玉皇大帝，玉帝言而有信，他把最好的香炉搬到了人间，即武夷山中的归宗岩。可当玉帝搬万木林上天之时，却怎么也搬不动。原来玉帝为造万木林，下旨大旱三年，饿死了许多无辜之人，万木林则因此而上不了天庭。玉帝既失了宝物，又得不到万木林，只好拿太白金星出气，把其贬下凡界受苦三年。

明建文元年（1399），杨达卿的孙子杨荣乡试中第一，次年礼部会试中第三，殿试中二甲第二，被赐进士出身。杨氏族人对此极为欢喜，认为这是杨氏先人种树赈饥的功劳，这片林应该作为杨家的"风水林"封禁，当即订立了封禁"文契"。此后，杨荣历事五朝，官至光禄大夫柱国少师工部尚书谨身殿大学士，为明代重臣，与明华盖殿大学士吏部尚书杨士奇、杨溥齐名，史称"三杨辅政"。杨荣之曾孙杨旦官至南京吏部尚书。随着杨氏门第显赫，建安杨姓成为世宦之家，万木林被列于宗谱，载入方志，并得到官方的承认和杨氏宗族的保护，世代相传，铸成规范。在600多年的长期封禁保护中，万木林群落随着自然演替，衍生群落，逐渐发展成为树龄不一、林相稳定的地带性顶级群落——中亚热带常绿阔叶林。据1996年调查统计，在142.6公顷的天然林内，胸径达80厘米的名木古树有569株，树龄均在百年以上，其中名木有114株，此外更有各种珍禽异兽，完全是一个天然的动植物博物馆。

4. 乌鸦不栖"至圣林"

山东曲阜的孔林存在着"乌鸦不栖"的神秘现象。因这一现象千百年来没人能对此做出正确解释，遂成千古之谜。孔林亦称"至圣林"，是孔子及其后裔的墓地。它占地约2平方公里，内有各种树木10万余株，奇花异草百余种，被誉为中国最大的墓地风水林。墓林内古木参天，万树成荫，百鸟翔集，但却从来没有一只乌鸦栖息，"乌鸦过孔林需绕行"。孔林内何以"乌鸦不栖"？民间流传不少传说，其中最著者为"三千乌鸦兵"的故事：一次，孔子外出时，在路上见到一只被猎人射杀的乌鸦，便在路旁挖了个深坑，将死鸦埋葬。他的义举深深感动了成千上万只正在为死去的同伴哀悼的乌鸦，它们决心向他报恩。不久，孔子在从尼山回曲阜的路上，遭遇歹人袭击，正在危难之时，大群的乌鸦从天而降，勇猛地将歹人啄散，护送孔子安全地回到家中。这些神勇的乌鸦，被后人称作"孔圣人的三千乌鸦兵"。孔子去世后，这些"乌鸦兵"仍然不肯离去，它们世世代代地守护在孔子灵魂的所在地——孔庙，从而形成"孔庙乌鸦成群，孔林乌鸦不栖"的神奇现象。相传孔子去世后，在他所葬之地，"弟子各以四方奇木来植，故多异树不能名"。《孔氏祖庭广记》亦云："夫子没，弟子各持其乡土所宜木，人植一本于墓而去。冢上特多楷木，楷木出南海。今林中楷木最茂，间有因风摧折者，人或得之，以为手板。"楷木就是黄连树，可见孔林内植有大量古黄连木。黄连木富含一种特殊的芳香物质，其散发的特殊气味会对乌鸦产生刺激，使其"望而却翅"，不敢飞入林中，从而导致乌鸦不栖孔林的现象发生。

孔子墓地植树图

5. 故宫大殿不植树

当人们在北京的名胜古迹游览时，会看到很多古树名木。但是游人在故宫的三大殿（太和殿、中和殿、保和殿）和后三宫（乾清宫、交泰殿、坤宁宫）参观时，却看不到一棵古树，这是为什么呢？一些人认为这和清嘉庆年间的一次农民起义有关。起义军为白莲教的一支天理教，他们利用宫墙外的大树，爬上大树后跳进紫禁城，和宫内的清军护卫展开战斗，最后终

北京故宫全景图

因力量太小，寡不敌众而失败。宫内的皇子旻宁在突发事件中能沉着应战，并用火枪打死两个义军，从而奠定了他继承皇位的基础，即后来的道光皇帝。事后，

嘉庆皇帝心有余悸，惊呼"从来未有事，竟出大清朝"，于是"传谕伐树，遂不复植也"。这就是故宫内没有或少有古树的原因。实际上故宫的三大殿和后三宫不植树，应是出于烘托意境的需要。这些地方是皇帝举行盛典和行使权力的地方，为了突出皇权的至高无上和宫殿的威严气氛，不植树是措施之一。实际上，从天安门起，经端门到午门，都是如此，都不植树（端门后面的两排刺槐是民国时期种植的）。这样，漫长的御道，开阔的广场，蔚蓝的天空，把紫禁城、太和殿映衬得高大雄伟、巍峨壮丽。官员们上朝之前，仰目而视，肃然起敬，而又不寒而栗、人人自危。另外，像社稷祭坛（中山公园内），太庙（今劳动人民文化宫）的大殿，以及天坛的祈年殿、圜丘坛等处，都不植树，也是同样的原因。

6. 天水伏羲庙古柏传说

传说伏羲、女娲二人本是兄妹，为繁衍人类后代，他们必须结为夫妇，但这样有违伦常，两人无奈，于是背着带有凹凸槽的磨盘，各自攀上昆仑山的南北两山，将磨盘从山顶滚下，如果两石结合，就表示上天同意他们结为连理。结果两个磨盘严丝合缝地扣在一起，之后就有了炎黄子孙的代代相传。传说很美丽，不过据天水大

天水伏羲庙古柏（《天水古树》）

地湾文化的史料记载，女娲与伏羲虽同属于大伏羲氏族，但分属于两个不同的支系：伏羲姓风，女娲姓风。他们虽然以兄妹相称，但并非同胞兄妹。早在那个时期，各民族部落就有明确的规定：有血缘关系的同族男女不得为婚。公元前7744年，伏羲以一双精致的狐皮为聘礼，前往凤州（今陕西宝鸡市凤县）与女娲完婚，时年伏羲31岁、女娲16岁。后来天水人为之立庙祭祀，人称伏羲庙。甘肃天水伏羲庙依山而建，据天水地方史料记载创建于元代，重建于明代，历代修缮。农历正月十六日相传是伏羲的诞辰，人们扶老携幼朝拜观瞻。庭院内古柏是按伏羲八卦推演的64个方位栽植的，庙内有柏树64株，今有37株，其余为补栽。每一株古柏都能解伏羲之意，人们根据天干地支的循环规律，每年要推选出一株古柏，这就是"神树"，是伏羲派来给人们消灾灭祸、根除百病的，届时会有道士于神树上挂红灯笼一盏作为标志。农历正月十六日这一天，有些人带来

用红纸剪的小纸人，贴在"神树"上，身体哪个地方有病，就用点燃的香头烧小红纸人的哪个部位，以祈求神灵保佑康宁。由于人多，棵棵树上都贴满了小红纸人。这种民风习俗一直流传至今。如今伏羲庙大雄宝殿供奉着高达3米的人文始祖伏羲，雕像威武庄严，手持八卦盘。两侧陪伴的一边是可以飞天的龙马，另一边则是见证伏羲与女娲结为夫妇的一对磨盘。院中依然古柏参天，苍劲雄浑。

7. "除奸柏"的故事

孔庙是祭祀古代思想家、教育家孔子的场所。全国的孔庙很多，其中以山东曲阜和北京的孔庙最为著名。北京的孔庙位于安定门内的国子监街路北，其西边毗邻国子监。国子监为我国古代的最高学府，孔庙和国子监相连，体现了我国古代"左庙右学"的体制。北京孔庙古柏森森，庙内有古柏百余棵。其中有一株驰名京城的

北京孔庙除奸柏

"除奸柏"极富传奇色彩。"除奸柏"屹立在大成殿的西侧，明蒋一葵《长安客话》中有"彝伦堂前古松是元儒许衡手植"之载，许衡为元代国子监第一任祭酒（相当于大学校长）。相传在明嘉靖年间某年，崇信道教并已走火入魔的嘉靖皇帝朱厚熜，要和妖道陶仲文到大光明殿去做道场，就委派内阁首辅严嵩代为祭孔。奸相严嵩率百官来到孔庙，没想到他正走到大成殿前的一棵古柏旁时，一没留神，乌纱帽被古柏的一个大树枝掀掉了。代替皇帝祭孔却掉了乌纱帽，这可是对皇帝的大不敬，也是对孔圣人的不恭。他被吓得也不敢发作，只好咽下这口气，捡起帽子慌忙戴上。跟在后面的百官都暗暗发笑。以后此事传出，人们认为古柏有知，也痛恨奸臣，说它"严惩奸佞，意欲除之"，所以就叫它"除奸柏"。相传到明天启年间，宦官魏忠贤也是代替皇帝来孔庙祭孔，正走到"除奸柏"旁时，忽然刮起一阵大风，从树上掉下的一根树枝正巧打中魏忠贤的头。这两个传说说明了人们对奸臣和权阉的痛恨之情。就在"除奸柏"的粗干上，有一个巨大的树瘤，很像是一个人的巨手抓住一个人头，人们附会说，巨手抓的是严嵩的人头。

8. 国子监的"吉祥槐"

北京国子监在安定门内的国子监街，是我国古代最高的学府。它始建于元至元二十四年（1287），其东边与孔庙毗邻。北京国子监内曾有古槐古柏 200 余株，随着年代的推移，现存仅 40 余株。国子监里的古槐大多种植于元代，距今已 700 多年。在这些古槐中，最著名的一棵，是位于彝伦堂前西侧的"吉祥槐"，据说是元代国子监第一任祭酒许衡所植。"吉祥槐"有两根主干，似一对孪

国子监吉祥槐（《树之声：北京的古树名木》）

生兄弟并肩而立。相传在明末此槐已死，但到清乾隆十六年（1751）的初夏，枝干上忽又萌发新芽成叶，枯而复荣。国子监的师生们发现后，纷纷传颂，当时正值乾隆生母崇庆皇太后六十寿辰，人们认为是吉祥的征兆，所以称其为"吉祥槐"。文武百官纷纷题诗作画，以示庆贺。大学士蒋溥奉旨到孔庙祭先师，得知此事后，夜宿国子监，绘制了一幅古槐图，得到乾隆的嘉奖。据《日下旧闻考》载，"国学古槐一株，元臣许衡所植，阅岁既久，枯而复荣。当辛未一枝再苗之出，时慈宁六旬万寿之岁，槐市众生，传为瑞事"。乾隆皇帝也作《御制国学古槐诗》，诗云："黄宫嘉荫树，遗迹缅前贤。初植至元岁，重荣辛未年。奇同曲阜桧，灵纪易林乾。微瑞作人化，符祥介寿筵。乔柯应芹藻，翠叶润觚编。右相非夸绘，由来事可传。"乾隆的古槐诗和蒋溥的古槐图及众大臣的诗文被刻石立碑于树旁。后来朝廷还下旨把古槐用琉璃围墙保护起来。古槐诗画碑现今均保存完好。

9. 鸡声林的传说

福建闽北是我国南方重点林区，这里的许多村落都有一大片茂密的"风水林"。林旺村也盛，这是村落的象征，备受保护。政和县王母山下的石门村是个美丽富饶的地方，村后那片郁郁葱葱的"鸡声林"闻名遐迩，让人羡慕。它是闽北保护最完好、面积最大、物种丰富、历史悠久的"风水林"。其面积达 300 余亩，林内参天古树，棵棵挺拔高大，蔚为奇观。相传 1000 多年前，石门开基先

祖陈应讽为避战乱，携家眷从松溪逃至政和，路上带了一只大公鸡，日夜兼程。一路上这只公鸡从不啼叫，当到达政和境内一片茂密森林时，公鸡突然大叫三声。陈应讽立即止步，此时正是卯时（早晨），环顾四周，风物宜人，前面是片广袤的开阔地，后面是座起伏的山峦，还有一条小溪绕山前，陈应讽以为此地胜境，激动喊道："宝地也，可安家矣！"于是安扎下来，繁衍生息，至今已 42 代。后人为纪念这片神奇的森林，给它取名为"鸡声林"，并视鸡声林为全村人的风水林，历代严加保护，禁止砍伐。鸡声林是石门的象征和骄傲，因为有林才有石门村。

10.　一树一经文的故事

汉传佛教认为"山川草木悉有佛性"，大自然被看作是佛性的显现，万物都有自身的价值。天台宗的湛然大师主张"无情有性"说，即没有情感意识的山川、草木、大地、瓦石等都具有佛性。禅宗更是强调"青青翠竹皆是法身，郁郁黄花无非般若"，大自然的一草一木都有其存在价值。所以

峨眉山伏虎寺风水林——布金林

历代佛徒僧侣常以所诵念佛经的经文字数为准栽植树木，以此获得功德圆满。最早在北宋就已有出现。北宋余靖《武溪集》卷九"筠州洞山普利禅院传法记"文称，四川筠州（今四川筠连县）洞山普利禅院第十一世住持曲江晓聪禅师于宋大中祥符三年（1010）应命而来，在洞山东北植松万株，凡植松一株，坐诵《金刚经》一卷，常自称"栽松比丘"，其地遂号"金刚岭"。元熊梦祥《松云闻见录》载北京南口庆寿寺祖师可闇，以《法华经》字数为号，种栗园计千余顷。最为著名的则是四川峨眉山"古德林"和"布金林"的故事。峨眉山白龙洞，亦称白龙寺，明嘉靖年间别传禅师创建。白龙洞外有一片林子称为"古德林"，民国许止净《峨眉山志》卷五"历代高僧"中的"别传和尚本传"中称："明别传和尚，名会宗，……尝于古德林，手栽楠树二里，共六万九千七百七十七株。每种一树，辄礼《法华经》一字。至今翁郁成林，号为神树。兵燹时，曾有人欲窃取为兵械者，林中忽有大蛇逐之。又有拾枯枝供爨者，大石压折一足。"别传和尚一边种植树木一边诵经礼拜，使每一棵新植楠木代表《法华经》经文一字。其新植的楠

木不再是普通的树木，而是"檀林祇树"。"布金林"则位于峨眉山伏虎寺周围，其得名源于佛经，古代舍卫国，一大富长者给孤独请释迦牟尼讲法，但无好的地方，遂向伽陀王子借园。王子戏言，若布金满地，厚敷五寸，即卖与长者。给孤独遂倾其所有，以藏金布地，后人谓功德为"布金"，故称名"布金林"。许止净《峨眉山志》卷五"历代高僧"中的"可闻和尚本传"中称清初，可闻禅师重建伏虎寺，"（可闻）徒寂玩，……见购栋梁之艰难，发愿寺之前后左右，广栽杉楠柏树，准《大乘经》，一字一株，待将来兴作之需。倏尔，树林阴翳，禽鸟和鸣，劲节万竿，凤集饮露矣"。可闻弟子寂玩于寺周种植树木，其做法与别传如出一辙。寂玩植树本意是为伏虎寺重建准备材质，但这些树最后却成了伏虎寺环境的重要构成部分，至今仍然作为寺院的风水林荫翳于寺院周围。

11. 乾隆植柳护风水

清朝乾隆皇帝在北京天桥地区有过疏渠种柳护卫天坛风水之举。明清时期北京近城附近大量取挖泥土，造成大面积的地面裸土，成为北京沙尘的起源。如天坛附近曾是挖土活动较为集中的地方，天坛东的龙潭湖即是明修建外城后留下的一片窑坑。地面浮土遇风则起，整个京城春天多风沙，天桥地区尤甚。据乾隆五十六年（1791）所撰《正阳桥疏渠记》碑文所称，"疏渠之土即篑为渠岸之山，周植以树，兼培行车之土路，于是渠有水而山有林，且以御风沙，弗致湮。坛垣一举而无不便，向来南城井多苦水，兹胥得饮渠之清水为利亦溥，而都人士之游涉者咸谓京城南惬观瞻、增佳景。然予之意原不在此也。洁坛垣而钦禋祀，培九轨而萃万方，协坎离以亨既济（都城南为离位，今开浚水渠六，坎为水卦，是为水火既济之象，亨之道也），奠经涂以巩皇图"。这是说改变和净化天坛与先农坛周围的环境，不仅是为"惬观瞻、增佳景"，营造一片优雅宜人的自然环境，更是要"洁坛垣而钦禋祀，培九轨而萃万方，协坎离以亨既济，奠经涂以巩皇图。其在斯乎，其在斯乎"。即在此地建立一种严肃庄重的氛围，并追求风水的和谐。故有"意原不在此""其在斯乎"之语。以疏渠之土作为渠岸之山，在渠旁植柳，并培垫行车之土路，形成树林，以御风沙，以防湮没坛垣。因为疏导水利、植柳固沙而将这个地区改造得渠清柳绿，风景宜人。清嘉庆五年（1800），著名诗人张问陶《天桥春望》诗"种柳开渠已十年，旧闻应补帝京篇。天桥南望风埃小，春水溶溶到酒边"句，形象地描述了天桥南水渠修浚后景观的改变。

12. 楷模的由来

山东曲阜孔林内享殿之后，有一座灰瓦攒尖顶的方亭，称"楷亭"。亭内石碑上刻着一棵古老的楷树，即摹自其南侧的"子贡手植楷"。子贡，复姓端木，名赐，字子贡，是孔子得意门生之一，也是孔子弟子中善于经商的学生。孔子死后，众弟子为孔子守墓三年，相诀而去，独子贡在此又守三年。后人为纪念此事，建屋三间，立碑一座，题为"子贡庐墓处"。子贡守墓期间，两枝入土的哀杖生根发芽成活了，这树说柳不是柳，说槐不是槐，十分罕见。子贡联想到周公庙前的模树，他念其老师高风亮节、博学善教，给这树起名楷树。孔子和周公是圣贤，楷模二树是他们的化身，是自己和世人永远的榜样。这之后就有了"楷模"这个典故。子贡守墓 6 年，准备回家之时，把孔子坟前那两棵楷树带回故里一棵，栽在了自家院内，以志朝夕不忘师尊，从此，这棵楷树便在浚县扎下了根。"子贡手植楷"一直生长了 2400 多个春秋，它根深叶茂，枝繁干粗，盘若虬龙，凌云擎空，主干四人才能合围抱拢。据现代树木分类学知识，楷树学名黄连木（*Pistacia chinensis*），属漆树科（Anacardiaceae）黄连木属树种，是落叶乔木，皮呈鳞状，叶狭长浅绿色，经霜变红，还是一种漂亮的观赏树，故人称"文楷"。每到深秋，楷叶红透，分外妖娆，为曲阜八大胜景之一。曲阜有三宝：楷杖、如意和蓍草。楷杖、如意的原料均是楷树。楷树木质坚硬而柔韧，木纹细腻，呈金黄色，稍加雕刻，古朴可爱，玲珑剔透，为历代孔府向皇帝进贡的供品。宣统末年，德国人瓦根从曲阜带走的作品《百子如意》在巴黎万国博览会获得金奖。"洙桥流接真源远，楷木根含化雨深。"子贡手植的一棵楷树，给后人带来许多的荣耀，留给后世永世不泯的美。

13. 于林白皮松的由来

山东省平阴县洪范龙池之北 2 千米，是明万历朝资政大夫、太子少保、礼部尚书兼东阁大学士于慎行的墓地。于慎行，字可远，又字无垢，号谷山，山东平阴县东阿镇人，俗称"于阁老"。他文才卓著，生前有《读史漫录》《谷城山馆文集》等著述，神宗时"文学为一时之冠"。于慎行病故后，万历皇帝建陵园，以报答师恩，故称"于林"。其建筑雄伟壮观，具有鲜明的明代建筑艺术风格。于林坐北朝南，陵园占地面积 4 公顷。陵墓周围，苍松翠柏，遮天蔽日，尤其林中植有万历皇帝所赐白皮松 63 株，现尚存 44 株。白皮松属国家稀有珍贵树木，一般胸围2米、高16米左右；树干挺直，通体银白，经阳光照射，闪烁有光，斑斓可爱；针叶青翠，中间有青褐色果球，十分好看。于林白皮松棵棵亭亭玉立，古雅壮观，经历400多年仍然生机盎然，是山东省内独有的白皮松古树林，规模为国内所罕见。关于白皮松还有一个美丽的传说：于林建成后，万历皇帝因不能为老师披麻戴孝而寝食不安。一天他做了一个奇怪的梦：天中飘下一个葫芦，腰系黄符，上书"精纯松"3个字。倒出一看，原来是100颗树籽。万历皇帝醒来，案上果然是颗粒饱满的一小堆树籽，随即命人种上，长到高约2米时，选63棵（因于阁老卒时是63岁）送到于阁老墓地，植于神道两旁。所栽的树木不久就焕发出勃勃生机，因树皮灰白、通体晶莹，人们称之为"白皮松"。白色树皮似披麻戴孝，以此表达万历皇帝对于阁老的一片孝心。由于"文革"期间遭到破坏，如今的白皮松就只剩下了44棵。神道虽宽20多米，两侧白皮松枝叶却在空中毗连相接，形成一个高大宽敞的绿荫"会场"，古雅美观。于林是我国北方地区白皮松树龄长、胸围粗、树干高、种植数量多的墓地风水林，今已被当地政府开发为名胜风景区，供游人凭吊参观。

14. 汉光武帝陵古柏故事

汉光武帝刘秀陵墓位于河南洛阳孟津县境内，南依邙山，北临黄河，近山傍水，葱蔚肃穆。陵区呈长方形，由祠庙、方丈院，陵园三部分组成。墓冢位于陵园正中，呈圆形，冢高20米，周长487米。园内现存古柏1500株。整个陵园郁郁苍苍，肃穆庄严。陵前甬道两侧，原有巨柏28株，巍然挺立，排列整齐，各有名讳，象征辅佐刘秀打天下、定社稷的云台28将，俗称"二十八宿柏"。关于这些柏树还有一个传说故事。据说，当初汉明帝把装有刘秀尸体的棺材投放进黄河时，黄河突然改道，显出一座土丘，土丘周围忽然就生长起了密密麻麻的柏树。至于柏树有多少，没有人数过。后来，有位大将军路过此地，一心要知道柏树的数目。他就命令士兵用纸条贴树编码，当快要贴完时，突然狂风大作，正在数柏树的士兵被刮得找不到北，等他们清醒后，树上的纸条已无影无踪。他们只记得有28棵特别粗大的柏树，象征着开国功臣"云台28将"。诸多柏树中有两棵分别叫"鸟鸣柏"和"苦恋柏"，堪为柏中一绝。若在"鸟鸣柏"下拍手，林梢就会发出鸟叫声。"苦恋柏"本是自然形成的奇观：一株古柏的树干中，长出了一棵苦楝树。传说是刘秀和他的皇后阴丽华苦苦相恋，最终长相厮守。阴丽华是南阳新野人，是当地有名的美人儿，年轻的刘秀对她一见钟情。当时还是一介布衣的刘秀有两大人生目标："仕宦当做执金吾，娶妻当得阴丽华。"后来刘秀果然赢得美人芳心，但由于战争，两人天各一方，苦苦思念。刘秀当了皇帝、定都洛阳后，派人把阴丽华接来，长相厮守，共度终生，死后合葬在这里。所以"苦恋柏"是他们"千古绝恋"的象征。

15. 伊尹墓地古柏的故事

河南省商丘虞城县西南 20 公里的魏崮堆村内，有商初名臣伊尹的墓地。其最为引人之处在于墓地周围的古柏林。说起这些古柏林的形成，民间还流传着一段有趣的故事。隋朝末年，瓦岗寨聚会了一支聚义的队伍，为首的是一伙结拜兄弟：老大魏征、老二秦琼、老三徐茂公、老四程咬金，他们南征北战后投奔唐王李世民。李世民礼贤下士，惜才爱将，把魏征当做自己的一面镜子，把秦琼、程咬金等封为元帅、大将。魏征早亡后，就埋在魏崮堆附近。当时那里还是一片荒凉的土地。到罗通扫北，程咬金奉命押运粮草，路过此地安营扎寨。晚上程咬金在帐中饮酒，忽听大哥魏征的责怪声，程咬金大为震惊，才想起大哥魏征的坟墓就在附近。他走出帐外，乘着月色，看见一座高大的坟墓，便认为是大哥魏征的埋葬地，于是吩咐手下人速备祭品，到坟前拜祭。拜祭结束后，程咬金发现一座孤坟立于荒野之中，极为震怒："有坟岂能无树？迅速给老子栽柏树来！"众兵将遂从附近移来千棵柏树，乘着月色栽在了坟地的周围，横竖不成行，疏密也不一样，很难数清。直到现在还流传着一句歇后语：魏崮堆的柏树——数不清。程咬金还留下几个人在此守墓，后守墓人在这里娶妻生子，繁衍后代，就形成了现在的村庄——魏崮堆村。可是程咬金所植柏树的坟墓，并非他大哥魏征的，而是古代贤人伊尹的。据说程咬金天明发现不是魏征墓，恼羞成怒，用力去拔所栽之柏树，但柏树一夜之间已经长好，他无法将之拔起，仅将树皮捋破。程咬金感到这是有神灵相助，只好作罢。这棵柏树的破皮处，以后长成像罗汉肚子般大小的树疙瘩，此树也被称为"罗汉柏"，存留至今。而魏征的坟墓在此坟东 1.5 里处，只是个不大显眼的小土堆。如今伊尹墓地尚有唐植古柏 183 株，苍劲挺拔，郁郁葱葱，最大一株需三人才能合抱。古柏林内有"鸟柏渡江""相思柏""母子柏""龙柏""闯王柏"等著名古柏。

16. 洛阳关林奇柏多

关林位于洛阳市南 7 公里的关林镇，为汉寿亭侯关羽的墓地，是"墓、庙、

关林结义柏

林"合祀的古建筑。自明代万历年间开始，关林遍植松柏风水林，现存古柏 800 余株，有俗话称"关林里的柏树数不清"。关林的古柏不仅多，而且长得奇，有几株古柏还有着美好的传说。大殿前月台两侧就有两株奇特古柏，西为龙首柏，东为凤尾柏。龙首柏因柏树一枯枝向下勾曲，形如龙首而得名。长长的龙头，犀利的双角，大张的龙嘴，还有无数细小枝条形成龙须，龙头和颈部都已枯干无叶，而树身其他部位则枝繁叶茂。站在树下往上看，恰似一条巨龙在绿树丛中俯视人间。凤尾柏树根裸露，呈扇面形，环纹极密，似凤凰尾巴。相传民国时期，五教共举关公为第十六任玉皇大帝——玄灵高上帝。因此在中国台湾及东南亚地区道教中也称其为玄灵高玉帝。每年祭祀关羽的时候，天上的龙、地上的凤便聚集拜殿前，栖于古柏之上共同祭拜，久之，这两株古柏分别生出了龙首和凤尾，形成了"龙凤呈祥"的奇观，自然造化，妙趣天成。如今，人们在龙首、凤尾柏树下拈香燃帛，倾诉"望子成龙"或"盼女成凤"的心愿。还有一棵柏上松，是在一棵巨柏的枝干上，又长出了一棵松树，而且长得枝繁叶茂，直插云霄。传说关公被奉为三界伏魔大帝后，每年农历五月十三关公诞辰之日，来关林烧香祭奠的人成千上万，全国各地的鸟也要赶来朝拜，以求关帝保护它们那弱小的生命。有一年，住在西岳华山上的黄鹂鸟衔了一颗松子，不辞辛苦带到关林，作为祭品献给关帝。这黄鹂把松子放到了巨柏的树洞里，并祝愿松树蓬勃生长、常青不老。天长日久，柏树上这松树就长成了参天大树。关林的柏树还被称为"旋生柏"，这是因为其柏树枝干多旋转着生长，密密的树纹扭着许多圈儿，显得十分奇怪。据传关公被封为三界伏魔大帝后，常乘着一股白气，旋转着升到空中，去各地降妖除怪。关公升天的次数多了，气流就把柏树旋成了现在扭腰麻花似的样子。

17. 戒台寺中古松奇

戒台寺名"万寿禅寺"，位于北京西郊门头沟马鞍山麓，始建于唐武德年间，因寺内有一座大戒台，人称为"戒台寺"或"戒坛寺"，是北京地区著名的佛教圣地。戒台寺重建于辽咸雍四年（1068），寺坐西朝东，建于山麓缓坡上，主要殿堂沿东西向轴线由低渐高建筑而成。殿堂四周分布着许多庭院，各院内有精美的叠山石、葱郁的古松古柏，加上古塔古碑、山花流泉，显得格外清幽。戒台寺不仅以戒台闻名，更以古松奇特而称名。北京人有"潭柘以泉胜，戒台以松名"之说。戒台古松尤以五大名松闻名天下，分别为九龙松、活动松、抱塔松、卧龙松、自在松，姿态奇绝，颇富神趣。

北京戒台寺九龙松

九龙松为一棵体形硕大、气势磅礴的白皮松，因其巨冠由九条白色的大干组成，犹如九条银龙在凌空飞舞，守护着戒坛，自古人们就称其为"九龙松"。它现巍然屹立在戒坛院的山门前，高达18米，树干周长达6.5米，为唐武德年间所植，至今已1300多年，是我国白皮松之最。明蒋一葵《长安客话》中曾记述云："松今尚在，围抱可四五人，高不三丈，枝干径二尺，虬曲离奇，可坐可卧。游人每登其上为巢饮云。"历代文人为之赋诗而赞，如明朱宗吉《戒坛观松》有"宝树依晴峰，婆娑月影重。叶深藏鹳鹤，植老作虬龙"诗句称颂。

活动松是植于元代的古油松，相传是元代月泉高僧手植。其树高达25米，干周长达2.5米。该松奇特之处是手牵其任何一松枝，它全身枝干都会摇动起来，有"引一枝而发全身"的特点。民国黄濬《花随人圣庵摭忆》记晚清郭筠仙日记称："活动松，樛枝交重，荫垂一墀，横盘如龙，引其一枝，方俱动摇，如靡天风，苍阴狷移，波涛自荡。"传说清乾隆皇帝十分喜爱此松，每次来到戒台寺，都要摇动它以取乐。乾隆皇帝还写有《戏题活动松诗》称道，其诗碑仍在，碑正面（东面）诗云："老树棱棱挺百尺，缘何枝摇本身随？咄哉谁为挈其领，牵动万丝因一丝。"碑背面（西面）诗云："摇动旁枝老干随，山僧持以示人奇。一声空谷千声应，借问神通孰所为。"称颂此松之神奇。因其树干向东倾斜，造成整个树体的重心不稳，所以动一枝则全身摇。

抱塔松则因古油松怀抱墓塔而得名。这也是一棵奇特的古松，5米多长的粗干扭转着如巨龙向墓塔而抱。其树干周长达2.6米，为金代所植。相传该松原本是天上的神龙，被玉帝派来守护辽代高僧法均的墓塔。在某个风雨雷电交加的夜晚，龙松怕墓塔被雷电击毁，就扑抱而去，形成古松抱塔的奇观。清李恒《戒台古松歌》之"怒涛夜吼雷雨声，抱塔龙松啼月黑"句就是描述这个传说故事。抱塔松的两个大枝犹如人的双臂抱住古塔，堪为天下一绝，清人震钧《戒台》有"一松抱浮图，如人引双肱"句。很可惜1981年北京有关部门修复墓塔时，竟锯掉了一个抱塔大枝，现龙松仅剩单臂抱塔。

卧龙松为辽代所植的古油松，犹如一条粗壮的巨龙，从石雕栏杆中横卧其外，仿佛欲腾云驾雾而飞，其树粗干横长达10米、干周长达2.8米。传说晚清恭亲王奕䜣被慈禧太后解职后，闲居在戒台寺，手书"卧龙松"石碑，常把自己比喻为不得志的"卧龙"，静卧古寺，等待腾飞、重新参政。民国著名学者田树藩《赞卧龙松》诗云："千载古松号卧龙，居然雨露受尧封。历经多少沧桑感，治乱兴衰不动容。"

戒台寺卧龙松

自在松矗立在大雄宝殿前，为辽代所植的油松，树高达25米、干周长达2.7米。因树姿舒展有致，仪态万方，显得逍遥自在，故得名"自在松"。

戒台寺内还有菊花松、莲花松、龙松、凤松、凤尾松等名松，故又有"十大名松"之说。清末湖广总督张之洞《戒台松歌》有"十松庄慢皆异态，各各凌霄斗苍黛"诗句称述其景观。

18. 香山古寺松听法

香山寺位于北京西山香山公园内。香山是北京城历代的皇家园林之一，山上遍布古松古柏，翠色浓郁，有森林公园之称。香山寺始建于盛唐时期，因山名寺。金代曾是金章宗"西山八大水院"之一的"潭水院"，清康雍乾时期成为皇家园林"三山五园"中香山静宜园的组成部分。香山寺被乾隆皇帝列为静宜园二十八景之一，清咸丰十年（1860）为英法联军焚毁。如今香山寺遗址山门前两侧尚存两株千年古油松树，就是香山著名的"听法松"，极具神奇色彩。两株古松高矗入云，其南一株树高达25米、树干周长3.16米，北边一株略小，树高达20米、干周长2.5米，为金代所植的寺庙风水树。两株古松树冠上相对生长的大枝都向前伸延下垂，犹如两个站立的佛徒在虔诚地拱手听法。传说曾有一得道高僧常在这里说法，吸引了许多僧民来听法，法师所讲的内容吸引了这两株古松树。

松树探着身子也来听讲，慢慢地就长成了现在的模样。乾隆皇帝游览此寺闻听此故事，效仿南朝梁时杭州灵岩寺高僧道生收石头为徒并为之讲授《涅槃经》的故事，而给这两株古松起名为"听法松"，刻石于旁。清乾隆时于敏中编撰的《日下旧闻考》载称"香山寺正殿门外有听法松"，该书引

北京香山寺遗址听法松

述了乾隆御制《听法松歌》序说："山多桧柏，唯香山寺殿前有松数株，虬枝秀挺。山门内一松尤奇古，百尺乔耸，侧立回响。自殿中视之，如偏袒阶下，生公石不得专美矣。"乾隆皇帝还在其诗云："点头曾有石，听法讵无松；籁响疑酬偈，枝拏学扰龙。佛张苍翠盖，僧倚水云筇；比似灵岩寺，何劳摩顶重。"如今树下"听法松"刻石为1932年书法家海城所书。

19. 清永陵神树的传说

清永陵位于辽宁抚顺新宾永陵镇，是清代皇族爱新觉罗氏的祖陵，风水师评之为"天下第一福地"。民间传说永陵风水宝地的发现与一株古榆树有关。

传说明朝万历皇帝某日早朝，钦天监负责观察天象的官员报告说，东北方向有青气乱窜，恐有混龙出世，危及朝廷。万历皇帝遂传旨派风水国师急赴东北破斩混龙。奉命赶往东北的风水大师们查遍东北的名山大川，果然查得混龙一百条。见一条斩一条，查一脉破一脉，或于龙脉处挖沟挑壕，或于龙首上盖庙建塔，先后破了卧地龙九十九条。唯剩一条离地三尺、悬浮于空中的悬龙。风水师们认为悬龙浮在低空中，形不成龙脉，谁也葬不上，也就没有破的必要，于是就回京复命了。

但在此后不久，努尔哈赤所在的女真族某一部落于长白山被其他部落打败，被人追杀的努尔哈赤背着父亲的尸骨，从长白山逃下来，打算为自己的部落寻找一处落脚之地。一天，他来到了苏子河畔名兴隆街的村落，找到了一家小店准备落脚，但店主见他身背遗骨，怕犯忌讳，不肯留住。努尔哈赤只好走出村外找个安存遗骨的地方，发现村外不远处山脚一棵有树权的大榆树，近前一看，离地三尺许的树权处还有个树洞，就将包有遗骨的包裹往树洞里一放，准备次日来取，然后回到小店住下了。但第二天走时，努尔哈赤却发现尸骨在树洞里拿不下来，用刀砍也无济于事，刀口处还流出了血一样的汁液，而且刀口很快就愈合了，尸

骨还在原处。努尔哈赤心想，这是一棵神树，就把父亲的尸骨留在此处。努尔哈赤就选择了近处的赫图阿拉居住，招募部族，并使之发展壮大，建立了后金，成为后金汗王。后来他请一位精通风水术的汉族风水师来看，得知大榆树处是个风水宝地。这座山形似一条龙，南面的那座山形似凤凰，中间平地上的苏子河，在风水上称为"龙凤夹一杠"，预示着后辈当皇帝。后面龙岗山有 12 个山头，暗示着将会有 12 代皇帝。努尔哈赤终于明白自己无意中将父亲尸骨放在了"悬龙"之脉上，成就了大清 270 多年的基业。清入主中原后，在此山处建立了永陵。这棵藏尸骨的大榆树被视为"瑞榆"和"神树"，立于永陵的宝城内，形如一把巨伞笼罩着宝城建筑。

清乾隆十九年（1754），乾隆皇帝第二次率百官至永陵祭祖，在拜谒祖陵之时，看见宝城内这棵古榆树，深为赞叹，即兴作《神树赋》，序称："兴祖宝鼎前生瑞榆一株，轮囷盘郁，园覆佳城，尊之曰神树。"赋道："爰生神树非柏非松，根从天上来兮，想银河

抚顺清永陵风水林

之历历，种岂人间所有，郁佳气之葱葱，前乎此者，昭灵贶其若彼；后乎此者，垂景佑于无穷。"认为这是上天的旨意，兆示着大清王朝的祥瑞，它在护佑大清江山万世长存。乾隆四十三年（1778），乾隆皇帝第三次祭祀永陵后，令将《神树赋》刻成石碑，立于永陵西配殿内。石碑现已是清永陵的瑰宝，成为不可多得的文物珍品。古榆神树为肃穆的永陵增添了许多生气，受到朝廷的严加保护。但到清同治二年（1863）七月，因连日暴雨造成土质疏松，神树突然倾倒，庞大的树根甚至将宝顶和地宫掘起，树干也压在了启运殿上。守卫永陵的大臣赶紧奏报皇帝，皇帝急派钦差大臣赶到兴京，采取了许多措施，也没有能挽救神树的命运。神树最后干枯死亡，其树桩至今还被保存在永陵内。若干年之后，在枯死的神树旁又长出一棵小榆树，被清末的文臣们称为"配榆"，但这棵小榆树最后还是在大清国行将垮台之时死掉了，正验证了风水师的预言。沈阳清昭陵也曾仿照永陵，在昭陵宝顶上植榆一棵，取名"神榆"，而且长势也很茂盛粗壮，树荫遮盖了大半个宝顶。但至民国初年，昭陵宝顶上的这棵榆树也枯死了。这未必就是巧合，当是清朝气数已尽的征兆吧！

20.　昭陵古松有寓意

清昭陵是大清第二代国主太宗皇太极及孝端文皇后博尔济吉特氏的陵墓，位于辽宁沈阳城北 10 里，故称清北陵，是清初"关外三陵"中规模最大、气势最宏伟的一座皇帝陵寝，也是明清皇帝中唯一由人工堆筑山陵的皇帝陵寝。昭陵也是一风水佳地，处于"龙冈"之脊，所堆的隆业山呈东西走向，两侧向南弯曲，形如弯月，势如卧龙。《大清一统志》对此风水曾描述说："隆业山在承德县（沈阳）西十里，昭陵在焉。自城东北叠巘层峦，至此而宽平宏敞，有包罗万象，统御八荒之势。辽水右廻，浑河左绕，轮囷葱郁，永固丕基。"昭陵是清初钦天监官员、风水师杜如预、杨宏量等人选定。清昭陵的特色是种植有漫漫数里的松树风水林。据史料记载，清昭陵的松树是清顺治八年（1651）七月开始种植，顺治十四年（1657）五月又进行一次补植，栽植的松树均为由辽南千山运来的油松。据《大清会典》记载，昭陵所植松树风水林分为"山松""海松""仪松""荡松"。"山松"是指隆业山所植的松树；"海松"是指风水红墙以外所植的松树；"仪松"是指神道两侧所植、如同大臣垂手恭立的松树；"荡松"是指风水红墙以里所植、排列整齐有序的松树。方城是昭陵的核心区域，在方城正门——隆恩门前的神道两侧分别栽种有 4 棵松树，便为"仪松"，共有 8 棵，名为"站班松"，也称"配松"，寓意为清朝八旗旗主的八大朝臣。皇太极一生中历经战明朝、伐蒙古、征朝鲜等多次战争，八旗将士冲锋陷阵，八旗旗主更是立下了汗马功劳，大清以此为根基打败了明朝，建立了大清国，八旗旗主便成为皇太极的八大朝臣。他们分别姓佟、关、马、索、齐、富、那、郎，对皇太极忠心耿耿。所以昭陵隆恩门前的八棵松树，便是这八大臣的化身，他们在皇太极生前辅佐过朝政，以此象征着他们日夜守护着太宗皇帝。清顺治皇帝还规定隆恩门前不得再植其他树木，以表示对八大朝臣的崇敬。皇太极生前有 3600 名内军保卫皇宫内院，内军分为内、外侍卫军，内侍卫军有 1625 名，外侍卫军有 1975 名。因此在皇太极死后，遵照其生前的规则，在其陵寝的宝顶周围，共种植 1625 棵松树，象征着内侍卫军巡守方城；在方城之外又栽植了 1975 棵松树，象征着外侍卫军护卫方城。因其位于风水红墙以内，又称为"荡松"。因此，这 3600 棵松树便是内军的化身，像皇太极生前守卫皇宫一样，日夜守护着太宗陵寝，以确保太宗皇帝灵魂的安宁。昭陵内所植的松树同陵区建筑一样，都受到朝廷的重视，栽种之前先由钦天监风水师择定吉日吉时，并派钦差前来督导，以示郑重。朝廷还设有专人管

清昭陵站班松

理陵松，称为"树户"。"树户"对所栽种的陵松要保固 3 年，3 年之内死亡，由"树户"负责补种。守陵人定期检查陵松的生长状况，定时报告朝廷，发现陵松死亡，朝廷会拨银重新栽种。如果发现有盗伐陵松，一经抓获立斩不贷，守陵的官兵也因失察要受到惩治。如今，清昭陵现存有古松 2000 余棵，或如朝臣侍立，或如卫兵守护，或如凤凰展翅，姿态各异，蔚为壮观。这些苍翠挺拔、虬枝展舒、参天蔽日的陵松在金瓦红墙中构成昭陵一道壮丽景观。

21. 清西陵植树故事

清西陵位于河北易县梁各庄的永宁山下，距北京城约有 120 公里，是清朝关内的两处皇室陵墓之一（另一处位于河北遵化马兰裕）。清西陵地域广阔，陵区内浩瀚的古松风水林是华北地区面积最大的古松群。据调查，清西陵现存有古油松 2 万多棵，还有很多古侧柏（栽植在宝顶上），以及少量的古白皮松、古云杉等。清朝皇帝十分重视陵墓的"风水"，四季常青的松柏树被视为"江山永固，万代千秋"的象征，陵区内种植风水树木，是陵寝营造的重要工程之一。据统计，自雍正至道光年间，清西陵共植松树 20 多万棵。整个陵区，东起梁各庄，西到紫荆关，北从奇峰岭，南到大雁桥，在西陵广阔无垠的大地上，是一望无际的绿色海洋，所以西陵向有"翠海"之称。清王朝对陵区风水林的培植格外重视，中国第一历史档案馆藏档案"嘉庆十六年陵寝事务"中记载："办树之例请预先办树秧，须得培养三年，方能移种，若以十四年分西口子门外培养之树移栽，惟是培养年份较浅，虽具成活，尚未长发，亦难迁植，现在海树地面、沟峪处所均有历年树户所交子树，各换西陵仪行培养树秧，颇为壮嫩茂盛。"对培养树苗的缘由叙述甚详，对选树及补植树苗亦有详载，其云："松柏树所产之区较远，若不预先培养树秧，则临时采买棵大之树，不独拖运不易，且种植亦难成活，应请仿照旧例预买小树，择地秧栽。今该员查得西口子门外空间隙地土脉尚肥，拟买四、五尺小松、柏树一千株，专派树户十名，荐该管司员督率，妥为培养，所有仪行等树，遇有回干，该衙门司员呈报该管大臣查验后，由培养树株内拣选补换，仍行补买秧栽，源源相济，总有一千株备用之树，且移补之树已得当方土脉，较比从前远移初种者可省三年浇灌之费。如此办理，则所种树株不惟至臻畅茂，而与补换树株大为有裨。"足见其重视程度。据有关档案记载，嘉庆二十五年（1820）昌陵补种松树 3080 棵；道光元年（1821）昌陵补栽松树 3000 多棵；道光八年（1828）陵区植松拨银 1.1 万两；道光十三年（1833）整个陵区补栽松树 11 370 棵。清西陵所植的树苗，都是来自河北涞源县上老荒的成材树木，当时全靠马来驮运，一匹马只能驮两棵树，要经过紫荆关、下十八盘、华盖山等处，其艰难程度可想而知。嘉庆皇帝为表彰上老荒的村民，把上老荒赐名为"上老芳"，并刻碑立于松林。每年的三月十五日，涞源上老芳村的村民及西陵周边数十里的百姓均来此赶庙会，拜碑石，名之曰"庆皇封"。

种植清西陵的风水林，贡献最大者是清末梁鼎芬。梁鼎芬是广东番禺人，光绪六年（1880）中进士，翰林院编修，曾官至湖北按察使。晚年梁鼎芬经陈宝琛推荐，主持了太平裕光绪崇陵工程的事宜。据说崇陵工程竣工后，唯有四周缺少树木，显得光秃而孤单。梁鼎芬认为陵区无树不仅不美观，而且关乎崇陵风水的好坏。他提出崇陵植树计划，获溥仪颁旨委以"崇陵种植树株事宜"，却无分文经费拨付，但他"南北奔驰，露宿风餐，不遑安处"，自己首先带头捐款千元，派人在北京琉璃河定购了数百只陶瓷酒瓶运到西陵。梁鼎芬组织手下人在大雪纷飞的严冬时节到崇陵宝顶上，将数百只陶瓶装满雪水，并封好瓶口，还在瓶口贴上"崇陵雪水"的红封条，再运到京城其住所。梁鼎芬亲撰一份公启，阐明在崇陵植树的理由。梁鼎芬不顾年老体弱，每天用人力车载着雪水瓶，挨家挨户到清廷遗老府第拜访募捐。每到一户，梁就投递名片并送一瓶雪水做礼品，待主人接见后，就开门见山地讲述在崇陵植树的有关事宜，将一份捐启送上，要求对方捐资购买树苗。如果主人捐款数目与其身份地位不相符合，梁当即就以激烈言辞诋讽对方，令对方十分尴尬，以促使其再捐出些钱来。许多遗老不得不慷慨解囊。对个别故意躲避的遗老，梁则同样不放过，直到其捐资为止。梁鼎芬就是采用这种近似无赖的方式筹集资金，购买树苗，在崇陵区内，两三年间种植了 40 601 株松柏等树。梁特别在明楼前祭台左右以"十八罗汉护先帝"的寓意，栽种了 18 棵罗汉松，并持锹在罗汉松旁拍下了一张照片，以示其愚忠光绪帝。末代皇帝宣统的师傅陈宝琛特题诗一首："补天挥日手能闲，冠带扶锄土石间。不见成荫心不死，永留遗蜕傍桥山。"备赞其忠臣之举。梁鼎芬因此而博得"种树大臣"的雅号。其死后也被葬于崇陵附近，为光绪皇帝守灵。

梁鼎芬之愚忠思想虽不可取，但其倾力在西陵植树之举对今人自当有仿效之

梁鼎芬像

意义。但民国期间，清西陵风水林惨遭破坏，陵区的古松由 20 多万棵减至 16 000 多棵。中华人民共和国成立后，国家在西陵成立了清西陵文物管理处和西陵林场，16 000 多棵古松得以养护，还新植了 20 多万棵油松。如今，清西陵的古松更是千姿百态，蔚为壮观，泰陵宝顶后城墙上的"卧龙松"，仿佛是一条巨龙横卧在陵寝中；昌陵宝顶上的"盘龙松"，似巨龙盘卧，姿态奇绝；慕陵龙凤门前左右各屹立一棵"侍女松"，主干相对倾斜，上部平顶如盘，一枝如曲臂扶盘，一枝似伸臂迎客，令人叫绝；崇妃陵（珍妃墓）的"凤凰松"，一根大枝顺主干往下生长，如凤尾低垂，其巨冠形似凤凰，人们相传这是珍妃的化身；泰陵石牌坊南的大道旁，孤零零地矗立着一棵"叹天松"，如同一个人在披头散发、仰天长叹；在莽莽林海中有很多挺拔入云的高大古松，人称"巨人松"；在丘壑沟谷间有很多屹立在奇峰怪石上的翠盖古松，人称"菩萨松"。清西陵已成为绿色的世界、松涛的海洋。在苍松翠柏之中，一座座红墙、黄瓦、白石的精美古建筑点缀其间，显得古香古色，格外绚丽，犹如人间仙境。

22. "十八棵古榕"的前世今生

每年农历四月廿八日前夕，厦门市同安区西柯镇浦头村就锣鼓喧天，鞭炮阵阵。村民们张罗供品，焚香祭拜，给村里的 18 棵古榕做寿，祈求一年的风调雨顺、出入平安。村民们膜拜的这 18 棵古榕树，已有 300 多岁高龄，它们见证了浦头村的前世今生，已经成了村民亲密的伙伴和崇敬的对象。古同安城地处东、西溪两大干流汇合点，极易遭受严重的水灾，这给人民的生命财产带来巨大的损失。清康熙三十七年（1698）农历四月二十八日，大雨如注，山洪暴发，很多山峰崩塌。到深夜平地涨水数丈，桥梁被冲坏，西门城崩，数千家住房被淹没，千余人丧生。尸体先是随波漂流出海，后遭遇海潮，又回到地处东西溪交汇后入海口的浦头村岸边，惨不忍睹。一位义士见此惨状颇为不忍，他出面发动浦头村村民，合力驾舟打捞起溺死者遗体，供家属们认领。但最后还遗下 18 具无主尸首没有着落，于是他又倡议大伙捐款，把募捐所得用来就地埋葬死难者。而浦头村村民也十分热心，"施地一穴"，内葬男 8 人居左、女 10 人居右，并立"同安水殇男女十八人合茔"墓碑一方，使死者得到了安息。当年在墓穴的两侧竟自然萌发出了 18 棵榕树，也是左边 8 棵、右边 10 棵。有位风水先生来看过后言，该墓地为螃蟹穴，故亡魂显灵，化身神树，以感念浦头村民，故撑起擎天遮阳伞让行人避暑乘凉。当时的同安知县获悉后，他利用群众迷信"神树"能够保境安民的传言，遂将浦头村的这个古墓封为"十八墓公"，同时，还请来著名的石匠，雕刻了"十八墓公志"石碑，给以肯定，鼓励人民与双溪水灾作斗争。这位父母官亲自撰写碑文道："墓公诸神，于清康熙戊寅年四月廿八日晚，大雨如注，水灾暴作，遂流水飞升，诸公蒙浦头人民捞得真身，有司祭地于蟹穴。地宫超赫，英灵为神，威镇浦江，绥靖海疆，保佑地域航道安宁。造化十八株大榕，庇护黎民众生。恩垂本境，德布万民。民感其恩德，愈加敬仰笃信，世代相传，香火延绵。"如今，历经了 310 多年沧桑，浦头村的 18 棵榕树依然虬枝苍翠，郁郁葱葱，最大的树身需要七八人环抱才抱得住，气根最长的有 7 米长，有的须根抱成团，长得有碗口粗。18 棵榕树枝繁叶茂，浓荫蔽日，虽然时逢夏天，但是坐在树下，却觉得十分清凉惬意。村里还对古榕树周围的环境进行了清理，对流失的泥土进行了回填，并建造了供人休息的石桌椅等。榕树下因此成了村里人的休闲乐园。

23. 林希元种树大嶝岛

林希元（1481—1565），字茂贞，号次崖，福建同安县人，即今厦门翔安区新店镇下山头村人，曾官居明大理寺评事、大理寺正、钦州知州、南京大理寺丞、广东按察司佥事等职。他是明代著名理学家，曾提出"沿经求道，精思力践，深造自得"的观点，批评唐宋八大家之一的韩愈"语明德不至于致知，作师说又略于力行"，明确指出认知贵在实践。在其家乡闽南，有关林希元的传说很多，老少耳熟能详。在大嶝岛田墘村有片绵延千米的古风水林，传说就为其所植。据《金嶝田墘郑氏族谱》记载，林希元的母亲名叫郑瑞娘，是大嶝岛田墘村人。林希元在担任南京大理寺丞期间曾到田墘拜访舅父，岛上来迎接他的都是青壮男丁，这是因为岛上土地贫瘠，常年风沙肆虐，居民缺食少医，人多不寿，能活到 30 多岁的已经不多。到岛后的第二天，林希元在舅父的陪同下，来到海边察看地形。站在沙岸向西北眺望，只见前方九条溪水奔涌而来，就像九条巨蛇扑向大嶝。深谙地理风水的林希元明白"人多不寿"的根源所在，是其风水的原因，岛民要受"蛇害"。林希元为改变岛上风水面貌，决定在沙岸植树作"蜈蚣阵"以抵御"巨蛇"的危害，即种植防护林抵御风沙的自然灾害。但在岛上种树谈何容易？林希元发动村民按照北斗七星的方位，在沙岸垒成七个土墩为"七星墩"，在墩上面种下黄连木、黄金树、雀梅树等，并立约严禁取木。在村民们的精心管护下，数年之后，在岛上形成连绵 2 里多长的茂林，郁郁葱葱，迎着海风摇摇摆摆，远远望去，犹如一只耀武扬威的蜈蚣盘踞在田墘村口，护卫着这里的土地、黎民。岛上居民称之为"九蛇拜蜈蚣"。自此之后，岛上居民摆脱了风沙恶浪之苦，生活水平逐渐提高，人的寿命也大为延长，也不乏六七十的老人。为感谢林希元的恩德，田墘村居民把这位异性外戚奉为先祖，尊称"圣贤祖"，奉祀于郑氏家庙，在其忌日，即每年的农历九月三十日那天举行隆重的祭祀仪式，使其受万代香火之荣。岛上历代居民补种的木麻黄、相思树等，延续了这片风水林的命脉，佑护着这里的芸芸众生。当年种下的树木，如今已成老态龙钟的古树，调查发现树龄在 500 年左右的古黄连木 23 棵，朴树、雀梅树、千金树等 100 多棵，已被当地政府挂牌保护。

24. 四十八村护松山

北京市延庆区西北部松山森林旅游区保存有完好的天然油松林 170 公顷，是该县的来龙林，因松林的古、奇、野生面积大而得名，树龄 80—360 年，一般树高 15 米。该片森林为我国华北地区保存最为完好、面积最大的天然油松林，沿山梁而上可看到最古老的"松树王"，树干奇特的"盘龙松"，生长在悬崖峭壁上的"探海松"等树姿生长奇特的百年古松。

清代，这里的油松是皇宫祭天的贡品。据传 1761 年盛夏，乾隆皇帝曾到松山观赏水光山色，对松林赞不绝口，令当地官府每年秋季到松山选 2 株八寸粗、一丈五尺长的松木送到北京皇城用于每年冬季祭天。每年秋季地方官府都到松山选 2 株好松，用红绫子缠上，由 12 人抬着，晓行夜宿，经关沟、南口、昌平一直送到京城。这一直延续到清朝末年。民国三年（1914）延庆县的知事李金刚（绰号"李大棒槌"）。见到松山的天然油松林就想借此发一笔横财，他勾结和串通一些地方绅士，有白庙村的王梦兰、旧

北京松山自然保护区古松林

（《北京林业建设》）

县村的袁大头、耿家营的赵梦书等人，把松山林木卖给天津一家火柴公司，从中捞一笔大财。这个消息传遍了全县，县城西北四十八村得知有人要砍伐他们的风水林，破坏他们的"葱岭翠嶂"，群众自发地组织起保护松林的斗争。松山前下营村的袁湛恩和马庄村的王珍走街串户，先后到张山营、上阪泉、下阪泉、小河屯、五里营等村，村民推举他俩为带头人，到松山看护松林。一天，天津的火柴公司百余人在松山四道洼和松树梁下砍伐松木，袁湛恩、王珍带领数百人手持铁叉、棍棒赶跑了伐木人。这事被县令李金刚知道后，以"聚众闹事"罪将两人抓到县衙押入狱中。阴历六月初一，县城贴出布告，判处袁湛恩、王珍死刑，六月六日执行枪决。布告一贴出，四十八村乡民义愤填膺，有一人骑着一匹大红马跑遍了四十八村，告知袁湛恩、王珍被判死刑的消息，众人遂定于六月六日到县城营救。阴历六月六日天刚蒙蒙亮时，四十八村的乡民手持棍棒、农具，近万人来到了县城西街门前。见大门紧闭，大家要李金刚出来，喊声震天，站岗的吓得发抖。呼喊声惊动了内部，几分钟后，乡民翻墙打开了大门。李金刚见势不妙，只好出来。他吓得哆哆嗦嗦，群众围上来要他立即交出袁、王二人，若不交出叫他脑袋搬家。李金刚为了活命，答应马上释放袁、王二人。袁、王二人放出后，要求李金刚出示通告保护松山林木。李金刚在众怒难犯的情况下，当时就写下了永不砍伐松山油松风水林的通告，交给了袁湛恩。此告示现保存于县档案馆。这就是四十八村护松山的真实历史故事。

25. 胡厝林的故事

在福建省南平市延平区樟湖镇有一片胡氏家族的风水林，当地人称"胡厝林"。相传这片山林原本为黄姓家族所有。明成化年间，成为黄家女婿的樟湖胡氏祖先见这山林地处三溪交汇之处，枝繁叶茂，十分看好这片山林。便从邻近的尤溪搬迁至此，定居在林对面的村落里，胡氏族人又称此山为"对面山"。后来，黄家落败，山林遂为胡姓家族所有，"对面山"成为胡氏族人死后的埋葬之地。圈定了150亩山林地作坟山，开始蓄林，并立下族规：在墓林范围内任何人不得动其一草一木，墓林内枯木，除非在族长点头

福建南平胡厝林

后，方可允许族中寡妇打柴砍伐，其他人不得占用，否则，触犯族规将受到严厉惩罚。此后，族人自觉养成护林风气，风水林历经 500 多年风雨沧桑，竟成规模。1993 年，因水口电站库区蓄水，淹没"胡厝林"的三分之二林地，现仅存 50 亩。2005 年秋，福建林业技术学院专家对"胡厝林"进行调查，发现林中不同树种竟有 120 种之多，最长树龄达 450 年以上，百年以上树龄的有 165 株，其中以木荷树居多，还有国家二级重点保护树种花榈木。专家认为"胡厝林"是南平至福州之间闽江近岸绝无仅有的一片低海拔原始次生林，冠之以"百里闽江第一林"称号。经群众集资和政府支持，如今的胡厝林已不仅是胡氏的家族风水林，而且被开发成了面向社会的休闲旅游公园。

26. "杀人封山"护风水

古徽州人深受风水意识的影响，爱在村落的水口、后龙山及坟地种植并保护风水林，将之作为村落及宗族兴旺的精神象征。为了确保风水林不被破坏和砍伐，徽州人订立了极为严厉的保护措施。故徽州地区普遍存在"杀人封山"护风水的传说。据说徽州某个村落封山育林，但效果不佳，族长便邀各家到祠堂中商议。有人说：要封山非得杀人不可。族长应允并拟成封山条规，晓谕各家各户。但是过了数日，有人来报，族长之子私自上封山砍树。族长大怒，当众令人将其子捆绑起来，杀了示众。如此一来，再也没有人敢上山动一枝一草。"杀人封山"遂成为徽州保护山林的历史文化记忆而传承下来，影响了历代徽州人的行为。如婺源汪口村是俞氏宗族的聚居地，俞氏先祖立下族规，凡是族中外出远门之人，归来时一律要带一棵树苗，种植到村落对面的向山。这样日复一日，向山终于葱葱郁郁。该村还传说是族长的傻儿子上山砍树，被族长在俞氏祠堂当众正法。祁门环砂村水口林是程氏族人祖祖辈辈留下的遗产，传说古时环砂村一位族长的孙子在这片林子里砍掉了一棵树，族长便依照家法族规，将自己的亲生孙儿活埋处死。休宁县溪口镇祖源村项氏族人传说东门族长之子偷伐水口树木，被东门族长毅然杀掉，故事被记载于村中的项氏族谱。婺源江湾村传说萧江十八世祖江绍武治理江湾铁面无私，其子违规砍伐村落后龙山封禁的树木，被其游街示众后处死。由此可见徽州宗法制度的严厉与苛刻。徽州人用血祭的方式保护了村落的风水，留下让人惊艳的风水古树和生态。

27. 严田古樟的传说

古徽州婺源县严田村水口有株千年古樟树，树高 20 余米，胸径达 4.3 米，其根系特别强盛，同一树干上生长出不同朝代的 6 个大枝丫，冠幅超过 3 亩，过河过界，真可谓"铺天盖地"。自古以来，村民将古樟视为"树神"，当地村民怕小孩难养，通常会到树下来烧上几炷香，然后把写有孩童生辰八字的红纸贴在樟树上，将孩童"过继"给树神，这样即可得保平安。此地还有古樟树的美妙传说。相传北宋

婺源严田古樟

末年，高宗赵构受进犯中原的金兵追赶，慌不择路，奔窜逃命。当他来到这儿，金兵已越追越近。情急之中，赵构爬上了这棵枝叶繁茂的樟树，藏身在密密层层的叶片里，这才躲过一劫。如今该村人以此古樟建立了古樟园，供人游览。

28. 正觉寺里古柏怪

山西临县正觉寺位于县城西 45 公里的曲峪镇，寺名取佛经中"登上正觉彼岸"之意。该寺自古便以植柏著称，曾有唐代古柏百余株。民国六年（1917）《临县志》载："正觉寺古柏森列，……此中被神化出名字别号者 108 株，寺内 22 株，寺外 86 株。"故有"晋源之柏第一章"之称誉。寺僧为区别古柏的称号，将寺院内的柏树以诸神的名字别号定名，寺院外的大致以星宿定名。原庙门外大柏树树干前倾，上半身又伸出一条长枝，如迎来人作敬请之状，故称"迎客柏"；庙门与牌坊间大柏树，上有二枝合在一路，如僧人见客合掌问候，称"带路菩萨"；进了庙门有 2 株柏树分列摆布，称"哼哈二将"；下殿院 8 株分列双方，称"八大金刚"；上殿院 4 株分列双方，称"四大天王"；大殿东侧 1 株称"站殿将军"；1 株身在殿内，根扎神台，枝绕殿外，形如伞盖，称"绕殿侯"；下西殿以西的山神庙坪 1 株，树围 8 米，高 10 米，称"太阳将落侯"；观音阁院外 2 棵大柏树分列东西，人称"善财"和"龙女"；钟楼上 1 株，柏籽能治百病，称"药王树"。寺院南面圪垯山上 6 株大柏树，称"南斗六郎"；北面莲花盆山上 7 株称"北斗七星"，中心一株称"北极星"；东山坳处 1 株，形如花灯，很远就能看到，称"千里一盏灯"；东坡 5 株如五星之状，称"东斗五星"，有 2 株在两山遥遥相向，称"牛郎"和"织女"；西面山坡上 4 株菱形蔓衍，称"西斗四星"；万佛洞院内东西各有 1 棵柏树，人称"太阳神"和"月亮神"；万佛洞外 3 株呈三角形，

称"中斗三星";东南山梁上 12 株一字排列,称"十二元辰"。这是完备存活至今的唐朝古柏树群。围绕正觉寺的前后左右还有 28 棵大柏树,人称 28 宿护寺院。这些有名的古柏均遭厄运,销迹于世。唯有代表十二元辰的 12 株古柏树尚存。因其在正觉寺东侧的小山丘上呈"一"字形排列,犹如一道绿色城墙,故称"十二连称"。在这 12 株树中,最高的 19.5 米,最矮的 8 米;胸径最大的 1.53米,最小的 0.7 米。这些树木长势良好,得到了很好的保护。

29."插榕青"的传说

榕树是岭南人的风水树,存在着"有村就有榕,无榕不成村"的说法。粤闽台地区的端午节普遍存在"插榕青"的习俗。榕青就是榕树的枝条。端午节这天,家家户户都要在大门上插榕青,如同中原人端午节悬菖蒲、挂艾叶,蔚为大观。关于"插榕青"还有一段动人的历史传说。相传唐末有个叫黄巢的义士率领义军反贪惩霸,因惩恶扩大化,也使得民心惶惶。一天,黄巢在闽南碰到一妇女,身背大男孩,手牵小孩童,黄巢觉得奇怪,勒马而问:"你为何偏要背大的!"那农妇答:"我背的是侄子,他是孤儿,代表着一房人的血脉。而我的孩子万一被黄巢的人误杀了,我还可再生育。"黄巢听后深受感动,叮嘱农妇速回家在门楣插榕青(枝)以免误伤。农妇是个无私的好心人,她除了自家插榕青外,还通知全村的善良乡亲也插榕青。不多久,黄巢的义军进村劫富济贫,惩治恶霸。由于黄巢事前吩咐部下,插榕青的就不杀,因而保护了全村的好人。之后人们以"插榕青"来纪念此事,长此以往,形成民俗。婚娶喜事,人们采撷榕青簪插在头上,以示吉祥。喜事庆典或迎接贵宾,用榕青装搭彩楼。逢年过节,人们为了迎祥纳吉,消灾禳祸,习惯采撷榕青插在门楣。端午节"插榕青"实际与榕树的保健作用有关。榕树以叶和须(气生根)入药,具有清热、解表、化湿、发汗、利尿、透疹、祛风、止吐等疗效。自然落下的榕叶,名为"落地金钱",具有清热解毒之效,可疗胃病和跌打损伤。榕树气生根俗称"压火龙须",煎服主治感冒发热、扁桃体发炎,也是治风湿病的特效药。榕树汁雅称"鲜汁白乳",可疗风火引起的牙痛牙肿。榕树皮绰号"榕香陈皮"有收敛功能,可治腹泻。榕根小名"促长土参",可煎服,是催长偏方。故此门楣"插榕青"具有防止病菌入侵之作用。所以闽粤台人倍加爱榕、崇榕,在他们的心目中,榕树最有灵气,最富情感,最能庇荫造福乡人。多数居家都喜欢栽培盆景榕、药用榕,在每个自然村入口处,都种有一株以上的大榕树为风水树。

30.　有凤来仪的古楠林

福建政和县东平镇凤头村的村边有一片 5 公顷的茂盛楠木风水林，其中有 306 株古楠木，最高的一棵达 28 米，直径达 1.5 米。据 1982 年出版的《政和文史资料》记载，这片珍贵的古楠木林，在 1000 多年前的池姓人家开基之时就已经存在，当时池姓始祖路经此地，望见林间溢出五色光彩，俄而有凤凰从林间飞出。之后他便将全族迁徙到树林附近凤凰飞起时的朝向定居，并把此地命名为凤池村，后改为凤头村。传说凤凰是人世间幸福的使者，代表着祥瑞和幸福。凤凰非良木不栖，凤头村人一直引以为豪。这个楠木林就被池姓人视为该族的"风水林"而受到严加保护。该村为保护此片楠木风水林，曾于清道光九年（1829）六月立禁碑，记载其村历来有严禁砍伐的乡规。"不料本年六月间，又有市中凶恶王天寿、宋三弟、宋四弟……五六十人潜入山中，不分大小，顺便强砍"，被村民抓住送交官府，加以严惩。并约定"如敢故违"，则"依禁约处罚，绝不徇情"。20 世纪 30 年代，国民党政府军"围剿"闽浙赣苏区时曾准备砍伐楠木林做枪托，村民获知后连夜赶制铁钉，钉在每棵树干，使得国民党士兵无法伐木，楠木林由此躲过一劫。如今凤头村的楠木"风水林"虽历经沧桑，依然守护着村落的安全。

31.　蟠龙松的传说故事

在太原市境内的天龙山圣寿寺山门前，有一株苍翠形奇的迎客松。这株奇松个子不高、腰身不粗，但它的枝杈在离地两三米之间盘根错节，像龙臂龙爪四处延伸穿插，足足笼罩着 200 多平方米的天地，形成天然绿色巨伞，人们称之为"蟠龙松"。相传某年一天的黄昏时刻，暴风将圣寿寺山门前的一株老松树刮倒了，有一张姓木匠路过该地，看到此松树是盖房的好材料，就拿出 5 吊钱在寺院里上了布施，并说明他要伐掉这株已倒地的松树。当夜寺院附近的赵天育老汉梦见一位身着袈裟的老人对他说："我有一件要紧的事情拜托你，明天一早你带 5 吊钱到圣寿寺一趟，到了就会明白是何事。"赵天育早上醒来，甚感奇怪，就拿了五吊钱来到圣寿寺。看到有两个人正准备砍伐那株老松树，赵天育一问，知道是张木匠出了 5 吊钱买下的，就让张木匠转让给他。赵老汉仔细查看发现松树的根须还没有断，就小心翼翼地把树扶起来，给它掩土、整须，并每天浇水。不久以后，此松树长势茂盛，枝干拼命地向四面伸展。后来赵老汉得了噎食病，仍每天到圣寿寺来精心养护老松树。随着病情逐渐加重，他感到将不久人世，便拄着拐杖上了圣寿寺，与古松诀别。一到寺庙，见古松树下蹲着个白胡子老头，旁边放着一个药箱，上写"祖传秘方，专治噎食病"。白胡子老头给赵老汉吃了"精灵丸"，第二天赵老汉病就痊愈了。他赶到庙上去见卖药的白胡子老头，可一连几十天，也未见到他。赵老汉心里琢磨，那卖药的白胡子老头可能是这株古松的精灵！他对此松更加爱护，其树长势也更为好看，苍翠蔽日，盘曲腾空，成为天龙山八景之一的"虬松蟠空"。

32. 土沉香与香港的得名

土沉香，又名莞香、女儿香。原本是对一种产于岭南的上等香品的称呼，后将产生这种香料的香树简称为土沉香，它也是岭南地区村落风水林的组成树种之一。现代《树木分类学》记载土沉香树是一种仅产于岭南的瑞香科（Thymelaeaceae）沉香属白木香树（*Aquilaria sinensis*），是国家二级保护植物，树高 6—20 米不等，树干光滑，颜色呈浅灰色或深灰色，木身是白色或者浅黄色，又称为"白木香"。古代为便于将其与原产于越南、印度、马来西亚等国的瑞香科同属香料"番沉香"相区别，将产于广东、海南等地的白木香料称为"土沉香"。正常情况下，白木香树不能产生人们所需要的上品香料，只有在经过人类刀砍斧凿、虫蛀或者树身腐朽后，大量的树脂凝聚结块，才日渐形成香料土沉香。可树身伤口一旦开始长出土沉香料，树自身便会因为营养无法上行，整棵树开始慢慢枯萎落叶。只有在岭南生长的白木香树，才能形成土沉香的香料，如果移植到岭南之北，则只能成为一种普通木材。历史上沉香深受追捧。清初屈大均《广东新语·香语》形容其香气："曝之日中，其香满室，不必焚爇，而已氤氲有作矣。"据史料记载，岭南土沉香寸香寸金，明万历年间广东还专门出现了香税条目，要求"奇南香（一种品质上乘的土沉香）每斤税银二钱四分，土沉香每十斤税银一钱六分"。

广东地区一些地名都因历史上出产土沉香而得名，如中山市原名为香山县，因五桂山地区古时遍长土沉香而得名。但最为著名的则是香港的得名，历史上今香港仔（过去称石排湾）附近有一个小村，土名香港村（现在仍称小香港或香港围）。东莞、宝安等地出产的香料都在石排湾这个小港集中，然后运至省城广州，再北运至京城及江南。于是这个专运香料的小港就称为"香港"。东莞所出产的香，是岭南香料中最有名的，称为"莞香"。明清时期，今香港、深圳都属东莞县。莞香虽有名，但上品产量不多。香树要在种植 10 余年后才有香可采，且是树愈老愈好。虽莞香并非香港一地出产，但今日新界大埔的沙螺湾、沙田的沥源村，都是当时的名香产地。过去凿取香根多由妇女担任，她们常将香木选切一点作私蓄，以重价卖给外来的香贩。古时女儿出嫁，娘家会把一片沉香置于嫁妆箱底，以备女儿为人母时之用。生小孩时，把小片沉香磨粉泡水冲服，可以活血止痛，点燃则有催产之功用。到了清朝中期以后，由于滥采乱砍，沉香树资源枯竭，莞香便衰落下去。香港九龙尖沙咀旧称香士步头，莞香就是从这里过海，运至石排湾集中的。如今土沉香树仅在岭南地区的村落风水林中得以保存下来。如广州郊外萝岗等村落背后的风水林里，就发现有土沉香树数十株。

"采香图"（清《琼黎一览图》）

土沉香花

33. 塔尔寺丁香树的故事

青海省湟中县的塔尔寺是著名的藏传佛教格鲁派六大名寺之一，寺院内种植有很多古"菩提树"，就是暴马丁香，它被视为佛寺的风水树，其中最著名的一棵已 600 多年。据说这座宏伟壮观寺院的修建，最早就因为这棵奇异的暴马丁香树。相传藏传佛教大师宗喀巴诞生以后，在他出生的地方长出一棵白旃檀树（暴马丁香树）。它根粗叶茂，树上生有约 10 万片树叶，每片叶片上都能自然出现一尊狮子吼佛的形象或一个藏文字母，就连树皮上也会出现许多天然身像及字迹，故名"衮本"（意为十万身像），而且树叶及树体均散发着一股人头发的清香之味。这棵不寻常的白旃檀树（暴马丁香）被佛徒们认为是宗喀巴大师的示现，视其为菩提树，便以白旃檀树（暴马丁香树）为中心，建了一座佛塔叫塔尔大灵塔。明嘉靖三十九年（1560），在建塔的地方又建造了一座寺院叫塔尔寺，法语称为"衮本绛巴林",意为十万狮子吼佛像的弥勒寺。19世纪中叶,法国一位传教士、著名的古伯察神父在遍游藏蒙等地之后著成的《鞑靼西藏旅行记》中,对这棵暴马丁香树作了详细的记载,其云:"我们首先好奇地察看树叶,极其惊愕地发现每片叶子上确实都长着工整的藏文字样,与叶子本身的颜色相比,有的呈深绿色,有的呈浅绿色。我们一开始觉得这是喇嘛搞的鬼,但仔细观看之后,我们一点也没有发现虚假的痕迹。这些字都是叶子本身的部分,纹理匀称,只是位置不尽相同。在一片叶子上,这些字可能在顶端,在另一片叶子上,可能在中间,有的甚至在底部或者边缘,嫩叶子上的字只是刚刚在形成。这棵树的树皮和树枝上也有藏文痕迹。当你去掉一层老皮,下面的新皮上仍然显示出这些字的模糊轮廓。更为奇怪的是,这些新显现的字往往与去掉的字不同。"他在游记中还说,这棵"十万佛像"树看上去已年代久远,其主干高虽不足8英尺,但甚粗,树叶四季常绿,呈红色的木质散发出一股强烈的樟木味。在夏天接近八月的时候,这棵树开放出极其美丽的大红花,西藏、蒙古的许多喇嘛寺都试图种其籽、栽其枝,但全无效果。作者2010年秋曾到塔尔寺游览,说实在话,在塔尔寺的方塔并没有看到传说的神树。但在塔尔寺的大小寺院里都栽植有暴马丁香树,大金瓦殿前、小金瓦殿院中及小花寺庭院中的暴马丁香树已有数百年,荫蔽着寺庙建筑,炎夏时节,枝头挂满盛开的乳白色小花,芳香四溢。当地信仰藏传佛教的藏民都把暴马丁香树视为圣树,就连树叶也是圣物,掉落的树叶会被寺僧收集,赠送或售卖于拜佛的香客或信徒。据说此树叶泡茶或熬药饮用,有减轻妇女分娩时的痛苦之功效。事实上暴马丁香树作为风水树在西北地区广为种植,特别是寺庙中栽植更多,以此作为菩提树的替代树种。如乐都的瞿昙寺就有明代种植的暴马丁香树。

塔尔寺的暴马丁香树

34. 宋湘种植来龙风水林

宋湘（1757—1827）字焕襄，号芷湾。广东嘉应州（今广东梅州市）人，清代中叶著名的诗人、书法家。自清嘉庆十八年（1813）至道光六年（1826）先后出任云南省曲靖府、广南府、永昌府、大理府、莫南府等诸府太守，领迤西、迤南篆事。为官云南 13 年期间，他关心民瘼，积极用世，政绩斐然，为当地百姓所称颂。云南至今仍流传不少有关宋湘植树的各种事迹。嘉庆十九年（1814）宋湘任云南曲靖知府第二年，他拨专款购买树种，发动城乡百姓上山种树。他本人亲自到曲靖府镇山（来龙山）廖郭山种植了一片松

宋湘像

树林，并以一首七言绝句述怀："边城萧疏一目空，四面黄沙四面风。不见群岭荒没树，绿翠三山十八峰。"后来这片山变为一望无际的绿林，人们称之为"太守林"。

嘉庆二十一年（1816）他调任迤西道（今云南大理）尹，见大理镇山（来龙山）苍山森林破坏严重，出钱购买松树种子 3 石，课民种松于三塔寺后的大理镇山——苍山麓，"为其濯濯也"。调任大理 6 年后，有报"松已寻丈，其势郁郁然成林者"，因喜感作三绝句，并题名"种松碑"，碑诗文序称："前摄迤西道篆日，买松子三石，于点苍山三塔后寺鼓民种之，为其濯濯也。今有客报余松已寻丈，其势郁然成林者，予喜且感，系以三绝句：

不见苍山已六年，旧游如梦事如烟。多情竹报平安在，流水桃花一惘然。

古雪神云看几回，十围柳大白头催。才知万里滇南走，天遣苍山种树来。

一粒丹砂一鼎封，一枚松子一株松。何时再买三千石，遍种云中十九峰。"

三首绝句于道光二年（1822）被大理人刻石立碑于大理云西书院（今大理一中校园）南花厅内。宋湘在任永昌知府时也带领民众植树永昌来龙山，《永昌种

树碑》详细记载了其种植来龙林的经过。

道光四年（1824），宋湘再到大理，时年已 67 岁，仍与当地官员一道率百姓上苍山种松，自马龙峰到雪人峰，五道山岭几乎种遍。数年之后，当地权贵想据地修坟，霸占松林，大理知县宫思觐即在林边立石为界，严禁占林。他还作诗三首志之，其中有道："元戎手种千株树，太守必开万里花。云散风流惟我在，纷争肯使后人哗！"表示了对权贵的抗争。宋湘除种松于苍山之外，还植柳护堤。道光四年（1824）六月，溪水暴涨，冲入大理城西，逾城而过，民多为扰。宋湘又与当地官员捐出俸禄修筑河堤，并植柳于堤上，规定每年均挖河补堤，以保永久。数年后，堤柳成荫，河水不溢，而此时宋太守已离开人世。抚今追昔，宫知县感慨万千，写诗述怀道：

> 元戎勋业振三边，余力犹能障百川。
>
> 千足长堤三尺柳，绿荫临水水含烟。
>
> 风流太守足千秋，曾记湘湖问归游。
>
> 断肠一声君去也，碧溪流水使人愁。

35. 风水林引发的教案

安徽霍山县西南乡漫水河境内的鱼台山是该县张氏宗族的祖坟山，山上参天茂密大树浓荫蔽日，有黄栗树、枫香等树林，被张氏族人视为祖坟地的风水林。正是这片风水林引发了震惊中外的"霍山教案"，成为晚清安徽境内四大教案之一。光绪三十年（1904）冬，霍山县黄栗杪天主教徒张正见因对张氏宗族修谱被除名而心怀不满，为了发泄愤恨，砍伐鱼台山张氏祖坟地的数十棵大树，引起合族人共怒。族人纷纷要求族长张正金秉公处治。张正见依仗神甫势力，抗拒族众指责，并于当晚伙同教徒李万生去法籍神甫石育训处，诬告张正金辱骂神甫、殴打教徒。石次日派教徒李万生、徐大有等闯入张宅，将张正金传到深沟铺天主教堂审问威胁，张不服，被石育训怒打两个耳光。张正金愤将石击倒后跳窗逃走。为报复教训张正金，石育训面见霍山知县秦达章，要求拘捕张正金。秦惧怕教会威势，差捕役前去捉拿张正金。张正金闻讯逃避至邻县英山。官府遂将张正金胞弟张正银、妻兄戚显进囚于霍山县大牢。不久，张正金从英山潜回，于次年（1905）二月集合张、戚两姓 200 多人，举黑旗起事，进占县城，捣毁天主教堂，打开狱门，救出胞弟、妻兄，并释放其他囚犯100多人。知县秦达章急往六安州，将详情上报于六安知州熊祖贻。熊和石育训前往省城安庆，分诉于安徽巡抚诚勋和安徽天主总教堂，再由他们分别备文上达朝廷，法国公使据文向清政府提出交涉，朝廷饬令诚勋，调驻防寿州镇台孙某领兵前往霍山镇压。同年四月，清军驻扎漫水河，向黄栗杪进剿。张正金负伤潜逃，队伍溃散。八月，张正金由武汉回罗田，结识白莲教徒李金狗，两人集合500人，重整旗鼓，向霍山进发，沿途吸收数百人参加，队伍发展到700人。他们捣毁教堂，数次击败清军。事态扩大，清廷震惊，责令两江总督负责此案。安徽巡抚、六安知州、霍山县令均被撤职或查办。恩铭接任巡抚，调太湖知县李维垣接任霍山知县。光绪三十二年（1906），皖提督徐敬清带官兵1000多人围攻张正金队伍。张正金只身突出重围，逃至英山县阮大树家躲藏。恩铭悬赏5000银圆捉拿。光绪三十三年（1907）二月底，张正金被阮大树的表哥王可始发现后告密，被英山知县派兵活捉，三月中旬被押解到安庆，被杀害于安庆北门外，3年后归葬于霍山县九龙井故宅祖坟。这就是震惊中外的历史事件"霍山教案"之始末，是因砍伐祖坟风水林而引起的。

36. 普照寺有六朝松

泰山普照寺位于山东泰山脚下泰安城岱宗坊西北三里的凌汉峰下，依山而建，隐于苍松翠柏之中，十分清幽。山门前露台高筑，石狮对峙，门上匾题"普照寺"，取"佛光普照"之意。传为"六朝古刹"，清聂剑光《泰山道里记》载，普照寺为唐宋时古刹，金大定五年（1165）奉敕重修，题为"普照禅林"。寺为五进，前院有钟鼓二楼；东院为禅舍；西院植绿竹千竿；中院为大雄宝殿，殿前银杏双挺，青松对生；后院正中为摩松楼，可摩顶观松，楼前古松为六朝遗植，称名"六朝松"，树冠如盖，粗达数抱，松枝屈曲四伸。"六朝古松"因此成为"泰山十景"之一。古松下有清泰安知县增瑞题《六朝遗植》石刻和郭沫若《咏普照寺六朝松》诗碑，郭诗为："六朝遗植尚幢幢，一品大夫应属公。吐出虬龙思后土，招来鸾凤诉苍穹。四山有时泉声绝，万里无云日照融。化作甘霖均九域，千秋长愿领东风。"楼西菊林院中有奇松一株，称名"一品大夫"，系清代寺僧理修入寺时与师共植，始名"师弟松"，以松为伴，习文读经，并赋诗为念："僧栽松，松荫僧，你我相度如同生。松也僧，僧也松，依佛门，论弟兄。"颇有情趣，清光绪年间，楚人何焕章游岱到此，见"师弟松"袅袅婷婷，其冠如棚，叹为观止，应寺住持僧庆山和尚所请，题书"一品大夫"，并刻石立于松下。如今六朝松已枯死，仅剩一粗大矗立的树干，遍体爬满紫藤，依然郁郁葱葱。泰安市有关部门依照"六朝古松"的树形，从他处运来一株泰山松，栽植于古松旁边，希冀能够延续"六朝古松"的香火。但有关"六朝古松"的传奇故事仍然受游人称道。

37. 都江堰的"万代长青林"

在四川成都有闻名世界的古代水利工程——都江堰，是春秋时秦国蜀郡首领李冰父子所建，使成都平原成为天府之地。川西人为纪念李冰父子而建造了专祠二王庙，据《都江堰文物志》记载，此庙建于齐建武时期，清初名为"二王庙"。二王庙负山面水，峰峦簇拥，烟波云树，古木繁天，地极清幽。这归功于清雍乾时期的二王庙住持道士王来通数十年的种树护树实践。王来通，字自明，道号纯诚，四川夔州府奉节县人，清雍正五年（1727）成为二王庙住持，筹资修缮了二王庙，使之成为川西名胜。为了确保和维护道观的风水环境，从清雍正十二年（1734）起，王来通在庙旁隙地种植杉树等作风水林，立誓每年栽植 1000 余株，30 多年，从不间断，从二王庙后殿山上起，一直栽满了整个山头。到清乾隆三十五年（1770），其亲植及主持栽种的风水林中，杉树达 84 000 多株，白蜡树 64 000 余株；为解决维修庙宇的工钱，还栽核桃树 1500 多株，每株核桃树一年所结之果，可售卖数百文钱。王道士还设立专人管护，《灌江定考》称其"虑孅刨护蓄之专人任使，遂创杉树庄庵"3 处，又置买田地 300 亩，解决看树人的衣食之源，使他们能安身奉献和守望。经王来通所栽种的风水树木，都能得到完好生长保存，并能日久常青，故被当时人称为"万代长青林"。王来通晚年立下遗嘱，并刻碑昭示后人："尔后主持不可交通便利小人，私卖杉树；不可昧去良心，再化十方；不可忘却前人苦行，只图肥己；不可无功受禄，假公济私，任意戕伐杉树。"还要求以后的住持在维修庙宇时，可以用杉树作栋梁之用，且砍伐时，必须估计用木若干、匠作工价若干、一切费用若干，或卖杉树一二百根，便可支付各项使用。若一根杉木卖银二三十两，百根即可卖银二三千两，杉树二百即可卖银五六千两，则何殿不可补，何庙不可修，又何须去募化十方耶？王道士去世后，人们为了纪念其植树的功德，将他的事迹镌刻成《栽杉永远碑记》和《流传主持碑记》等，以启迪后人。清光绪十一年（1885），四川总督丁宝桢为保护此道观风水林木，发布了封禁示谕，以"崇隆而尊庙貌"，禁止砍伐树木。人称

"护树碑",今仍存二王庙内。虽经民国时期的战乱破坏,二王庙依然是古树遮天蔽日,成为游人观览胜地。

都江堰二王庙

二王庙观澜亭古楠木
(《都江堰文物志》)

38. "筛海坟"古柏多

在北京市昌平区城东的何营村北,有一座苍松翠柏、古木参天,面积达10余亩的回族坟茔地,当地人称"筛海坟"。明万历二十三年(1595)的《先贤忠义碑记》云:当地回民先贤伯哈智发迹于西域,明初来到中国,向皇帝朱元璋"呈献兵策",赐官不受,"敕建寺宇居之"。后定居于昌平州,在莽山义斩巨蟒,为民除害,深得当地人爱戴景仰。其死后,"乡人为之葬于北邵之阳",所骑白驼亦附葬其侧,故又称之为"回祖坟"。明清时期的地方官员、回民等,都于每年三月二十四日展坟上祭,并种植柏树为风水树以护坟墓,600多年来,形成了一片状风水古柏林。远望之郁郁葱葱、苍劲挺拔,宛如一片绿洲。清光绪癸卯年(1903),朝廷废除了科举考试制,改办新式学堂。当时昌平州也推行新学教育,准备在何营村兴办新学堂。但何营村兴办新学堂经费严重不足,部分人为解决办学公费不足,准备砍伐"筛海坟"园内的古柏树,以"变价归入学堂充公之用"。但广大回民群众知晓后,情难坐视,向昌平州知州具呈"禁止砍伐,以存古迹"的讼状。经过昌平州知州审理,判定"所有筛海墓前松柏树株,不

筛海坟风水林

得妄议砍伐，致干查究"。官司告胜，广大回民共同出资将判决告示刻碑勒石，立于何家营"筛海坟"地。明确告知周边士民，"坟墓之墓内松柏等树，俟后不许砍伐，倘有违者，……公同呈送查究"。据昌平区林业部门于 30 多年前调查，"筛海坟"茔内尚有明清两代石碑 4 通，遗存有古柏树 85 株，其中已有 17 株枯死。1988 年，昌平县（今北京市昌平区）人民政府根据保护古树名木的要求，在坟园立碑告示，要求人们发扬保护古树的好传统，严禁采伐、攀折及其他一切损毁古树的行为。

39. 北京王爷坟植风水林

明朝王爷被分封于全国各地，在皇城居住的很少。但清朝的王爷多居住于北京城内，共有 240 多位，其死后坟墓园寝多选在北京周边地区（即直隶之地），按照风水要求择地营建，并营造有大面积的风水林护卫，在坟园周围遍种松柏等常青树木，象征逝者千古永存，还植有柳树、槐树、柿树等。据冯其利、周莎著《重访清代王爷坟》统计，目前尚存 87 处，分布于北京、河北、天津等地。在建墓地之时都种植有一定面积的风水林。如北京西郊白石桥郑王坟，是清代郑亲王济尔哈郎的家族墓地，建墓地时种植了大片的风水林，目前尚存数株古银杏树。京西香山附近门头村礼王坟是礼亲王代善的家族墓园，门头村的墓地风水林曾被民国政府列为十三处保护区之一，但多毁于日伪政权时期。1944 年，礼亲王府的奉恩将军、戏曲界著名小生金仲仁先生迫于日伪政权的淫威，登报献树 800棵，日伪政权将北边的好树锯掉了上千株。孚郡王是道光皇帝第九子奕譓，园寝位于海淀区苏家坨镇北安河的阳台山，又称"九王坟"。建墓栽植了大量的油松和桧柏为风水林，环绕坟墓。据 1995 年出版的《北京郊区古树名木志》，"九王坟"尚有古树 147 株，全部为二级古树，是北京地区著名的古树群之一。门头沟妙峰山肃王坟（现为解放军二六八医院）是清皇太极长子、肃亲王豪格的家族墓地，十代肃亲王均葬于此处，占地数千亩。清康熙四十八年（1709）建墓时广植松柏、白皮松等风水林千余亩，仅第三代肃亲王丹臻墓就专门种植有柏山、松山风水林 50 多亩，数量近万株。民国时，最后一代肃亲王善耆死后第 5 年，墓地周围风水林一次就有数千棵松柏被盗卖砍伐。现墓地尚存古油松树 30 株、古白皮松 9 株、古柏树 288 株。清康熙皇帝十三子、怡亲王爱新觉罗·允祥墓地位于河北涞水县，占地 600 余亩，陵区内遍植松柏 6 万余株。《涞水县志》称该地曾经是青山葱郁、绿水流连之地。昌平城西南 40 里的白洋沟五峰山是清乾隆十七子庆王永璘及后代的家族墓园，占地 1300 多亩，陵园遍种松柏风水林，现尚有古柏树 100 多棵、白皮松 30 多棵。石景山瑞王坟是嘉庆皇帝四子瑞怀亲王绵忻墓地，墓地种植有大量的马尾松、白皮松等风水林，至今整个墓地松柏成荫、环境清秀。房山河北镇磁家务是清代铁帽子王和硕庄亲王家族墓园，共有 14 位亲王葬于此地。坟园内种植了上千株松柏树为风水林，坟圈外还栽有柿子树、核桃树，在山下望去，蔚为壮观。今北京农林科学院林业果树研究所院内有瑞敏郡王奕誌墓园，曾种植有大量风水林木，这些林木在日伪统治时期被日本人砍伐殆尽，今仅存数十棵白皮松古树。裕僖郡王亮焕墓园在今朝阳区双井桥东北一带，目前仅剩 5 棵柏树。西山阳台山妙高峰七王坟是光绪帝生父——醇亲王奕譞和福晋的墓地，整个墓地遍植白皮松，葱翠茂密。清代王爷墓地所植风水林之盛况可见一斑。

40. 徽州有片"金丝楠木"风水林

在古徽州祁门县芦溪乡碧桃村有一片占地 10 余亩的滇楠风水古林，十分罕见。滇楠即为我们常说的"金丝楠木"，属樟科常绿大乔木，树干圆润通直，树冠华盖如云，遮天蔽日，乃是我国特有的珍稀濒危树种，属国家三级保护植物。其木材质坚韧致密，有光泽和香气，以水不能浸、蚁不能穴、经年不腐而著称于世，是制造宫殿梁柱、棺木家具的绝佳材料，是明清王朝采办的"皇木"。

碧桃村主要是祁门县康氏聚居处，祁门康氏唐末迁居徽州，明代名列于徽州望族。明嘉靖年间徽州人程敏政《新安名族志》就收录有祁门康氏。碧桃村这片滇楠风水林主要分布在该村的古村落水口处，历史上即为康氏人所种植。据祁门县林业部门于 2011 年的调查，大小多达 250 余株，其中胸径 27 厘米以上的滇楠有 108 株，平均树高 20 米，树龄为几十年至 200 年。根据祁门《康氏族谱》记载，此处滇楠水口林是该族二十世康载公于明嘉靖年间从云南携带苗木所植。康载公在云南地方为官多年，深知滇楠的品性和价值，加之"楠"与"男"的谐音，希冀后世子孙人丁兴旺，传承康氏名门望族之发达显赫，并像楠木群一样伟岸挺拔、繁衍兴盛，成为国家栋

粗壮挺拔的滇楠

梁之才。辞官后，不顾舟车劳顿、跋山涉水，带回了一批当地的滇楠种苗，种植在村落的水口处。长期以来，这片滇楠水口林就成了该村康氏族人的"传家宝"而受到严加保护，代代相传，至今得以基本保存完好。在 20 世纪 50 年代"大炼钢铁"时期，在当地族人不得已的情势下，楠木水口林中年龄较长的大树遭到砍伐。这片滇楠水口林现成为古徽州地区乃至安徽省的无价之宝，祁门县林业部门加强了保护措施，在楠木林周边高树上安装了 8 只"电子眼"，对其进行 24 小时监控保护，以防止不法之徒铤而走险。

41. 白塔寺柏林有来历

在河南省周口市商水县平店乡有一白塔寺遗址，历史上曾是当地著名的佛教圣地，香火极为旺盛。因当地的清水河与孙洼沟在庙前交汇，如同"二龙戏珠"，暗合"周易八卦"风水之说。据《项城县志》记载，其地带是"宿龙之原，气象万下，蜿蜒盘绕，干向子山，六八鼎时，二凹迥环，青龙舒气，白虎闭关，乾坤合运，缔造天然"的风水宝地。晚清时，项城官宦之族的袁世凯家族就选择远离住宅数十里的外县之地，花费重金购置此地建家族墓地。委托商水平店的地方士绅刘振玉主持墓地规划和布置。刘因精通"周易八卦"、地理风水等术，就安排人手在此广植松柏、营造风水林。当时栽种柏树 200 余株，占地 24 亩，摆成"九宫八卦阵"形以护卫这方水土。当时人们一进入柏树林就会迷失方向，很难出入。据传，当时有同村人曾到柏树林找刘振玉，在柏树林中转了一天也没能走出去。据现代民俗专家考证，柏树林的栽种确实符合易经卦理和九宫布局。清末至民国初年，此墓地先后有袁世凯的曾祖母及数位叔、婶葬于此处。袁世凯任民国大总统时，还遣人整修家族墓地，植松柏花木，勒石竖碑，修建围墙，严加保护，禁止砍伐。

100 多年来，这片柏树风水林因病虫危害和人为采伐，现减至 700 多棵，但仍蔚为大观，柏影森森，虬髯苍劲。现存活下来的柏树最大胸围 0.9 米、高 20 余米，最小的柏树胸围也有 0.3 米、高 12 米左右。现如今整个柏树风水林内树木绵密，枝叶茂盛，尤其是冬日大雪初霁，银装素裹，雪压松柏愈显苍翠，远远望去，云烟缭绕，如若仙境，一派森然，这里俨然已成为当地少有的风景名胜之地，现为河南省文物保护单位。

42. 樟树护卫晓起村

"古树高低屋，斜阳远近山。林梢烟似带，村外水如环。"这首诗正是对古徽州晓起古村山青水绿环境的真实写照。晓起村是古徽州婺源县（今属江西省）江湾镇的千年古村落，由上晓起、下晓起两个古村落构成。全村森林面积有 12 000 多亩，其中有 4000 余亩的村落风水林分布在古村四周，护卫村落安全。徽州人历来重视对村落风水林的保护，"赤膊来龙光水口，生下儿孙往外走"的乡谚就是村民朴素生态保护意识的体现。村落风水林历来被严格封禁，有"杀猪封山"的传统习俗。因此晓起村边的村落风水林得以保存至今。据林业部门调查，晓起村现有古树 600 多株，主要有香樟、南方红豆杉、枫香、苦槠、松、杉、柏、檀、桂花、栲等树种，特别是古樟树有 77 株，还有国家珍稀树种南方红豆杉古树 21 株。故晓起村以古樟树众多而称名。主要在下晓起古村落的水口处和村背南塔岭处，有成片的古樟树林，荫庇护卫着古村落的风水。村落水口处有十几棵数百年古樟树，俯临水面，浓阴蔽日，丛丛茶树生长，烂漫山花盛开，闲坐于阳伞下、圆桌旁，品尝高山生态茶之醇香，感受天然品茗乐园之惬意，真是远离尘世喧嚣，让心灵得以安宁和净化。

下晓起村落背面的南塔岭古樟树林是晓起村最具神秘色彩和迷人之处。最大的一株古樟树冠荫蔽，需四五人才能合拢而抱，树旁原建有一座小神龛，里面供奉着镌有"樟树大神之位"字样的青石牌位。青石供桌上还供有一些祭品。神龛后的老樟树上，贴着不少书有村民虔诚许愿的红纸条。村里的老人、孩子病了，其家人一般取一张长方形的小红

晓起村古神樟和古樟林

纸，用毛笔蘸墨，在纸上写上生病的老人或孩子的名字、生辰八字、病因以及祈求"樟树大神"驱病魔、保平安的话语。来到老樟树下，将红纸贴在树干朝南的一面，把从家里带来的生猪肉、宰杀整净的生鸡、半生半熟的米饭、米粉馍和生豆腐等祭品，一一供奉于树前，再摆上注满酒的酒杯，点燃线香，跪地求拜。拜毕，将酒倾倒地上，祭品则带回家中，烧熟后，全家人进食，以求庇佑。若老人或孩子的病好后，还要再回拜。人们对樟树奉若神明，大人小孩都不敢随意损坏。

43. 崔家坟林是森林公园

在黑龙江省嫩江县境内有一林地广袤的高峰森林公园，距嫩江县城仅有 9 公里，是集红皮云杉和樟子松林景观为一体的生态旅游观光地。可是令人惊讶是，该森林公园是以嫩江县崔氏家族墓地的林地为主体建成的。

嫩江旧称墨尔根，曾为黑龙江将军和墨尔根副都统驻地。清康熙二十三年（1684），朝廷在嫩江岸边建墨尔根水师营，崔枝藩出任水师营的总管，并将其家及兄弟迁居此处。清乾隆二年（1737），官至三品的崔总管去世，被安葬于其生前选定的位于墨尔根城南的"二龙抱珠"风水宝地，此地遂成为崔氏家族的墓地。崔氏历代人逐年在坟地种植红皮云杉、樟子松为墓地风水林，其中红皮云杉达 3200 多棵。红皮云杉经年繁衍，遂成大片森林。东北解放后，崔氏家族的墓地风水林被收归国家所有，地方政府在此建立了国有高峰林场，专门从事森林采伐培育任务，风水林得到了严加保护。1992 年国家批准成立了以崔氏墓地云杉林为主体的高峰森林公园。据调查，高峰森林公园内有百年以上古红皮云杉林 150 余亩、人工与自然更新的红皮云杉林 1500 亩、樟子松林 5500 余亩。林中还有野生花卉、异鸟珍禽及小型野生动物。

穿行于古云杉林之中，数千余株云杉古树各展英姿，各显秀气。一株株挺拔高大的古树突现于眼前，散落林间，直插云天，令人叹为一绝。有些云杉树独立苍穹，顶部枝叶繁盛，层层展示，凌空展开碧绿，好像一把大伞；树冠团团，犹如古代显贵的帷盖，别有情趣，给人以空阔神怡奇想。有的成双成对，犹如母女、犹如姐妹，相伴相偎，比翼携手，倚天展枝。鱼鳞状的云杉树皮深浅有致，鳞边线条犹如泼墨，颜色的反差搭配别有诗意。地面还铺着云杉古树落下的一层厚厚针叶，散发着林间的清新和松枝的诱人气味。微风掠过，高大的云杉树冠不停地摆尾摇曳；大风吹拂，则泛起一阵阵的怒号松涛。此处真乃是一个令人神往的神仙极乐世界。

44. 吴昌硕禁护水口林

吴昌硕是晚清至民国前期中国集"诗、书、画、印"于一体的著名艺术大师，他是浙江省安吉州孝丰县（今属安吉县）鄣吴镇鄣吴村人。鄣吴村地处安吉县西北隅，距县城递铺镇 26 公里，西北与安徽省广德县为隔山之邻，南距孝丰镇 25 公里，是鄣吴镇政府的驻地。

郪吴村依山傍水，风景秀丽。天目山北支逶迤南来的金华山拔地而起，像屏风一般，立在村后戛然而止，化作无数小丘陵，匍匐北去。村东豁然开朗，阡陌纵横，良田千顷。村庄就坐落在金华、玉华两座大山之间；一弯出自深山老林的清溪从中流出，波光闪闪，从村前绕过，向东北流去注入西苕溪主流。村东溪边，古树参天，遮天蔽日，绵延十余里，鸥鹭盘旋其上，百鸟鸣噪其间。因山高林密之故，郪吴村日照较少，于是该村的贤人取了一个极为雅致的村名："半日村。"1914 年秋，吴昌硕七十高龄，篆一方"半日村"印章，表达对故乡的怀念之情。印章此后不断出现在书画作品上。其在《郪南》诗有"盈盈烟水阔，鸥鹭笑忘归"之句，就是对该村优美生态环境景观的描述。清乾隆间，安吉州孝丰县文人王显臣到游此地，为其美景所倾倒，兴作《竹枝词》一首赞道："行到吴村香雨亭，柳丝斜指酒旗青；玉华金华双峰峙，流水落花出晚汀。"描绘郪吴村的生态环境。但咸同年间的战乱后，该村有渔利村民觊觎村落水口古树，企图砍伐。为制止村民的这种行为，吴昌硕与村中吴永江、鲁允见等人，共同制定了严禁砍伐村落水口、来龙等林木的村规民约，并共同出资，在人员聚集的村东关帝庙立"禁风木碑记"的禁碑以告村人。其文曰：

阖村公禁

窃思本村之水口，端赖深林之密护。自宋迄今历有年，所安全受福、残戕受害，理固然也。无如兵燹以后，屡动屡变，覆辙莫惩。业经耆民绿首事俞名科、郑大芬等曾于光绪二年阖联名具禀，严禁枉案。蒙县主刘公恩信谕，草一纸：该村合宜永远留养，以护风水，以壮观瞻等情。无非此木，村庄之保障，水口之关防，例禁綦严，讵容砍斫。嗣后，凡山脉、水口及一切公所关系等处，概不许明拚暗砍，并暨有时或被水倒风挠，亦归公用，不得争取以为己有。如有贪图渔利仍蹈前辙者，鸣公究治，决不徇情。因勒石以示不朽云尔，是为记。

吴永江　刘粟兰　鲁允见　吴俊卿　陈积明　王翼亭　吴开春　杨先标王正高

时在大清光绪十一岁次乙酉相月下浣谷旦

王建寅谨书

45. 科第高中植樟树

在江西省有一闻名华夏的"进士村"古村落，它就是位于新余市分宜县钤山镇的防里村，始建于东晋永和元年（345），距今已有 1670 多年的历史。据防里村的村史记载，最早是孙氏家族开基防里，南唐时欧阳氏家族迁居此处，孙氏家族明初迁出，明嘉靖间又有杨氏家族迁此居住。自古以来，防里村文风鼎盛，"耕读传家久，诗书继世长"的思想根深蒂固；"当官靠读书，作田靠喂猪"成为防里人的家训。在 1000 多年的历史长河中，防里村一代代人通过封建科举入仕做官，在唐、宋、元、明、清年间先后出了 19 个进士，其中孙氏 5 位、欧阳氏 12 位、杨氏 2 位，甚至出现过"一门三代四登科"的盛举，清道光皇帝曾御笔赐字"祖孙父子兄弟科甲"。此外，还有 12 名举人、6 名拔贡、百余名诸贡，人才之多、文风之盛，在江南实属罕见。

走进防里村，映入眼帘的是山环水绕、绿树成荫，村前有一大片古樟树林，浓荫覆蔽，成为防里村蔚为壮观的奇景。因樟树是"文章"之树，象征贤才，历史上防里村规定，村中凡是科第考中贡生以上功名的读书人，都要在村落水口处种一棵樟树。历经千年，便成就了这个人才辈出山村的古樟树林，拥有樟树多达 100 多株。现这片古樟林平均树龄有三四百年，树龄最小的也有一百多年历史，其中最古老的古樟树现今有 1050 余岁，它依然生机勃勃、郁郁葱葱。立于古樟之下，凝视着龙盘虎踞的树根，仰望爬满了藤蔓、青苔的粗壮树干和枝繁叶茂的硕大树冠，仿佛面对着一位饱经风雨、历经沧桑的千岁老人，崇敬之情油然而生；抚摸着林中古樟，感受厚重的人文历史。

防里古樟林景观

结 束 语

风水林是风水意识的产物，是古代人希望借助神秘力量去保护人们的平安和健康，以求得人与自然环境的和谐一致，是人类与自然环境之间相互作用的结果，更是古代人们适应和改造生存环境的一种生态实践。但是近几十年中，风水林被视为封建迷信，许多风水林因之而遭到肆意毁坏和侵蚀，这使得一些极具保护价值的风水林消亡和破碎化。然而时过境迁，随着人们对自然和文化传统的认知不断加深，人们的价值观念也迅速地发生改变。传统的风水林已经得到现代人们的认可。风水林是大自然和古人留下来的宝贵物质和文化遗产，不仅体现着所在地区的历史文化和地方特色，还是一种珍贵的历史文物，具有很高的旅游观光价值和深远的文化内涵；同时风水林还有着优越的环境价值，能涵养水源、调节气候，还是一个地区性树种的种质资源基因库，具有极高的生态和科研价值；它体现了以人为本、人与自然和谐统一的思想，体现了倡导植树造林的绿化思想，体现了禁止伐林毁林的护林思想。这些已成为当代人的共识。南方许多省区已将风水林的营造和保护列为改善生态环境、建设生态文明、实现和谐家园的重要举措之一。

因此，在本书结束之际，对风水林的培护与保育提出几点看法。

一是提升现代风水林的保护意识。现存的风水林一般都是具有百年以上（有的甚至有数千年）历史的古树林，多呈老态龙钟之势。同时由于养护管理措施不力，导致林内土壤板结、病虫害严重，古树的树势普遍衰弱。此外，社会的发展和内外交流的日益增多以及病虫害、自然灾害等因素也导致了风水林的衰退，威胁着风水林的生存和延续。还有人为因素的作用，如基建、盗砍等，使得风水林遭受了毁灭性的灾难。因此，加大对风水林的保护力度，已经到了刻不容缓的地步。所以，政府有关部门应组织人员，利用广播、电视、报纸、网络等渠道，进行大力宣传，通过发表科普介绍文章、制作专题视频、发布公益生态广告等形式，介绍风水林的起源、现状、文化内涵及其对生态建设和社会发展的意义，引起大众对风水林的关注，积极引导大众正确认识风水林及其价值，尊重与欣赏自然生态和村落文化，增强其保护风水林和保护生态的环境意识，从而珍惜和保育这宝贵的自然及文化遗产。

二是做好风水林的培植。根据风水林的不同类型，采取不同的培植措施，遵循适地气、取吉凶、顺阴阳、避生克的原则。

所谓"地气"就是生态环境，"适地气"就是适应生态环境，这是风水林培护必先遵守的原则。按照树木培育学的观点，风水林树种的选择就应当遵循适地适树的生态原则，以当地乡土树种为主，确保其栽植成活率和养护的合理性。

"取吉凶"就是根据传统树木的吉祥意义。槐树被认为代表"禄"。梅花因有五瓣被认为是"梅开五福"。竹清雅脱俗，住宅四周如有竹林把屋宇团团围住，被认为是吉祥之相，所谓"苍苍翠竹绕屋旁，堪羡其家好画堂。大出官职小出贵，各个儿孙美名扬"。石榴因其果实多籽，被视为多子多福的象征。枣树谐音"早"，有早生贵子、凡事早人一步之意。桂树取其谐音"贵"，喻为富贵。椿树易长而长寿，被视为长寿之木。梧桐树能引来凤凰，寓意吉祥。芙蓉谐音"富荣"。樟树木纹美观，故以文喻樟，雅韵悠远而明其理；以樟喻文，才高意深而耀其纹。榕树有不死树之称，故被岭南人视为长寿、吉祥之树。榆树果因其外形圆薄如铜钱而得名榆钱。桂花、杏花因与科举考试有关，被视为科第吉兆。柿树因有寿、多荫、无鸟巢、无虫、霜叶可玩、嘉实、落叶肥大等七绝，故象征吉祥、如意、圆满、红红火火、事事如意。红豆树因所结鲜红浑圆、莹如珊瑚的种子而得名，人们视其为是有灵性的开运吉祥神物和表达相思爱情的象征之物。玉兰花开犹如玉树临空，被人们视为美好吉祥的象征。板栗树所结种子称为栗子，古代人以之谐音"立子"意，将之作为求子的祝吉之物。紫薇花因花为紫色，古人取其谐音，以象征"紫气东来""紫薇高照"等吉祥好运寓意。"橘"与"吉"谐音，故柑橘被人们视为吉祥之树。荔枝则被视为吉祥之果。合欢叶昼开夜合，被视为有情、友爱、吉祥、欢乐和幸福的象征。"楠"谐音"男"，楠木故被视为生男孩之树的吉祥象征。有些树种因具有避凶祛邪的功能，被作为风水林的组成树种而得到种植。如桃木相传为五行之精，是能制百鬼的各种厌胜避邪用品。柳树可以祛鬼，能够驱赶走害虫、毒疫、邪祟。无患子能够镇煞驱邪，故有"无患"之名。柏树刚正不阿，被尊为百木之长，能驱妖除孽。茱萸气味香烈，果实色赤红，故能避邪。这些辟邪树种的种植保护则是中国人"害人之心不可有，防人之心不可无"避害心理的反映。因此，上述将树木与吉凶祸福相联系，是风水学中的传统风习，这就需要我们在选择和栽种风水树种时事先要考虑其特定的文化内涵之象征性。

"顺阴阳"就是阴阳要达到互补平衡，高大乔木与低矮灌木间、木本植物与草本植物间都需要达到一种平衡。风水口诀"竹木回环，家足衣绿。左树右无，凶多吉少，右树红花，娇媚倾家。左树重抱，财禄常保"，就是要求风水树种间种植的均衡性。因此在风水树种选择和栽植过程当中，首先要掌握树种阴、阳的生物学特性及生态学习性，进行合理妥善的搭配，从而获得理想的风水效应。树种属性是分阴阳的，一般来说喜阳的树种，假如种植于荫蔽缺光的环境就会体弱、无花、无果或死亡。如白兰、梅花、杜鹃、榆树、松树、侧柏、圆柏、银杏、樟树、槐树、白桦、樟子松、马尾松、油松、臭椿、垂柳、橄榄树、小叶榕、合欢、山槐、楝树、喜树、栾树、木棉、木麻黄、椰子树、芒果、杨树、栎类等，这类树种必须达到一定的光照度才能正常发育。属阴性的树种有竹柏、棕榈、鱼鳞松、红松、冷杉、云杉、铁杉、杉木、毛竹、罗汉松、红豆杉、三尖杉、肉桂、柃木、黄栌、紫楠、红楠、闽楠等。植物的阴阳属性直接决定了栽培方式和种植环境的选择。

"避生克"就是利用树种的相生相克原理，避开树种相克现象，创造树种间相互促进的相生关系。葡萄与松柏、榆树、杨树、椿树相克，这些树种会造成葡萄树生长不良，果实不易成熟，且甜味大减，不宜种在一起。葡萄与桂花树、核桃与苹果、接骨草与松树等，也会产生相克作用，不能同植。桉树对其他树种起排斥作用，同时消耗大量水分，生长太快，不宜植为风水林。刺槐与杨树、樱桃与苹果等同种，则可起到相互促进的作用。刺槐为浅根性树种，杨树为深根性树种，二者互不争水肥，且刺槐的根瘤固氮，可为杨树提供养分，促其生长。樱桃与苹果各自放出挥发性气体，彼此相互吸收，促进生长。

三是做好风水林的保育。风水林不仅是地方独有的景观，亦是原有树林的参照，因此不论从文化传承还是从植被研究的角度而言，风水林都拥有相当的保育价值。因此，风水林的保育应当引起我们极大的关注。政府相关部门应制定相应的管理制度，建立自然保护小区，强化风水林的就地保护工作。同时开展风水林建档工作，收集、整理文字和图片资料，调查记录其分布、面积、物种、生长状况、故事传说等信息，开发专门管理软件，建立信息化管理平台，逐步实现风水林的管理、统计、查询电子化。

四是开展对风水林的科学研究工作。政府科技部门应积极开展风水林相关科研工作，通过调查现存风水林的分布特点、群落物种组成、结构特征、物种多样性、种间关系、生长状况、土壤和环境因子等内容，客观评价其生态功能和景观价值，筛选生态和景观价值较高的树种进行快速繁育，为城市建设、绿化造林提供苗木支持；开展珍稀物种的播种、扦插和离体繁育研究，建立迁地保育基地；筛选生态功能较强的风水林群落的混交组合和配置模式，选择代表性城市的环城绿带、道路绿线、公园绿地、社区（村落）绿地和田园路网试验地，效仿"风水林"，构建乔、灌、草结合的多树种、多色彩、多层次、多效益的乡土阔叶林，为进一步开展环境绿化、改善生态环境提供科技支撑。

绿色是生命的源泉，森林与人类休戚与共、息息相关，地球多一片森林，人类与大自然就会多一分和谐。我们应当珍惜古代先人传承和留存下来的风水林文化遗产，让风水林在当代生态文明建设中发挥作用，再立新功。

主要参考文献

一 著作类

[1] 司马迁. 史记 [M]. 北京：中华书局，2000.

[2] 班固. 汉书 [M]. 北京：中华书局，2000.

[3] 范晔. 后汉书 [M]. 北京：中华书局，2000.

[4] 陈寿. 三国志 [M]. 北京：中华书局，2000.

[5] 房玄龄. 晋书 [M]. 北京：中华书局，2000.

[6] 魏征. 隋书 [M]. 北京：中华书局，2000.

[7] 刘昫，等. 旧唐书 [M]. 北京：中华书局，2000.

[8] 欧阳修，等. 新唐书 [M]. 北京：中华书局，2000.

[9] 欧阳修，等. 新五代史 [M]. 北京：中华书局，2000.

[10] 薛居正，等. 旧五代史 [M]. 北京：中华书局，2000.

[11] 脱脱，欧阳玄，阿鲁图，等. 宋史 [M]. 北京：中华书局，2000.

[12] 余靖. 武溪集 [M]. 上海：上海古籍出版社，1987.

[13] 程颐，程颢. 二程集 [M]. 北京：中华书局，1981.

[14] 朱熹. 朱文公文集 [M]. 北京：商务印书馆，1936.

[15] 洪迈. 夷坚志 [M]. 北京：中华书局，2006.

[16] 王十朋. 王十朋全集·家政集 [M]. 上海：上海古籍出版社，1998.

[17] 陆游. 老学庵笔记 [M]. 北京：中华书局，2005.

[18] 罗大经. 鹤林玉露 [M]. 北京：中华书局，1983.

[19] 方勺. 泊宅编 [M]. 北京：中华书局，1983.

[20] 何薳. 春渚纪闻 [M]. 北京：中华书局，1983.

[21] 刘祁. 归潜志 [M]. 北京：中华书局，1997.

[22] 慕容彦逢. 摛文堂集 [M]. 上海：上海古籍出版社，1987.

[23] 卞永誉. 式古堂书画汇考 [M]. 上海：上海古籍出版社，1987.

［24］洪适. 盘洲文集［M］. 上海：上海古籍出版社，1987.

［25］牟巘. 陵阳集［M］. 上海：上海古籍出版社，1987.

［26］程敏政. 篁墩文集［M］. 上海：上海古籍出版社，1987.

［27］王圻，王思义. 三才图会［M］. 上海：上海古籍出版社，1988.

［28］王象晋. 群芳谱［M］. 上海：上海商务印书馆，1935.

［29］蒋一葵. 长安客话［M］. 北京：北京古籍出版社，1980.

［30］徐光启. 农政全书［M］. 长沙：岳麓书社，2002.

［31］徐霞客. 徐霞客游记［M］. 北京：中华书局，2009.

［32］黄宗羲. 宋元学案第一册［M］. 北京：中华书局，1980.

［33］顾炎武. 天下郡国利病书［M］. 上海：上海书店影印，1985.

［34］屈大均. 广东新语［M］. 北京：中华书局，1985.

［35］钦定大清律例［M］. 上海：上海古籍出版社，1987.

［36］赵吉士. 寄园寄所寄［M］. 合肥：黄山书社，2008.

［37］赵翼. 陔余丛考［M］. 北京：中华书局，1963.

［38］汪灏. 广群芳谱［M］. 上海：上海书店，1985.

［39］李渔. 闲情偶寄［M］. 北京：作家出版社，1995.

［40］纪昀. 阅微草堂笔记［M］. 长沙：岳麓书社，1989.

［41］杨屾. 豳风广义［M］. 北京：农业出版社，1962.

［42］蒋廷锡，陈梦雷，等. 草木典［M］. 上海：上海文艺出版社，1998.

［43］高亨. 诗经今注［M］. 上海：上海古籍出版社，1980.

［44］袁珂. 山海经校注［M］. 成都：巴蜀书社，1993.

［45］顾宝田，洪泽湖. 尚书译注［M］. 长春：吉林文史出版社，1995.

［46］周绍泉，赵亚光. 窦山公家议校注［M］. 合肥：黄山书社，1993.

［47］邓之诚. 东京梦华录注［M］. 北京：中华书局，1982.

［48］周礼·礼仪·礼记［M］. 长沙：岳麓书社，1989.

［49］清史资料第四辑［M］. 北京：中华书局，1983.

［50］王明. 太平经合校［M］. 北京：中华书局，1960.

［51］张君房. 云笈七签［M］. 北京：中华书局，2003.

［52］邓球柏. 帛书周易校释［M］. 长沙：湖南人民出版社，1987.

［53］陈桥驿. 水经注校正［M］. 北京：中华书局，2007.

［54］陈植，等. 中国历代名园记选注［M］. 合肥：安徽科技出版社，1983.

［55］陈植. 园冶注释［M］. 北京：中国建筑工业出版社，1988.

［56］陈广忠. 淮南子译注［M］. 长春：吉林文史出版社，1996.

［57］张十庆. 作廷记译注与研究［M］. 天津：天津大学出版社，1993.

［58］林嘉书. 土楼与中国传统文化［M］. 上海：上海人民出版社，1995.

［59］张岱年. 文化与哲学［M］. 北京：教育科学出版社，1988.

［60］张浩良. 绿色史料札记［M］. 昆明：云南大学出版社，1990.

［61］林克光. 近代京华史迹［M］. 北京：人民大学出版社，1985.

［62］王重民，等. 敦煌变文集［M］. 北京：人民文学出版社，1957.

［63］刘策，等. 中国古典名园［M］. 上海：上海文化出版社，1984.

［64］佟裕哲. 陕西古代景园建筑［M］. 西安：陕西科技出版社，1998.

［65］舒育玲，等. 天人合一的理想境地：宏村［M］. 合肥：合肥工业大学出版社，2005.

［66］陈垣. 道家经石略［M］. 北京：文物出版社，1988.

［67］陈嵘. 中国森林史料［M］. 北京：中国林业出版社，1983.

［68］方平山. 齐云山志［M］. 合肥：黄山书社，1990.

［69］袁啸波. 民间劝善书［M］. 上海：上海古籍出版社，1996.

［70］古开弼. 绿色情结：中国林业民俗文化初探［M］. 香港：中国数字化出版社，2000.

［71］赵沛霖. 兴的源起：历史积淀与诗歌艺术［M］. 北京：中国社会科学出版社，1987.

［72］屈小祥. 三星堆文化［M］. 成都：四川人民出版社，1993.

［73］刘天振. 明代通俗类书研究［M］. 济南：齐鲁书社，2006.

［74］王子今. 秦汉时期生态环境研究［M］. 北京：北京大学出版社，2007.

［75］董智勇，张钧成，等. 林史文集第1集［C］. 北京：中国林业出版社，1990.

［76］丁剑. 安徽掌故［M］. 合肥：黄山书社，1990.

［77］张钧成. 中国林业传统引论［M］. 北京：中国林业出版社，1992.

［78］张钧成. 中国古代林业史·先秦卷［M］. 台北：台北五南出版公司，1995.

［79］张应强，等. 乡土中国：锦屏［M］. 北京：生活·读书·新知三联书店，2004.

［80］陈志华. 楠溪江中游古村落［M］. 北京：生活·读书·新知三联书店，1999.

［81］张良皋. 武陵土家［M］. 北京：生活·读书·新知三联书店，2001.

［82］郑世佑. 宁化林业志［M］. 厦门：鹭江出版社，1992.

［83］沈利华，等. 祥物探幽［M］. 南京：东南大学出版社，1994.

［84］北京市林业局. 北京林业建设［M］. 北京：中国林业出版社，1989.

［85］安徽省林学会. 安徽古树名木［M］. 合肥：安徽科学技术出版社，2001.

［86］陕西省林学会. 陕西古树名木［M］. 北京：中国林业出版社，1999.

［87］万惠宇，李健君. 天水古树［M］. 兰州：甘肃文化出版社，2002.

［88］刘敦桢. 中国古代建筑史第二版［M］. 北京：中国建筑工业出版社，1984.

［89］周武忠. 寻求伊甸园：中西古典园林艺术比较［M］. 南京：东南大学出版社，2002.

［90］苏祖荣. 森林美学概论［M］. 上海：学林出版社，2001.

［91］周维权. 中国名山风景区［M］. 北京：清华大学出版社，1996.

［92］陈正祥. 中国文化地理［M］. 北京：生活·读书·新知三联书店，1983.

［93］陈植. 观赏树木学［M］. 北京：中国林业出版社，1984.

［94］陈登林，马建章. 中国自然保护史纲要［M］. 哈尔滨：东北林业大学出版社，1991.

［95］史念海. 黄土高原历史地理研究［M］. 郑州：黄河水利出版社，2001.

［96］金学智. 中国园林美学［M］. 北京：中国建筑工业出版社，2005.

［97］倪根金. 生物史与农史新探［M］. 台北：万人出版社有限公司，2005.

［98］曹林娣. 中国园林文化［M］. 北京：中国建筑工业出版社，2005.

［99］易思羽. 中国符号［M］. 南京：江苏人民出版社，2005.

［100］林富士. 礼俗与宗教［M］. 北京：中国大百科全书出版社，2005.

［101］陈锋. 明清以来长江流域社会发展史论［M］. 武汉：武汉大学出版社，2006.

［102］佟悦. 满族［M］. 沈阳：辽宁民族出版社，2009.

［103］王纯五. 青城山志［M］. 成都：四川人民出版社，1989.

［104］何小颜. 花与中国文化［M］. 北京：人民出版社，1999.

［105］蔡林波. 助天生物：道教生态观与现代文明［M］. 上海：上海辞书出版社，2007.

［106］街顺宝. 绿色象征：文化的植物志［M］. 昆明：云南教育出版社，2000.

［107］陈华文. 丧葬史［M］. 上海：上海文艺出版社，1999.

［108］刘伟铿. 岭南名刹：庆云寺［M］. 广州：广东旅游出版社，2002.

［109］任晓红. 禅与中国园林［M］. 北京：商务印书馆国际有限公司，1995.

［110］魏德保. 森林史话［M］. 北京：中国林业出版社，1986.

［111］陈亚艳，先巴. 黄教圣地：塔尔寺鲁沙尔镇［M］. 西安：三秦出版社，2003.

［112］李莉. 中国传统松柏文化［M］. 北京：中国林业出版社，2006.

［113］张宝贵. 北京古树名木趣谈［M］. 北京：北京出版社，1994.

［114］佟屏亚. 果树史话［M］. 北京：农业出版社，1983.

［115］周建新. 江西客家［M］. 桂林：广西师范大学出版社，2007.

［116］高力士. 西双版纳傣族传统灌溉与环保研究［M］. 昆明：云南民族出版社，1999.

［117］魏士衡. 中国自然美学思想探源［M］. 北京：中国城市出版社，1994.

［118］朱江. 扬州园林品赏录［M］. 上海：上海文化出版社，2002.

［119］张方元. 新编德宏风物志［M］. 昆明：云南人民出版社，2000.

［120］征鹏，杨能胜. 新编西双版纳风物志［M］. 昆明：云南人民出版社，2000.

［121］卓维华. 新编昆明风物志［M］. 昆明：云南人民出版社，2000.

［122］薛琳. 新编大理风物志［M］. 昆明：云南人民出版社，2000.

［123］严伯乐. 新编怒江风物志［M］. 昆明：云南人民出版社，2000.

［124］翟旺，米文精. 五台山区森林与生态史［M］. 北京：中国林业出版社，2009.

［125］刘培桂. 孟子林庙历代石刻集［M］. 济南：齐鲁书社，2005.

［126］广西壮族自治区编写组. 广西少数民族地区碑文契约资料集［M］. 南

宁：广西民族出版社，1987.

[127] 黔东南苗族侗族自治州林业局. 黔东南苗族侗族自治州林业志 [M].
北京：中国林业出版社，1990.

[128] 古今图书集成·堪舆典 [M]. 上海：上海中华书局，1935.

[129] 高见南. 相宅经纂 [M]. 清道光二十四年刻本.

[130] 林枚. 阳宅会心集 [M]. 嘉庆十六年刻本.

[131] 赵玉材. 地理五诀 [M]. 清乾隆丙午年刻本.

[132] 赵玉材. 阳宅三要 [M]. 清乾隆丙午年刻本.

[133] 堪舆 [M]. 北京：华龄出版社，2008.

[134] 金身佳. 敦煌写本宅经葬书校注 [M]. 北京：民族出版社，2007.

[135] 王其亨. 风水理论研究 [M]. 天津：天津大学出版社，1992.

[136] 高友谦. 中国风水 [M]. 北京：中国华侨出版公司，1992.

[137] 何晓昕. 风水探源 [M]. 南京：东南大学出版社，1990.

[138] 程建军. 风水与建筑 [M]. 南昌：江西科学技术出版社，1992.

[139] 刘沛林. 风水：中国人的环境观 [M]. 上海：上海三联书店，1995.

[140] 俞孔坚. 理想景观探源：风水的文化意义 [M]. 北京：商务印书馆，1998.

[141] 蔡达峰. 历史上的风水术 [M]. 上海：上海科技教育出版社，1994.

[142] 于希贤. 法天象地：中国古代人居环境与风水 [M]. 北京：中国电影出版社，2006.

[143] 何晓昕. 中国风水史增补版 [M]. 北京：九州出版社，2007.

[144] 陈进国. 信仰、仪式与乡土社会：风水的历史人类学探索 [M]. 北京：中国社会科学出版社，2005.

[145] 亢亮，亢羽. 风水与城市 [M]. 天津：百花文艺出版社，1999.

[146] 亢亮，亢羽. 风水与建筑 [M]. 天津：百花文艺出版社，1999.

[147] 覃兆庚. 建筑风水美学 [M]. 深圳：深圳报业出版社，2010.

[148] 张觉明. 中国名寺风水 [M]. 武汉：湖北人民出版社，2009.

[149] 叶国梁. 风水林 [M]. 香港：天地图书有限公司，2004.

[150] 摩尔根. 古代社会 [M]. 北京：商务印书馆，1981.

[151] 马克思，恩格斯. 马克思恩格斯选集第四卷 [M]. 北京：人民出版社，1972.

［152］阿南史代. 树之声：北京的古树名木［M］. 北京：生活·读书·新知三联书店，2007.

［153］孟泽思. 清代森林与土地管理［M］. 北京：中国人民大学出版社，2009.

［154］古伯察. 鞑靼西藏旅行记［M］. 北京：中国藏学出版社，2006.

［155］弗雷泽. 金枝［M］. 北京：新世界出版社，2006.

［156］泰勒. 原始文化［M］. 上海：上海文艺出版社，1992.

［157］曹善寿，李荣高. 云南林业文化碑刻［M］. 芒市：德宏民族出版社，2005.

［158］钟天康. 都江堰文物志［M］. 成都：四川师范大学学报编辑部，1986.

［159］张正明，科大卫，王勇红. 明清山西碑刻资料选续一［M］. 太原：山西古籍出版社，2007.

［160］冯其利，周莎. 重访清代王爷坟［M］. 北京：北京燕山出版社，2007.

［161］中共昌平县委老干局. 十三陵地区风物记［M］. 北京：东方出版社，1994.

二　论文类

［1］张十庆. 风水观念与徽州传统村落形态［M］//文化：中国与世界第五辑. 北京：生活·读书·新知三联书店，1988：58-105.

［2］林忠礼，罗勇. 客家与风水术［J］. 赣南师范学院学报，1997（4）：56-62.

［3］倪根金. 中国传统护林碑刻的演进及在环境史研究上的价值［J］. 农业考古，2006（4）：225-233.

［4］倪金根. 风水与古代中国绿化［J］. 古今农业，1994（3）：45-54.

［5］杨文衡. 徐霞客的风水思想和活动［C］. 北京：国际中国科学技术史学术讨论会，1990.

［6］吴建新. 明清广东人的风水观：地方利益与社会纠纷［J］. 学术研究，2007（2）：98-104.

［7］古开弼. 广东现存明清时期涉林碑刻的生态文化透视［J］. 北京林业大

学学报（社科版），2006（4）：26-34.

　　[8] 关传友. 中国古代风水林探析 [J]. 农业考古，2002（3）：239-243.

　　[9] 关传友. 古代风水林与绿化思想 [J]. 寻根，2002（4）：98-103.

　　[10] 关传友. 中国传统园林与风水理论 [J]. 皖西学院学报，2001（1）：69-72.

　　[11] 关传友. 风水意识对古代植树护林的影响 [J]. 皖西学院学报，2002（1）：65-68.

　　[12] 关传友. 论明清时期宗谱家法植树护林的行为 [J]. 历史地理论丛，2002（4）：64-71.

　　[13] 关传友. 徽州地区的风水林 [J]. 寻根，2011（2）：100-105.

　　[14] 关传友. 安徽涉林碑刻的探讨 [J]. 农业考古，2006（4）：234-238.

　　[15] 关传友. 从历史文献看竹林的防护作用 [J]. 竹子研究汇刊，2000（1）：74-78.

　　[16] 关传友. 论中国的槐树崇拜文化 [J]. 农业考古，2004（1）：79-84.

　　[17] 关传友. 中国古代竹城考 [J]. 中国城市林业，2004（5）：57-59.

　　[18] 关传友. 中国园林桂花造景历史及其文化意义 [J]. 北京林业大学学报（社科版），2005（1）：25-29.

　　[19] 关传友. 中国植柳史与柳文化 [J]. 北京林业大学学报（社科版），2006（4）：8-15.

　　[20] 关传友. 银杏树的审美价值与精神 [J]. 中国城市林业，2006（6）：37-39.

　　[21] 关传友. 论中国的银杏崇拜文化 [J]. 农业考古，2007（1）：169-173.

　　[22] 关传友. 中国种植梧桐树的历史与文化意蕴 [J]. 中国城市林业，2007（5）：40-41.

　　[23] 关传友. 论海棠的栽培历史与文化意蕴 [J]. 古今农业，2008（2）：67-74.

　　[24] 关传友. 安徽寺院古林的探析 [J]. 农业考古，2008（4）：212-214.

　　[25] 关传友. 云南西双版纳地区森林文化考察 [J]. 北京林业大学学报（社科版），2009（3）：13-19.

　　[26] 关传友. 论樟树的栽培史与樟树文化 [J]. 农业考古，2010（1）：286-292.

［27］关传友. 榆树的栽培历史及与之相关的文化现象［J］. 古今农业，2010（2）：83－93.

［28］关传友. 榕树的栽培史与榕树文化现象［J］. 古今农业，2013（1）：48－60.

［29］关传友. 明清时期华北地区墓地风水林的营造与保护［J］. 中华科技史学会学刊，2014（19）：1－8.

［30］关传友. 紫薇花的栽培历史与文化意蕴［J］. 中华科技史学会学刊，2015（20）：33－41.

［31］关传友. 棕榈栽培史与棕榈文化现象［J］. 古今农业，2017（2）：50－61.

［32］余宗明. 羌族居住环境保护与自然意识观［J］. 阿坝师范高等专科学校学报，2005（4）：4－6.

［33］李桂红. 佛教四大名山中的道教文化现象初探［J］. 天津社会主义学院学报，2006（1）：46－48.

［34］夏少敏，叶俊波. 临安市林业习惯法探析［J］. 山东大学学报（哲学社会科学版），2006（5）：28－34.

［35］何满红. 明清山西护林碑初探［J］. 文史月刊，2007（1）：59－64.

［36］李荣高. 长期沉睡的林业碑终于重见天日：云南明清和民国时期林业碑刻探述［J］. 林业建设，2001（1）：31－40.

［37］李荣高. 简介楚雄的几块林业碑刻［J］. 云南林业，2007（1）：28.

［38］王振忠. 徽州村落文书的形成：以新安上源溪程氏乡局记抄本二种为例［J］. 社会科学，2008（3）：11－26.

［39］毛利娅. 道教有关环境保护的规定及其实践［J］. 鄱阳湖学刊，2010（1）：98－104.

［40］马泓波. 宋代植树护林的法律规定及其社会作用［J］. 人文杂志，2007（3）：142－149.

［41］方克立. "天人合一"与中国古代的生态智慧［J］. 社会科学战线，2003（4）：207－217.

［42］冯尔康. 清代宗族祖坟述略［J］. 安徽史学，2009（1）：60－75.

［43］廖宇红. 珠三角风水林植物群落研究及其在生态公益林建设中的应用价值［J］. 亚热带资源与环境学报，2008，3（2）：42－48.

［44］王婷婷. 德化县风水林群落生态学特征研究［D］. 福州：福建农林科技大学，2009.

［45］段玉明. 佛教环保技术试析：以峨眉山为例［J］. 云南社会科学，2009（1）：114－119.

［46］陈建勤. 环境保护：佛教的自觉认知与践行事迹［C］. 嵩山：元代佛教与少林寺国际学术研讨会，2006.

［47］魏平，温达志. 宗教文化对鼎湖山森林资源保护的影响［J］. 生物多样性，1999（3）：250－254.

［48］周鸿. 神山森林文化传统的生态伦理学意义［J］. 生态学杂志，2002（4）：60－64.

［49］林振礼. 从朱熹的风水观看殡葬改革：婺源朱子文化新考察［J］. 泉州师范学院学报（社会科学版），2002（5）：27－35.

［50］梁玉华. 我国传统村寨的选址布局：风水观中的环境生态学透视［J］. 贵州教育学院学报（社会科学版），1997（1）：86－89.

［51］曾雄生. 土葬习俗中的农业历史观［J］. 江西师范大学学报（哲学社会科学版），2010（5）：128－139.

［52］史箴. 风水典故考略［M］//王其亨. 风水理论研究. 天津：天津大学出版社，1992：11－25.

［53］戚珩，范为. 古城阆中风水格局：浅析风水理论与古城环境意象［M］//王其亨. 风水理论研究. 天津：天津大学出版社，1992：41－69.

［54］宋昆，易林. 阳宅相法简析［M］//王其亨. 风水理论研究. 天津：天津大学出版社，1992：70－88.

［55］马英豪. 浅谈北京瑞应寺［J］. 首都博物馆论丛，2013（27）：69－75.

［56］邰杰. 从金枝到风水林：基于风水树、风水林的相关民俗学阐释［J］. 名作欣赏，2010（8）：106－109.

［57］李杰虎. 三苏葬河南缘由及三苏坟的变迁［J］. 中州今古，2006（6）：40－41.

［58］宁国志. 筛海坟与护林碑［M］//中共昌平县委老干局. 十三陵地区风物记. 北京：东方出版社，1994：213－218.

［59］王安明. 二王庙道教事业的开拓者：王来通［J］. 中国道教，2006，（2）：50－51.

［60］陈炜. 杨荣万木图事实与万木林［J］. 古典文学知识，2002（6）：56 - 60.

［61］王振刚. 枇杷史略［J］. 果树科学，1988，5（2）：86 - 88.

［62］夏如冰，徐暄淇. 中国石榴栽培历史考述［J］. 南京林业大学学报社科版，2014（2）：85 - 97.

［63］关传友. 中国少数民族地区的风水林［C］. 西宁：第九届少数民族科技史国际研讨会，2011.

后 记

20世纪80年代中期以后,受国际对风水的重视及其适用性的影响,国内出现了明显的"回归效应",又兴起研究风水的文化热,研究成果如雨后春笋般不断涌出。但把风水林作为风水研究的方向尚属"空白",不少研究风水的论著仅有零星述及。拙著是我多年来研究风水林的成果总结,并于2012年5月由东南大学出版社出版。十多年来,拙著受到了读者朋友们喜爱。因出版时间较久,市面上早已脱销。本次应出版社委托,对此进行了一定程度的修订补充,充实了近年来许多相关研究成果。近现代因城市建设和改造需要,历史上城市的风貌改变较大,特别是原建城时所种植的城市风水林多被破坏,故城市风水林不再单独设章讨论。

对风水林研究的爱好,实与我的家庭和学业有关。我于20世纪60年代出生在安徽六安县(现六安市)的农村,我的父亲和大伯父均是行走四乡的乡村风水师,在乡村中是很受人敬重的。就是在谈风水色变的年代里,乡村里也从未有停止过风水活动,农村里建房和死人都要请风水师查看、寻找合适场地,其目的仅是求得平安。只不过这些是私下里进行的。故我自小就受到父辈的熏陶,对风水抱有十分浓厚的兴趣。后来我中学毕业考入了林业院校读书,离开了乡村。如果我在乡村的话,现在会是怀揣罗经、行艺四方的乡村风水师。但我对风水的情结一直挥之不去。每到风水尚佳的景观地,我都要端详流连很久才离去。借着出差和外出参加学术会议的机会,也先后考察过全国许多著名风水景观地。在十多年前,我就有写作一本论述风水林著作的想法,但因多种原因而未能实施,只是将相关研究的论文发表在《中国水土保持科学》《农业考古》《中国历史地理论丛》《中国园林》《古今农业》《北京林业大学学报（社科版）》《寻根》《中国城市林业》《皖西学院学报》等国内的学术刊物上。

2010年10月底，在参加中国农史学会和南京农业大学中华农业文明研究院举办的"第一届全国农业文化遗产保护论坛"期间，我有幸结识了东南大学出版社陈跃先生，想法才得以实现。在此次会议上我作了题为"徽州地区风水林研究"的学术讲演，引起了陈先生的兴趣，他希望我就此写一本有关风水林的书稿。会后我按陈先生的要求，拟出拙著的写作提纲并填写了选题申报表，获得了出版社的批准。我就在陈先生的多次指导下，按部就班，日夜赶写，至2011年10月底，历时近一年时间，终于完成了初稿，并经多次修改，符合齐、清、定的出版要求，终于2012年5月付梓面世。

拙著能够出版面世，除了感谢陈跃先生慧眼识珠、赏识操作外，还要感谢江西省社科院原副院长、《农业考古》学刊原主编陈文华先生。陈先生是享誉国内外的国际著名农业考古学家、农史学家、茶文化学家，也可以说他是我从事学术研究的引路人。我从学校毕业后在基层从事林业技术工作时，凭着个人的爱好，写出第一篇有关林业技术史的论文（今天看来很不成熟）并投寄到他主编的《农业考古》学刊时，陈先生就给予及时刊载（在今天看来几乎是不可能的），这给我很大的激励和鼓舞。以后我每有相关的论文都投寄到《农业考古》，基本上都全文刊发。20多年来，我先后在《农业考古》学刊上发表了不下20篇论文，涉及林业史、树木史、竹史、茶史、生态环境史等内容，成为此领域内受人关注的学者之一。在本书出版之际，陈先生又为之拨冗作序。如今陈先生已驾鹤西去近10年，借此表达对先生的深切怀念，前辈的扶助之恩难以忘怀！责任编辑之一陈筱燕女士也付出了很大的心血，不仅极为认真地审校了书稿，而且提出了十分中肯的修改意见，纠正了原书稿中的诸多谬误，令本书增色不少。皖西学院图书馆舒和新研究馆员为我查阅有关古籍提供了很大的方便，并帮助扫描了部分插图。南京中山植物园金久宁高级工程师也为拙著的出版提供了很大的帮助。此外，还要感谢东南大学出版社领导和我所在单位领导的大力支持。在此一并致谢！

在深奥晦涩难懂的风水领域里，尝试从林业史、生态环境史和文化史的角度研究解读风水林的文化意蕴尚属首次，我深感力不从心。书中存在不少舛错，祈请方家赐教！考虑到不同层次读者朋友的阅读需求，本书非为严格的学术性著作，在撰写过程中，参考和引述了国内外专家们的资料，未能一一详细注明，本次修订仍保持原貌，不当之处尚请见谅。

最后要感谢我的夫人——李朝芹女士的大力支持和理解，否则我难以完成此书的撰写。我的母亲是一位没有文化的农村妇女，劬劳一生，为子女操持，没有享过福，因意外事故于 2001 年清明节去世。身为乡土风水师的父亲，虽仅读过 3 年私塾，文化程度不高，但给我普及了许多风水的实践知识，不幸因病于 2008 年 10 月初辞世。仅以此书敬献给二位先人，养育之恩没齿难忘。

作者识于苦筼居

2012 年 3 月 10 日完成第一版稿
2022 年 4 月 30 日完成修订版稿